스페인어권 명작의 이해

스페인어권 명작의 이해

초판 1쇄 인쇄 2018년 1월 15일
초판 1쇄 발행 2018년 1월 20일

편 자 서울대학교 서어서문학과·서울대학교 라틴아메리카연구소
펴낸이 성낙인
펴낸곳 서울대학교출판문화원

출판등록 제15-3호

주소 08826 서울 관악구 관악로 1
대표전화 02-880-5252 | 팩스 02-888-4148
홍보마케팅팀(주문상담) 02-889-4424, 02-880-7995
이메일 snubook@snu.ac.kr
홈페이지 www.snupress.com

ISBN 978-89-521-1967-4 03870

이 저서는 2008년도 정부(교육부)의 재원으로 한국연구재단의 지원을 받아 수행된 연구임(NRF-2008-362-B00015).

스페인어권

명작의 이해

서울대학교 서어서문학과
서울대학교 라틴아메리카연구소 편

서울대학교출판문화원

서문

서울대학교에 교양과목으로 〈스페인어권 명작의 이해〉가 개설된 것은 30여 년 전이었다. 영미 문학이나 프랑스와 독일 문학에 비해 상대적으로 생소하고 덜 익숙한 문화 전통의 작품들을 다루어서 호기심 넘치는 학생들에게 오히려 더 흥미롭고 독특한 지적 체험을 할 수 있는 기회가 되어 왔다.

스페인어는 오늘날 전 세계 20여 개 국가에서 모국어로 사용되고 있다. 이베리아 반도와 라틴아메리카는 물론 아프리카 일부까지 포괄하는 광대한 지역에서 국어로 쓰이고 있을 뿐만 아니라, 미국의 라티노들에게도 모국어 버금가는 언어로 쓰인다는 점을 고려하면 스페인어 사용자는 거의 5억 명에 달한다. 이처럼 광범위한 지역의 수많은 인구가 사용하는 언어인 만큼 그 문학도 풍요롭고 다양한 스펙트럼을 지니고 있다. 단지 많은 인구, 많은 국가가 스페인어를 사용하고 문학을 생산하기 때문에 스펙트럼이 광범위하다는 것이 아니다. 여러 가지로 경계를 가로지르는 문학이기 때문에 그렇다. 스페인 문학은 유럽 문명과 이슬람 문명이 충돌하고 또 공존하던 이베리아 반도의 지정학적 문명 충돌의 역사 속에서 발전해 왔고, 라틴아메리카 문학은 유럽, 아메리카, 아프리카 세 대륙에서 유래한 문명의 혼혈과 갈등 가운데 거두어진 문화적 결실이다. 최근 미국에서 전개되고 있는 라티노 문학도 앵글로 아메리카와 라틴아메리카 경계에서 발생하는 인종적·문화적 충돌과 혼종을 근간으로 하고 있다.

아랍과 아프리카 문화의 흔적이 밴 스페인 고전문학은 이탈리아 르네상스 문학을 이어 서양 근대문학의 초석이 되었다. 스페인어는 근대 서양 언어 발달사에서 한걸음 앞서 나갔다. 이베리아 반도를 통일하고 콜럼버스가 아메리카에 닿던 바로 그해 1492년에 다른 여러 나라 국어에 앞서 처음으로 스페인어 문법이 세상에 나왔다. 현실을 사실적으로 재현할 문어의 확립과 발달은 고전문학 발전의 토대가 되었다. 놀라울 만큼 생동감 넘치는 반(半)소설, 반드라마 형식의 『셀레스티나』가 등장했는가 하면, 이어지는 산문 발달 과정에서 한결 더 사실주의적인 피카레스크 전통의 소설 원형을 창조해 냈다. 그리고 한 세기 만에 마침내 서양 근대소설의 효시 『돈키호테』를 탄생시켜 서양 문학사의 커다란 획을 그었다.

라틴아메리카 문학 또한 빼놓을 수 없는 세계문학의 한 장이다. 1960년대 냉전 체제 아래서 라틴아메리카가 정치적·사회적으로 주목받게 되면서 이 지역의 치열한 역사와 독특한 문화를 배경으로 성장한 고유한 문학이 이른바 붐 소설로 세계인들에게 크게 각인되었다. 가르시아 마르케스의 『백년의 고독』은 20세기 소설의 고전으로 자리 잡았고, 네루다의 시와 보르헤스의 산문도 라틴아메리카를 넘어 세계문학의 장에서 한 시대를 풍미했다. 라티노 문학도 21세기 미국과 세계를 이해하는 데 갈수록 긴요한 문학으로 주목받고 있다.

그러나 스페인 문학이든 라틴아메리카 문학이든 지역적 분할과 단절의 의미를 갖는 문학 경계의 설정은 지나간 민족주의 시대의 이념적 유산이다. 여러 나라의 문학사란 그 나라 민족과 국가의 정체성을 확립하려는 이데올로기로 만들어진 문화의 결실이었다. 이제 세계는 민족주의 시대를 넘어 하나의 지구촌 시대를 향해 나아가고 있다. 각 민족문학의 이해는 지방적 고유성 못지않게 세계적 보편성을 지향하게 되었다. 새로운 세계문학의 생태 환경은 우리의 지적·심미적 체험을 역사상 유례없이 넓은 지평으로 확장시켜 주고 있는 것이다.

그런 의미에서 스페인어권 고전과 명작들의 독해와 문학 체험은 세계를 바라보는 독자의 지적 지평을 크게 확대시켜 줄 것이다. 그동안 〈스페인어권 명작의 이해〉 교과목의 취지에 걸맞은 교재가 필요하다는 공감대가 있었으나 여러 가지 사정으로 집필이 지연되어 왔다. 때늦은 감이 있으나 드디어 스페인어권의 대표적 작품들을 한 권의 책에 담아 소개하는 결실을 맺게 된 것은 마음 뿌듯한 일이다. 교양과목 수강생들은 물론 스페인어권 문학과 문화 전통을 이해하려는 많은 독자들에게 좋은 길잡이가 되기를 기대한다.

김춘진

차례

03 소설의 개혁과 인간 존재의 문제성
우나무노, 『안개』 조민현

04 젊은 시선으로 붙잡은 삶의 의미들의 그물망
카르멘 라포렛, 『나다』 서은희

05 『살라미나의 병사들』, 스페인 내전의 진정한 영웅들 임호준

06 보르헤스의 『픽션들』을 여는 열쇠들
문학적 존재론에 관한 보르헤스의 실험들 양운덕

07 마추픽추에서 인간적 연대를 노래하다
파블로 네루다, 「마추픽추의 산정」 김현균

08 인간의 고독과 숙명을 해부하다
가브리엘 가르시아 마르케스, 『백년의 고독』 김창민

01
『셀레스티나』를
읽기 위한
몇 가지 제언
정동희
La Celestina

정동희

서울대학교 서어서문학과를 졸업하고 마드리드 대학에서 스페인 르네상스 문학을 전공하였다. 현재 서울대학교 서어서문학과 외래교수로 재직 중이다. 역서로는 호세 오르테가 이 가세트의 『형이상학 강의』(서광사, 2002)와 『철학이란 무엇인가』(민음사, 2006)가 있고, 주요 논문으로는 "Influencia de la doctrina donatiana en la preceptiva dramatica espanola de la primera mitad del siglo XVI"(2016), "Los alimentos en el *Lazarillo de Tormes* como como marcador de la distinción de las clases sociales; con un énfasis en el sentido sociohistórico del pan"(2017) 등이 있다.

1 들어가며

자연과학이나 공학과 비교할 때 인문학의 가장 큰 장점이자 단점은 명확한 답이 없는 경우가 부지기수라는 점이다. 자연 현상을 법칙화하는 방식과 동일하게 인간 세계의 현상을 법칙화하려는 일련의 노력은 통계의 중요성이 강조되는 경제학이나 정치학과 같은 사회과학 분야에서는 어느 정도 실효를 거둘 수 있겠지만, 인간 본질에 대한 탐구를 주 과제로 하는 문학이나 역사, 철학의 영역에서는 무화되기 십상이다. 대표적인 한 예가 역사에 있어서의 우연과 필연의 문제이다. 인간의 역사는 우연의 연속체인가, 아니면 필연의 연속체인가? 오스트리아의 문학자 슈테판 츠바이크(Stefan Zweig)는 『광기와 우연의 역사(*Sternstunden der Menschheit*)』(1927)에서 오스만 투르크 제국에 의한 동로마제국의 멸망, 스페인 탐험가인 바스코 누녜스 데 발보아(Vasco Núñez de Balboa)의 태평양 연안 도달, 불멸의 오라토리오인 헨델의 〈메시아〉 탄생 등 인류 역사의 흐름을 바꾼 필연적이며 결정적 사건 속에 내재되어 있는 우연의 요소들을 우리에게 보여 주고 있다. 츠바이크가 제시하고 있는 역사적 대사건들은 장기적 관점에서 보았을 때는 필연적이라 해석할 수 있지만 사건이 발생한 당시에는 우연적 요소가 사건의 향방에 결정적이었다는 공통점을 가지고 있다. 츠바이크는 주장한다 "예술의 영역에 나타난 한 명의 천재는 시간의 한계를 뛰어넘는다. 마찬가지로 역사상의 별 같은 순간은 이후 수십 수백 년의 역사를 결정한다"(츠바이크 2004, 6).

페르난도 데 로하스(Fernando de Rojas, 1470?-1541)의 『셀레스티

나(*La Celestina*)』는 츠바이크가 묘사한 대로 한 명의 천재가 시간의 한계를 넘어서는 대표적인 경우이다. 세르반테스의 『돈키호테』와 함께 스페인 문학사가 이룬 가장 위대한 업적 중의 하나로 평가받는 『셀레스티나』는 필자의 견해로는 스페인 문학사에 있어서뿐만 아니라 세계 문학사에 있어서도 대표적인 우연의 산물이다. 『돈키호테』가 없었더라면 스페인 문학 최고의 작품이었을 것이라는 평가를 받는 『셀레스티나』는 살라망카 대학 법학부에 재학 중이던 한 학생이 방학을 맞아 보름 정도 기간 동안에 완성한, 중세의 석양이 짙게 내리면서 동시에 르네상스의 여명이 어슴푸레 비치던 시기에 갑작스레 출현한 우연의 산물이었음에도 불구하고 스페인 문학사라는 거대면서도 도도한 강의 흐름을 바꾸어 버린 위대한 작품이다. 작가가 자신의 일생 동안 단 한 편의 문학 작품을 썼지만 그 작품이 불멸의 작품으로 남아 500년이 지난 지금에도 꾸준히 독자들의 사랑을 받고 있다는 사실만큼 매력적인 우연이 어디 있을까? 질문은 계속된다. 그렇다면 이 우연의 산물을 불멸의 작품으로 전환시킨 위대성은 어디에 기반하는가? 어떻게 문학사의 흐름을 바꿀 정도의 심원한 영향을 동시대 그리고 이후 문학 작품들에 미치게 되었는가? 이 장은 이 질문들에 대한 답을 찾아가는 하나의 작은 여정이 될 것이다. 존재할 수도 없겠지만, 만일 완벽한 정답이 존재한다고 가정할 경우 본 여정이 도달하게 될 답은 그 완벽함의 아주 작은 부분에 해당하는, 여전히 불완전한 것이 될 것이다.

2 페르난도 데 로하스와 그의 시대

『셀레스티나』라는 수수께끼 같은 작품이 지닌 다양한 의미에 접근하기 위한 가장 중요한 단서는 이 작품이 탄생한 시기에 대한 역사적 고찰이다. 스페인이 위치한 이베리아 반도를 보게 되면 남북으로는 유럽과 아프리카, 동서로는 지중해와 대서양이 펼쳐져 있다. 이는 지정학적으로 스페인은 유럽 문화와 아프리카 문화, 그리고 지중해 문화와 대서양 문화가 만나는 문명의 십자로에 위치해 있으며, 스페인 문화가 다른 유럽 국가들의 문화와는 달리 이 4개의 문화가 융합된 독특한 성격임을 우리에게 알려 준다. 실제로 스페인은 온화한 기후와 비옥한 토지가 펼쳐진 지중해 인근 지역을 중심으로 고대부터 다양한 민족들이 자신들의 흔적을 남긴 공간이다. 그러나 스페인 역사에서 무엇보다 중요한 것은 기원전 218년에 이루어진 로마제국의 진출이다. 이후 스페인은 급격히 로마 문화를 수용하면서 600여 년의 기간을 거쳐 완벽하게 로마제국의 일부가 되었다. 이베리아 반도의 로마화는 오늘날 스페인을 있게 한 기본적인 역사적 동력이 된다. 로마제국의 일부였던 만큼 스페인의 역사는 로마제국의 역사와 궤를 같이한다. 기원후 5세기부터 시작된 제국의 붕괴 현상은 스페인에도 직접적인 영향을 미쳐 스페인에는 게르만족의 한 일파인 서고트족이 침입하여 로마제국의 멸망 이후 기독교를 기반으로 한 국가를 건설하게 된다. 하지만 서고트 왕국은 게르만족의 전통이었던 국왕 선출제로 인해 귀족들 간의 끊임없는 권력 투쟁이 극심하였고 결국에는 자신들의 권력 암투에 이교도인 이슬람 세력을 끌어들이는 상황에까지 이르렀다. 이슬람 세력의 이베리아 반도 진출은 로마제국의 이베리아 반도 진출과 더불어 스페인 역사에서 가장 중요한 사건으로 기록된다.

북아프리카에서 강력한 세력을 형성하고 있던 이슬람 세력은 서고트 왕국의 왕위 계승을 둘러싼 암투를 기회 삼아 기원후 711년 이베리아 반도에 진출하게 된다. 이후 1492년 가톨릭 양왕(Los reyes católicos)이 스페인 전역을 통일할 때까지 800여 년 간 스페인 영토의 절반 이상을 점령하고 있으면서 스페인 문화에 아랍 문화를 깊이 새겨 넣었다. 한편 이슬람 세력에 의해 이베리아 반도 북쪽으로 밀려난 가톨릭 세력들은 각지에 독립 왕국을 세우고 국가 체계를 완비한 후 서서히 이슬람 세력에게 상실했던 국토를 회복하기 위한 국토수복 전쟁(Reconquista)을 전개한다. 1469년은 이 과정에서 결정적인 해로 기록된다. 가톨릭 왕국들 중 가장 큰 세력이었던 카스티야 왕국의 이사벨(Isabel) 여왕과 아라곤 왕국의 페르난도(Fernando) 국왕이 결혼 정책을 통하여 통일 왕국을 수립하였으며 이를 계기로 국토수복 전쟁은 그 절정에 달하게 된다. 마침내 1492년에 가톨릭 양왕은 마지막으로 남은 이슬람 왕국인 그라나다 왕국을 정복하면서 가톨릭을 이념적 기반으로 하는 통일 국가 건설을 완수하게 되었다. 이슬람 세력을 몰아내고 가톨리시즘을 바탕으로 한 통일 국가였기에 가톨릭 양왕은 종교 문제에 상당히 민감하였다. 그리하여 가톨릭 양왕은 국토 통일 완성 이전인 1480년에 이교도 색출과 가톨릭을 중심으로 한 사회 건설을 목표로 종교재판소(Tribunal de la Inquisición)를 설립하여 이슬람교와 유대교를 탄압하였다. 그 결과 통일을 완수한 1492년 3월 그라나다 칙령을 통해 스페인에 거주하던 유대인들을 추방하는 결정을 내리면서 반유대주의가 절정에 달하게 된다.

『셀레스티나』는 바로 이와 같은 역사적 환경 속에서 탄생한 작품이다. 800여 년에 걸쳐 이베리아 반도를 통치하였던 이슬람 세력을 격퇴하고 가톨릭을 기반으로 한 통일 국가를 수립하는 과정은 결코 순탄하지 않았다. 이슬람 세력과의 지속적인 전쟁으로 인해 일반 국민들의 삶은 피폐하였으며, 도시의 발달로 인해 신흥 부르주아 계급이 형성되었고, 이는 곧 빈부 격차의 심화를 가져왔다. 한편 금융계와 문화계를 장악하고 있던 유대인들에 대한 추방령은 곧바로 새로 형성되기 시작한 제국의 경제와 문화에 심대한 악영향을 미치게 된다. 이와 같은 스페인의 혼돈스러웠던 사회 변화 현상은 젊은 대학생이었던 로하스의 비판적 시각을 통해 고스란히 작품 속에 반영된다.

『셀레스티나』의 저자인 페르난도 데 로하스에 대한 역사적 자료는 거의 남아 있지 않다. 확실한 것은 그가 전문적인 작가는 아니라는 점이다. 우선 우리가 직접적으로 접할 수 있는 작가에 대한 정보는 『셀레스티나』의 서문에서 찾아볼 수 있다. 「저자가 자신의 한 친구에게(El autor a un su amigo)」란 제목으로 되어 있는 서문에서 로하스는 자신의 신분을 간략하게나마 밝히고 있는데(로하스 2010, 12)[1] 작품 집필 당시 그는 살라망카 대학 법학부 학생이었고 1496년 혹은 1497년경에 법학사 학위를 취득하였다 『셀레스티나』에서

1 페르난도 데 로하스(2010), 『라 셀레스티나』, 안영옥 옮김, 을유문화사. 이후 이 텍스트의 인용 시 괄호 안에 쪽번호만 적는다.

보이는 그의 방대한 라틴 고전문학과 그리스 철학에 대한 지식은 당시 살라망카 대학 학칙에 따라 모든 입학생들이 의무적으로 이수해야 하는 3년간의 교양학부 과정에서 습득한 것으로 보인다. 여기에서 우리가 주목해야 할 점은 로하스가 중세의 황혼기이자 르네상스의 여명기인 15세기 말에 살라망카 대학에 재학하였다는 사실이다.

로마제국을 능가하는 신생제국으로 거듭난 스페인에 있어 살라망카 대학은 제국 운영의 주춧돌이 되는 인재 양성의 최고 교육기관이었다. 이 당시 살라망카 대학은 특히 법학과 신학, 그리고 교양학에서 명성을 날리고 있었다. 또한 살라망카 대학은 이탈리아에서 전파되는 르네상스 문화 수용의 최전선이었다. 스페인으로 건너온 이탈리아 학자들과 이탈리아에서 수학한 스페인 학자들이 이 대학으로 모여들면서 살라망카 대학은 르네상스 철학에 기반을 둔 교육 체계를 스페인 그 어느 대학보다 먼저 갖추었고 이후 스페인 르네상스 운동의 중심지 역할을 수행하였다. 그리고 우리는 로하스가 대학생활을 하던 당시 스페인에서 출판기술이 매우 발전하고 있던 사실에도 주의를 기울여야 한다. 왜냐하면 출판기술의 발달로 인해 전통적인 중세 교육방식인 암기 위주의 교육을 탈피하였고 이전 시대와는 비교가 되지 않을 정도로 대학 구성원의 서적에 대한 접근과 소유가 용이하게 되었기 때문이다. 바로 이러한 연유로 로하스는 곧 살펴보듯이 무기명의 작가가 쓴 『셀레스티나』 제1막을 쉽게 접할 수 있었고 초판본이 출간된 이후 곧 당대 최고의 베스트셀러가 될 수 있었던 것이다.

로하스에 대한 역사적 자료는 그의 손자인 에르난도 데 로하스(Hernando de Rojas)가 탈라베라 데 라 레이나(Talavera de la Reina) 시 당국을 상대로 낸 자기 집안의 귀족혈통에 대한 소송장이 거의 유일하다. 이 소송장에 따르면 페르난도 데 로하스는 1470년경 톨레도 인근 푸에블라 데 몬탈반(La Puebla de Montalbán)에서 기독교로 개종한 유대인 가문의 가르시아 곤살레스 폰세 데 로하스(García González Ponce de Rojas)와 카탈리나 데 로하스(Catalina de Rojas) 사이에서 태어났다. 대학 졸업 후 1502년 귀향한 로하스는 자신의 고향과 가까운 탈라베라 데 라 레이나 시의 한 귀족과 송사를 벌인 끝에 이 도시에 정착한 후 변호사로 활동하였다. 1507년에 역시 개종한 유대인 집안의 딸인 레오노르 알비레스(Leonor Álvarez)와 결혼을 하였다.

우리가 접할 수 있는 로하스에 대한 또 다른 역사적 자료는 1525년에 장인인 알바로 데 몬탈반(Álvaro de Montalbán)이 기독교로 개종했음에도 불구하고 여전히 유대교 계율을 고수한다는 이유로 당시 악명이 높던 종교 재판에 회부되었을 때의 문서이다. 당시 로하스는 장인의 변호사로 활동하였는데 이 재판의 판결문에 "알바로 데 몬탈반의 딸인 레오노르 알바레스는 『셀레스티나』의 저자인 페르난도 데 로하스의 부인이다"라는 문구가 나온다. 이를 통해 우리는 로하스가 비록 『셀레스티나』 단 한 작품만 발표한 작가임에도 불구하고 이 작품의 인기로 인해 당시에 나름대로 작가로서의 명성을 누리고 있었음을 알 수 있다. 또한 이 재판문서를 통해 우리는 페르난도 데 로하스가 기독교로 개종한 유대인의 일족이라는 사실도 알 수 있다. 탈라베라 데 라 레이나 시 고문서에 따르면 로하스는 1508년에 이 도시의 시장으로 임명되어 1538년까지 근무하고 사망하였다. 사망할 때까지 로하스가 다른 작품을 썼다는 사실은 그 어떤 기록에도 나오지 않고 남아 있지도 않다. 즉 『셀레스티나』는 로하스가 젊은 대학생 시절 썼던 그의 유일한 작품인 것이다. 이 유일한 작품으로 인해 도저한 2,000년 스페인 문학의 흐름이 바뀌게 된다는 사실을 작가 스스로도 상상하지 못하였을 것이고 동시대인들 역시 마찬가지였을 것이다. 이렇게 『셀레스티나』는 우연이 만든 문학적 장관의 절정을 이루었다.

3 『셀레스티나』의 내부로

1) 『셀레스티나』의 텍스트적 변용의 역사

『셀레스티나』는 앞에서 언급하였듯이 수수께끼 같은 작품이다. 이 작품을 둘러싼 논쟁 중의 하나는 로하스가 이 작품의 온전한 작가가 아니라는 사실이다. 『셀레스티나』 초판본은 작가의 이름이 밝혀지지 않은 채 1499년에 부르고스(Burgos)에서 당대 최고의 출판업자인 파드리케 데 바실레아(Fadlique de Basilea)에 의해 『칼리스토와 멜리베아에 대한 희극(*Comedia de Calisto y Melibea*)』이란 제목으로 출판되었다. 데 바실레아가 운영하던 출판사에서 간행된 대표적인 작품으로는 에르난도 델 풀가르(Hernando del Pulgar)의 『밍고 레불고에 대한 시(*Coplas de Mingo Revulgo*)』, 안토니오 데 네브리하(Antonio de Nebrija)의 『카스티야어 문법(*Gramática en lengua castellana*)』 등 중세말, 르네상스 초 스페인 문화계를 대표하는 작품들 및 베르길리우스의 『부콜리카』, 『이솝 우화집』, 단테의 『신곡』 등이 있다. 이처럼 최고 수준의 작품들만 선별해서 간행했던 파드리케 데 바실레아의 출판사를 통해 『셀레스티나』가 출판되었다는 점에서 로하스의 작품이 당대에 이미 그 작품성을 인정받았다고 미루어 짐작할 수 있다.

부르고스 초판본은 대화체 형식이며 총 16개의 막(Auto)으로 구성되어 있었다. 1년 후인 1500년에는 톨레도(Toledo)에서, 1501년에는 세비야(Sevilla)에서 부르고스 초판본과 동일한 제목과 동일한 16개의 막으로 『셀레스티나』가 간행되었다. 하지만 초판본과는 달리 이 판본들은 다양한 패러텍스트(paratext)들을 포함하고 있다. 1500년에 출간된 톨레도 판에 처음으로 등장한 「지자가 자신의 한 친구에게」라는 서간문 형식의 서문에서 로하스는 자신이 왜 『셀레스티나』를 쓰게 되었는지 그 집필 동기를 밝히고 있는데, 그는 작가 이름이 밝혀지지 않은 제1막으로만 구성된 원작품을 읽고 너무나 감동하여 나머지 부분을 이어서 쓰기로 결심하였다고 한다. 다른 나머지 막들과 비교해 실제 제1막은 전체 작품의 1/5을 차지할 만큼 길어 무명의 작가는 이 막을 하나의 독립적인 작품으로 썼음을 우리는 유추할 수 있다. 이 제1막을 쓴 작가에 대해서 로하스는 후안 데 메나(Juan de Mena) 혹은 로드리고 코타(Rodrigo Cota)라고 말하고 있지만(12) 정확한 역사적 자료는 존재하지 않는다. 또한 로하스는 이 서문에서 출판업자가 독자들의 편의를 위해 각 막의 시작 부분에 요약문을 실었음을 밝히고 있다. 또한 이 톨레도 판 본문 앞부분에는 로하스가 쓴 이합체 운문(verso acróstico)[2]이, 본문 뒷부분에는 이 판본 출판을 준비한 알론소 데 프로아사(Alonso de Proaza)가 쓴 운문(octavas escritas)이 실려 있다. 이 운문에서 알론소 데 프로아사는 본문 앞에 있는 이합체 운문을 통해 저자가 자신의 이름을 밝히고 있다고 독자에게 알려 주고 있다.

로하스는 16개 막으로 구성된 판본에 5개의 막을 덧붙여 1502년 『칼리스토와 멜리베아에 대한 희비극(*Tragicomedia de Calisto y Melibea*)』이란 제목으로 톨레도, 살라망카, 세비야에서 새롭게 출판을 하였다. 이 1502년 판본이 오늘날 우리가 알고 있는 21개 막으로 구성된 『셀레스티나』의 원형이며 현재 간행되고 있는 이 작품은 1507년 사라고사(Zaragoza)에서 출판된 21개 막으로 구성된 판본을 바탕으로 하고 있다. 21개 막으로 확장된 판본에는 "위대한 현자 헤라클레이토스가 말하기를, 세상에 있는 것은 모두 투쟁이나 전투로 만들어진 것이라고 한다"라는 문구로 시작되는, 작가의 세계관이 드러난 또 다른 서문이 첨가되어 있는데 이 서문은 우리가 『셀레스티나』를 이해하는 데 있어서 상당히 유용한 단서를 제공한다. 우리가 우선 주목할 점은 뒤에서 상세히 살펴볼 바와 같이 이 작품은 작가가 처음부터 희극의 기본적 성격인 상연을 위해 쓴 대본이 아니라 읽기 위해 쓴 희극 작품이라는 점이다(27). 로하스는 여기에서 자신의 작품을 왜 희비극으로 명명했는지도 설명하고 있다. 『셀레스티나』 초판본이 나온 후 이 작품은 전례 없는 인기를 구가하였으며 그 내용에 대해 독자들 간의 의견이 분분하였는데, 이를 절충

2 고대 그리스 문학에서부터 유래된 시 작법으로 각 행 첫 글자를 모으면 특정한 단어나 어구가 되는 운문. 『셀레스티나』의 경우 첫 글자를 모으면 'EL BACHILLER FERNANDO DE ROJAS'가 된다. 이를 통해 로하스는 『셀레스티나』의 작가가 자신임을 밝히고 있다.

하기 위해서 희비극이란 명칭을 사용하였음을 로하스는 밝히고 있다(27).

『셀레스티나』의 인기는 스페인 문학사에서 유래를 찾기 힘들 정도로 대단하였다. 초판본이 나온 지 1년 만에 새로운 판본이 나오고 3년 만에 독자들의 의견을 수용하여 제목 자체를 희극에서 희비극으로 바꾸었다는 사실 자체가 당시 이 작품이 얼마나 큰 인기를 누리고 있었는지를 대변해 준다. 그 도덕적 의도가 인정되어 1559년에 발간된 악명 높은 금서 목록(Index librorum prohibitorum)에도 포함되지 않은 『셀레스티나』는 1499년부터 17세기 초반인 1634년까지 총 109개의 판본이 출간되었으며 영어, 프랑스어, 독일어, 이탈리아어, 독일어 그리고 라틴어로 번역되어 전 유럽의 출판 시장을 강타하면서 스페인 문학을 대표하는 작품으로 자리매김하였다.

2) 『셀레스티나』의 내용

페르난도 데 로하스가 작품의 모두에서 밝히고 있듯이 이 책은 사랑의 열정에 사로잡힌 젊은 남녀의 불법적인 사랑, 사악한 뚜쟁이가 보여 주는 사기 행각과 불충실한 하인들의 행위에 대해 비판을 가하고자 쓴 칼리스토(Calisto)와 멜리베아(Melibea) 간의 "슬프면서도 웃긴" 사랑 이야기이다. 주제의 선형적 단순성을 특징으로 하는 인문주의 희극(comedia humanística)과 마찬가지로 『셀레스티나』의 내용 구조는 얼핏 보기에는 방대한 분량으로 인해 복잡해 보이지만 실은 매우 단순하다. 신흥 부르주아 계급에 속하는 가문 출신인 칼리스토는 어느 날 자신의 매를 잡기 위해 멜리베아의 집 정원으로 들어가는데 여기서 우연히 멜리베아를 보고 첫눈에 반한다. 그리고 그녀에게 자신의 감정을 솔직히 드러내지만 멜리베아는 차갑게 거절한다.

집으로 돌아온 칼리스토는 멜리베아가 자신의 사랑을 받아주지 않은 데 대해 절망에 빠져 스스로를 외부 세계와 단절시키며, 이 고독 속에서 멜리베아에 대한 열정은 더욱 커 간다. 그러면서 자신은 멜리베아를 숭상하는 멜리베아교의 교도라고까지 말한다. 사랑에 빠진 주인이 열정의 바다에서 허우적거리는 모습을 보고 하인인 셈프로니오(Sempronio)는 여성들이 가지고 있는 치명적인 약점들을 이야기하면서 사랑의 열정에서 빠져나오길 권유한다. 그러나 멜리베아에게 너무 깊게 빠져 있는 칼리스토를 설득하는 것은 불가능하다는 점을 간파하고 도시의 유명한 뚜쟁이인 셀레스티나에게 도움을 청해 멜리베아를 취할 것을 권한다. 그러면서 동시에 셈프로니오는 주인의 맹목적인 사랑 행각을 이용해 자신의 이익을 극대화할 생각을 하게 된다.

반면 칼리스토의 또 다른 하인인 파르메노(Pármeno)는 셈프로니오가 칼리스토에게 추천한 셀레스티나가 칼리스토의 집에 출입한다는 자체가 집안의 명예를 실추시키는 것이라 주장하면서 그녀가 얼마나 사악한 인간인지를 칼리스토에게 말해 준다. 하지만 오직 멜리베아를 취하겠다는 열정에 사로잡힌 칼리스토는 파르메노의 충고를 무시하고 셀레스티나를 집으로 불러들여 멜리베아를 비밀리에 만날 수 있게 해 달라고 요청한다. 셀레스티나는 칼리스토의 의뢰를 받아들이는 대신 상당히 위험한 작업이기에 충분한 물질적 보상을 해 달라고 요청하며 이에 칼리스토는 흔쾌히 수락한다. 그리고 셀레스티나는 자신의 작업에 파르메노가 방해가 될 것을 우려하여 그를 자신의 편으로 끌어들이기 위한 설득에 나서게 된다. 아직 순진한 파르메노는 셀레스티나의 설득에 쉽사리 넘어가지 않지만 셀레스티나는 파르메노의 어머니인 클라우디나(Claudina)와의 밀접했던 인간적 유대감을 통해, 또한 아름다운 자태로 남성들의 인기를 끌고 있던 유명한 매춘부인 아레우사(Areúsa)를 소개시켜 주겠다는 성적 유혹을 통해 결국 파르메노를 자신의 편으로 만들게 된다.

실을 판다는 명목하에 셀레스티나는 멜리베아의 집을 방문하며 그녀의 어머니가 외출한 틈을 타서 멜리베아와 독대를 하고 칼리스토와의 비밀스런 만남을 제안한다. 이 이야기를 듣자마자 멜리베아는 자신과 집안의 명예를 더럽히는 행동이라며 셀레스티나를 강하게 질책한다. 멜리베아의 거센 저항에 부딪힌 셀레스티나는 전략을 바꿔 치통을 앓고 있는 칼리스토를 치료할 목적으로 멜리베아의 부적을 요청하러 왔다고 둘러대면서 그녀를 설득하고 이에 멜리베아는 셀레스티나에게 자신의 허리띠를 주면서 다시 자신의 집을 방문해 달라고 요청한다. 이후 멜리베아 역시 칼리스토에 대한 열정에 사로잡히게 된다.

셀레스티나는 자신의 작업이 성공하였음을 곧바로 칼리스토에게 알리고, 이에 만족한 칼리스토는 셀레스티나에게 충분한 보상을 한다. 그리고 셀레스티나는 파르메노를 확실히 자신의 편으로 끌어들이기 위해 약속한 대로 그를 아레우사에게 소개시켜 주며, 파르메노는 마침내 아레우사와 함께 밤을 보내게 된다. 이후 파르메노는 셈프로니오, 셀레스티나와 함께하는 것이 자신에게 이익이고 갈리스토의 충직한 하인으로 남는 것은 손해라고 판단하게 된다.

셀레스티나의 두 번째 방문에서 멜리베아는 자기 역시 칼리스토에 대한 열정에 사로잡혔음을 밝히며 자신의 집 과수원에서 야간에 그와의 비밀 만남을 주선해 주길 셀레스티나에게 요청한다. 셀레스티나는 이 사실을 칼리스토에게 전하며 이에 칼리스토는 또 다시 셀레스티나에게 황금을 선물한다. 그리고 칼리스토는 셈프로니오와 파르메노를 대동하고 멜리베아의 집 정원에서 그녀와의 첫 번째 만남을 가지게 된다. 멜리베아와 다음 만남을 약속하고 무사히 귀가한 칼리스토는 자신을 수행했던 두 하인들에게 쉬라고 명령을 하지만 셈프로니오와 파르메노는 사악한 셀레스티나가 칼리스토로부터 받은 보상금을 독점할 것을 우려하여 그녀의 집을 찾아간다. 그리고 지금까지 칼리스토로부터 받은 포상금을 약속한 대로 공평히 나눌 것을 요청하지만 탐욕에 가득 찬 셀레스티나는 이를 거절한다. 결국 이들 간에 싸움이 벌어지고 칼리스토의 하인들은 셀레스티나를 살해하며 이들 역시 경찰에 체포되어 사형을 당하게 된다.

자신의 하인들이 교수형을 당한 상황에도 불구하고 칼리스토는 또 다른 하인들인 소시아(Sosia), 트리스탄(Tristán)과 함께 멜리베아를 만나러 간다. 그리고 이 두 번째 만남에서 칼리스토는 자신의 소망대로 멜리베아를 정복하게 된다. 자신의 딸이 칼리스토와 비밀스런 만남을 가지고 있다는 사실을 모르는 멜리베아의 아버지 플레베리오(Pleberio)와 어머니 알리사는 멜리베아의 혼사 문제에 대해 이야기를 하지만 이미 사랑의 포로가 된 멜리베아는 칼리스토와의 밀회를 지속하길 결심한다. 한편 아레우사는 자신의 애인인 파르메노가 칼리스토의 애정 행각 때문에 사형을 당했다는 소식을 접하고서는 칼리스토에 대한 복수 계획을 꾸민다. 소시아를 통해 칼리스토와 멜리베아의 밀회 시간을 알아낸 아레우사는 자신의 기둥서방이자 폭력배인 센투리오(Centurio)에게 칼리스토에 대한 복수를 부탁한다. 겁 많은 허풍쟁이 건달인 센투리오는 아레우사에게 복수를 장담하지만 막상 자신은 계획에서 빠지고 자신의 친구들에게 이 일을 미룬다.

칼리스토가 멜리베아와의 세 번째 밀회에서 열정적인 사랑을 나누는 동안 센투리오의 지시를 받은 건달들이 야간 순찰대원처럼 멜리베아의 집 쪽으로 오게 되는데 하인들로부터 이 소식을 들은 칼리스토는 허겁지겁 멜리베아의 과수원으로부터 빠져나와 도망치기 위해 사다리를 타고 벽을 내려가는 과정에서 길거리로 떨어져 즉사한다. 자신의 애인이 죽었다는 소식을 들은 멜리베아는 절망에 빠져 탑 꼭대기로 올라 플레베리오에게 그간의 사실을 고백하며 몸을 던져 자살한다. 이후 작품은 딸의 죽음을 목도한 플레베리오가 세상의 악과 열정의 파괴적 힘에 대한 한탄을 담은 독백을 하면서 끝나게 된다.

3) 『셀레스티나』의 원천 문학들 그리고 장르 문제

우리는 앞에서 『셀레스티나』를 우연이 빚어낸 최고의 상찬이라고 묘사하였다. 하지만 우리가 염두에 두어야 할 점은 우연이 곧 절대적 무에서 창조된 것이 아니라는 것이다. 문학이란 언어 예술이며, 이 언어는 일상의 언어와 완전히 분리된 것이 아닌 일상의 언어가 예술적으로 형상화된 언어이다. 따라서 아무리 독창적인 평가를 받는 문학 작품일지라도 언어로 쓰인 이상 이 작품에 사용된 언어들은 이미 사회에서, 다른 문학 작품 속에서 사용된 언어일 수밖에 없다. 이는 언어 예술로서 문학이 지니고 있는 숙명이다. 이 세상에 완전한 독창성이란 존재할 수 없다. 완전한 독창성은 오직 신의 영역에서만 가능할 것이다. 모든 문학 작품은 언어를 통해 상호간에 지속적인 대화를 한다. 『셀레스티나』 역시 갑자기 중세 말, 르네상스 초에 생겨난 것이 아니다. 페르난도 데 로하스는 자신의 작품 창작 과정에서 개인적으로 접할 수 있었던, 그리고 강의실에서 학습하였던 고대와 중세의 다양한 문학 작품들의 형식적 구성과 내용들을 바탕으로 자신을 둘러싼 사회적 환경을 결합하여 기존의 문학 세계와는 차별되는 작품을 창작하였다. 이런 측면에서 볼 때 『셀레스티나』라는 작품은 페르난도 데 로하스의 다양한 문학 작품에 대한 독서의 결과물이라고 해도 과언이 아닐 것이다.

『셀레스티나』에 영향을 준 문학 작품들 중 제일 먼저 언급해야 하는 것으로는 『사랑들(*Amores*)』, 『여걸들의 서한문집(*Heroidas*)』, 『여성의 화장술(*Medicamina faciei Femineae*)』, 『사랑의 기술(*Ars Amatoria*)』, 『사랑의 치유(*Remedia Amoris*)』와 같은 사랑을 주제로 한 오비디우스(Publius Ovidius Naso)의 작품들이 있다. 오비디우스의 작품들은 그가 생존했던 로마 공화정 말기-제정 초기에 큰 인기를 끌었고, 11세기에 들어서는 라틴어 문법 학교에서 그의 작품들이 필수 교재로 이용되었으며, 12-13세기 유럽은 오비디우스의 시기라고 해도 과언이 아닐 만큼 유럽 문학에 미친 오비디우스의 영향은 절대적이었다. 오비디우스의 작품들 중 특히 『셀레스티나』에 광범위하면서도 깊은 흔적을 남긴 작품은 『사랑의 기술』이다. 『셀레스티나』는 어떤 면에서는 15세기 말 오비디우스의 『사랑의 기술』의 변형체라 해도 과언이 아닐 것이다. 총 3권으로 구성된 『사랑의 기술』은 로마의 젊은이들을 위한 하나의 연애 교본이었다. 제1권은 남성이 자신에게 적합한 여성을 어떻게 찾는지, 어떻게 그녀의 마음을 사로잡는지를 다루고 있고, 제2권은 원하던 여성의 사랑을 얻은 후 이 사랑을 어떻게 유지하는지를 기술하고 있다. 제3권은 제1권이 나온 지 2년 후에 집필되었는데, 여기에서는 제1권과는 대조적으로 여성이 어떻게 남성의 사랑을 얻고 이 사랑을 유지하는지에 대한 방법들을 제시하고 있다. 특히 제1권은 원하는 여성의 사랑을 쟁취하기 위한 방법들이 상세히 제시되어 있는데 여성의 동정심을 자극하기 위해 최대한 불쌍하게 보이도록 하고, 거짓 눈물도 흘리도록 하며, 여성의 환심을 끌기 위해서는 그녀에 대한 칭송을 최대한도로 할 것이며, 심지어 여성을 정복하기 위해서라면 완력을 쓸 필요가 있다는 내용을 담고 있는데 이것들은 『셀레스티나』의 주인공인 칼리스토의 행동에서 그대로 드러나고 있다.

『셀레스티나』의 희극적 플롯의 구성 및 전개 구도에 있어서 로하스가 의지한 작품들은 플라우투스(Titus Maccius Plautus)와 테렌티우스(Publius Terentius Afer)의 라틴 희극이다. 로마 희극 문학을 대표하는 두 작가의 영향에 대해서는 『셀레스티나』의 본문 뒤에 첨가되어 있는 「인쇄 교정원 알론소 데 프로아사가 독자에게」에 잘 나타나 있다. 여기서 데 프로아사는 "로마의 희극 작가이자 신중한 사내들인 네비우스와 플라우투스의 손도 거짓부렁이 하인들의 속임이나 악한 여성들에 대해 로마의 운율로 이렇게 잘 쓰지는 못했습니다"라고 평가를 하면서 『셀레스티나』가 라틴 희극의 영향을 받고 있음을 밝히고 있다. 특히 우리의 관심을 끄는 점은 로하스가 플라우투스와 테렌티우스의 작품들에 등장하는 인물이나 그 이름을 그대로 차용하고 있다는 사실이다. 플라우투스의 대표작인 『메나에크무스 형제(*Menaechmi*)』에서 로하스는 메나에크무스의 쌍둥이 동생인 소시클레스의 하인으로 주인에게 지속적으로 상황에 대한 경고와 합리적 판단을 권하는 메세니오의 역할을 이용하여 칼리스토의 하인인 셈프로니오와 파르메노를 창조하였고, 테렌티우스의 『안드로스에서 온 소녀(*Andria*)』와 『장모(*Hecyra*)』에 등장하는 주인공의 하인인 파르메노와 소시아의 이름을 그대로 자신의 작품에서 이용하고 있다. 이러한 사실은 로하스가 강의실에서, 혹은 개인적으로 플라우투스와 테렌티우스 작품들을 꼼꼼히 읽었다는 사실을 우리에게 말해 준다.

고대 로마 문학과 함께 『셀레스티나』 탄생의 길잡이가 된 것은 중세의 대표적인 희극 장르인 비가풍 희극(comedia elegíaca)이다. 그 기원을 정확하게 알 수 없는 비가풍 희극은 라틴어 운문으로 쓰여진 희극 장르로 12-13세기에 유행하였다. 중세에는 연극 상연이 거의 이루어지지 않았다는 사실을 고려해 볼 때 목가풍 희극 역시 상연보다는 낭독을 위해 창작된 것이라고 유추해 볼 수 있다. 오늘날 22편 정도가 남아 있는 목가풍 희극 작품들 중 우리의 관심을 끄는 작품은 12세기경에 발간된 『팜필루스(*Pamphilus de Amore*)』이다. 오비디우스와 테렌티우스, 그리고 플라우투스 등 라틴 문학의 영향을 지대하게 보여 주고 있는 이 작품은 팜필루스라는 청년이 갈라테아라는 여인을 얻기 위해 우선 비너스 여신에게 도움을 청하고 이후에는 간교한 뚜쟁이 노파의 도움을 받아 결국에는 갈라테아를 정복하는 내용이다. 이 작품에는 많은 철학적·도덕적 경구가 등장하며, 처음에는 팜필루스의 구애를 거절했던 갈라테아가 점차 사랑의 열정에 휩싸여 결국엔 자신의 육체를 팜필루스에게 내어 준다. 우리는 이 작품에서 『셀레스티나』의 중심 내용의 원형적 구조를 발견할 수 있으며 로하스는 이 작품의 내용을 자신의 작품 속에서 변형시켜 반영하고 있다.

하지만 로하스가 『셀레스티나』를 집필하면서 가장 직접적으로 기댄 장르는 무엇보다도 14세기 페트라르카에서부터 시작된 이탈리아의 인문주의 희극이다. 남녀 주인공의 불법적 사랑이라는 단순한 주제를 복잡한 구성으로 만드는 방식, 상하 계급을 막론하고 주요 등장인물의 심리에 대한 심오한 묘사, 당대 사회에 대한 충실한 반영은 인문주의 희극의 두드러진 특징인데, 로하스는 『셀레스티나』에서 이와 같은 인문주의 희극의 특징을 여과 없이 드러내고 있다. 그리고 로하스는 서문에서 자신의 작품은 상연을 위한 것이 아닌 낭독을 위한 것이라고 밝히고 있는데, 이처럼 인물들 간의 대화를 통해 작품을 전개하는 드라마적 구조를 기본 형식으로 하면서도 낭독을 지향하는 점은 인문주의 희극이 지닌 기본적인 특징이다.

라틴 및 이탈리아 문학만 『셀레스티나』의 창작에 영향을 미친 것은 아니다. 많은 문학시가들은 스페인 문학 작품으로서 페르난도 데 로하스에게 직접적인 영향을 미친 것으로 가톨릭 사제인 후안 루이스(Juan Ruiz)의 『좋은 사랑에 대한 책(*Libro de buen amor*)』을 꼽는다. 1,728연의 운문으로 구성된 이 작품은 스페인 중세 사제 문학(Clerecía)의 최고봉으로 평가를 받는데 상이한 내용의 나양한 이야기들로 구성되어 있다. 여기에서는 뚜쟁이인 트로타콘벤토(Trotaconvento)의 도움을 받아 여러 여인들과 사랑을 나누는 작가의 허구적 자서전, 작가와 '사랑'과의 대화, 돈 멜론과 도냐 엔드리나의 사랑 이야기, 돈 카르날과 도냐 쿠아레스마 간의 전쟁, 오비디우스의 『사랑의 기술』에 대한 작가의 평가, 성모 마리아에 바치는 헌시, 뚜쟁이 트로타콘벤토의 죽음에 대한 송가 등이 차례로 나오면서 육체적 사랑의 열정이 가져오는 폐해를 철학적·도덕적 예들을 통해 밝히고 있다. 우리가 『좋은 사랑에 대한 책』에서 관심을 기울여야 할 부분은 주인공이 여러 여성들과 무분별한 애정행각을 펼치는 점과 여기에 뚜쟁이인 트로타콘벤토가 개입하여 주인공과 여성들을 연결해 주는 플롯이다. 트로타콘벤토는 스페인 문학사 최초로 등장하는 뚜쟁이로서 셀레스티나의 원형적 모습으로 간주할 수 있다. 또한 주인공의 애정행각은 로하스가 『셀레스티나』의 남자주인공인 칼리스토를 수단을 가리지 않고 자신이 원하는 여인을 육체적으로 정복하려는 욕망을 지닌 인물로 형상화하는 바탕을 제공한다.

이렇게 『셀레스티나』라는 작품의 탄생에 있어 다양한 문학 장르들이 영향을 미쳤기에 이 작품을 둘러싼 논쟁 중에 가장 치열한 것이 '과연 『셀레스티나』는 어떤 문학 장르에 속하는가'라는 문제이다. 작가 스스로는 1499년 초판본에서는 '희극'으로, 1502년 판본에서는 '희비극'으로 규정하면서 자신의 작품이 극작품이라고 규정을 한다. 그런데 로하스가 바라보는 희극과 희비극에 대한 정의는 매우 불완전하다. 1502년 판본에 포함되어 있는 「서언」에서 로하스는 자신이 왜 작품의 제목을 '희극'에서 '희비극'으로 바꾸었는지를 다음과 같이 설명한다.

> 또 어떤 이들은 이 작품이 '희극'이라는 게 못마땅해서 제목을 가지고도 다투었다. 슬프게 끝나므로 비극이라 부르는 것이 좋다는 것이다. 앞부분을 쓴 첫 번째 작가는 이 작품은 즐거운 것이라서 희극이라고 불렀다. 나는, 이런 분분한 의견들을 보면서 양극단을 피하고 중도를 택해 희비극이라고 이름했다. (27)

여기에서 우리가 알 수 있는 것은 로하스가 희극과 비극의 개념을 정확히 파악하고 있지 못하다는 점이다. 사실 이것은 로하스 개인의 문제라기보다는 당시 시학에 있어서 희극과 비극에 대한 정의가 완전히 이루어지지 않고 피상적으로 규정되어 있었다는 역사적 사실에 기인한다고 보아야 할 것이다. 중세 말, 르네상스 초는 희극과 비극에 대한 개념이 점진적으로 형성되어 가고 있는 과정이었고 당시 시학은 희극과 비극에 대한 정의를 극적 요소에서 찾기보다는 '누구를 다루는지', '결말이 어떠한지'에 중점을 두고 시도하였다. 이 시기 시학자들은 희극은 '중산층 및 중산층 이하의 사람들을 다루면서 일상적 삶을 반영하며 행복한 결말로 끝나는 극'으로, 비극은 '중산층 이상의 사람들을 다루면서 이상적 삶을 묘사하고 비극적인 결말로 끝나는 극'으로 정의하였다. 따라서 자신의 작품에 대한 로하스의 정의는 결말의 방식에 초점을 맞추고 있다. 초판본에서는 『칼리스토와 멜리베아에 대한 희극』이라는 제목을 가지고 출간된 작품을 독자들의 의견을 따라 자신의 작품이 '즐거우니' 희극이며 '슬프게 끝나므로' 비극이라고 말하면서 중도적인 입장을 취하여 『칼리스토와 멜리베아에 대한 희비극』으로 작품 제목을 바꾼 것은 당대 지식인들의 희극과 비극에 대한 태도를 반영한다고 볼 수 있다.

하지만 결말의 형식에 중점을 두어 '희비극'이라고 정의한 로하스의 시각을 그대로 받아들이는 것은 많은 문제점을 야기할 수 있다. 기본적으로 희극은 복잡한 상황에서 출발하여 이 상황을 극복하는 과정에서 관객/독자들에게 즐거움을 선사하며 행복한 결말로 막을 내려야 한다. 그런데 『셀레스티나』의 경우 남녀 주인공의 불법적 애정 행각의 과정에서 보여지는 여러 희극적 장면이 존재함에도 불구하고 남녀 주인공과 셀레스티나, 셈프로니오, 파르메노 등 주요 등장인물들이 모두 죽음을 맞이하게 된다. 이러한 점 역시 행복한 결말로 끝나야 하는 희극의 규정과는 배치된다.

비극의 범주에 『셀레스티나』를 포함시키는 데에도 본질적인 문제점이 발생한다. 비극은 고상한 인물들의 비극적 운명을 장엄하게 다루어야 하는데 『셀레스티나』의 주제는 독자나 관객에게 카타르시스를 전달할 수 있는 엄숙한 것이 아닌 젊은 두 남녀의 육체적 사랑의 열정에 관한 것이다. 또한 주인공의 경우에도 멜리베아는 비극의 등장인물이 될 수 있는 전통 귀족 계급에 속하지만 칼리스토는 도시의 발달과 상업의 발전으로 부를 축적한 신흥 부르주아 계급으로서 비극의 주인공이 될 수 있는 인물이 아니다. 결정적인 점은 칼리스토의 죽음의 방식이다. 소포클레스나 에우리피데스, 아이스킬로스 혹은 셰익스피어의 비극 작품에서 나타나는 주인공들의 죽음은 운명적이며 장엄하고, 이를 통해 관객/독자에게 운명에 구속된 인간의 본질을 느끼게 함으로써 진정한 슬픔을 느낄 수 있도록 하는 요소로 작동한다. 그러나 칼리스토의 죽음은 이들의 죽음과는 전혀 궤를 달리한다. 매춘부인 아레우사가 셈프로니오와 파르메노를 죽음으로 몰아넣은 칼리스토에 대한 복수를 자신의 기둥서방이자 건달인 센투리오에게 부탁하며, 아레우사의 부탁을 받은 센투리오는 이를 자신의 친구들에게 맡긴다. 이들은 마치 야간 순찰대원인 척하며 멜리베아의 집 쪽으로 다가오고, 멜리베아의 집 정원에서 그녀와 사랑을 나누고 있던 칼리스토는 이들이 실제 순찰대원인 것으로 착각하여 겁에 질려 도망을 치다 사다리에서 추락해 사망하게 된다. 이렇듯 칼리스토는 장엄함과는 거리가 먼 가장 수준 낮은 죽음으로 삶을 마감하게 되는데 독자/관객은 칼리스토가 죽음에 이르는 과정에서 카타르시스보다는 오히려 웃음을 짓게 된다.

이렇게 희극적 범주에서도, 비극적 범주에서도 벗어난 『셀레스티나』의 장르 문제는 18세기부터 본격적으로 대두되기 시작하였다. 신고전주의의 세례를 받은 비평가들은 『셀레스티나』 전체가 등장인물들 간의 대화로 구성되어 있지만 상연을 하기에는 너무 분량이 방대하다는 사실을 들어 이 작품은 연극과는 거리가 멀다고 주장하였다. 더욱이 고대 그리스-로마 시대와 비교하였을 때 거의 명맥만 유지하고 있던 중세 연극들과도 본질적인 차이가 있기 때문에 『셀레스티나』를 극작품으로 볼 수 없다고 이들은 평가하였다. 실제 중세 연극들은 운문으로 대사가 쓰인 반면, 『셀레스티나』는 산문으로 쓰였다. 방대한 분량으로 인한 상연 불가와 대화체 산문으로 쓰인 점을 들어 이들 비평가들은 『셀레스티나』를 '대화체 소설(Novela dialogada)', '극적 소설(Novela dramática)', '비극적 소설(Novela trágica)', '행위 소설(Novela de acción)'로 규정하면서 소설로 분류하였다. 이들의 논리를 계승하여 앨런 디어먼느(Alan

Deyermond)와 도러시 시버린(Dorothy Severin)은 『셀레스티나』가 소설적 요소들을 상당히 내포하고 있기에 『돈키호테』에 앞서는 최초의 근대소설이라고 간주한다.

『셀레스티나』의 장르 논쟁에 있어서는 특이한 시각도 존재한다. 스티븐 길먼(Stephen Gilman)은 이 작품이 "예술적 견지에서 볼 때 유일무이한 작품"이기에, 그리고 이러한 조건은 이전 드라마나 근대소설에 앞서 순수한 대화에 의지하고 있기에 "무장르적" 특성을 지닌 유일무이한 작품이라고 주장한다. 사실 이 작품은 극과 소설의 요소를 모두 포함하고 있기에 유럽 근대소설과 연극의 탄생에 있어 매우 중요한 역할을 수행하고 있다는 사실은 부정할 수 없다.

한편 마리아 로사 리다 데 말키엘(María Rosa Lida de Malkiel)은 『셀레스티나』가 지닌 드라마적 특성을 강조한다. 그러나 동시에 이 작품은 상연이 아니라 읽기 위해 썼다는 점을 부각시킨다. 이는 텍스트 자체에 대한 충실한 해석으로서 『셀레스티나』를 출간한 프로아사도 작품 말미의 「인쇄 교정원 알론소 데 프로아사가 독자에게」에서 밝히고 있다.

> 독자여, 그대는 여기 내가 말하는 작품에 대해
> 많은 말을 할 수 있습니다.
> 이 작품을 잘 읽어 보면 당신은
> 무쇠보다 더 강한 심장을 녹일 수 있고
> 사랑하기를 원하는 사람을 사랑하지 않게 할 수도 있고
> 고통에 찌들어 슬픈 자를 슬프지 않게 할 수도 있으며
> 알지도 못한 채 많은 것을 깨닫게 됩니다. (358)

그리고 이 작품은 고전 라틴 희극의 오랜 전통에 위치시킬 수도 있다. 로하스는 이 전통을 계승하면서 당대의 현실을 삽입해 새로운 장르로의 진화를 꾀하고 있다. 즉 주인공이 자신의 연애를 하인들과 중개인에게 맡김으로써 하인들이 작품의 전면에 등장하게 되고 고전 라틴극과는 달리 여주인공에게 중요성을 부여하며 이를 통해 등장인물 대부분이 독특한 자기만의 중요도를 갖추게 된다. 『셀레스티나』를 출간한 프로아사의 말은 당대 지식인들이 로하스의 작품을 크라티노와 매난드로, 마그네스, 플라우투스 그리고 테렌티우스의 그리스-라틴 희극의 전통 속에서 수용하고 있음을 단적으로 보여 준다.

> 로마의 희극 작가이자 신중한 사내들인
> 네비우스와 플라우투스의 손도
> 거짓부렁이 하인들의 속임이나
> 약한 여성들에 대해 로마의 운율로 이렇게 잘 쓰지는 못했습니다.
> 그리스의 젊은 시인이자 작가들인 크라티노와 매난드로와 나이
> 　많은 극작가인 마그네스는
> 이런 문제를 거의 알지도 못했고
> 우리의 시인이 스페인어로 본 것만큼
> 최고의 문체로 묘사한 줄도 몰랐습니다 (359)

그리스-라틴 고전 희극의 전통과 극적 특성을 강조하는 리다 데 말키엘은 프로아사의 『셀레스티나』에 대한 위와 같은 평가를 기반으로 로하스의 작품이 인문주의 희극의 범주에 속한다고 보고

있다. 앞에서 살펴보았듯이 인문주의 희극은 등장인물들 간의 대화를 통해 플롯을 전개하는 드라마적 구조를 기본 형식으로 하면서도 상연보다는 낭독을 지향한다. 더군다나 인문주의 희극 작품들은 예외 없이 플라우투스와 테렌티우스 극작품의 플롯 구조를 바탕으로 하면서 대학생이나 대학교수 등 대학 사회와 관련된 구성원들에 의해 창작되었다. 일반적으로 인문주의 희극 작품들은 남사 주인공이 하인의 도움을 받아 자신이 원하는 여성의 마음을 얻기 위한 과정을 다루고 있으며, 라틴어가 지배하던 당대 대학 사회의 풍토를 그대로 반영하여 짧은 분량의 라틴어 운문으로 쓰였다. 주제적·내용적 차원에서 보았을 때 『셀레스티나』는 이탈리아 인문주의 희극의 범주에 속할 수 있다. 그러나 형식적 차원에서 보았을 때 로하스의 작품을 인문주의 희극의 범주에 넣을 수 없다. 왜냐하면 이 작품은 라틴어가 아닌 스페인어로 쓰였으며, 운문이 아닌 산문이고, 인문주의 희극 작품들과는 달리 총 21막으로 구성된 매우 긴 작품이기 때문이다. 인문주의 작품이면서도 인문주의 작품이라고 단정할 수 없는 『셀레스티나』를 "인문주의 희극의 스페인적 변용 작품"이라고 본 호세 루이스 카넷(José Luis Canet)의 주장은 상당히 설득력이 있다. 이탈리아 인문주의 운동이 강한 영향을 미치고 있던 살라망카 대학 법학부 학생이었던 로하스는 인문주의 희극 작품들을 용이하게 접할 수 있었을 것이고, 이 희극의 하위 장르가 지닌 기본 골격 위에 『좋은 사랑에 대한 책』과 같은 당대 인기가 있었던 스페인 문학의 살을 덧붙여 자신만의 문학 세계를 창조하였던 것이다.

카넷의 주장을 수용하면서 필자는 『셀레스티나』를 공시적·통시적 차원에서 검토해 보았을 때 희극의 범주에 포함시키는 것이 타당하다고 본다. 로하스의 작품이 지닌 서사적 특징에 주목하여 이 작품을 소설로 간주하는 평론가들의 견해도 타당한 점이 있지만, 『셀레스티나』 속에서는 서사 문학의 본질인 등장인물의 심리 묘사 및 이들을 둘러싸고 있는 환경에 대한 묘사가 존재하지 않고 이것들은 등장인물들의 행위와 방백을 통해 제시되고 있는 점을 고려할 때 『셀레스티나』를 소설 작품으로 규정하는 데에는 근본적인 한계가 있다고 사료된다. 한편 동일한 혹은 적어도 유사한 형식을 공유하고 있어야 하는 문학 장르의 속성을 고려할 때 『셀레스티나』를 인문주의 희극의 범주 속에 포함시키는 것은 내용적 차원에 있어서는 가장 타당하지만 앞에서 살펴보았듯이 형식적 차원에서는 맞지가 않다.

한 문학 작품을 해석할 때 간과하지 말아야 할 사실은 현재의 시각에서 작품을 바라보는 대신 일차적으로는 이 문학 작품이 탄생했던 당시의 시각에서 작품을 바라보아야 할 필요가 있다는 점이다. 먼저 우리가 주목해야 할 점은 작가인 로하스가 자신의 작품을 어떻게 바라보았느냐 하는 점이다. 로하스는 「저자가 자신의 한 친구에게」에서 자신의 작품 집필 동기로 원저자가 쓴 제1막을 세 번, 네 번 "읽고" 난 후 받은 감동이라고 말한다(11). 이어지는 「서언」에서도 "이런 식으로 열 명이면 열 명 모두 자기 방식대로 이 극을 듣기 위해 모이면"(27)이라고 쓰고 있는데 이는 로하스가 자신의 작품을 읽기 위한, 혹은 낭독을 위한 작품으로 간주하고 있음을 보여 준다. 그리고 인쇄업자인 프로아사는 로하스의 작품을 플라우투스와 테렌티우스의 희극 작품의 전통 속에서 파악하고 있다.

작품 말미 운문에서 프로아사는 어떻게 『셀레스티나』를 잘 감상할 수 있는지를 설명한다.

> 이 작품을 읽으면서 청중들의
> 관심을 사로잡기를 원한다면
> 읽는 법을 알기 바랍니다.
> 가끔은 기쁨과 희망과 열정으로,
> 또 가끔은 분노와 엄청난 당혹감으로
> 읽으면서 수천 가지 기술과 방법을 보여 주시오.
> 등장하는 모든 사람들의 입으로 질문하고 대답하시오.
> 상황에 맞게 울고 웃기도 하면서 말이오. (360)

필자는 『셀레스티나』의 장르 문제를 다루는 데 있어서 이 작품에 대한 프로아사의 시각이 매우 중요한 역할을 한다고 생각한다. 프로아사는 로하스와 마찬가지로 살라망카 대학에서 수학하였으며 이후 발렌시아 대학에서 수사학 교수를 역임한 지식인이었다. 출판업을 하면서 프로아사는 다양한 장르의 서적들을 출간하였고 이를 통해 그 누구보다도 당대 출판 작품들의 장르적 특성을 잘 간파하고 있었을 것이다. 자신의 친구인 로하스의 작품을 출간하기 위해 편집을 하면서 그는 자연스럽게 『셀레스티나』를 그리스-로마 희극 전통 속에서 파악하고 있다. 이것은 15세기 말 스페인의 지식인 독자들이 『셀레스티나』를 어떤 장르의 문학 작품으로 인식하고 있었는지를 대변해 준다.

중세 말, 근대 초에 희극은 명맥만 유지되던 중세 연극의 틀에서 벗어나 새로운 방향을 모색하고 있던 과도기적인 과정 위에 놓여 있었다. 이 시기 독자들은 희극이란 상연을 위한 작품이라는 개념을 가지지 않고 있었다. 스페인에서 이 개념이 정립된 것은 16세기 전반기에 활동했던 바르톨로메 토레스 나아로(Bartolomé Torres Naharro)가 이탈리아 신희극의 영향을 받아 쓴 일군의 작품들이 희극 장르의 정전으로 수용이 되고 로페 데 루에다(Lope de Rueda)가 이끄는 전문 극단이 활동하기 시작한 16세기 중반에 들어와서다. 15세기 말, 16세기 초 상당수 스페인인들은 희극은 읽기 위한 작품, 혹은 낭독을 위한 작품이라는 생각을 가지고 있었다. 즉 이 시기 희극은 오늘날 우리가 인식하고 있는 희극과는 다른 개념으로 스페인인들에게 각인되어 있었던 것이다. 한편 16세기 중후반까지 지속된 『셀레스티나』의 인기는 당대 문학 작품들에 깊은 흔적을 남겼는데, 로하스의 작품을 가장 적극적으로 수용하고 그 영향이 선명하게 남아 있는 문학 장르가 바로 희극이다. 이 사실은 16세기 스페인 지식인들과 문학인들이 『셀레스티나』를 당시 기준으로의 희극으로 간주하고 있음을 증명하는 하나의 예이다. 이런 점을 고려하면서 필자는 『셀레스티나』를 16세기 전반기의 특성이 녹아 있는 희극으로 보고자 한다.

4) 페르난도 데 로하스의 작품 창작 의도

어떤 문학 작품을 작가는 왜 집필하였는가라는 질문, 즉 한 작가의 작품 창작 의도에 대한 연구는 작가의 개인적·주관적 심리에 대한 연구이기에 정확하게 그 의도를 설명하는 것은 사실 불가능하다.

장르 문제와 함께 『셀레스티나』를 둘러싼 가장 큰 논쟁은 바로 로하스의 작품 창작 의도에 관한 것이다. 작품에 접근하는 시각에 따라서 우리는 로하스의 의도를 다양하게 해석할 수 있다. 대표적인 경우가 로하스의 유대계 혈통과 관련하려 작가의 의도를 파악하는 것이다. 이와 같은 접근법을 취하는 연구자들은 기독교로 개종한 유대인 집안에서 출생한 로하스로서는 기본적으로 스페인 사회에 대한 불만을 가질 수밖에 없었다고 간주한다. 이 책에 등장하는 모든 주요 등장인물들은 자신의 이익을 위해서만 행동하는 이기주의적 양상을 보여 준다. 칼리스토와 멜리베아는 열정을 충족시키기 위해, 셈프로니오와 파르메노는 성과 물욕을 위해, 셀레스티나는 자신의 탐욕을 채우기 위해 행위를 한다. 그리고 이들 간의 의사소통은 자신들의 이익을 위한 하나의 수단일 뿐 공존을 위한 진정한 의사소통으로 보기는 힘들다. 물욕과 성욕이야말로 이들의 사회적 존재 방식의 최종적 목표인 것이다. 로하스가 이렇게 비관적 시각으로 등장인물들의 행위를 묘사한 것은 바로 스페인 사회에서 그가 지닌 뚜렷한 한계성에 대한 불만이라는 것이 기독교로 개종한 유대인으로서의 로하스를 중심으로 『셀레스티나』를 바라보는 학자들의 시각이다.

또 다른 시각은 중세의 붕괴와 자본주의를 바탕으로 한 근대의 탄생 과정에서 필연적으로 발생하는 사회적 혼돈에 대한 로하스의 비판 의식으로부터 작가의 집필 동기를 탐색한다. 이 시각에 따르면 주인공인 칼리스토는 자본주의의 발전과 도시의 발달로 인해 탄생한, 상업을 바탕으로 부를 축적한 부르주아 계급 집안의 자손으로 조부모 및 부모 세대가 이룩한 부로 인해 생산 활동에 종사

할 필요 없이 소비와 향락에 빠져 있는 젊은 부자이다. 반면 칼리스토가 반한 멜리베아는 중세 때부터 명망을 이어 온 전통적인 귀족 가문의 여식이다. 칼리스토와 멜리베아의 비극은 바로 이 계급의 차이에서 비롯된다. 만약 칼리스토가 멜리베아의 집안과 마찬가지로 전통적인 귀족 계급이었으면 뚜쟁이를 동원하면서까지 멜리베아를 만날 필요가 없었을 것이다. 왜냐하면 동등한 귀족 계급이기에 가문끼리 공식적인 교류를 통해 두 젊은이들을 결혼시킬 가능성이 충분히 있기 때문이다. 하지만 칼리스토는 비록 재산은 많은 집안의 자제이지만 전통 귀족 계급보다는 아래인 부르주아 계급으로서 멜리베아와의 합법적인 만남을 추구한다는 것은 현실상 불가능한 일이었다. 서로 다른 계급에 속하는 남녀의 사랑은 결국 비극적 파국을 가져올 수밖에 없는 것이 현실이었고 로하스는 바로 이런 현실을 『셀레스티나』를 통해 보여 주고 있는 것이다. 한편 사회 비판적 시각을 통해 로하스의 작품 집필 의도를 설명하는 연구자들은 칼리스토의 하인들인 셈프로니오와 파르메노가 왜 주인의 애정 행각을 이용하여 사욕을 채우려 했는지를 역시 중세의 붕괴와 자본주의적 근대 세계의 탄생이라는 측면에서 설명한다. 중세 사회의 특징이었던 봉건제하 주군과 신하 간 신뢰에 바탕을 둔 관계는 이제 금전을 중심으로 새로운 인간관계를 형성하게 되었으며, 여기에서 가장 중요한 것은 더 이상 인간적 유대와 소통을 통한 '우리'의 건설이 아니라 자기 자신의 이익이었다. 셈프로니오와 파르메노는 이렇게 변화된 인간관계와 사회의 모습을 명확하게 반영하는 시대의 거울로 제시되고 있다.

창작 의도를 로하스의 유대인 혈통과 관련시어 파악하는 시각이건 사회비판적 사유로부터 파악하는 시각이건 간에 로하스가 당대 사회에 대해 상당히 비판적이고 비관적이었다는 점에 있어서는 의견의 일치를 보이고 있다.『셀레스티나』속에 녹아 있는 로하스의 사유를 입체적으로 그리기 위해서는 이들의 시각을 분리해서 보기보다는 통합해서 볼 필요가 있다.

필자는 로하스의 작품 집필 동기를 두 가지 측면에서 파악하고자 한다. 첫째로 로하스의 창작 동기는 본질적으로 도덕적 교훈의 전달에 있다고 사료된다. 15세기 말, 16세기 초 스페인 사회에서 일반적으로 받아들이기 껄끄러울 정도로 관능적인 내용들을 포함하고 있는 작품의 제시에 있어서 로하스는 패러텍스트들을 통하여 자신의 집필 동기는 독자들에게 도덕적 교훈을 주기 위한 것이라고 명확히 밝히고 있다. 물론 단순히 소일거리로 읽기 위해 관능적인 내용을 담은 작품을 집필했을 가능성도 배제할 수 없지만 작품 본문 앞뒤에 배치되어 있는 서문들과 후기들에서 로하스는 자신의 의도를 명확히 밝히고 있으며 독자들에게 자신의 의도에 따라 작품을 읽기를 권하고 있다. 우선 작품 제일 첫머리에 나오는「서언」에서 로하스는 자신의 작품은 "젊은이들에게 하인이나 뚜쟁이들의 간교함을 일러 주는 경고와 삶의 철학"(9)이라고 규정한다. 제1막이 시작되기 전에도 로하스는 "이 작품은 무질서란 욕망의 포로가 되어 여인을 자기의 신이라고 부르는, 미친 사랑에 빠진 사내들을 비난하기 위해 작성되었다. 물론 뚜쟁이와 사악한 아첨쟁이 하인들의 속임수를 알리기 위한 목적도 있다"(29)라고 자신의 집필 의도를 명확히 밝히고 있다. 또한 자신의 이름을 밝히고 있는 이합체 운문에서도 이와 같은 도덕적 입장은 계속된다.

쓴 약을 의심하거나
먹기를 원하지 않는 환자에게
그 쓴 약을 달콤한 음식 안에다 넣어서 주면
미각은 속고 건강은 좋아지듯이
이런 식으로 나의 펜은 움직인다.
음담패설이나 웃음을 자아내는 표현들을 사용하여
고통에 찌든 사람들의 귀를 끌어당겨
즐거이 교훈을 얻게 하고 자신의 짐을 던져 버리려 한다. (19)

여기에서 우리는 호라티우스(Horatius)에서부터 면면히 이이져 내려오는 문학의 교훈적 기능의 전통을 목도할 수 있다. 호라티우스는 『시학(*Ars Poetica*)』에서 시인은 작품을 통해 독자들에게 즐거움과 교훈을 동시에 줄 수 있어야 한다고 주장한다. 문학의 기능에 대한 호라티우스의 이와 같은 생각은 이후 '당의정 이론(Sugar-coated pill theory)'으로 정립되어 르네상스기까지 문학의 효용성을 규정하는 토대가 된다. 작품의 말미에 로하스는 다시 한 번 자신의 작품이 도덕적 교훈을 주기 위한 것이라고 강조하면서 어떻게 이 작품을 해석해야 할지 그 방법론을 독자들에게 제시한다.

독자여, 이 작품에서 보이는 재미있는 표현들에 대해서
부끄러워하거나 작가의 인품을 의심하지 마시오.
신중하게 그 뜻을 음미해 보면 얼마나 작가가
공들여 쓴 작품인지 알 것입니다. (355)

이어서 유럽의 전통적인 문학관인 당의정 이론에 입각한 자신의 창작 의도를 밝히고 있다.

> 독자여, 고양한 도덕으로 무장된 쓰디쓴 약이 당신에게 초래할 수 있는
> 기분 나쁜 감정을 기쁜 마음으로 즐기십시오.
> 여기 적힌 옛 격언과 속담과 우롱과 음란한 표현들은
> 뭇사람들에게 흥미를 주면서 작품을 완독케 합니다. (366)

둘째로 생각해 볼 수 있는 로하스의 작품 집필 의도는 상류 계급에 대한 비판이다. 작품 초반부에 보이는 주인공 칼리스토의 모습은 궁정연애(amor cortés)의 전형적인 주인공의 모습이다. 귀족 정신과 기사도 정신을 강조하면서 여성에 대한 숭배와 그녀를 향한 지고지순한 사랑을 특징으로 하는 궁정연애는 중세 유럽 식자층들에게 인기 있는 주제였다. 하지만 멜리베아를 보자마자 사랑에 빠져 신음하는 칼리스토는 궁정연애가 추구하는 이상적 사랑의 주체와는 거리가 멀다. 비록 작품 초반부에서는 사랑의 열병을 앓지만 이 열병은 멜리베아를 향한 진정한 사랑이 아니라 그녀를 육체적으로 정복하고자 하는 욕망에 다름 아니다. 이러한 점은 멜리베아를 만난 뒤 칼리스토가 보여 주는 행동에 그대로 드러난다. 멜리베아와의 두 번째 만남(제14막)에서 칼리스토는 그녀를 만나자마자 그녀의 몸을 더듬는다. 이런 행동에 대해 멜리베아가 저항하자 칼리스토는 "나는 이 은사를 얻기 위하여 나의 전 생애를 바쳤소. 그런데 이 은사를 받으려는 순간, 이 은사를 포기하라시면 어떻게 되

는 겁니까?"라고 반문하고 나서 "당신의 고운 몸매와 여리고 고운 살결을 즐기려" 한다는 자신의 목적을 가감 없이 드러내고 있다. 궁정연애의 주인공들이 보여 주는 이상적 사랑과는 거리가 먼 멜리베아의 육체에 대한 정복이 칼리스토의 목적이었다는 점이 여기에서 명확히 드러나고 있다. 세 번째 만남에서 칼리스토의 의도는 더욱 잘 드러난다. 멜리베아를 만나자마자 역시 그녀를 취하려고 그녀의 옷을 벗기는 가운데 멜리베아가 가벼운 저항을 하자 칼리스토는 "새를 먹으려면 먼저 깃털을 제거해야 한다"라며 매우 천박한 표현을 사용한다. 궁정연애 주인공의 모습으로 작품 초반부를 장식했던 칼리스토의 모습을 이상적 사랑과는 거리가 먼, 육체적 관계만을 추구하는 속물적 인간으로 전환시킨 로하스의 의도에는 우선 당시 인기가 좋았던 궁정연애의 패러디를 통해 상류 계급의 모범적 행위와는 상반되게 행동하는 칼리스토를 보여 줌으로써 자신에게 부여된 사회적 가치를 수행하지 않는 상류 계급의 위선과 허위를 폭로하고자 하는 정교한 계산이 녹아 있다.

상류 계급을 희화화시켜 이들을 향한 비판의 날을 겨누려는 로하스의 의도는 칼리스토를 수동적 존재로 그리는 데서 시작된다. 첫눈에 반한 여성의 사랑을 얻기 위해 칼리스토는 직접 자신이 나설 계획조차 수립하지 못하고 셈프로니오에게 의지한다. 셈프로니오는 주인의 이와 같은 수동적 성격과 소심함을 이용해 사욕을 채우려는 생각을 하게 되고 이를 위해 셀레스티나를 찾게 된다. 결국 칼리스토가 멜리베아를 만나기까지의 모든 과정은 셈프로니오와 셀레스티나가 주도한다. 수동적 성격 외에 칼리스토는 인간관계에 있어 이기적인 모습도 보인다. 멜리베아와의 만남을 주선하는 데 큰 역할을 한 셈프로니오와 파르메노가 셀레스티나를 살해한 혐의로 교수형에 처해졌음에도 불구하고 칼리스토는 예정대로 멜리베아를 만나 육체적 관계를 맺는다. 이 모습을 지켜보고 있던 칼리스토의 하인 트리스탄의 한탄은 그의 인간성이 어떠한지를 생생하게 독자에게 전달한다.

> 이미 그들을 잊으셨어. 하찮은 일에 봉사하다가 너희들은 죽어 버려라! 그가 보호막이 되어 줄 거라고 믿으면서 너희들은 미친 짓을 해라! 이런 꼴이지. (…) 자기들을 위해 수고한 하인들은 광장에서 목이 잘렸는데 서로 껴안고 좋아 죽겠다 하고 있는 저들을 보라고. (277-278)

상층 계급에 부여된 사회적 규범을 준수하지 않고 자신의 세속적이고 추한 목적만을 위해 존재하는 칼리스토는 결국 멜리베아의 집 담장을 넘어 도망치다 추락하면서 비참한 최후를 맞게 된다. 이처럼 로하스는 최악 중의 최악에 해당하는 칼리스토의 행동들을 코믹한 필치로 다룸으로써 그를 도덕과 윤리의 전달자 역할을 하는 정상적 주인공과는 반대의 극에 위치한 반(反)주인공으로 제시하고 이를 통해 독자에게 '하지 말아야 할 행동'들을 느끼게 하여 독자들에게 교훈을 던져 주는 전략을 구가하고 있다.

5) 사실주의로의 여정: 새로운 문학 공간과 인물의 창조

중세문학에 황혼의 그림자를 드리우고 근대문학으로의 길을 연

『셀레스티나』의 문학사적 가치는 앞에서 언급하였듯이 이상적 공간을 혁파하고 현실적 공간을 작품 속에 재현했다는 점이다. 이와 같은 사실주의로의 이행은 핍진성의 강화로 실현되고 있으며, 핍진성의 강화는 새로운 문학 공간과 등장인물의 창조로 이루어진다. 『셀레스티나』의 문학 공간은 도시이다. 상업의 발전으로 인해 중세 후반기부터 발전하기 시작한 도시는 15세기 말, 16세기 초 인구의 유입으로 더욱 규모가 확대되면서 중세와는 전혀 다른 사회적 공간이 된다. 부르주아 계급의 성장 속에서 도시의 삶의 근간은 인간적 유대 관계가 아니라 자본으로 전환되었고, 자본에 의한 새로운 계약적 인간관계 형태가 형성되었다. 여기서 중요한 것은 각 개인 간의 심리적 유대감이 아니라 물질적 이익이며 이 공간에서 살고 있는 셈프로니오와 파르메노 그리고 셀레스티나는 이처럼 변화된 사회의 초상화에 다름 아니다.

『셀레스티나』에 등장하는 여러 등장인물들 중 가장 관심을 끄는 인물은 역시 뚜쟁이 노파 셀레스티나이다. 비록 『셀레스티나』 이전 문학에서도 뚜쟁이 노파는 등장하지만 기본적으로 세속지향적인 인간의 심리를 꿰뚫고 이를 이용하여 자신의 이익을 극대화하려는 뚜쟁이 노파의 모습을 『셀레스티나』만큼 생생히 묘사하고 있는 작품은 없었다. 자신의 주인인 칼리스토에게 충실한 모습을 보이고 칼리스토와 멜리베아 간의 불법적인 사랑의 중개를 통해 개인적 이익을 최대화하려는 계획에 걸림돌로 작동할 파르메노를 셀레스티나는 개인적 인연과 섹스라는 두 개의 무기를 통해 자신의 편으로 끌어들인다. 남녀 주인공들 간의 불법적 사랑을 위한 뚜쟁이 활동으로 인해 처벌을 받을 수 있다는 사실을 두려워하면서도 결국에는 자신의 이익을 챙기기 위해 멜리베아의 집으로 향하는 셀레스티나의 모습에서 우리는 악 그 자체인 사악한 마녀나 추악한 외모를 가진 늙은 뚜쟁이라는 이미지보다는 오히려 인간적이고 친숙한 모습을 발견한다. 처음에는 박대를 받으면서도 결국에는 지속적인 설득과 유혹을 통해 멜리베아의 심리 상태를 변경시키고 칼리스토와 사랑에 빠지게 하는 모습에서는 비록 세상은 폄훼하고 인정하지 않지만 자신의 직업에 대한 강한 자부심과 인간 심리를 완벽히 파악하고 조정할 수 있는 현실의 지배자의 모습으로 독자에게 제시된다. 또한 남녀 주인공 간의 만남을 성공시킨 대가로 받은 보상금을 원래 약속대로 셈프로니오, 파르메노와 나누지 않고 독차지하려는 탐욕스러운 셀레스티나의 모습은 중세 경제 체제가 근대 자본주의 체제로 이행하는 시기의 변화된 환경에 가장 잘 적응할 수 있는 가능성을 지닌 인간형으로 우리에게 다가온다. 셀레스티나가 지닌 이와 같은 특징들은 중세 말, 근대 초를 살아 간 스페인인들에게 있어서는 문학 작품 속에서만 존재하는 가상의 존재가 아닌 실제 존재하던 인물들의 모습이었고, 로하스는 바로 이러한 공간을 왜곡 없이 그대로 다루고 있기에 뚜쟁이 노파는 친숙한 존재로 독자에게 다가갈 수 있었다. 작품 출간 즉시 『셀레스티나』가 베스트셀러로 등극한 것은 어찌 보면 순전히 셀레스티나라는 등장인물에 대한 독자들의 열광 덕분이었으며, 그 결과 로하스의 작품은 『칼리스토와 멜리베아에 대한 희비극』이란 원제목보다 『셀레스티나』로 고정되어 지금까지 이르고 있다.

도시라는 공간의 창조와 관련하여 로하스가 새롭게 창조한 인물들은 이 공간의 주변부를 차지하고 있는 하층 계급 인물들이다.

이들 중에서 특히 『셀레스티나』를 보다 다채롭게 만든 인물들은 아레우사와 엘리시아(Elicia)이다. 엘리시아는 셀레스티나와 함께 살면서 영업을 하는 매춘부이고 아레우사는 엘리시아와 끈끈한 관계를 유지하지만 독립적인 생활을 즐기는 매력적인 매춘부이다. 로하스는 사회의 최하층을 이루는 이들 매춘부들을 단순히 극적 재미를 더하기 위한 이차적 인물로 설정하지 않고 칼리스토를 죽음으로 몰고 가는 동기를 제공한 인물로 제시한다. 아레우사는 자신의 애인인 파르메노가 셀레스티나 살인죄로 처형을 당하자 이에 대한 보복을 하기 위해 자신의 기둥서방인 센투리오에게 칼리스토를 살해해 주길 요청하며 이 결과 비록 센투리오에게 직접 죽임을 당하지는 않지만 칼리스토는 삶을 마감하게 된다. 그리고 칼리스토의 사망 소식을 접한 멜리베아 역시 자살을 하게 된다. 결국 작품이 주인공들의 죽음으로 끝나게 된 데에는 아레우사의 복수심이 결정적인 역할을 하고 있다.

플롯의 전개 과정에서 아레우사의 역할은 매우 중요하지만, 필자는 『셀레스티나』가 창조한 가장 매력적인 인물로서 아레우사의 역할을 바로 자유에 대한 갈망과 독립 정신의 표출이라고 본다. 아레우사의 이러한 모습은 제9막에서 명확하게 묘사된다. 이 막에서 아레우사와 엘리시아, 그리고 셀레스티나는 파르메노와 셈프로니오가 칼리스토의 집에서 훔쳐 온 음식을 함께 먹으며 파티를 벌인다. 이 자리에서 아레우사는 칼리스토와 멜리베아를 비난하면서 당시로서는 혁명적인 발언을 한다.

웃기고 있네. 행실이 가문을 만들어. 우리는 모두 아담과 이브의 자식이잖아. 사람들은 각자의 노력으로 훌륭해지려고 노력해야지. 자기 조상이 귀족이니까 자기가 귀족이란 생각은 버려야 해. (201)

오늘날에도 진보적인 발언으로 여겨질 수 있는 발언이 15세기 말, 사회 최하층에 속하는 매춘부의 입에서 나왔다는 사실을 다양한 해석을 가능하게 한다. 필자는 아레우사의 이 발언은 상층 계급을 비판하기 위한, 로하스의 작품 집필 의도와 직결된다고 본다. 이 발언을 통해 로하스는 상층 계급의 비윤리적 행위를 비판하며 자신이 지향하는 이상적 사회의 방향을 제시하고 있다. 또한 로하스는 따뜻한 시선으로 이들 매춘부들을 그리고 있다. 짧았던 사랑에도 불구하고 아레우사와 엘리시아는 사형당한 파르메노와 셈프로니오를 진정 추억하고 있으며 서로를 위무하면서 앞으로의 자신들의 진로에 대해 진지한 논의를 한다. 칼리스토와 그의 하인들에게서 보이는 인간관계의 단절이 아레우사와 엘리시아 간에는 보이지 않고, 대신 서로 의지하면서 세상을 살아가려는 상호 유대의식이 강하게 드러난다. 그 결과 상층 계급에 속하는 주인공들은 모두 죽지만 아레우사와 엘리시아는 계속 도시의 한구석 공간에서 살아가는 것이다.

로하스가 창조한 새로운 인물들 중 가장 새로운 인물은 센투리오다. 그는 아레우사의 기둥서방으로 그녀를 보호한다는 명목하에 지속적으로 그녀에게서 돈을 갈취한다. "곱슬머리에 얼굴에는 칼자국이 나 있고 두 번씩이나 태형을 받은 등짝과 칼에 팔이 잘려나간 외팔이"인 센투리오는 아레우사 외에도 "30명의 여자를 팔아먹은"(289) 포주이기도 하다. 하지만 뒷골목 건달인 센투리오는 허풍이 심하며 막상 위험한 일을 실행할 때는 뒤로 빠지는 비겁한 성격을 가지고 있다. 아레우사와 엘리시아가 칼리스토에 대한 복수를 부탁하자 센투리오는 “내 칼이 아니면 누가 묘지를 만원으로 채울까?”(318)라고 거드름을 피우면서 자신의 용기를 뽐낸다. 하지만 아레우사와 헤어지자마자 그녀의 부탁이 위험하다는 사실을 깨닫고는 자신의 친구들에게 아레우사의 부탁을 떠넘길 궁리를 하는 비겁한 모습을 보여 주고 있다. 센투리오는 스페인 문학사에 최초로 등장한 범죄 세계 속에서 살아가고 있는 건달 폭력배이다. 그가 보여 준 허풍과 비겁함은 독자들에게 상당한 즐거움을 선사하였고 이후 16세기 희극에서 자주 등장하는 코믹한 등장인물의 원형으로 후대 문학 작품에 영향을 미친다.

4 『셀레스티나』, 명작, 그리고 해석

앞에서 살펴보았듯이 이상주의적인 귀족 세계 속에 머물던 중세문학과 비교하였을 때 『셀레스티나』가 거둔 가장 큰 성과는 현실 세계에 존재하는 ‘뼈와 살’을 지닌 인물들이 삶을 영위해 가는 문학 공간을 창조하였다는 점이다. 『셀레스티나』의 이와 같은 사실주의적 세계의 창조는 영웅적·이상적인 모습이 결여된 채 자신이 지향하는 세속적 목적의 성취를 위해 법적·윤리적으로 허용되지 않는 행동들을 스스럼없이 하는 등장인물들을 통해 생생하게 보인다.

『셀레스티나』는 사실 내용 자체가 독창적이지는 않다. 로하스는 고대 로마 문학과 중세문학, 그리고 르네상스 문학의 세계 속에서 15세기 말 스페인의 현실에 대한 자신의 감각을 융합하면서 공시적 씨줄과 통시적 날줄을 정교하게 직조하고 있다. 이런 측면에서 볼 때 『셀레스티나』는 전지전능한 존재로서의 작가의 창조물인 '작품(work)'이라기보다는 롤랑 바르트(Roland Barthes)와 줄리아 크리스테바(Julia Kristeva)가 말하고 있듯이 역사적 시간과 사회적 공간의 좌표가 교차하는 모자이크의 조합으로서의 '텍스트(text)'라고 볼 수 있다. 하지만 이는 단순한 조합이 아니라 창조적 조합이다. 이미 정전으로 규정된 작품들로부터 플롯 전개 구조를 가져왔지만 로하스는 이 구조를 그대로 자신의 작품 속에 건설하지 않고 현실적 요소를 대거 수용하여 정전과는 상이한 문학 세계를 창조하고 있다.

『셀레스티나』는 기본적으로 사랑에 관한 작품이다. 사랑을 주제로 한 작품은 어느 시대나 어느 사회에서나 어느 정도 독자들의 관심을 끈다. 하지만 로하스는 이 사랑의 성격을 당대 사회가 허용하지 않는 비윤리적 사랑으로 전환하며, 이 사랑의 실현을 위한 과정에 사욕만을 추구하는 현실적 인물들을 등장시키고 동시에 이들 간의 내적 암투를 극한으로 몰고 감으로써 일반적인 사랑을 주제로 한 작품과는 전혀 다른 사랑을 보여 준다. 이와 같은 플롯 전개 구성 방식은 『셀레스티나』의 출간 직후부터 많은 희극 작가들의 관심을 끌었다. 미겔 앙헬 페레스 프리에고(Miguel Ángel Pérez Priego)의 주장대로 16세기 스페인 희극은 『셀레스티나』가 없이는 존재가 불가능했을 정도로 우연의 산물이라고 볼 수 있는 로하스 작품의 후대 문학에 대한 영향은 절대적이었다(Priego 1991).

장르 문제, 작가의 작품 집필 의도 문제 등 『셀레스티나』는 여전히 풀리지 않는 수수께끼를 품고 있는, 지속적으로 독자에게 해석의 도전을 요구하는 작품이다. 해석은 이 작품을 접하는 독자의 세계관, 독자가 존재하고 있는 시공간에 따라 끊임없이 변화할 것이다. 『셀레스티나』에 대한 완벽하고 완전한 해석은 지금까지 존재하지 않았고 앞으로도 존재하지 않을 것이다. 최종 해석은 독자의 몫이며 이를 위해 독자는 로하스와 팽팽한 긴장 관계를 유지하면서 그가 설치해 놓은 해석이라는 즐거운 미로를 여행하여야 한다. 역사적으로 볼 때 중세 말, 르네상스 초입에 쓰여진 『셀레스티나』는 중세 사회 체제가 붕괴되고 자본주의를 토대로 하는 새로운 근대 체제가 등장하는 시기를 생생히 묘사하고 있다. 『셀레스티나』는 이렇게 전환기 사회에서 우리가 목도할 수 있는 카르페 디엠(carpe diem) 현상을 여과 없이 보여 주면서 독자에게 어떤 사회를 건설해야 되는지 정답 없는 질문을 던지고 있는 것이다.

참고자료

스페인 문학사 및 유럽 문학사에서 매우 중요한 위치를 차지하고 있음에도 불구하고 국내 『셀레스티나』에 대한 단행본이나 연구 논문은 많지 않다. 이러한 상황에서 김춘진의 「라 셀레스티나: 성(Sexuality)의 근대성과 중세도덕주의의 명암」(『인문논총』 55, 2006)은 로하스의 작품에 나타난 중세적 세계관과 르네상스적 세계관이 어떻게 충돌하고 있는지를 심도 있게 그리고 있다. 『셀레스티나』에 대해서 전반적으로 좀 더 깊이 살펴보고자 할 경우 미국 르네상스 학회 총서 시리즈의 한 권으로 간행된 *A Companion to Celestina* (Leiden: Brill, 2017)를 권한다. 테렌티우스의 『테렌티우스 희곡선』(최현 옮김, 범우사, 2001), 후안 루이스의 『좋은 사랑의 이야기』(안영옥 옮김, 지만지, 2014), 그리고 오비디우스의 『사랑의 기술』(김원익 옮김, 메티스, 2016) 등은 『셀레스티나』라는 문학 텍스트의 형성 과정을 파악하는 데 유용한 길잡이가 되는 책들이다. 또한 스페인 출신의 세계적인 배우인 페넬로페 크루스(Penélope Cruz)가 주연을 맡았던 영화 〈셀레스티나〉(1996)를 통해 보다 재미있게 로하스의 작품 세계를 접할 수 있다.

02
『돈키호테』,
대항종교개혁 시대의
스페인 인문주의
김춘진
Don Quijote
de la Mancha

김춘진

한국외국어대학교 서반아어과를 졸업하고 마드리드 자치대학에서 스페인 문학으로 문학박사 학위를 취득하였으며 현재 서울대학교 서어서문학과 교수로 재직 중이다. 저서로는 『스페인 피카레스크소설』(아르케, 1999)가 있고, 『보르헤스』(문학과지성사, 1996)를 편역했으며, 역서로는 *Historia de la literatura coreana. De la Edad Antigua al siglo XX* (말라가 대학, 2015)가 있다.

1 세르반테스, 스페인 굴기 역사의 풍운아

세르반테스(Miguel de Cervantes Saavedra)는 1547년 마드리드에 인접한 스페인 르네상스의 중심 도시 알칼라 데 에나레스에서 태어났다. 근대 학문과 문화가 융성하던 르네상스 도시에서 서양 근대 인문주의를 웅변하는 작가 세르반테스가 태어난 것은 상징적이다. 진취적이고 낙천적이었던 그의 성격도 환희에 찬 르네상스 도시 분위기에 잘 어울린다.

그러나 그의 생애는 르네상스적 환희와는 거리가 멀었다. 일생 가난에서 벗어나지 못했고 내내 역경과 시련의 섬철이있다. 어려서부터 방랑과 순례는 타고난 운명이었다. 아버지가 외과의사였지만 당시에는 가난하고 불안정한 직업이었다. 세르반테스의 가족은 스페인 전국을 이곳저곳 떠돌아다니며 유랑 생활을 해야 했다. 어린 시절 마차를 집 삼아 장터를 따라 떠돌아다니던 카라반 생활의 체험은 방랑기사 돈키호테의 이미지와 쉽게 겹쳐진다.

젊은 시절 환경이 그렇다 보니 정규교육을 받을 수 없었고 대학을 가지 못해 '재속 천재(ingenio lego)'로 불리기도 했다. 유랑 과정에서 만나는 성직자들이 스승이었고 마차 속이 공부하고 사색하는 공간이었다. 그래도 어려서부터 유독 책읽기를 좋아하는 문예성향이 두드러졌다. 책이 많이 보급된 시대이기는 했지만 값싸거나 구하기 쉬운 것만은 아니어서 집에서든 거리에서든 읽을거리만 있으면 버려진 것도 주워서 읽을 정도였다. 글과 책에 대한 유별난 집착과 애정으로 보아도 세르반테스는 책의 시대를 웅변하는 타고난 인문주의자였음에 틀림없다.

세르반테스의 인문주의 배경은 무엇보다 스승 후안 로페스 데 오요스(Juan López de Hoyos)를 만나면서 전기를 맞는다. 에라스무스를 추종한 개혁 성향의 인문주의자 로페스 데 오요스 문하에서 사사받고 그의 문하생들과 교류한 것은 세르반테스의 지적 성장에 중요한 계기가 되었다. 로페스 데 오요스를 통해 전수받은 사상의 영향이 어느 정도였는지 논란의 여지가 있지만 보수적 예수회와 대항종교개혁 이념이 지배하던 시대에 에라스무스의 근대 사상과 접할 기회를 가졌다는 것은 중요한 의미가 있다. 세르반테스 시대 스페인은 이미 펠리페 2세가 쇄국정책을 내세우고 대항종교개혁을 수호했던 나라였지만 앞서 16세기 전반 카를로스 1세(신성로마제국 칼 5세) 시대에는 에라스무스가 스페인에서 추앙받는 신학자요 인문주의자였다.

그러나 세르반테스의 인문주의 사상 형성에는 책과 교육 또는 지적 교류를 통해 받은 영향 못지않게 이탈리아를 여행하며 보고 들은 직접 체험 배경도 간과할 수 없다. 자발적 여행인지 일신상 도피인지 분명하게 알려지지 않은 이유로 세르반테스가 로마에 간 것은 1568년이었다. 1년 동안 아쿠아비바 추기경의 비서로 일한 뒤 근 4년 동안 주로 나폴리의 스페인 수비대에서 군인으로 생활했다. 이탈리아에서 머무는 동안 피렌체, 베네치아, 제노바 등 여러 도시들을 여행하며 미술, 건축, 문학 등 르네상스 문화에 견문을 넓힐 수 있었다. 세르반테스는 교황청에 근접한 이탈리아 도시들에서 오히려 스페인보다 한결 개방적인 근대 문화와 종교적 관용 그리고 자유로운 시대정신을 경험했다.

다른 한편, 세르반테스는 두드러진 인문주의 문예 성향 못지

않게 모범적 무예 정신의 소유자로 태생적 군인이었다. 1570년 스페인 해군에 자원해 레판토 해전에도 참전했다. 군함 선수에서 용감하게 싸우다 포탄을 맞아 왼손을 잃었지만 애국 충정이 드높았던 세르반테스는 일생 동안 이를 영광의 징표로 삼았다. 『돈키호테』 1편 9장에 등장하는 문무의 우열을 가리는 논쟁적 사설에서 돈키호테가 무예의 우위를 판정한 것은 비단 편력기사의 몽상 때문만은 아니었다. 일생의 반은 군인 정신으로 살았던 세르반테스 자신의 전기적 배경에서 우러나온 운명적 결론이기도 했을 것이다.

그런 의미에서 세르반테스를 르네상스 인문주의와 식민제국의 전사 정신이 교차하는 스페인 근대 사회의 문화적 표상으로 일길을 만하다. 세르반테스의 인생 역정 자체가 스페인 제국 굴기 역사의 축소판이었다. 카를로스 1세 시대에 태어나 생애의 주요한 부분을 펠리페 2세 이후 국력의 전성기에 살았다. 스페인이 합스부르크 신성로마제국으로 일어선 뒤 지중해를 제패하고 대서양 너머 해가 지지 않는 식민제국으로 굴기하는 과정을 몸으로 체험한 것이다.

그는 레판토 해전에 참전했을 뿐만 아니라 무적함대의 영국 파병 때도 전쟁 물자 보급관으로 동분서주하며 조국의 승리를 간구하던 애국자였다. 무적함대가 패배하고 펠리페 2세가 사망한 뒤 경제는 낙후되고 총신정치가 발호하는 가운데 국제정치의 주도권을 영국에게 넘겨주던 스페인 쇠락의 과정까지 노심초사 지켜봐야 했던 역사의 증인이었다.

더 나아가, 세르반테스는 스페인 역사 너머 지중해의 동서를 편력하고 유럽과 아프리카 사이의 문명 교차와 충돌을 체험한 코스모폴리탄이었다. 그는 1575년 나폴리를 떠나 스페인으로 귀향하던 중 알제리 해적들에게 납치되어 5년간의 이탈리아 체류 뒤에 다시 숙명적으로 5년을 아프리카에서 보내야 했다. 아랍 문화와 문물에 익숙해진 것은 수용소에서 지낸 인질 생활 덕택이다. 레판토 해전과 포로수용소 체험은 『돈키호테』 1편에서 포로 대위 페레스 데 비에드마와 무어인 처녀 소라이다의 사랑 이야기로 재현된다.

요컨대, 세르반테스의 정신세계의 도대는 당시 이베리아 반도의 특별한 지정학적 상황을 배경으로 지중해 세계의 문화를 두루 섭렵하면서 체득한 보편적 세계정신이었다고 할 수 있겠다. 스페인 흥망의 역사적 굴곡뿐만 아니라 지중해 중심 세계에서 대서양 팽창 시대로 넘어가는 전환기 서양 근대사를 근접 체험하고 성찰할 기회를 가졌다는 말이다. 지중해와 대서양 너머 아메리카 또한 세르반테스가 꿈꾸고 상상하던 역사적 현실의 일부였다. 끝내 이루지 못했지만 아메리카 이주를 꿈꾸며 여러 차례 왕실의 승인을 청원하기도 했다.

그만큼 폭넓은 문화 순례와 역사적 체험으로 다져진 세르반테스의 지적 배경 덕택에 『돈키호테』의 전경에 그려진 스페인 근대 사회는 한결 명암이 짙고 입체적 깊이를 더한다. 소설에 등장하는 무려 670여 명에 달하는 다양한 인물 군상은 17세기 스페인 사회의 일상과 문화의 역동적 파노라마를 실감나게 보여 주는 것이다. 그중에서도 돈키호테는 위대한 과거 영광의 전사 시대와 쇠락하는 역사적 현실 사이에 방황하던 스페인인들의 가장 그럴듯한 자화상이다.

실제로 합스부르크 제국 전성기를 통치한 강력한 두 왕 카를로스 1세와 펠리페 2세, 그리고 예수회를 창설한 로욜라 등 당대 스페인 사회의 역사적 인물들은 무모할 정도로 비이성적 신념에 찬 돈키호테를 닮아 있다. 불행과 시련으로 점철된 삶과 역사의 파란만장한 소용돌이 가운데서도 누구보다 낙천적이고 언제나 긍정적이었던 세르반테스도 돈키호테의 이미지와 크게 동떨어져 있지 않다.

2 기사로망스

세르반테스가 『돈키호테』를 쓸 때 출발점은 기사소설을 문제 삼고 비판하는 것이었다. 『돈키호테』를 읽을 때도 기사소설과의 관계를 따져 보는 것이 우선이겠다. 기사소설은 서양 중세 봉건사회의 문화적 결실이다. 봉건사회에서 영주와 기사 계급이 중추적 세력이요 지배 계급이었으니 문학의 주인공으로 등장하는 것도 당연하다. 기독교 신앙과 이념을 배경으로 봉건 군주와 영주에 대한 충성과 배신, 기사들 사이의 갈등과 암투, 그리고 귀부인과의 사랑을 더해 전개되는 모험담을 그린 기사소설은 중세를 풍미하는 문학 장르가 되었다.

기사소설은 로망스어로 쓰여서 로망스라고도 불린다. 로망스어는 문어로 쓰였던 라틴어와 다르게 로마제국 붕괴 이후 제국 치하에 있었던 속주들에서 발달한 지방어다. 라틴어에서 파생한 라틴속어의 지방 토착어가 섞이며 발달한 민중 언어들을 통칭한다. 초기 기사소설들은 주로 프랑스어로 쓰였다. 지금도 프랑스어와 이탈리아어로 소설을 지칭하는 말은 여전히 로망(roman) 또는 로만초(romanzo)다. 영어와 스페인어에서는 노벨/노벨라(novel/novela)라는 단어가 쓰인다. 스페인어로 로만세(romance)는 정형 민요시 형식을 가리키고 영어에서 로맨스(romance)는 기사소설 같은 중세적 이상주의 소설이나 또는 해피엔딩의 판타지 소설을 가리킨다.

한동안 고전 라틴어와 로망스어는 문어와 구어의 이중 언어 체제로 공존했다. 이중 언어와 이중 문화가 중세 시대의 특징이었던 것은 동양에서도 마찬가지였다. 서양에서 라틴어가 공동 문어로 쓰이면서 기독교가 지배 이념으로 공고해졌다면 동양에서는 중국을 중심으로 한자가 보편 문어로 쓰였고 유교라는 보편 정치 이념이 발달했다. 라틴어와 한자처럼 공동 문어로 유통되는 상층 문학은 민족과 지역 경계를 넘어 지식과 미의식을 보편적으로 공유했던 반면에, 동서양 각 지방에서는 제각기 다른 구비전통의 토착어 민중 문학이 전승·발전하고 있었다.

이와 같이 지방 속주마다 민중 전통의 구전 로망스어가 문어로 정착되어 가던 언문일체화 과정에서 나타난 것이 기사소설이다. 대체로 12세기 말부터 13세기 전반에 프랑스에서 널리 유포되었는데 특히 아서왕 설화가 주류를 이루었다. 아서왕 이야기는 켈트 민족의 신화와 전설에 기독교 성배의 전설이 더해진 것이었다. 중세 유럽 사회에 왕국 단위의 정치 공동체가 성장하면서 등장한 일종의 건국 신화이기도 했다.

또 기원전 4세기 알렉산더 대왕 시대와 중세 카롤링거 왕조의 샤를마뉴 대제 시대의 역사와 설화도 기사소설로 다루어졌다. 13세기 들어 필사본 서적이 크게 유통되면서 기사로망스는 운문에서 산문으로 개작되고 대중적 번역을 뜻하는 불가타 전집(Vulgate cycle)이 등장했다. 산문 불가타는 플롯을 짜임새 있게 구성하고 이야기의 통일성을 갖추어 오늘날 전해지는 기사소설의 원형이 되었다.

기사로망스는 앞서 등장한 서사시와 다르다. 서사시는 종교와 이념 차이로 벌어지는 민족과 국가 사이의 집단적 갈등을 다루는 반면에 기사로망스는 기사들의 개인적 갈등과 모험을 다룬다. 서사시의 영웅들이 집단 공동체의 이념이나 종교적 이상을 위해 싸운다면 기사소설의 영웅들은 개인의 이상을 실천하고 명예를 얻기 위해 싸운다.

그러나 주인공이 현실의 인간보다 이상화되고 종교적 이상과 섭리의 세계관이 작동한다는 점에서는 기사로망스도 서사시에 가까이 있다. 선과 악이 겨루다 반드시 선이 승리하며 세상은 질서 있고 우주는 조화롭다. 진리와 도덕의 절대가치가 존재하고 일시적 일탈과 혼돈을 경험하더라도 궁극에는 절대 가치의 정신세계로 회귀한다. 신의 섭리가 지배하는 기독교 세계관이 바탕인 것이다.

반면에 중세 기사소설을 모방한 『돈키호테』는 중세보다 세속화된 근대 사회가 시대 배경이다. 기사소설이 아직 필사본이 유통되고 독서인구가 특정 계층에 한정되었던 시대의 이야기 장르였다면, 『돈키호테』는 인쇄술 혁명으로 책의 유통이 늘고 독서가 비교적 보편화된 시대에 기사도 주제를 대항적으로 다룬 소설이다.

중세 말 1485년 출판된 토머스 맬러리(Thomas Malory) 작 『아서왕의 죽음(*Le Morte d'Arthur*)』이 대대적으로 성공한 것을 보면 유럽에서 산문 기사소설이 여전히 인기를 누리고 있었음을 알 수 있다. 스페인에서도 중세 기사소설이 15세기 말부터 뒤늦게 번성했다. 로드리게스 데 몬탈보(Garci Rodríguez de Montalvo)가 쓴 『아마디스 데 가울라(*Amadís de Gaula*)』(1508)는 16세기 내내 가장 많이 출판되고 가장 많이 읽힌 베스트셀러 중 하나였다. 16세기 중엽부터 열기가 가라앉기 시작하여 1602년 마지막 기사소설 『보에시아의 왕자 돈 폴리시스네(*Don Policisne de Boecia*)』가 나왔다.

근대 시민 계급이 등장한 세상에 뒤늦게까지 중세 기사소설이 번성했던 것이 역설적으로 기사소설에 대항하는 비판적 기사소설 『돈키호테』를 출현시킨 배경이었다. 근대적 인문주의자들은 중세 배경의 기사소설에 매료된 시대착오적 독자들을 당연히 비판의 표적으로 삼았다. 대항종교개혁을 주도하던 교회도 기사소설을 비교육적이며 도덕적으로 해로운 이야기로 간주했다.

세르반테스도 서문에서 기사소설을 추방하는 것이 『돈키호테』를 쓴 직접적 동기라고 분명하게 밝히고 있다. 기사소설에 탐닉해 허무맹랑하고 기상천외한 환상과 마법에 도취되거나 심지어 현실로 혼동하는 비이성적이고 불합리한 세태를 우려하고 교정할 생각이었다. 기사소설은 이미 인물도 배경도 플롯도 현실에 부합하지 않는 이야기였기 때문이다. 정의를 찾아 나서는 영웅 기사를 미치광이로 패러디하고 기사 편력과 모험은 시대착오적인 조롱거리로 희화화하는 것은 마땅한 일이었다.

3 리얼리즘과 근대소설의 효시

『돈키호테』의 출간은 로망스와 다른 새로운 장르의 탄생을 의미한다. 근대 사회에 변화한 지적 풍토와 세계관은 기사로망스의 배경이 된 중세와 달랐다. 신의 섭리와 계시로 운행하는 세계관이 물러

가고 이성으로 사유하고 의지로 세상을 변화시키는 인간 중심의 세계관이 자리 잡았다. 알레고리와 상징으로 표현되고 이해되던 신비한 세상은 구체적으로 지각하고 경험할 수 있는 사유 대상으로 바뀌었다.

그러한 변화는 언어로 재현하고 이성으로 분별하는 문자소통 시대의 도래에서 비롯되었다. 구술 소통에서 말하고 생각하고 행동하는 것 사이에는 괴리가 없다. 문자 소통 단계에 이르면 생각하고 행동하는 것과 읽고 쓰는 것 사이에 지연과 괴리가 생긴다. 내면 의식이 발달하는 공간이 생기는 것이다.

이렇게 문자가 주된 소통 수단이 되고 의식이 진화한 세상에서 새로 만들어진 이야기 형식이 소설이었다. 기사로망스가 그리는 현실 너머 세상의 환상적 이야기들은 구전 스토리텔링의 청중에게는 흥미롭게 들릴 수 있었겠지만 이제 문자로 이야기를 읽는 독자들에게는 터무니없이 현실과 동떨어진 것들이었다. 신화와 민담 또는 서사시와 마찬가지로 기사로망스에는 '현재'가 없고 '여기'가 없다. 소설은 바로 지금 여기의 이야기라는 점에서 달랐다.

『돈키호테』는 기사로망스를 현재 여기의 이야기로 끌어내린 것이었다. 고성이나 거인들의 나라에 전설적 기사와 공주 또는 마법사들이 아니라, 풍차와 주막이 있는 라만차의 광야와 도시, 또는 시골 향사(鄕士)의 집과 마을에 하급 기사와 농부, 석부와 이발사, 주막 주인과 매춘부, 공작과 사제 등 동시대를 살아가는 사람들을 등장시킨 것이다.

달리 말하면 세르반테스는 서구 근대 사회에서 인간의 지적 관심이 구체적 일상으로 옮겨지는 시대 변화를 통찰하고 이야기로 만든 첫 번째 작가들 중 한 사람이었다. 그는 현실을 사실적으로 재현하기 위해 이야기와 이야기 과정의 진실 여부에 대해 끊임없이 문제를 제기하고 진지하게 고민한 작가였다. 『돈키호테』는 그러한 리얼리즘적 문제의식의 결실이고 그래서 근대소설의 효시다.

또한, 현실을 모사하고 재현하는 사실 지향적 이야기 방식은 현실에 대해 비판적 태도를 드러내기 마련이다. 『돈키호테』에서 세르반테스의 목표는 진실성 구현에 머물지 않는다. 진실이 왜곡되고 불의가 판치는 당대 스페인 사회의 부조리를 적나라하게 드러내고 풍자한다.

동시에 복고적으로 범람하던 기사소설의 부도덕성을 비판하면서 기사소설에 매료되어 허구와 현실을 혼동하는 스페인 독자들의 시대착오적 무지를 경고한다. 더 나아가 세르반테스의 풍자는 진실 재현과 전달에는 무관심하고 사실적 근거 없이 황당한 이야기로 혹세무민하는가 하면 문예 규칙을 멋대로 폐기하면서 통속적 대중 기호에 영합해 품위 없는 창작을 일삼는 당대 스페인 문단 전체를 겨냥한 비판이기도 했다.

분명 사실적으로 접근할수록 부조리하고 이치에 맞지 않는 세상의 진면목이 드러나기 마련이고, 그럴수록 부조리하고 정의롭지 못한 현실을 바꾸어야 한다는 체제 비판적 전복 이념을 내포하게 되는 것은 당연하다. 권선징악적 섭리가 지배하는 기사로망스가 체제 옹호적이라면, 현실을 사실적으로 재현하는 리얼리즘 소설은 불가피하게 현상타파적이어야 하는 것이다.

그러나 현상타파적이라고 해서 체제 변화나 전복에 성공한다는 얘기는 아니다. 현실에서는 올바른 것이 꼭 인정받는 것도 아니고 또 무엇이 올바른 것인지 경계가 모호하기 십상이다. 현실은 섭리에 따라 질서정연하게 정돈된 코스모스가 아니라 원래 우연과 모순 그리고 부조리가 지배하는 카오스이기 때문이다.

그러므로 소설의 주인공은 불가피하게 부조리한 현실과 갈등을 빚는 문제적 개인이다. 현실에 존재하지 않는 절대적 정의를 내세우거나 절대적 진리와 가치를 추구하다가 좌절하게 된다. 종국에 주인공은 현실 세계에서 통용되는 상대적 가치와 질서에 타협해야 한다. 돈키호테는 비뚤어진 세상을 바로잡으려다 문제 상황에 빠진다. 약자를 구하고 세상을 바로잡겠다는 정의 실현 의지는 현실 앞에서 조롱당한다. 그러한 문제적 상황을 해결하려면 편력기사의 이상에서 물러서서 입장이 다른 산초의 관점과 타협해야 한다. 현실에서 정의는 누구나 공정하게 누리는 보편적 실제가 아니라 실천을 지향하는 이념이고 이상적 가치일 뿐이라는 것을 받아들여야 한다.

이를테면 돈키호테가 죄지은 죄수들을 해방시키는 것은 개인적으로 정의로울 수 있지만 사회의 법과 충돌한다. 정의가 상대적인 것처럼 진실도 고정 불변의 가치가 아니다. 성이냐 주막이냐, 거인이냐 풍차냐를 가리는 돈키호테와 산초의 진실 게임은 작가와 화자 그리고 인물들의 관점 사이에서 숨바꼭질한다. 아름다움도 절대적일 수 없다. 아름다움은 둘시네아와 알돈사 로렌소 사이에서 추함과 자리 바꾸기를 멈추지 않는다.

그런 의미에서 『돈키호테』는 근대 사회의 세계관을 재현하고 소설 장르의 근대성을 웅변해 준다. 정의도 진리도 미도 절대 가치가 아니라 상황에 따라 해석이 다를 수 있고 대체될 수 있는 가변적 상대가치들로 그려내고 있는 것이다. 이는 근대 사회에 발달한 자본주의적 가치관과 시민사회의 상대주의 세계관을 반영한다.

독일 낭만주의 미학 전통에서 보면 소설은 서사시에서 유래하고 타락한 서사시 형식이다. 『소설의 이론(*Die Theorie des Romans*)』(1916)을 쓴 루카치(György Lukács)는 인간과 세상이 총체적으로 조화를 이루어 하늘의 별들이 삶의 길잡이가 될 수 있었던 그리스 시대의 서사시와 다르게 소설은 총체성을 상실한 시대의 문학 장르라고 정의했다. 공동체의 이상과 유리된 문제적 개인이 등장하는 자본주의 시민사회의 총체성 균열을 서사화했다는 데서 소설 장르의 역사철학적 의미를 찾은 것이다. 기사도 이상이 현실과 대립하는 돈키호테 이야기가 대표적이다. 루카치 말대로라면, 『돈키호테』는 바야흐로 기독교적 신이 세상의 문턱을 떠나려던 '역사철학적' 순간에 홀로 선 인간을 그린 세계문학상 최초의 위대한 소설이었다.

『돈키호테』는 공동체와 개인의 소외에서 나타나는 총체성 상실을 아이러니로 보정한다. 시대착오적이고 비이성적인 기사 돈키호테가 숭고한 인문주의적 이성주의자로 읽히는 것은 바로 아이러니를 통해서다. 물론, 총체성의 결핍이 낭만주의 세계관을 반영한다면 그 결핍을 보정하는 아이러니도 낭만주의 미학에서 발명한 수사 형식이다. 세상은 무한히 넓은데 인간의 영혼은 돈키호테처럼 편협하고 유한해서 생기는 총체성의 괴리를 이율배반적 언어 형식으로 만회하는 것이다.

그렇게 아이러니는 낭만주의 시대정신을 담고 있지만, 옳고 바르고 아름다운 동시에 틀리고 나쁘며 추할 수 있는 세상의 이율배반적 현실을 사실적으로 재현하고 해석하게 만드는 실증적 수사 형식이라는 점에서 근대 리얼리즘 소설 형식의 근간이기도 하다. 『돈키호테』를 근대소설의 효시로 꼽는 형식주의적 근거가 되는 것이다.

한편, 『돈키호테』를 최초의 근대소설로 보는 데 동의하지 않는 이론도 있다. 실제로 세르반테스 시대보다는 한 세기쯤 뒤에야 유럽에서 소설은 번성하는 장르가 되었다. 독서 대중이 등장하고 출판 시장이 확장되면서 만들어진 수요에 부응해 과거와 비교할 수 없을 만큼 양적으로나 질적으로 크게 성장했다.

새로 번성한 소설 장르는 당대의 자본주의적 현실과 이념을 담아냈다. 1719년 나온 대니얼 디포(Daniel Defoe)의 『로빈슨 크루소』는 다른 의미에서 근대소설의 출발점이다. 로빈슨 크루소가 표류한 무인도에서 자수성가하는 과정은 자본주의적이고 개인주의적인 근대정신에 잘 부합한다. 시간적 인과관계를 따라 전개되는 개인의 경험을 강조하며 현실 상황을 객관적으로 관찰하고 세밀하게 묘사해 낸 18세기 이후 소설 조류에서 근대소설의 본령을 찾는 것도 일면 타당하다.

그러나 한 세기 앞서 르네상스 인문주의 시대의 한복판에서 탄생한 『돈키호테』의 역사적 상징성은 뚜렷하다. 근대소설을 정의하거나 소설 이론을 얘기할 때 번영기의 완숙한 소설들보다 소설 원형으로 『돈키호테』가 늘 출발점이자 시금석이 되어 온 것도 사실이다. 소설 중의 소설로 꼽히며 이후의 모든 소설은 『돈키호테』의 변주에 불과하다는 주장도 되풀이되었다. 소설 형식으로 보나 서사 이론 측면에서 보나 『돈키호테』를 서구 최초의 근대소설로 이해하는 것은 적절하고 유용한 명제로 보인다.

4 세 번의 출정과 귀향, 그리고 죽음

그러나 『돈키호테』는 아직 삽화를 이어 가는 구성 방식에 의존하고 있으며 중세 구술 이야기 전통에서 완전히 벗어나지 못했다. 1605년 출간된 1편은 돈키호테가 라만차 지방을 편력하는 두 번의 출정을 다루고 있는데, 모두 4부 가운데 특히 1부는 완전하게 독립된 하나의 모범소설로 읽힐 수 있다. 장과 부를 나누는 구조나 이야기 형식을 눈여겨보면 중세 구전문화의 스토리텔링 양식의 흔적이 남아 있다. 1부 이야기를 돈키호테와 바스크인이 결투하는 극적 장면에서 중단하는 것도 한 가지 예로, 가장 극적이고 다음 이야기의 재미가 기대되는 장면에서 휴식에 들어가는 스토리텔링 기술의 잔재다. 장터나 광장에서 이야기꾼들이 청중과 소통하던 이야기 전달 방식에서는 화자와 청자 사이의 상호 교감이 중요하고 청중의 주의를 집중시켜 이야기 마당을 떠나지 않도록 붙들어 둘 수 있는 장악력이 필요했던 것이다.

그러나 세르반테스는 구전문화의 청자에 대칭되는 근대 독자를 인물로 창조한다. 이야기의 주인공 돈키호테는 쉰을 갓 넘긴 알론소 키하노인가 하는 이름의 시골 향사 이달고(Hidalgo) 노인으로 기사소설에 빠져 있다. 중세 사회의 이달고는 기독교 순수혈통의 명예를 중시하고 국토수복 전쟁을 수행한 중추적 전사 계급이었지만 근대 사회 들어 사회적 역할을 상실하고 경제력도 낙후해 명목만 귀족인 하층 향사 계급으로 전락했다. 하릴없는 이달고 신분의 돈키호테가 주야로 기사소설을 탐독하다가 마침내 머리가 이상해진다는 이야기는 실제 역사적 상황을 그럴듯하게 반추하고 있는 것이다.

마침내 머리가 이상해진 알론소 키하노는 중세 기사로 변신을 시도한다. 이름을 기사답게 돈키호테로 바꾸고 선대 조상들이 쓰던 창과 방패, 칼과 갑옷을 고쳐 방랑에 나설 준비를 한다. 첫 출정은 어느 여름날 새벽 아무도 모르게 혼자 나선다. 돈키호테가 혼자 마주치는 세상은 기사소설에 그려진 세상 그대로다. 주막은 성이 되고 주막집 주인은 성주다. 현실과 환상을 구별할 이유가 없고 교정할 방법도 없다. 돈키호테는 성주에게 자청해 기사 서품식을 거행하고 득의양양하게 기사가 된다. 돈키호테가 상상하는 대로 현실이 작동하는 것처럼 보인다.

두 번째 출정에는 이웃마을 농부 산초를 종자로 데리고 나선다. 산초가 돈키호테를 따라나선 것은 물질적 욕심에서였다. 장차 정복할 땅의 영주를 시켜주겠다는 돈키호테의 약속에 끌렸다. 산초가 약속의 실현 가능성을 얼마나 확고하게 믿고 있는지는 모호하다. 오히려 약속 실현의 불확실성에도 불구하고 방랑에 따라나서 신의를 지키고 동고동락하는 산초에게서 인간적 우정과 휴머니즘의 표본을 볼 수도 있겠다. 더 중요한 것은 산초가 단순히 종자나 하인이 아니라 돈키호테의 생각에 거스르고 맞서는 대화 상대가 된다는 점이다. 이제 돈키호테 혼자 멋대로 세상을 상상하고 이름 지을 수 없다. 자신의 생각에 대한 산초의 다른 생각과 교정 요구에 직면한다. 돈키호테는 거인이라고 믿어도 산초가 풍차라며 맞설 때처럼 말이다.

그래서 두 번째 출정은 돈키호테가 산초와 전개하는 대립과 우정의 시험장이었다. 그러나 돈키호테와 산초의 모험과 편력만으로 전개되는 선형적 구조로 닫혀 있는 것이 아니다. 다양한 인물들이 등장하고 다양한 삽화들이 분기한다. 가장 두드러지게 이야기가 분기하는 공간은 주막이다. 마을 신부와 이발사에 이끌려 시에라 모레나에서 하산한 돈키호테 일행은 귀향길에 주막에서 하룻밤을 묵는다.

그날 밤 주막에서 여러 인물이 조우하고 서로가 겪은 다양한 인생 체험과 모험담을 이야기한다. 신분 차이와 사회적 관습 그리고 경제적 이해관계 때문에 자유로운 연애를 방해받는 카르데니오-루스신다, 그리고 페르난도-도로테아의 얽히고설킨 사랑 이야기가 꼬리를 물고 이어진다. 레판토 해전에 참전한 대위와 무슬림 처녀의 사랑과 기독교로 개종하는 이야기가 전개되고, 사랑하는 연인을 못 잊어 아메리카로 떠나는 연인의 가족을 뒤쫓아 무작정 가출한 젊은이의 이야기도 듣게 된다.

두 번 출정을 다룬 1편은 마침내 돈키호테와 동네 신부 일행의 귀향으로 마무리된다. 우여곡절 끝에 수레를 탄 기사 돈키호테는 어느 일요일 대낮 고향 마을로 들어선다. 크레티앙 드 트루아의 기사소설에서 연인이자 아서왕의 왕비 기니비어가 납치되었을 때 수레를 타고 구하러 가던 랜슬롯을 패러디한 것이다. 휴일 한낮에 광장으로 모여든 많은 마을 사람들은 수레를 타고 온 기사가 이웃 사람 돈키호테인 것을 알고 기이해 한다. 남편을 맞이한 후안나 판사는 여전히 섬이니, 영주니, 백작 부인이니 떠들어대며 다음 출정을 기약하는 산초의 수다에 영문을 몰라 한다. 곤죽이 되어 돌아온 돈키호테를 맞아 조카와 가정부는 사람을 실성하게 만든 기사소설이

해롭기 그지없다며 저주를 퍼붓는다.

『돈키호테』 2편이 세상에 나온 것은 1615년으로 1편 출간 후 10년을 기다리고 나서였다. 2편에 전개되는 세 번째 출정은 『돈키호테』 1편으로 일어난 세상의 화제와 소문이 발단이었다. 살라망카 대학생 산손 카라스코는 돈키호테의 모험담이 출간되어 세상에 회자되고 있으며 후편을 기대하는 사람들과 후편에 대해 우려하는 사람들로 의견이 엇갈리고 있다는 이야기를 전한다. 돈키호테와 산초는 자신들 이야기가 세상에 큰 반향을 일으키고 있다는 소식에 잔뜩 고무되어 세 번째 출정에 나서기로 결심한다. 산손 카라스코도 큰 축제가 열리고 마상시합이 벌어지는 사라고사로 출정할 것을 권한다.

또한 『돈키호테』 2편은 1편의 결함을 반성하고 교정한다. 산초가 노새를 잃어버렸다가 뜬금없이 다시 타고 다닌 것이나, 산초가 주운 뒤 묘연해진 돈의 행방은 어떻게 된 것인지 등 서술 결함이 독자들 사이에 논란거리로 부각되자 산초가 자초지종을 서술해 보완한다. 과다한 삽입 소설을 지양하고 돈키호테와 산초의 편력에 집중하는 것도 특징이다. 카마초의 결혼식 이야기(2편, 19-21장), 건달 연인에게 납치되고 유린당하는 클라우디아 헤로니마 이야기(2편, 60장)나, 추방된 무슬림 리코테의 딸 아나 펠릭스의 이야기(2편, 54, 63, 65장) 등에 한정된 삽입 소설은 양적으로 절제되어 있을 뿐만 아니라 질적으로도 돈키호테와 산초의 이야기에 보다 자연스럽게 녹아들어 있다. 이야기 교직이 1편보다 한결 견고하다.

견고한 이야기 교직은 삽입 소설과의 관계에서뿐만 아니라 아베야네다가 쓴 위작 『돈키호테』 2편의 출현으로 더 강화된다. 2편

59장에서 돈키호테는 주막 옆방에서 돈 헤로니모와 돈 후안 일행이 읽다가 건넨 위작 2편을 훑어보게 되고 그 오류를 지적하면서 무지하고 몰염치한 위작 작가를 맹렬히 비판한다. 소설이 마무리되어 가는 72장에서는 아예 위작의 등장인물 알바로 타르페와 조우하고 위작의 거짓을 알리는 데 앞장서겠다는 다짐을 받기까지 한다.

위작 소설과 위작 인물을 등장시켜 진본 『돈키호테』의 독창성을 입증하려는 노력은 소설 속의 소설 전개로 서사의 사실성을 문제화하고 강화하는 결과를 가져온다. 59장에서 앞서의 위작 소설 독자 돈 후안이 위작의 주인공이 원작 1편에서 예고한 대로 사라고사로 가서 마상시합에 참여할 예정이라고 말하자 돈키호테가 단호히 목적지를 바르셀로나로 바꾸는 것도 진본의 권위를 입증하고 사실성을 강화하는 메타서사 전략이다.

뿐만 아니라 『돈키호테』를 더 인과적이고 개연성 있는 결말로 이끈다. 바르셀로나는 지중해 연안 도시였으니 돈키호테의 방랑이 더 나아갈 수 없는 종착지가 될 수밖에 없다. 게다가 사라고사처럼 여전히 봉건적이었던 내륙 도시로 가서 마상시합을 하는 것보다 바르셀로나로 가서 근대 도시 문물과 만나는 것은 돈키호테의 편력을 필연적 종결로 유도한다. 라만차 같은 광야나 중세 장원 같은 기사와 영주의 대지가 아니라 봉건적 질서가 해체되고 상공업이 발달해 시민계급이 등장한 근대 도시 바르셀로나에서 복고적 편력 기사의 행적은 여지없이 시대착오적 광기로 전락하는 것이다.

돈키호테는 위작 소설의 인쇄 현장도 직접 목격한다. 도시 중심에서 책을 조판하고 찍어내느라 분주하게 돌아가는 인쇄소를 구경하게 된 것이다. 바르셀로나 앞바다에서는 기독교군과 터키 군이

총과 대포로 교전하는 것을 숨죽이며 지켜봐야 했다. 갑옷 입고 칼 차고 창과 방패를 든 중세 모의 기사 돈키호테가 이해할 수도 당해 낼 수도 없는 신세계 문물이었다.

『돈키호테』 2편 3차 출정의 시작에서뿐만 아니라 끝에서도 산손 카라스코 학사의 역할은 결정적이다. 산손은 돈키호테를 부추겨 3차 출정에 나서게 만들었지만 다시 귀향시키러 찾아 나선 인물이다. 살라망카 대학에서 공부한 스콜라 신학자의 본분에 맞는 일이다. 신부와 이발사와 모의한 뒤 돈키호테를 설득하는 것보다 기사도 방식으로 결투를 통해 패배시키고 편력을 단념하게 하는 것이 수월하고 효과적인 방법일 거라고 의견을 모았다. 이어서 자발적으로 따라나선 종자 토메 세시알을 데리고 돈키호테와 산초의 뒤를 쫓는다.

산손이 돈키호테와 벌이는 두 번의 결투는 이야기의 중요한 국면 전환을 가져온다. 첫 번째 결투에서 '숲의 기사' 또는 '거울의 기사'로 자칭했던 산손이 의외의 패배를 당하면서 돈키호테를 귀향시키려던 처음의 선의는 복수심으로 바뀐다. 두 번째 바로셀로나 해안에서 벌어진 결투에서 결국 산손은 승리하고 소설은 결말로 들어선다. '하얀 달의 기사'로 자칭한 산손 카라스코에게 약속한 대로 돈키호테는 패배 후 방랑을 접고 귀향길에 오른다. 그렇게 편력 기사 돈키호테의 세 차례 출정은 막을 내린다. 귀향 후 임종을 앞둔 병석에서 돈키호테는 방랑 시절의 광기를 반성하고 참회하면서 시골 향사 알론소 키하노로 돌아간다.

5 서사 기법

라만차의 어느 고을에서 바르셀로나까지 돈키호테와 산초가 방랑하면서 겪는 과정을 진실하고 개연성 있는 이야기로 발전시키는 데는 각별한 서사 실험정신과 창조적 상상력이 필요했다. 강과 평야, 산과 숲, 농촌과 도시에서 17세기 스페인의 인간과 자연의 파노라마를 아우르며 수많은 일화와 사건들을 통일된 한 편의 사실적 이야기로 엮어 내는 것은 전대미문의 창조적 작업이었다. 창조성은 자기 시대 문학에 대한 비판적 문제의식과 반성을 바탕으로 다양한 문학 장르를 실험적으로 섭렵하는 데서 비롯되었다.

세르반테스는 무엇보다 연극이 주류 장르였던 시대에 연극을 비판적으로 극복하면서 소설가로 성장했다. 그도 주류 극작가로 성공하고 싶었을 것이다. 그러나 당시 관객을 중시하는 새로운 '국민극' 이론을 세우고 연극계를 주도했던 스페인 근대 연극의 대부 로페 데 베가(Lope de Vega)의 벽을 넘지 못했다. 이론적으로 르네상스기 네오아리스토텔리즘을 따라 전범을 중시한 세르반테스는 개방적이고 진취적으로 대중지향적이었던 로페 데 베가와 정면으로 맞서야 했다. 『돈키호테』 1편 서문은 로페 데 베가를 비롯한 스페인 연극과 문단이 허식에 치중해 진실과 도덕성에서 벗어나 있음을 신랄하게 비판한 우화였다.

어쨌든, 로페 데 베가가 국민극의 틀을 확립하는 것과 때를 같이해 절필한 세르반테스는 실패한 극작가였다. 세르반테스 자신의 타고난 재능 탓도 없지 않았다. 운문 연극 시대에 극작가로 출세하지 못한 것은 오히려 그만큼 타고난 불세출의 산문가요 소설가였음을 반증한다. 세르반테스의 희곡은 보는 연극이 아니라 듣는 연극 중심이었던 당시 극장 환경에서 관객들과 소통이 원활하지 못했을 것이다. 공연으로 호소하기에는 경쾌하고 재치 넘치는 로페 데 베가의 연극에 비해 너무 진지하고 산문적이었다. 그래도 그의 연극은 대본의 출판을 중시하지 않던 당시에 한 권의 책 『여덟 편의 코메디아와 여덟 편의 막간극(*Ocho comedias y ocho entremeses nuevos, nunca representados*)』(1615)으로 엮여 세상에 나오고 오늘날 로페 데 베가보다 더 주목 받는 자리에 올랐으니 연극의 시대를 비판적으로 극복한 창조적 극작가였음이 분명하다.

극작가로 출세는 못했지만 세르반테스의 소설에서 연극의 영향은 간과할 수 없다. 『돈키호테』에서도 연극적 구조나 장면 설정이 서술을 보완하고 극화하는 데 유용하게 기능하고 있다. 서문에서 친구를 등장시켜 대화하거나, 주막에 다양한 인물들이 등장하고 신부가 청중에게 소설을 읽어 주는 등의 장면 구성은 극적 상황 설정과 유사하다. 돈키호테가 풀어 준 죄수 히네스 데 파사몬테가 2편에 다시 등장해 인형극을 연출하고 객석에 있던 돈키호테가 현실로 혼동해 무대로 뛰어드는 이야기도 극적 상황을 서사적으로 활용한 예다(2편, 25장).

세르반테스는 연극에서와 마찬가지로 소네트가 발달한 르네상스 시대의 탁월한 시인이었으면서도 그에 걸맞는 빛을 보지 못했다. 『돈키호테』의 모방 헌시들이 보여 주듯이 시에서도 촌철살인의 풍자와 압축된 이야기를 담아내는 산문성이 오히려 더 돋보인다. 시를 소설 전개에 활용하는 능력도 탁월하다. 『돈키호테』에는 다수의 소네트와 발라드(romance)가 들어 있어서 종종 인물들의 내면과 감성을 표현하는 데 효과적 수단이 된다.

세르반테스의 산문 실험과 서사 능력은 독보적이다. 다양하게 발전한 기성 장르를 모두 섭렵할 만큼 유연한 산문 문체를 구사했다. 게다가 현실을 조망하는 통찰력과 생각을 반전시키는 창의적 이야기 구성 능력이 천부적이었다. 목가소설, 기사소설, 포로소설, 비잔틴 소설 등 로망스 장르를 독창적으로 편력하는 것은 물론, 「견공들의 대화(Coloquio de los perros)」나 「린코네테와 코르타디요(Rinconete y Cortadillo)」처럼 피카레스크 소설도 비판적으로 재창조해 냈다. 『돈키호테』에도 마르셀라와 그리소스토모 이야기 같은 목가소설, 카르데니오-루스신다, 페르난도-도로테아의 사랑 이야기 같은 감상소설과, 세르반테스의 레판토 해전과 포로수용소 체험을 바탕으로 한 무어인 소설 「포로 대위와 연인 소라이다 이야기」 등 다양한 장르의 단편들이 엮여 있다.

한마디로 정의하면, 『돈키호테』는 당대 모든 장르를 섭렵하고 비판적으로 극복한 창의적 문학 실험의 결실이다. 시와 연극의 시대를 넘어 독창적으로 창조한 주인공 돈키호테의 방랑에 민담과 우화, 고전소설과 노벨레 등 모든 형식의 이야기들을 망라해 녹여 낸 장편의 근대소설이다. 그렇지만 이탈리아 노벨레 형식을 받아들여 한층 도덕적이면서 사실적으로 발전시킨 실험 소설 12편을 모은 『모범소설집(*Novelas ejemplares*)』(1613) 서문에서 세르반테스 자신이 스페인어 최초의 소설가라고 자부하고 있었으면서도 더 나아가 그가 곧 서양 근대소설의 시조였다는 사실은 아직 깨닫고 있지 못했다.

1) 삽입 소설의 조합 구성

새로운 장르를 창조한다는 것은 단순히 기성 장르를 섞고 묶어서만 이루어지는 것이 아니다. 동시에 시대를 관통하는 탁월한 문제의식을 담아낼 수 있어야 한다. 기사소설을 패러디해 새로운 장르로 발전시키는 데는 그러한 문제의식이 원동력이었다. 왜 기성의 관습화된 이야기 방식과 다르게 이야기해야 하며, 어떻게 이야기해야 진실하고 이야기다운가에 대한 진지한 고민과 부단한 성찰이 세르반테스를 동시대 스페인 작가들과는 다른 창조적 소설가로 만든 바탕이다.

그래서 『돈키호테』는 소설에 대한 최초의 소설이기도 하다. 소설은 문자로 소통하는 이야기 형식이어서 구술 전통의 스토리텔링 방식과 다르다. 광장에서 이야기꾼이 청중에게 전달하던 전통적 스토리텔링에는 화자와 청자가 공유하는 이야기 현장의 문맥이 주어지지만, 소설에서는 작가와 독자가 시공간적으로 분리되어 문맥 없이 텍스트만 남는다. 소설 구성의 태생적 불완전성이 대두하는 것이다. 소설이 이야기를 전달하는 데 더 정확하고 세밀한 묘사와 인과적 구성을 필요로 한다는 소설 이론의 성찰이 시작되는 이유다.

이를테면, 『돈키호테』에서 돈키호테와 산초와는 관계없는 이야기들을 곁들여 삽입하면서 구성의 개연성을 각별히 고민하는 것도 한 가지 예다. 가장 독립적으로 문제가 된 삽입 소설은 「분별없는 호기심꾼」(1편, 33-35장)이다. 시에라 모레나에서 돈키호테를 찾아내 귀향길에 오른 일행이 주막에 묵던 밤 신부가 읽어 주는 소설 속의 소설이다. 신부가 소설을 읽는 중간에 옆방에서 삼사년 돈키호테가 깨어나 갑자기 포도주 자루들을 마구 베는 소동을 벌인다. 포도주 자루들을 거인들로 착각한 것이다. 삽입 소설로 독자들의 주의가 주 플롯에서 지나치게 멀어지지 않도록 서사적 통일성과 긴장을 유지하려는 외재적 이야기 교직 노력이다. 신부가 소설 낭송을 마치고 나서 연인 사이의 일이라면 그럴듯하지만 부부 사이에는 있을 수 없는 일이라고 논평을 곁들이는 것도 외재적 교직을 강화한다.

서사의 내재적 교직 관계에서 보면 삽입 소설의 주제가 『돈키호테』의 주제를 강화한다. 어떻게 주제가 내재적으로 근사하게 엮이는지는 해석의 문제일 수 있다. '분별없는 호기심꾼' 이야기는 두 절친한 친구 안셀모와 로타리오의 우정과 배신에 대한 것이다. 먼저 결혼한 안셀모가 죽마고우 로타리오를 시켜 부인 카밀라의 정절을 시험하려다가 부인과 친구에게 배신당하고 패가망신해서 자살하는 이야기다. 여자의 순결은 유리병처럼 연약해서 아내의 정절을 시험하는 것과 같은 분별없는 행위를 해서는 안 된다는 금언이 주제다. 진실은 시험해서 얻어지는 것이 아니라 믿고 실천하는 데서 얻어지는 미덕이라는 현실적 도덕 원리를 일깨운다.

주제가 중세의 절대적 기독교 섭리주의에서 근대적 상대주의 가치관으로 접근한 것이다. 인물들 사이의 도덕적 인과관계나 귀책은 불분명해진다. 그래서 더 사실적이다. 현실 세계에서 도덕적 양심이나 진실은 모호하고 우정과 정절은 상황에 따라 상대적으로 판단할 일이다. 절대적 가치일 수 없다. 기독교 절대 섭리에 바탕을 둔 기사소설을 패러디하면서 비이성적 기사를 내세워 이성과 비이성의 상대성을 읽게 만드는 『돈키호테』의 주제와 상통한다. 『돈키호테』의 근대적 세계관과 인문주의 정신을 미시적 이야기로 형상화하고 주제를 강화하는 삽입 소설의 기능을 확인할 수 있다.

그러나 별개 이야기와 소설의 삽입은 이야기가 양적으로 확장되고 다양해지는 만큼 소설의 서사적 교직을 불완전하게 만드는 역기능을 동반한다. 작가도 마땅히 결함을 의식하고 있어서 자기 반성적 서사가 뒤따른다. 『돈키호테』 2편을 시작하면서 1편에 여러 소설들을 삽입한 데 대해 옳고 그름을 따지는 논쟁이 인물들 사이에 벌어진다. 이미 세상의 화제가 된 『돈키호테』 1편에서 돈키호테와 관계없는 삽입 소설들이 많다는 독자들의 불평이 동기가 되었다. 화자는 돈키호테와 산초의 이야기만으로는 독자를 지루하게 만들 수 있어서 별개 얘기들을 끼워 썼노라고 항변하면서도 결국 비판적 의견을 수용하고 2편에서는 삽입 소설을 배제하겠노라고 다짐한다.

삽입 소설 논쟁에 관해서 세르반테스는 아리스토텔레스가 『시학』에서 전개한 서사의 경제성 논리를 따르고 있다. 『시학』은 서사시보다 비극이 우월한 장르라고 평가한다. 구전 전통의 서사시는 일화를 나열하는 데 반해 비극은 플롯을 갖춰 이야기를 압축하고 밀도를 높이기 때문이다. 구전 서사시 낭송은 시인의 기억에 의존하기 때문에 암기하기 쉽도록 정형구 패턴을 반복적으로 사용할 수밖에 없고 여러 가지 일화들을 연결해 가는 과정에 중첩과 반복을 피할 수 없다. 반면에 이야기를 글로 구성할 때는 낭송의 시간적 속박에서 벗어나기 때문에 불필요한 중복을 피해 간결하고 인과적으로 교직할 수 있다. 세르반테스는 삽입 소설로 이야기를 늘려 가다 보면 구전 서사시에서처럼 서사적 밀도가 떨어지며 플롯의 통일성을 해치고 산만하게 만든다는 사실을 고민하고 있었다. 시사의 구조적 본질과 한계를 소설의 내재적 문제로 성찰하는 기회를 갖게 된 것이다.

삽입 소설 논쟁은 자기반성적 서사에 대한 원초적 소설 이론인 동시에 소설 형식의 진화 과정을 함축한다. 소설은 민담과 설화 등 기존의 여러 갈래 이야기들을 통합하고 확장하는 형식의 발달 과정에서 탄생했다. 『돈키호테』는 다양한 기원의 수많은 이야기들은 물론, 시와 연극과 소설이 뒤섞인 일종의 잡동사니와도 같다. 그렇게 소설을 형식이 자유로운 무정형의 실험 장르로 보면 삽입 소설 논쟁은 성숙하지 못했던 단계의 서사 형식을 반성하고 발전을 궁리하는 과정으로 보인다. 오늘날처럼 소설의 플롯이 복잡하고 정교해진 시대의 관점에서 보면 인과관계가 불완전한 초보적 이야기 통합 기술을 문제 삼는 논쟁이야말로 천의무봉의 서사로 진화하는 근대소설의 첫걸음이었던 것이다.

2) 서술 화자

또한, 별개의 여러 이야기들을 엮어 조합하는 것처럼 서사 기법이 원초적일수록 이야기의 통일성 못지않게 사실적 개연성 문제가 대두한다. 게다가 기사로망스가 현실성 없는 기상천외한 이야기들로 독자를 현혹시킨다고 비판하던 세르반테스에게 사실적이고 진실한 이야기로 만드는 것이 지상명제였을 것임에 틀림없다. 그러나 애당초 허구인 이야기들을 엮고 이어 지어낸 『돈키호테』가 어떻게 사실적인 이야기가 될 수 있는가? 여기서 화자의 서사적 기능과 책임문제는 중요해진다. 세르반테스가 소설 내내 다양한 이야기 통합

과정에서 누가 어떻게 서술의 주체가 되어야 하는지 늘 고민하는 이유다.

『돈키호테』의 화자 구조는 프레임 테일(frame tale) 방식에서 유래한다. 프레임 테일은 아주 오래된 구술 전통의 이야기 확장 방식이다. 다른 화자의 이야기를 빌려 오는 식으로 화자를 늘려 가면서 새로운 이야기들을 엮어 가는 것이다. 기사소설에서도 복수 화자가 등장하고 역사가의 원전을 차용한다는 식의 서술 프레임을 사용하고 있었다. 구술 스토리텔링에서 기원한 프레임 테일의 흔적이다. 원래 구술 프레임 테일 구성 방식이 기억과 구술을 용이하게 하려는 실용적 기법이었다면, 세르반테스에게 프레임 테일 화자 구소는 이야기의 진실성을 확보하려는 근대적 소설 전략이다. 작가의 서사적 진실성 책임을 불분명한 복수의 화자들에게 전가하는 한편, 정작 누가 궁극적 화자인지 책임 화자의 정체를 모호하게 만드는 것이다.

중심 화자는 아랍인 역사가 시데 아메테로 제시된다. 그러나 이야기를 쓴 역사가로 제시될 뿐 독자에게 직접 이야기하는 것도 아니고 혼자 소설 전체의 유일 화자인 것도 아니다. 돈키호테의 첫 번째 출정 이야기가 1편 8장에서 돌연 중단되면서 세르반테스가 화자로 개입한다. 그렇게 재미있는 이야기가 거기서 끝날 리가 없으며 이어지는 이야기가 어딘가에 남아 있을 것이라고 확신하면서 화자 중의 한 사람으로 등장하는 것이다. 수소문하던 중에 톨레도의 저잣거리 모퉁이에서 신문팔이 소년이 들고 있던 종이 두루마리를 발견하고 아랍어로 쓰인 돈키호테 이야기임을 확인하게 된다. 두루마리를 손에 넣은 세르반테스가 기독교로 개종한 아랍인 모리스코를 고용해 스페인어로 번역을 완성하는 데 꼬박 두 달 반이 걸린다. 여기서 새로운 화자 번역자가 등장한다. 번역자는 원작과 관계없이 종종 제 취향에 맞게 교정도 하고 첨삭도 하고 나름대로 논평도 단다.

종합하면 『돈키호테』에서 가시적으로 드러나는 화자는 우선 넷을 꼽을 수 있다. 우선은 돈키호테 이야기를 역사로 기술한 아랍인 역사가 시데 아메테이고, 두 번째는 1편 8장에서 바스크 상인과 결투 장면에서 끊긴 이야기를 이어 가는 이른바 '두 번째 작가'로, 유일하게 독자에게 직접 이야기하는 1인칭 화자다. 모호하기는 하지만 세르반테스 자신일 수도 있다. 세 번째는 '두 번째 작가'의 이야기를 카스티야어로 옮기는 아랍인 번역자이고, 마지막으로 궁극적 화자라고 할 수 있는 세르반테스를 꼽을 수 있겠다. 여기에다 돈키호테가 자신의 모험을 기록해서 후대에 전해 줄 것으로 가상하는 마법적 현자 역사가를 시데와 별개로 1편 1부의 화자로 인정한다면 다섯으로 늘어난다. 돈키호테 이야기를 3인칭 시점에서 쓰고 있지만, 첫 구절에서 『돈키호테』의 배경을 '지금, 내게 잘 생각나지 않는 라만차의 어느 마을'로 언급하고 있는 바로 그 화자이다.

사실, 화자가 몇인가가 중요한 것이 아니다. 복수의 화자 설정으로 중심 화자의 정체를 불분명하게 만든다는 것이 의미가 있다. 이야기의 진실성을 책임져야 할 궁극 화자가 없다는 말이다. 시데 아메테와 세르반테스의 관계는 미묘하다. 그러나 세르반테스는 서사의 진실성이 위협받으면 시데의 등 뒤로 숨을 수 있다. 세르반테스 시대 아랍인들은 원래 거짓말쟁이들로 알려져 있었다. 시데는 아랍인이므로 이야기의 진실성에 대해서 처음부터 책임질 능력이 없다. 원초적 거짓말쟁이가 진실을 이야기하는 역사가라는 것은 아이러니다. 진실과 허구를 화해시켜야 하는 서술 형식의 딜레마를 해소하는 화자 구성 방법이다. 이야기의 진실성을 추구하는 것이 핵심주제이면서 진실을 책임져야 할 화자는 모호해지는 모순을 해소하는 방식이다.

그러나 『돈키호테』 화자의 중층 구조를 리얼리즘 지향적인 서사 형식으로 나아가는 세르반테스의 소설 실험으로 이해하는 것도 한 가지 소설 이론일 뿐이다. 소설 문법과 언어 형식을 중시했던 지난 세기 이론에서 복수 화자와 프레임 테일의 구조적 형식을 밝히는 데 치중했던 것도 한 시대 비평의 조류였다. 그와 달리 서사 형식에 천착하는 소설 이론에 대항해 소설도 작가의 의도를 독자에게 설득하는 수사적 노력의 일환이라는 웨인 부스(Wayne Booth)식의 '소설의 수사학' 이론을 따르면 복잡한 화자 형식을 상상하고 창조해 가는 실제의 궁극 화자 세르반테스의 의도를 탐구하는 것으로 논의의 초점이 옮겨지게 된다.

6 돈키호테, 산초, 둘시네아의 인물 관계와 구조

1) 돈키호테와 산조

『돈키호테』는 인물 소설이다. 초기 소설의 취약한 플롯을 보완하고 다양한 일화들로 이루어진 소설에 통일성을 부여하는 것은 서술 기법 못지않게 독창적으로 창조한 주인공의 성격과 상징적 의미를 통해서다. 햄릿, 파우스트, 돈 후안 등 많은 인물들이 기존 설화나 민담에서 유래하는 데 비해 돈키호테는 대부분 세르반테스의 상상력이 빚어낸 인물이다. 무엇보다 주인공 돈키호테를 기사를 모방하는 기사로 설정했다는 점에서 새롭다.

선례가 되는 기사로망스의 인물들로 롤랑, 랜슬롯, 트리스탄 등도 꼽을 수 있겠지만 명시적 모방 대상은 스페인 기사소설의 주인공 아마디스였다. 세르반테스가 이탈리아 르네상스 대표작 아리오스토(Ludovico Ariosto)의 『광란의 롤랑(*Orlando Furioso*)』(1532)에서 못지않게 큰 영향을 받았음에도 불구하고 롤랑보다 스페인 기사소설의 대표작 『아마디스 데 가울라(*Amadís de Gaula*)』(1508)의 주인공 아마디스를 모방하기로 선택한 것은 민족주의적이고 기독교적인 이념 지향성을 드러낸다. 또한, 공상적 모험을 통해 기사소설을 한 차원 높은 경지로 끌어올린 정점의 유사 기사소설로 평가되는 『광란의 롤랑』과는 거리를 두고 단호히 기사소설과 결별하는 대항 기사소설을 쓰겠다는 의지를 표방하는 것이기도 하다.

그러나 돈키호테는 책을 읽다 미치는 주인공이라는 점에서 그가 모방하는 어떤 인물과도 구별된다. 기사의 영웅성과 시대착오적 기사소설 독자의 광기를 함께 갖고 있는 것이다. 기사소설을 모방하는 복고적 기행으로 정상 심리에서 일탈하고 사회적으로 소외되어 있지만, 그러한 일탈과 소외가 정의를 구하고 이상을 실현하려는 가장 순수하고 고귀한 도덕적 의지와 짝지어져 있다. 허구와 문학으로만 존재할 수 있는 이상적 이념의 소유자는 그 정신이 고귀하고 순수할수록 반대로 편집증과 같은 정신적 일탈을 통해 더 사실적인 인물로 개연성을 갖게 되는 법이다.

그래서 돈키호테는 영웅인가 바보인가, 정의의 사도인가 미치광이인가 하는 논쟁적 물음은 지속된다. 단정적으로 어느 쪽이라고 할 수 없고 양쪽 모두라고도 할 수 없는 진퇴양난의 모호함이야말로 오히려 돈키호테 정체성의 핵심이라고도 말한다. 영웅이면서 바보인 돈키호테의 이중성격이 의미를 갖는 데 산초의 등장은 결정적이다. 산초와의 차이에서 의미의 지렛대가 생기기 때문이다. 돈키호테 혼자라면 광인이든 영웅이든 의미가 없다. 산초와 대립하고 소통하면서 비로소 돈키호테의 기행도 영웅적 정의감도 인간적 가치 여부가 문제시되고 사회적 의미를 갖게 되는 것이다.

처음부터 둘은 극적으로 대비된다. 돈키호테는 오직 책 속의 기사도 세계를 믿는 관념주의자이고 산초는 일자무식에 오로지 보고 듣고 경험하는 것만 믿는 구술 문화의 현실주의자다. 관념의 세계와 경험적 현실이 대칭을 이루는 두 인물 사이의 불화와 화해의 과정은 『돈키호테』를 소설답게 만드는 구조적 토대다. 또 현실을 현실답게 그려 내야 할 소설의 사실성을 구조적으로 뒷받침한다. 세상은 돈키호테적이거나 산초적이라는 일방의 것이 아니라 돈키호테와 산초가 어울려 있는 곳이다. 이상과 현실, 관념과 경험이 교차하는 역동성이야말로 삶의 본질이다.

그래서 『돈키호테』의 대화적 구조의 서사 형식은 신화나 서사시 또는 기사로망스의 서사 형식과 세계관이 다르고 서사의 원리가 다르다. 신화가 신들의 세상을 이야기하고 서사시가 이상으로 박제된 영웅의 영원한 과거를 그린 것이며 기사로망스가 중세 고딕 시대의 비현실적 이상세계를 그리고 있다면, 소설은 그러한 비현실을 현실과 충돌시키는 이야기 방식이다. 『돈키호테』는 과거와 현재, 관념과 현실, 꿈과 실제가 뒤섞이는 지금 여기 우리들의 진짜 세상에 대해 이야기하는 소설인 것이다.

그렇다고 돈키호테가 늘 이상주의자이고 산초가 늘 현실주의자로 머물러 있지는 않는다. 『돈키호테』의 사실적 서사 원리는 이야기의 역동적 빈진에 있다. 처음에 보험을 주도하는 것은 물론 돈키호테다. 산초는 종자일 뿐이고 세상은 돈키호테가 보는 대로가 우선이다. 산초가 다르다고 말하면 돈키호테는 잘못 본 것이 아니라 마법 탓이라고 우긴다. 풍차를 거인이라고 우기면서 산초에게는 마법에 걸려 있어서 풍차로 보일 뿐이라는 식이다.

그러나 소설이 전개되면서 상황의 반전이 일어난다. 어딘지 머리가 모자라는 것 같던 산초가 지혜로운 대화상대로 성장한다. 속담과 경구를 섞어 가며 돈키호테 못지않은 말솜씨를 보여 주는 것이다. 영주를 시켜주겠다는 돈키호테를 고지식하게 믿고 따르는 산초를 보면서 사람 말을 너무 쉽게 믿는 거 아니냐고 떠들어대는 세상 소문을 일축하면서 산초도 시간과 경험이 쌓이면 통치 능력을 갖게 될 거라고 옹호하는 돈키호테의 태도는 흥미롭다(2편, 3장). 돈키호테의 예견은 맞아떨어진다. 공작 부처가 돈키호테와 산초를 초대해 장난으로 꾸민 연극에서지만 산초는 바라타리아 영주가 되어 정치도 훌륭히 해내는 것이다.

반전은 산초의 지적 성장에서뿐만 아니라 돈키호테의 정신적 변화에서도 일어난다. 행동하는 이상주의자 돈키호테가 수세적이고 회의적이 되어 가는 반면 신중하던 현실주의자 산초가 오히려 충동적이고 공세적이 되곤 한다. 돈키호테는 점점 세상을 제대로 보게 되는데 오히려 산초가 돈키호테를 닮아 가는 것이다. 마법을 구실로 산초가 돈키호테를 속이고 거꾸로 돈키호테가 정말 속아 넘어가는 것처럼 보인다.

몬테시노스 동굴에서 돈키호테가 보았다는 둘시네아는 산초가 마법에 걸린 진짜 둘시네아라고 우기던 바로 그 시골 처녀 알돈사 로렌소의 모습대로였다(2편, 23장). 산초가 속이는 대로 돈키호테의 의식이 따라가는 것이다. 트리팔디 백작부인을 구하러 출정하면서 클라빌레뇨 목마를 함께 탔을 때 공작이 꾸민 장난인 줄 모르고 모험에 열중하는 것은 산초이고 의심을 품고 미심쩍어 하는 것도 역시 돈키호테였다(2편, 41장).

돈키호테가 강제로 기사 편력을 마감해야 하는 마지막 순간에 새로운 도전을 독려하는 것도 바로 산초였다. 임종을 앞두고 어리석은 방랑기사 생활을 반성하고 참회하는 돈키호테에게 이유 없이 죽어서는 안 된다고, 다시 모험을 찾아 나서야 한다고, 숲속 어디에선가 둘시네아를 만나게 될 것이라고 울부짖는다. 돈키호테가 제정신으로 돌아오는 동안 어느새 산초가 돈키호테를 닮아 가고 있었다.

둘 사이의 반전과 자리바꿈은 소설을 열린 결말로 이끈다. 우나무노는 돈키호테가 죽지 않고 산초를 통해 부활하는 것이라고까지 말했다. 세르반테스는 서문에서 산초가 기사소설로 이름을 날린 수많은 종자들의 모든 재주와 매력을 두루 갖춘 빼어난 인물이며 독자들에게 돈키호테보다 산초를 알려 즐겁게 한 데 더 자부심을 느낀다고 말했다. 산초 없이 돈키호테는 있을 수 없다는 것을 강조한 말일 것이다.

2) 둘시네아, 알돈사 로렌소?

기사소설에는 서사시에 없던 새 요소가 등장한다. 남녀의 사랑이다. 르네상스 시대에 보지 않고 이야기를 듣는 것만으로 사랑에 빠진다는 네오플라토니즘 사랑이 목가시나 감상소설 장르에 등장하는 것도 중세 기사도 연애 전통의 영향과 무관하지 않다. 궁정연애로 불리는 기사들의 사랑은 왕비나 영주 부인처럼 지체 높은 유부녀와의 비대칭적 신분 관계에서 이루어진다는 점이 특징이다. 불륜이고 이루어질 수 없는 사랑이다. 그러나 불륜이지만 육체적 욕망 충족을 추구하기보다 연인에 대한 기사의 조건 없는 사랑과 헌신 그리고 충절과 지조를 강조한다는 점에서 이상주의적 사랑이기도 하다.

『돈키호테』가 기사소설의 패러디인 만큼 궁정연애도 빼놓을 수 없는 패러디 대상이다. 『아마디스 데 가울라』의 주인공 아마디스에게 기독교적 사랑의 연인 오리아나가 있고 아리오스토의 롤랑에게 실연을 안겨 미치게 만든 연인 안젤리카가 있었다면 돈키호테에게도 버금가는 연인이 있어야 한다. 처음 출정을 준비하면서부터 편력기사에게는 반드시 사랑하는 귀부인이 필요하다는 것을 상기한다. 사랑하는 연인이 없으면 기사는 잎사귀도 열매도 없는 나무이거나 영혼이 없는 육체나 다름없다. 기사소설에서처럼 그보다 높은 신분의 귀부인과 나누는 사랑을 따라 해야 했다. 그런 연인이 현실로 존재하지 않으면 관념으로라도 만들어야 했다.

그래서 둘시네아(Dulcinea)가 탄생한다. 달콤하다(Dulce)는 뜻이 들어가 있는 데다가 어미(-nea)가 귀부인 이름처럼 품위 있고 무엇보다 운이 그럴듯하다고 여기며 만족해했다. 이상적 연인 이름을 생각하다가 한때 이웃 마을 토보소의 알돈사 로렌소를 짝사랑했던 현실의 기억이 겹쳐졌다. 내친 김에 출신 지방을 성으로 붙이는 귀족 관습을 따라 둘시네아에게 토보소 성을 붙이는 것이 좋아보였다. '둘시네아 델 토보소'라고 불러 귀부인 흉내를 냈지만 여지없이 기이한 패러디다. 미의 이상 둘시네아와 현실의 토보소 촌색시 알돈사 로렌소의 추한 이미지가 그로테스크하게 겹쳐진 것이다.

그렇게 돈키호테의 머릿속에서 만들어진 둘시네아는 문학사상 아주 특이한 인물이다. 돈키호테가 늘 흠모하고 위기가 닥칠 때마다 가호를 호소하면서 명예와 무용을 바쳐 사랑에 헌신하겠다고 맹세하지만 둘시네아는 소설 내내 한 번도 현실로 나타나지 않기 때문이다. 이상으로만 존재할 따름이다. 그러나 인물이라면 등장해야 하고 행동해야 한다. 실제로 둘시네아가 등장해야 한다면 어떻게 현실 밖에 있는 둘시네아를 현실로 존재하게 만드는가? 실제로 산초가 둘시네아를 만나야 한다면 어떻게 할 것인가? 실재하지 않으면서 실재해야 하는 애매모호한 인물, 나타나지 않으면서 늘 출현이 임박해 있는 인물 둘시네아는 그래서 특이하게 서사적 긴장을 지탱하는 주요한 동인이다.

드디어 시에라 모레나의 고행을 둘시네아에게 알리라고 분부하면서 산초에게 편지를 써 주었을 때 돈키호테는 둘시네아가 누구인지 구체적으로 밝혀야 한 절체절명의 위기 순간을 맞는다(1편, 23장). 그때 돈키호테가 궁색하게 찾아낸 둘시네아는 이웃 마을 토보소에 사는 촌색시 알돈사 로렌소였다. 둘시네아의 성 토보소에 겹쳐져 있던 촌색시 이미지가 현실로 작동한다. 로렌소 코추엘로와 알돈사 노갈레스의 딸 알돈사 로렌소를 둘시네아라고 둘러대고 민

것이다. 의아해 하는 산초에게 돈키호테가 늘어놓은 변명은 '제 눈에 안경, 둘시네아는 내 눈에 둘시네아'라는 식이다. 한 지체 높은 과부가 천박한 수도사를 맞아들인다는 주변 험담에 맞서서 아리스토텔레스만큼 학식이 높아 반했는데 웬 말이냐고 반박했다는 일화에도 기댄다. '알돈사 로렌소가 아무리 보잘것없는 여자라 하더라도 그저 내가 아름답고 정숙하다고 생각하고 믿으면 그만'이라고 답하는 것이다.

결국, 둘시네아와 알돈사 로렌소 사이에서 돈키호테의 이상주의 관점과 산초의 현실주의 관점은 극적으로 충돌한다. 돈키호테에게는 알돈사 로렌소도 둘시네아일 수 있는 반면, 산초에게 보이는 것은 알돈사 로렌소뿐이다. 돈키호테에게는 알돈사 로렌소도 아름다운 미의 이상 둘시네아일 수 있는 반면, 산초에게는 그저 장정처럼 힘세고 오 리 밖까지 들리게 우렁찬 목소리를 내는 못생긴 농촌 색시일 뿐이다.

둘시네아에게 편지를 전달하러 가던 산초는 때마침 돈키호테를 찾아 나선 동네 신부 일행을 만나 시에라 모레나로 동행해 되돌아가게 된다. 돌아온 산초에게 돈키호테가 편지 전달 정황을 추궁하자 과연 산초는 어떻게 답하는가? 돈키호테가 자기를 위해 문장이 새겨진 갑옷에 금실로 자수를 놓거나 진주를 꿰고 있을 아름다운 왕비를 연상하고 묻는데, 산초는 마당에서 체로 밀을 까부르는 촌색시였다고 답한다. 가까이 갔을 때 아라비아 사막에서 온 이름난 향수 냄새가 나지 않더냐고 돈키호테가 묻자 산초는 남자 냄새, 그것도 일하다 흘린 끈적끈적한 땀 냄새가 나더라고 답한다(1편, 31장).

돈키호테의 기고만장했던 둘시네아 상은 시간이 갈수록 기세가 꺾인다. 2편에서는 아예 돈키호테와 산초의 입장이 바뀐다. 돈키호테가 둘시네아를 만나러 토보소로 들어갈 때 산초는 편지를 전달했다고 말한 둘시네아를 데려와야 할 난감한 상황에 봉착한다. 마을 어귀에 이르러 고민에 빠져 있던 산초에게 나귀를 탄 세 명의 촌색시가 다가오고 있었다. 산초는 돈키호테에게 셋 중 가운데 여자가 바로 둘시네아라고 둘러댔다. 이때 현실을 사실대로 보는 것은 돈키호테였다. 촌색시들만 보인다고 대꾸하는 것이다. 그러자 산초는 돈키호테가 풍차를 마법에 걸린 거인이라며 억지 부린 일을 여지없이 분풀이한다. 마법에 걸려 촌색시로 보일 뿐 둘시네아가 틀림없다며 돈키호테더러 무조건 믿으라고 우겨 대는 것이다(2편, 10장).

돈키호테와 산초의 대화에서 힘의 관계가 역전되어 가면서 돈키호테의 믿음은 약해지고 산초의 주장은 강해진다. 그럴수록 둘시네아의 실루엣은 엷어지고 알돈사 로렌소의 상이 두드러진다. 몬테시노스 동굴에서 돈키호테가 본 가장행렬 중의 둘시네아는 영락없는 촌색시 알돈사 로렌소였다. 가난에 찌들어 6레알을 꾸어 달라는 둘시네아에게 돈키호테는 갖고 있던 고작 4레알을 빌려준다(2편, 23장).

결말로 다가갈수록 미의 이상 둘시네아가 등장하리라는 희망은 점점 식어 간다. 드디어 재출정의 기약 없이 마지막 출정에서 귀향하던 돈키호테와 산초가 고향 마을 어귀에 들어설 때 장난치며 놀던 동네 아이들과 마주친다. 한 아이가 다른 아이에게 "너는 그걸 다시는 못 볼 거야"라고 소리치는 것이 들렸다. 문득 돈키호테에게는 이 세상에서 다시는 둘시네아를 볼 수 없을 것이라는 불길한 예언처럼 들렸다. 귀뚜라미 새장을 가진 아이가 다른 아이에게 다시는 안 보여 줄 거라고 다짐하는 말이었을 뿐인데도 말이다.

이어서 토끼가 사냥개에게 쫓기는 광경을 보면서도 둘시네아가 다시는 나타나지 않을 거란 나쁜 징조라고 믿는다. 산초가 토끼를 붙잡아 돈키호테에게 건네 주며 마법에 걸린 둘시네아를 품에 안는 것과 같은데 무슨 나쁜 징조냐고 따져도 소용없었다. 정의의 기사 돈키호테의 실존을 지탱하던 둘시네아 상이 깨어지는 순간이자 이상과 희망이 사라지는 지점이다. 이상의 좌절과 우수를 경험하는 순간인 동시에 미혹에서 깨어나 분별을 되찾는 환멸의 순간이 다가오는 지점이기도 하다.

7 『돈키호테』의 의미와 해석

마침내 돈키호테는 고향으로 돌아와 임종을 맞는다. 산초가 아무리 애원해도 다시는 출정에 나설 수 없다. 아예 기사의 이름 돈키호테를 버리고 원래 향사의 이름 알론소 키하노로 돌아간다. 어제의 미친 방랑기사 돈키호테와 오늘의 '선인(善人) 알론소 키하노'는 다르다고 단호히 결별을 선언한다. '선인'은 바른 사람이라는 뜻이지만 진정한 가톨릭교도를 뜻하는 것이기도 하다. 시대착오적인 기사소설을 읽다가 미쳐 현실 물정 모르고 방랑에 나섰던 미치광이 기사가 잘못을 뉘우치고 신앙심을 되찾아 교회의 품에 귀의하는 이야기로 마무리되는 것이다.

이러한 결말은 예술과 문학이 교회와 교리에 봉사해야 한다는 대항종교개혁의 이념에 충실하다. 세르반테스가 명백하게 의도한

대로 『돈키호테』는 기사소설의 허황된 비현실성과 부도덕성을 비판하던 대항종교개혁 문학의 이념을 실천하고 있었음에 틀림없다. 스페인의 기사소설 열풍은 16세기 중엽부터 쇠퇴하기 시작했지만 『돈키호테』가 세상에 나온 때는 종교개혁에 대항하는 가톨릭교회의 대항종교개혁이 여전히 위세를 떨칠 무렵이었다. 스페인 젊은이들까지 시대착오적인 거짓 이야기와 허황되고 불경한 세속적 이야기들로 현혹시켜 경건한 신앙심으로부터 멀어지게 만든다는 가톨릭 도덕주의자들의 우려와 비판은 완전히 불식되지 않았다.

처음 『돈키호테』를 접한 17세기 스페인 독자들도 시대착오적 편력기사를 조롱하고 기사소설을 풍자하는 작가의 의도를 쉽게 납득했을 것이다. 주인공 돈키호테의 기이한 언행을 희화적인 풍자로 받아들였을 것이며 그의 기사 환상은 산초의 현실주의와 대비되어 더 분명하게 기행으로 이해되었을 것이다. 17세기 이후 『돈키호테』를 해석한 삽화들도 한결같이 돈키호테와 산초를 우스꽝스러운 기행의 주인공으로 그려 내고 있었다. 오늘날에도 『돈키호테』 비평의 한 축은 여전히 세르반테스의 의도와 당대의 역사적 상황에 충실하게 작품을 해석하고 풍자와 유머를 핵심적 미덕으로 부각시킨다.

그러나 낭만주의 시대가 도래하고 인간과 세계에 대한 이해가 변화하면서 상반되는 해석이 등장한다. 낭만주의는 인간의 감성적 내면을 깊고 신시하게 성찰하고 예술적 숭고미를 탐구한 시대 사조였다. 문학 비평의 흐름도 철학석으로 기울었다. 세르반테스의 의도나 17세기의 역사적 상황을 넘어 주인공 돈키호테에게서 보편적 인간의 본성을 찾아 나섰다. 실러(J. C. F. Schiller), 슐레겔 형제(A. W. Schlegel; F. Schlegel), 셸링(F. W. J. Schelling)은 물론, 헤겔(G. W. F.

Hegel) 같은 19세기 초 독일 낭만주의 문학비평가와 철학 사상가들은 『돈키호테』를 19세기 근대 세계관을 담은 상징적 텍스트요 사상적 영감의 원천으로 삼았다.

이를테면, 돈키호테의 묘비명에서 산손 카라스코가 죽음도 가리지 못할 영웅의 극단적 용기를 유머로 노래하면서 "살아서는 미쳤지만 죽어서 분별을 되찾는(morir cuerdo y vivir loco)" 행운을 누렸다고 기렸다면(2편, 74장), 낭만주의 사상은 돈키호테의 삶과 죽음에서 "산다는 것은 미치는 것이며 죽어서야 광기에서 벗어날 수 있는" 인간의 숙명적 실존을 행간의 의미로 읽었다. 돈키호테가 알론소 키하노로 돌아온다는 것은 분별을 찾는 것이지만 분별의 회복은 삶의 의미를 상실하는 것이요 죽음의 막다른 골목에 이르는 것을 뜻하게 된다. 편력기사의 여정이 끝나면 살아야 할 이유도 사라지는 것이다. 삶의 의미는 알론소 키하노라는 이름으로 존재하는 것이 아니라 돈키호테로 행동하고 실천하는 데 있기 때문이다. 『돈키호테』가 돈키호테의 이야기이지 알론소 키하노의 이야기가 아닌 이유다.

그렇게 낭만주의적 인간과 세계의 이해에 따라 『돈키호테』는 희극이 아니라 진지한 비극으로 다루어지기 시작했다. 풍자와 유머의 이면에 아이러니를 발견하고 인간 본성의 철학적 문제를 되새기게 하는 인문주의 고전으로 재발견되었다. 주인공 돈키호테는 불굴의 의지와 기상으로 부조리한 현실에 맞서 정의를 세우려는 숭고한 이상주의자로 떠받들어졌다. 돈키호테의 광기를 비이성의 이성이요 보편적 인간 본성으로 읽어 낸 것이다. 돈키호테뿐만 아니라 햄릿에게서 우유부단하고 나약한 사색가의 모습을 찾아내 인간의 또 다른 본성을 부각시킨 것도 낭만주의 비평이었다. 마침내 19세기 러시아의 문호 이반 투르게네프는 결단력이 부족한 나약한 회의주의자 햄릿과 불굴의 모험주의자 돈키호테를 짝지어 인간 본성의 상징적 양면으로 강조하기에 이르렀다.

대체로 현대의 『돈키호테』 비평사는 낭만주의 비평 전통의 큰 틀 안에서 발전해 왔다. 『세르반테스의 사상(*El pensamiento de Cervantes*)』(1925)을 쓰고 세르반테스에게서 이탈리아 르네상스와 에라스무스 인문주의 사상의 궤적을 추적한 아메리코 카스트로(Américo Castro)도 낭만주의 비평 전통에서 벗어나 있지 않다. 작가보다 주인공을 중시하면서 돈키호테를 스페인 민족이 추구해야 할 영혼의 모델이라고 신비화한 우나무노(Miguel de Unamuno)도, 또 『돈키호테』에서 이상과 현실, 희극과 비극을 종합해 신화와 서사시 그리고 비극과 구별되는 근대소설이 완성되었다고 짚어 낸 오르테가 이 가세트(José Ortega y Gasset)도 낭만주의적 『돈키호테』 비평을 스페인 민족주의 이념으로 승화시킨 사상가들이다.

이론적으로, 이러한 낭만주의 해석 전통은 작가의 의도를 등한히 했다거나 당시의 현실 상황을 도외시한다는 비판에 봉착한다. 그러나 작품을 쓴 작가의 의도 못지않게 읽는 독자의 지적 안목과 문화적 배경을 도외시하는 것도 문제다. 이야기는 독자의 시공간적 맥락에 따라 달리 읽힐 수밖에 없다. 의미는 작품에 고정되어 있는 것이 아니라 독자의 교양과 문화를 배경으로 이루어지는 독서 행위에서 생성되는 것이다. 세상이 바뀌면 문화가 바뀌고 독자의 교양과 세계관도 변한다. 고전의 가치는 해석의 깊이와 폭에 달려 있다. 시대에 따라 지역에 따라 사람에 따라 다양하게 읽힐 수 있는 정도만큼 더 고전적일 수 있다.

낭만주의 이래 오늘날까지 여전히 『돈키호테』를 두고 해학적 주제와 철학적 주제, 역사적 해석과 상징적 해석 사이에 논쟁이 지속되는 것은 그만큼 깊은 고전적 가치를 지녔다는 뜻도 된다. 『돈키호테』에 담긴 의미의 폭과 깊이를 확장하는 것은 의미를 왜곡하는 것이 아니라 오히려 작품의 진정한 가치에 다가가는 과정으로 볼 수도 있겠다. 이미 세르반테스는 『돈키호테』 1편 서문에서 독자의 나이나 성향 또는 교양의 차이에 따라 다양하게 읽어 달라고 주문하면서 '독자가 주인'임을 강조했다.

요컨대 낭만주의 시대 독자들이 『돈키호테』를 17세기 독자들이 읽는 방식과 다르게 수용했다고 흠잡을 일은 아니다. 『돈키호테』가 대항종교개혁의 정치적 선전물이라는 역사적 해석이나 기사소설의 패러디라는 작가의 의도에만 충실해야 할 이유는 없다. 위세 등등한 대항종교개혁의 이념적 압박에서 자유로울 수 없었을 세르반테스에게서 낭만주의적 해석을 가능하게 할 만큼 자유롭고 보편적인 인문주의 정신을 읽을 수 있다는 것이 오히려 의미심장하다. 실제로 세르반테스가 폐쇄적 교조주의보다는 자유 이성과 실천적 덕성에 더 매력을 느꼈고, 타고난 신분보다는 갈고닦아 실천하는 이성과 덕성에서 인간의 가치를 찾아야 한다고 강조했던 사실을 주목해야 한다. 대항종교개혁 시대 한가운데서도 빛나는 르네상스 인문주의자로 읽힐 수 있는 것이다.

그러고 보면 세르반테스의 인문주의 정신에는 알론소 키하노와 돈키호테의 두 이름이 겹쳐 있다. 두 이름의 관계는 역사 속 세르반테스의 지성과 감성의 양면을 웅변한다. 가톨릭교회 이념의 울타리 안으로 귀의한 알론소 키하노가 임종을 맞을 때 울타리 너머 더 보편적인 시공간으로 초월한 돈키호테는 실천적 의지로 불멸의 명성을 얻는 자유인이 된다. 세르반테스라고 역사적 시대 환경에서 자유로울 수 없었을 테니 머리로는 알론소 키하노의 편에 서야 했겠지만 진정 가슴으로 구한 것은 돈키호테를 통해 누리는 자유인의 기상이었을 법하다.

세르반테스의 정신적 양면성은 『돈키호테』를 다양하고 풍부한 해석의 장으로 이끌어 불후의 고전으로 승화시킨 배경일 수 있겠다. 그런 의미에서 주인공 돈키호테는 세르반테스의 그럴듯한 초상이다. 세르반테스는 역사 속에 사라졌어도 돈키호테는 불멸의 생명력을 이어 간다. 오늘날에도 비이성적 광기와 이성적 예지가 한데 어울린 역설적 주인공 돈키호테는 무한한 상상력과 영감의 원천이다.

한편으로 돈키호테라는 이름은 일상의 틀과 상식의 궤를 벗어난 무모하고 파괴적인 행동가를 연상시킨다. 프로이트는 돈키호테에게서 인간의 무의식에 대한 영감을 얻었다. 다른 한편으로 돈키호테는 투철한 신념, 정의의 사자, 불굴의 도전 정신 등 긍정적 덕목으로 인류를 매료시키는 문화 아이콘이요 불멸의 인간 우상이다. 그렇게 『돈키호테』는 르네상스 인문주의 시대의 고전일 뿐만 아니라 시대가 바뀌어도 언제나 새롭게 다시 읽힌다. 어느 시대에든 누구에게든 인간 이성의 한계를 시험하고 반성하는 가운데 또다시 희망과 용기를 용솟음칠 수 있게 하는 너무나 인간적인 인간 초상의 영원한 고전인 것이다.

참고자료

처음 스페인어를 직역한 우리말 번역본 『돈키호테』(김현창 옮김)는 1973년 동서문화사에서 출간했고 1991년부터 범우사가 펴내고 있다. 원작 어투의 맛깔 재현에 관심을 기울인 번역은 2005년 창비에서 나온 『돈키호테』(민용태 옮김)이다. 시공사는 원작 출간 400주년을 맞아 2004년과 2015년에 각각 『돈키호테』 1편과 2편(박철 옮김)을 정확성에 힘써 번역 출간하면서 역사적 의미를 담았다. 열린책들은 2014년 『돈키호테』(안영옥 옮김) 번역본과 2016년 해설서를 함께 내놓았다. 2016년 펭귄클래식코리아는 보다 현대적인 우리말 문체로 『돈키호테』(전기순 옮김) 1편을 선보였다. 『돈키호테』 관련 국내 학술 논문과 저술도 많이 나와 있다. 번역서 중에는 허구를 가미한 세르반테스 전기인 R. 부조니의 『세르반테스 이야기: 슬픈 얼굴의 기사』(송재원 옮김, 풀빛, 1999)가 있다. 오르테가 이 가세트가 철학 사상에 소설론을 더해 쓴 『돈키호테 성찰』(신정환 옮김, 을유문화사, 2017)도 『돈키호테』가 근대소설의 효시인 이유를 살피게 해 준다. 스페인어 자료 외에도 많은 영문 자료를 참고할 수 있다. 전체 스토리와 주요한 에피소드들을 면밀하게 분석하고 인물의 성격, 화자와 서사 구조, 그리고 문체와 스타일까지 종합적으로 고찰한 무리요(L. A. Murillo)의 *A Critical Introduction to Don Quixote* (New York: Peter Lang, 1988)도 『돈키호테』를 읽는 유용한 입문서 중 하나로 꼽을 수 있다.

03
소설의 개혁과
인간 존재의 문제성
우나무노, 『안개』
조민현
Niebla

조민현

고려대학교 서어서문학과를 졸업하고 마드리드 대학에서 스페인 문학으로 박사학위를 취득하였으며 현재 대구가톨릭대학교 중남미학부 교수로 재직 중이다. 저서로는 『스페인 현대 소설론』(월인, 2005), 역서로는 미겔 데 우나무노의 『안개』(민음사, 2005)와 라몬 고메스 데 라 세르나의 『그레게리아』(지만지, 2008) 등이 있다.

1 우나무노의 삶과 문학

19세기 말과 20세기 전반 스페인의 다양한 역사적 사건을 겪으며, 자신을 둘러싼 현실에 대해 치열하게 고뇌하고 부딪혔던 우나무노(Miguel de Unamuno, 1864-1936)는 스페인 내전이 발발했던 1936년의 마지막 날 살라망카에서 생애를 마감했다.

1864년 스페인 바스크 지방의 빌바오에서 태어나 그곳에서 중고등학교 과정을 마친 우나무노는 바스크 정신의 세례를 받고 성장했다. 하지만 청년기 이후 그는 마드리드 대학에서 철학과 문학을 공부하고 살라망카 대학에서 그리스어 교수와 총장으로 일하면서 카스티야의 전통과 정신에 대해 심도 있는 이해를 하게 되었다.

이러한 과정에서 그는 1898년 미서전쟁에서 스페인이 패하면서 절정에 달했던 스페인 쇠퇴의 한복판에 서게 되었고, 조국의 현실에 대한 깊은 성찰을 하였다. 그는 이러한 정신적 각성을 통해 조국의 부흥을 주장했던 98세대의 정신적 지주가 되었으며, 개인적 삶의 문제와 조국 스페인의 문제를 연결시켜 사유하게 되었다. 이러한 맥락에서 우나무노는 유럽지향적인 성향을 가졌던 오르테가 이 가세트를 필두로 한 1900년대 세대와 논쟁을 벌이면서 인간과 사회의 제반 문제를 깊이 있게 탐구했던 사상가이자 문학가였다.

1923년 이후 우나무노의 삶은 정치적 상황과 더욱 밀접히 관련되었다. 그해 프리모 데 리베로의 독재가 시작되자 그는 이에 반대하여 교수직에서 해임되었고 이듬해에는 푸에르테벤투라 섬으로 추방되었다. 4개월 후에 사면되어 프랑스로 망명을 떠났던 그는 프리모 데 리베라의 독재가 종말을 고한 1930년 열렬한 환영을 받으며 다시 살라망카로 돌아왔다. 이후 제2공화국이 들어서자, 살라망카 대학의 종신 총장으로 임명되었으나 프랑코가 쿠데타를 일으켰을 때, "[당신들이] 이길 수는 있을 것이다. 그러나 납득시킬 수는 없을 것이다"[1]라는 말로 저항했고, 이로 인해 프랑코 측에 의해 가택 연금을 당한 채 스페인 내전이 발발한 그해 마지막 날 숨을 거두게 된다.

이렇듯 우나무노는 스페인의 정치적 상황과 밀접한 관계를 맺었으며, 이때 살라망카는 그의 생애에서 중요한 도시가 되었다. 그가 비록 바스크 지방에서 태어나 청년기를 보냈지만, 살라망카를 중심으로 한 삶 속에서 스페인의 정신을 고뇌하였기 때문이다.

바스크 태생인 우나무노의 스페인어는 학습된 것이라고 한다. 하지만 그는 스페인어로 작품 활동을 하며, 생애에 걸쳐 에세이, 소설, 시, 희곡 등 다양한 장르의 작품들을 남겨 놓았다.

에세이 형식의 작품들에서 우나무노는 주로 그의 삶과 조국 스페인의 모습을 다루었다. 그가 카스티야 지방을 접하며, 이 지방의 정신과 풍경을 그린 첫 번째 작품인 『정통주의에 관하여(*En torno al casticismo*)』는 1895년에 나왔는데, 역사를 통해 이어져 온 스페인의 문제를 언급하고 새로운 변화의 가능성을 논했으며, 특히 겉으로 드러난 역사보다 더 본질적인 역사로서 '내부의 역사(intrahistoria)'를 상정하였다.

1 우나무노의 이 말은 스페인어 표현 "Venceréis, pero no convenceréis"를 옮긴 것이다. 1936년 10월 12일 살라망카 대학 교정에서 열렸던 한 기념식 도중 우나무노가 프랑코 측 장군인 호세 미얀 아스트라이(José Millán-Astray)에게 한 말이다.

우나무노의 철학과 종교 사상은 1900년 이후 본격적으로 형성되었는데, 이와 관련하여 1905년에 나온 『돈키호테와 산초의 생애(*Vida de don Quijote y Sancho*)』, 유한성을 말하는 이성의 목소리와 불멸에 대한 인간의 염원 사이의 해결되지 않는 갈등을 다룬 『생의 비극적 의미(*Del sentimiento trágico de la vida*)』(1913), 『기독교의 고뇌(*La agonía del cristianismo*)』(1925) 등이 두드러진다.

1897년에 출간된 우나무노의 첫 번째 소설 『전쟁 속의 평화(*Paz en la guerra*)』는 자전적인 경험을 바탕으로 바스크 지방의 정서를 표출하였으며, 소설 개혁에 대한 그의 사유를 요약하는 용어인 '니볼라(nivola)'라는 말이 나오는 『사랑과 교육(*Amor y pedagogía*)』이 1902년에, 대표작 『안개(*Niebla*)』는 1914년에 출간되었다. 그 밖의 주요 소설로 성경 속의 인물 아벨과 카인의 이야기를 현대적으로 재구성하여 스페인인들의 '질투' 문제를 재조명한 『아벨 산체스: 욕망의 역사(*Abel Sánchez: Una historia de pasión*)』(1917), 『세 개의 모범 소설과 하나의 프롤로그(*Tres novelas ejemplares y un prólogo*)』(1920), 『툴라 아주머니(*La tía Tula*)』(1921), 삶에 대한 은유로서 문학의 역할을 다룬 『소설은 어떻게 만들어지는가?(*Cómo se hace una novela?*)』(1928), 『착한 성인 마누엘(*San Manuel Bueno, mártir*)』(1933) 등이 있다.

시 작품으로는 종교적인 구원 가능성에 의구심을 갖고 정신적으로 방황하던 시절 프라도 미술관에서 벨라스케스가 그린 그리스도의 그림을 보고 받은 감동을 시로 표현한 『벨라스케스의 그리스도(*El Cristo de Velázquez*)』(1920)와 『푸에르테벤투라에서 파리로(*De Fuerteventura a París*)』(1925) 등이 있다. 『꿈의 그림자(*Sombras de sueño*)』(1926)와 『타자(*El otro*)』(1932) 등 일련의 희곡 작품들은 그의 소설들과 같은 주제를 다루지만, 연극적 재현을 통해 보다 생생한 역동성을 추구한다는 데 그 장르적 의의가 있다.

이러한 우나무노의 문학적 여정은 그가 인간의 삶과 사회에 대해 고뇌한 흔적을 반영하고 있으며, 삶의 역동적인 모습을 포착하려고 한 만큼 다양한 장르에 걸쳐 문학 활동을 전개하였다. 그가 초창기에는 에세이나 소설에 매진했으나, 중후반기로 갈수록 대화체 소설이나 희곡으로 나아간 것은 삶의 모습을 입체적으로 담을 수 있는 역동적인 문학 장르에 차츰 매력을 느꼈던 까닭으로 볼 수 있다.

> 우나무노의 글쓰기는 분명히 그의 삶의 궤적을 부단히 반영하고 있기 때문이다. 이것은 글쓰기가 삶의 구조를 동적으로 반영하는 거울로서 기능한다는 것이다. 말하자면, 우나무노의 글에는 작가를 둘러싼 세계를 단순히 기술하는 것이 아니라 시간성을 가진 삶의 움직임을 어떻게 언어구조로 형상화할 수 있느냐는 실존적 고민이 담겨 있으며, 이러한 맥락에서 우리는 그의 글쓰기가 갖는 개혁성을 생각해야 한다. (조민현 2005, 39-40)

이러한 생각을 대변하며 그의 문학과 사상의 핵심을 잘 포괄하고 있는 작품이 바로 1914년에 출간된 『안개』이다. 이 작품은 이전 시대의 문학에서 새로운 문학으로의 이행을 보여 주는 세계에 대한 인식론적 변화를 담고 있는데, 그 출발점에는 19세기 합리주의 세계관에 대한 의문이 자리 잡고 있다.

2 추상성과 체계화의 반대

18세기에 꽃핀 계몽주의는 문학에도 영향을 미쳐 이후 규칙과 시학을 기반으로 한 고전주의와 인간의 이성과 언어적 재현에 대한 신뢰에 기반을 둔 19세기 사실주의 문학을 낳았다. 하지만 19세기 말과 20세기 초는 계몽주의 이후 이어져 온 합리적인 세계관에 의문을 제기하고 기존에 자명하게 받아들여졌던 현실에 대해 새롭게 성찰하는 시기였다.

우나무노의 『안개』는 이전 시대의 예술 전통에서 벗어나 모더니즘, 아방가르드 등 새로운 미학으로 이행되던 시기에 나왔다. 무엇보다 언어와 현실에 대한 새로운 사유와 이 작품이 연결되는 고리는 기존에 자명하게 여겨졌던 것에 대해 의심하고, 추상화하고 체계화하려는 모든 사유를 전복하려는 데 있다. 따라서 우나무노의 문학과 철학을 관통하는 핵심적인 요소는 사물을 추상화하거나 체계화하려는 모든 시도를 거부하는 데서 출발한다.

이러한 면을 드러내기 위해 먼저 그는 기존의 철학 체계에서 인간을 이성적으로 정의하려는 것을 거부한다. 이성적인 것은 추상적이기에 실제 삶을 영위하는 인간 본연의 모습을 드러낼 수 없기 때문이다. 따라서 그는 체계적으로 정의되지 않은 '살과 뼈의 인간', 즉 구체적인 인간을 사유의 출발점으로 삼는다.

왜냐하면 내게 있어서 '인간적'이라는 형용사는 추상명사의 '인간성'만큼이나 의심스럽기 때문이다. 그러니까 '인간적'이거나 '인간성'이거나 단순한 형용사거나 명사화된 형용사는 어디까지나 전부

애매한 것들이고, 구체성을 띤 명사는 오직 하나뿐이다. 즉 인간이라는 것 말이다. 살과 뼈를 가지고 있는 인간이라는 말이다. (우나무노 1988, 9)

이렇듯 무언가를 정의하고 체계화한다는 것은 사물 자체의 생생한 본질을 잃는 것을 의미한다. "체계를 세우게 되면 결코 어떤 대상의 생생한 울림이 포착되지 않는다. 체계는 단지 어떤 대상을 종이로 된 새장 속에 가두는 데에 쓰일 뿐이다"(Ayala 1980, 264). 결국 추상적인 이성을 통해 세계를 체계화하는 것은 삶과 양립될 수 없는 서로 상반된 속성을 내포한다.

이렇게 20세기 초 세계를 정의하고 체계화하려는 기존의 세계관에 대한 반작용이 『안개』를 이루는 기본 배경이다. 작품에서 작가로 등장하는 빅토르 고티는 이러한 면을 다음과 같이 역설한다. "모든 것을 혼동시켜야 해. 꿈과 현실을 혼동시키고 허구와 현실을 혼동시키며 진실과 거짓을 혼동시켜야 해. 단 하나의 안개 속에 모든 것을 혼동시켜야 해"(우나무노 2005, 270).[2] 작품 속 등장인물 빅토르 고티의 이러한 언급은 바로 『안개』 자체에 대한 구조적 본질로 작용한다. 작품의 제목인 '안개' 자체가 사물을 명확하게 하지 못하고 혼돈 속에 놓이게 함을 의미하는 것이다. 말하자면, 제목 자체가 명확성을 추구하는 19세기 실증주의에 대한 반대를 암시한다.

2 미겔 데 우나무노(2005), 『안개』, 조민현 옮김, 민음사. 이후 이 텍스트의 인용 시 괄호 안에 쪽번호만 적는다.

추상화와 체계화에 대한 의문은 언어의 차원에까지 나아간다. 언어는 사물을 고스란히 재현하는 충실한 도구가 아니며 그 본질을 드러내지 못한다고 아우구스토는 자신의 독백 속에 표현한다.

> 진리라고는 생리적인 삶밖에 없다. 언어라는 이 사회적 산물은 거짓말을 하기 위해서 만들어진 것이다. 우리의 철학자가 진리란 언어와 같이 사회적 산물이며 모든 사람이 믿는 것이고, 그렇다고 믿으면서 사람들은 서로를 이해한다고 말한 것을 들은 바 있다. 사회적 산물이란 거짓이다. (168)

언어의 예처럼, 자의적으로 설정한 진리에 대한 의심은 우나무노를 의심의 철학자로 불리는 니체와 같은 맥락 속에 위치시킨다. 니체는 기존의 형이상학이 설정한 "진리는 환상이다. 사람들은 그것을 이제껏 잊고 있었다. (…) 진리는 표면이 지워져서 더 이상 화폐로서의 가치는 없고, 금속으로서의 가치밖에 없는 동전이다"(Nietzsche 1998, 25)라고 말하며, 서구 세계가 체계화해 놓은 전통적인 사유 체계를 전복시킨다.

이렇듯 우나무노는 19세기까지 이어져 온 기존의 세계관이 무너지는 시대적 배경 속에서 이를 문학적 구조로 옮기려고 하였고, 1914년에 출간된 『안개』는 그러한 사유의 소산이다.

『안개』는 작품 속에 빈번히 등장하는 '안개'라는 은유적 표현 아래 인간 실존의 문제, 현실과 허구의 경계, 소설 장르의 문제 등 여러 가지 차원에서 안정적으로 정의된 기존 체계에 의문을 표시하고, 문학과 삶의 관계에 대한 새로운 의미를 찾는다. 그렇다면 작품 속에서 이러한 면은 어떠한 방식으로 드러나고 있는가? 먼저 작품의 줄거리를 살펴보자.

3 줄거리 및 등장인물

"얼마 전 라만차 지역의, 그 이름이 잘 생각나지 않는 어느 한 마을에 한 이달고가 살고 있었다"(세르반테스 2014, 65)라는 문장으로 『돈키호테』는 시작된다. 이 첫 구절이 갖는 중요성은 등장인물과 그가 사는 세계에 대해 명확한 정의를 내리지 않는다는 점이다. 이름이나 장소가 정해지지 않은 채 시작되고, 이야기의 윤곽은 주인공의 모험이 진행되면서 서서히 형성된다. 이와 같이 최초의 근대소설로 일컬어지는 『돈키호테』의 미학은 무엇보다 등장인물이나 줄거리를 이야기의 흐름 속에 맡겨 놓는 열린 구조에서 비롯되는데, 『안개』의 도입부에서도 이러한 면이 발견된다.

『안개』의 첫 장면에서 주인공은 목적지를 정하지 않은 채 자신의 행로를 우연 속에 맡겨 놓는다. "(아우구스토는) 잠시 멈추어 서서 생각했다. '이제 어디로 가야 할까? 오른쪽으로 아니면 왼쪽으로?' 왜냐하면 아우구스토는 보행자가 아니라 인생을 산책하는 자였기 때문이다. '개 한 마리가 지나갈 때까지 기다리자. 그리고 그 개가 가는 곳으로 방향을 정해야지'"(26).

이렇게 우연에 삶의 방향성을 설정하며 주인공 아우구스토의 모험은 시작된다. 이때 그의 앞을 지나간 것은 개가 아니라 아름다운 아가씨였고, 그는 그녀를 따라간다. 이렇게 시작된 이야기는 기본적으로 아우구스토라는 청년을 둘러싸고 일어나는 여러 가지 에피소드를 담고 있는데, 그중에서도 그가 우연히 따라간 여인인 에우헤니아와의 연애 이야기가 기본적인 토대를 이루고 있다.

부모님이 모두 돌아가셨지만, 많은 유산을 물려받은 아우구스토는 별다른 목적 없이 삶을 이어 가다가 우연히 에우헤니아라는 여인을 발견하고 사랑에 빠져 그녀의 집에까지 따라가게 된다. 그런데 그녀는 이미 마우리시오라는 애인이 있었고, 죽은 부모가 남긴 부채를 떠안은 채 피아노 선생님을 하면서 힘겹게 살아가고 있었다. 아우구스토는 그녀의 빚을 대신 갚아 주지만, 자존심이 강한 그녀는 그가 자신을 사려 한다며 쉽사리 마음의 문을 열지 않는다. 하지만 결국에는 냉랭했던 마음을 돌리고 결혼식 날짜를 잡기에 이른다. 그런데 결혼식 얼마 전에 그녀는 자신의 애인과 멀리 간다는 편지를 남겨 놓고 그의 곁을 떠나가 버린다. 결국 아우구스토는 자신이 에우헤니아의 장난감에 불과했다는 사실을 느끼게 된다.

이러한 일련의 사건을 겪으며 아우구스토는 삶에서 구원 가능성을 찾지 못한 채 친구 빅토르에게 자신의 존재에 대한 고민을 토로한다. "나는 수년 동안 나 자신의 존재를 믿지 않고, 어느 숨은 천재가 기분 전환용으로 만들어 낸 환상적 인물인 것으로 상상하면서 안개 속의 인형처럼 유령처럼 방황했어"(275). 이내 자살을 결심한 그는 이에 대해 상의하고자 낭내에 인긴 실존에 관한 글을 저술했던 우나무노와 이야기를 나눠 보려고 살라망카에 있는 그의 서재로 찾아간다.

이렇게 해서 탄생한 작가 우나무노와 등장인물 아우구스토 사이의 대화는 이 작품을 피란델로(Luigi Pirandello)의 『작가를 찾는 6

인의 등장인물(*Sei personaggi in cerca d'autore*)』(1921)과 함께 작가와 등장인물 간의 문제를 다룬 20세기의 손꼽히는 문제작으로 남게 하였다. 작품 속에서 화자로 등장하는 우나무노는 이러한 만남이 이루어진 배경을 다음과 같이 언급한다.

> 그 당시 아우구스토는 비록 단편적이지만 자살에 관하여 다뤘던 나의 수필을 읽은 적이 있었다. 나의 다른 글들과 함께 이때 받은 인상으로 나를 한번 만나서 잠시라도 얘기를 나눈 후에 이 세상을 하직하고 싶었던 것이다. 그래서 그는 나를 방문하러 내가 이십 년 넘게 살고 있는 이곳 살라망카로 여행을 왔다. (279)

거기서 아우구스토는 우나무노에게 자신의 삶과 불행을 이야기하는데, 우나무노는 이에 대해 다 알고 있으며, 그가 자살을 결심하고 거기에 온 사실까지 언급한다. 자신만이 아는 세밀한 부분까지 자세히 알고 있는 그의 말에 경악하는 아우구스토에게 우나무노는 그가 자살할 수 없다고 말한다. 그 이유로 그가 살아 있지 않은 허구의 존재라는 사실을 밝힌다. "너는 단지 허구의 실체로서만 존재할 뿐이야. 불쌍한 아우구스토, 너는 단지 내 환상의 산물일 뿐이며, 내가 꾸며 낸 너의 행운과 불행의 이야기를 읽는 내 독자들의 환상의 산물이야"(282).

자신의 존재에 대한 비밀을 듣게 된 아우구스토는 이내 작가인 우나무노에게 반격을 가하는데, 자신이 작가의 손을 떠나 내적인 논리를 가지며 독립적으로 존재할 수 있다고 항변하기 시작한다. 자신에게 도전하는 아우구스토에게 우나무노는 다시 반격을 가하여 그가 자살할 수 없으며, 도전에 대한 응징으로 그를 죽게 하겠다고 선언한다.

이렇게 우나무노와 격렬한 논쟁을 마치고 아우구스토는 집으로 돌아온다. 자신이 누군가에 의해서 꿈꾸어진 허구적 존재일 뿐이라는 사실을 알게 된 아우구스토는 낙담한 채 마치 자신의 존재를 증명이라도 하듯 강렬한 식욕을 느끼며 엄청난 양의 음식을 먹고 이내 죽게 된다. 이 죽음이 자살인지, 우나무노가 예고했던 주인공의 죽음인지에 대해서는 분명한 설명이 없다.

마지막 장에서 화자인 우나무노는 아우구스토가 자신의 꿈속에 나타났으며, 그가 사라지자 자신이 죽는 꿈을 꾸었고, 그 꿈에서 깨어나며 이야기를 종결짓는다고 언급한다. "그리고 꿈속에서 마지막 숨을 내쉬는 바로 그 순간에 가슴에 어떤 압박감을 느끼며 깨어났다. 이것이 아우구스토 페레스의 이야기이다"(309-310).

이렇듯 이 작품의 전반부는 아우구스토와 에우헤니아의 사랑 이야기, 후반부는 작가와 등장인물의 대화라는 구성으로 되어 있다. 구체적으로 1장에서 30장까지는 주인공 아우구스토를 중심으로 이야기가 전개된다면, 31장부터는 우나무노가 화자이자 등장인물로서 이야기를 이끌어 간다. 그런데 31장 이후에 등장하는 '우나무노'와 작품의 서문에 등장하는 '우나무노' 사이에는 그 역할에 있어서 차이가 있다. 서문 속의 우나무노가 역사적으로 실재했던 인물을 가리킨다면, 작품의 후반부에 나오는 우나무노는 화자이자 등장인물의 성격을 갖기 때문이다. 그러나 이러한 차이점에도 불구하고 두 곳에 나오는 우나무노 모두 작가의 역할을 수행한다는 점에서는 일치한다. 따라서 기능적인 면에서 실재하는 인물이 작품

안으로 들어왔다고 가정해 볼 수 있는 것이다.

이러한 기본적인 줄거리와 함께 몇 가지 삽입된 이야기들이 끼어든다. 무엇보다 중요한 비중을 차지하는 것은 아우구스토가 친구인 빅토르 고티를 만나 여러 가지 문제에 대해 이야기를 나누는 장면이다. 특히 작품 속에서 소설을 집필하며 작가로 등장하는 빅토르가 소설 장르의 문제에 대해서 아우구스토와 대화를 나누는 17장은 작품 자체의 미학과 관련해서 중요한 의미를 갖는다. 그 외에 아우구스토가 명상하고 독백하는 형식의 글 또는 여성의 문제에 대해 파파리고풀로스와 토론하는 장면, 자신이 기르는 개인 오르페오에게 이야기를 건네는 장면 등이 중간중간에 삽입된 형식으로 끼어들고 있다.

여기서 개로 등장하는 오르페오는 작품 뒷부분에 아우구스토의 죽음에 부치는 「에필로그 형식의 추도문」의 화자로 등장하는데, 개의 입장에서 주인인 아우구스토, 나아가 인간의 모습에 대한 논평을 내놓는다.

이러한 줄거리를 통해서 볼 때, 『안개』는 두 가지 큰 논점을 제시하고 있다. 하나는 소설 장르의 개혁에 기반을 둔 우나무노 문학론의 문제이며, 다른 하나는 이와의 상관성 속에서 작가와 등장인물의 대립을 통해 본 인간 존재의 문제성이다. 먼저 『안개』에 제시된 우나무노의 문학에 대한 사유를 살펴보자.

4 반사실주의와 소설의 개혁

20세기 전반은 19세기 전통에 대한 비판적 성찰을 통해 문학과 예술에 대한 새로운 전망을 드러내던 시기였다. 특히 이 시기는 19세기 사실주의에 대한 반발로 유럽에서 모더니즘 문학이 발전하던 시기였다. 『안개』 역시 이러한 시대적 조류와 맥락을 같이하는데, 이 작품에는 이전의 사실주의에 대한 반대로 언어에 대한 성찰, 소설 장르의 문제성, 전지적 작가에 대한 의심 등이 나타난다.

작품 속에 보이는 이러한 소설 개혁의 문제는 작품 안에서 작가로 등장하며, 저자인 우나무노의 목소리를 대변하는 인물인 빅토르 고티의 소설론에서 분명하게 드러난다. 17장에서 그는 친구인 아우구스토와 만나서 자신의 고민을 토로하던 중 현재 자신이 소설을 쓰고 있다고 말한다. 그 소설이 어떻게 흘러가는지를 묻는 아우구스토의 말에 크게 세 가지 면에서 자신이 쓰고 있는 소설의 특징을 설명한다.

첫 번째는 줄거리가 없다고 한다. "내 소설은 줄거리가 없어. 다시 말하면 펜 가는 대로 쓰는 거야. 줄거리는 자기 스스로 만들어지지"(159). 빅토르는 이 말의 의미를 좀 더 구체화하기 위해 다음과 같이 부연 설명한다.

> 일반적인 소설이 아니라 사람이 앞으로 나가올 시간을 모른 채 현재 살아가는 모습 그대로를 종이 위에 옮기려고 해. 나는 앉아서 종이 몇 장을 꺼내어 줄거리에 대한 어떤 계획도 없고 그것이 어떻게 전개되어 갈지도 모른 채 내게 떠오른 생각을 그대로 쓰기 시작

했어. (159-160)

"현재 살아가는 모습 그대로를" 그려내려는 빅토르의 계획은 실제로 세상을 살아가는 인간의 모습을 종이 위에 담으려는 노력이다. 그런데 하나의 대상은 시간의 흐름 속에서 계속해서 다른 것으로 변해 가기에 언어를 통해 그것을 고정시킬 수 없다. 결국 언어는 인간 삶의 단면만을 그려낼 뿐 시간성 속에 놓인 그 입체성을 포착하는 데는 무기력하다. 우나무노는 아우구스토가 기르는 개 오르페오를 통해서 세계를 재현하는 데 불완전한 인간 언어의 한계를 언급한다. "[인간은] 사물에 이름을 붙이자마자 그 사물을 보지 못하며 단지 붙였던 이름을 듣거나 쓰인 것을 볼 뿐이다. 언어는 거짓말을 하거나 없는 것을 발명하고 혼동시키는 데 이용된다"(313).

대상을 온전히 재현할 수 없는 언어에 대한 성찰은 결국 우나무노로 하여금 잘 짜인 줄거리 대신 그때그때 시간의 흐름 속에 내맡긴 서술 구조를 떠올리게 한다. 그가 「글 가는 대로(A lo que salga)」에서 글쓰기 방법으로 비유한 '난생(卵生)적 방식'과 '태생(胎生)적 방식'은 이전 소설의 글쓰기와 자신의 글쓰기를 구분하는 비유로 읽힐 수 있다. 난생의 방식은 알이라는 기하학적 형식에서 유추해 보듯이 작가의 의도를 정확히 재현하려는 사실주의 소설론을 의미한다면, 태생의 방식은 탯줄이 끊긴 아이가 스스로의 삶을 이어감을 의미하기에 정해진 줄거리를 상정하지 않는 빅토르 고티의 소설론, 말하자면 우나무노 자신의 소설론을 의미한다.

이러한 관점에서 볼 때 정해진 줄거리의 부재와 마찬가지로 등장인물의 성격 역시 미리 규정된 것이 아니라 자율성을 가진 채 시간의 흐름 속에서 차츰차츰 그 윤곽을 드러내게 한다. "등장인물들은 자신들의 말과 행동에 따라서 만들어질 거야. 특히 말에 의해서 말이야"(160).

빅토르가 제시하는 두 번째 특징은 대화의 중요성이다. "대화가 있지. 무엇보다 대화가 있어. 문제는 인물들이 말을 하는 거야. 말을 많이 해. 비록 별다른 내용이 없더라도 말이야"(160). 대화는 서술처럼 정해진 내용을 표현하는 것이 아니라 앞으로 어떻게 전개될지 모르는 채 진행되는 속성을 갖는다. 빅토르는 자신의 부인 엘레나의 말을 인용하며, 대화의 중요성을 재차 강조한다. "엘레나는 소설을 읽을 때 긴 서술이나 설교, 이야기가 나오면 다 뛰어넘으면서 '쓸모없어! 쓸모없어! 쓸모없어!'라고 말해. 그녀에게는 대화만이 쓸모 있는 거야"(160). 여기서 우리는 대상에 대한 상세한 서술에 기반을 둔 전통적인 소설 기법에 상대되는 대화의 중요성을 떠올려 볼 수 있다. 이리스 마리아 사발라(Iris María Zavala)는 대화적 상상력에 기반을 둔 바흐친과 우나무노의 상관성을 다루며, "대화는 체계화에 반대하는 부단한 철학적 성찰로써 세계에 대한 뉴턴적인 이미지에 투사되고 19세기를 따라 빛나게 세워진 체계에 대한 거부의 결과로 나온 것이다"(Zavala 1991, 13)라고 언급한다.

안정된 체계를 거부하는 대화의 이러한 측면처럼, 『안개』는 주인공 아우구스토가 빅토르, 에우헤니아, 히인들 등 다른 등장인물들과 대화를 나누면서 이야기의 윤곽을 서서히 그려 가고 있다. 아우구스토는 대화 상대가 없이 혼자 있을 때도 독백을 통해 대화의 속성을 이어 가며, 때로는 자신이 기르는 개 오르페오에게 말을 건네기도 한다. 작품의 본문에서 오르페오는 주인의 독백을 일방적으로 듣는 수동적 존재로 비쳐지지만, 에필로그에서는 화자의 역할을 하며 아우구스토에 대해 언급을 하는 것으로 보아 궁극적으로는 대화가 갖는 속성이 이들 간에도 나타난다고 볼 수 있다.

아우구스토의 머릿속을 지배하는 '의식의 흐름' 또한 내면 독백과 관련을 맺는다. 그는 머릿속에 나타나는 다양한 이미지들을 의식적인 통제 없이 고스란히 드러낸다. 작품의 시작 부분에서 에우헤니아를 쫓으며 내뱉는 독백은 이러한 면을 잘 보여 준다.

> '그런데 저 자그마한 아가씨는 저기서 땅에 엎드린 채 뭘 하는 걸까?' 아우구스토는 생각한다기보다는 자신과 대화하는 것 같았다. '틀림없이 어떤 개미를 바라보고 있는 거야! 개미란 놈은 정말이지 가장 위선적인 동물 중 하나다! 늘 건들거리면서도 우리에게는 쉴 새 없이 일하는 것처럼 믿게 하는 놈이지. 서둘러 길을 가며 지나치는 사람마다 팔꿈치로 떼밀지만 할 일은 아무것도 없는, 저기 가는 건달 놈과 다를 바가 없다. 인간은 무엇을 해야 하는가? 정녕 인간은 무엇을 해야만 하는가? 인간은 떠돌이, 부랑자일 뿐…. 아니다. 나는 떠돌이가 아니다! 나의 상상력은 쉬지 않는다.' (26-27)

통제되지 않은 의식의 흐름을 고스란히 드러내는 이러한 내면 독백은 이 작품에서 빈번히 나타나는 특징인데, 그것은 이야기를 정해진 논리적인 순서대로가 아니라 자유롭게 연상되는 정신의 흐름대로 전개한다는 데 그 의미가 있다. 실제로 인간의 생각은 논리적이며 순차적으로 이어지는 것이 아니라 여러 가지 상념이 시간의 순서에 관계없이 한꺼번에 몰려오고 사라진다. 이러한 방식으로 우나무노는 구체적인 현실을 살아가는 인간 본연의 모습을 드러내려고 하였다.

이렇게 의식의 흐름, 내면 독백을 포함하는 대화적 상상력에 기반을 둔 작품의 미학은 19세기 사실주의 소설에서 작품 내의 모든 것을 통제하던 전지적인 작가에 대한 반대로 이어진다. 빅토르 고티 소설론의 마지막 특징은 결국 작가가 자신의 등장인물을 통제할 수 없다는 데로 귀결된다. 그런데 이 부분은 친구 빅토르의 소설론을 듣고 있던 아우구스토가 그의 소설이 결국 전지적 작가 시점을 부정하는 것임을 일깨우면서 분명해진다. "너는 네 손으로 인물들을 이끌어 간다고 믿으면서 시작할 거야. 그런데 결국은 그들이 너를 이끌어 간다는 것을 쉽게 깨닫게 되지. 작가가 오히려 자신이 낳은 허구적 산물의 장난감이 되며 끝나는 경우가 많거든…"(161).

이러한 면을 종합하여 빅토르는 자신이 쓰고 있는 소설을 신조어를 사용하여 기존의 소설(novela)과는 다른 '소설(nivola)'이라고 명명하는데, 이는 전통적으로 이야기되는 소설 장르와의 차별성을 일깨우기 위함이다. 이는 기존의 익숙한 문학 전통에 대한 일종의 전복으로 볼 수 있다. 빅토르는 대표적인 시 형식인 소네트와의 비교를 통해 이를 드러내고 있다.

> 실은 시인이며 안토니오 마차도의 동생인 마누엘 마차도에게 들은 이야기인데, 한번은 안토니오 마차도가 자신을 돈 에두아르도 베놋에게 데려가 14음절인가 아니면 다른 이단적인 형식으로 된 소네트를 읽게 했다는 거야. 그가 그 시를 읽자 듣고 난 돈 에두아르

> 도가 '그런데, 그건 소네트가 아닌데…!'라고 하자, 마차도가 '예, 선생님. 소네트가 아닙니다. 소니테입니다'라고 대답했대. 내 소설도 바로 그런 거야. 소설이 아니라 내가 뭐랬지? 소슬… 수설…, 아니, 아니야. 소셜. 그래 바로 소셜! (…) 나는 장르를 발명하지. 사실 장르를 발명하는 것은 단지 새 이름을 붙이는 것일 뿐이야. 내 마음대로 법칙을 세우는 거지. (161-162)

정해진 줄거리의 부재와 언어에 대한 성찰, 대화적 상상력, 전지적인 작가에 대한 거부로 요약되는 작품 속 빅토르의 소설론은 결국 우나무노 자신의 작품 『안개』의 성격을 나타낸다고 볼 수 있다. 이러한 점에서 이 작품이 갖는 자기반영적 성격을 엿볼 수 있는데, 그것은 작품 안에서 작품 자체의 본성을 밝히고 있기 때문이다. 이때 앞서 언급하였듯이 빅토르 고티는 아우구스토의 친구로 나오는 등장인물이자 소설 장르에 대한 우나무노의 생각을 대변하는 작가의 분신으로 볼 수 있다. 모든 것을 통제하려는 전지적 작가에 대한 반론은 『안개』의 의미를 또 다른 차원으로 이끄는데, 그것은 등장인물과 작가와의 관계를 문제 삼는 것이며, 유한한 인간이 어떠한 방식으로 자신의 존재를 이어 갈 수 있는가라는 우나무노의 고뇌와 맞닿아 있다.

5 등장인물의 자율성과 허구적 인물을 통한 지속

작품에 나오는 주요 등장인물은 주인공 아우구스토, 그가 사랑하는 여인 에우헤니아, 주인공의 친구인 빅토르, 그리고 작가이면서 화자 역할을 하며 등장하는 우나무노가 있다.

이러한 인물들 중에서 아우구스토와 우나무노의 본격적인 만남 이전에 나오는 빅토르의 존재는 등장인물의 자율성과 관련하여 중요한 시사점을 제공한다. 그는 아우구스토와 서로의 고민을 얘기하는 등장인물이자 작품 속에서 소설을 쓰는 작가로 나온다. 동시에 서문에서 보는 것처럼, 작품 밖에서 작가 우나무노와 이야기를 나누는 존재로 등장한다. 따라서 그는 작품의 안팎에 동시에 존재하는 인물로 제시된다. 우나무노의 부탁을 받고 작품 『안개』의 서문을 쓰는 작가로 등장하며 그는 다음과 같이 첫 문장을 쓴다. "나의 좋은 친구 아우구스토 페레스와 그의 불가사의한 죽음에 대한 슬픈 이야기에 관한 이 책에서 미겔 데 우나무노 선생님은 내게 서문을 부탁했고, 나로서는 그 부탁을 받아들이는 것 외에 달리 도리가 없었다"(7). 이어 그는 작품 속에서 자신의 친구이자 주인공으로 나오는 아우구스토에 대한 이야기를 하며, 그가 자신의 의지대로 자살하였음을 주장한다. "아우구스토 페레스와 나누었던 마지막 대화에서 그가 이야기한 바를 상기해 볼 때, 그는 자살하려는 목적을 달성하면서 이상이나 욕망으로서뿐만 아니라 실제로 자살한 것임을 나는 일말의 양심의 가책 없이 확신하는 바이다"(19).

이렇게 주인공의 운명에 대해 논하는 빅토르 고티의 서문에 이어 작가인 우나무노의 글이 나오는데, 그는 "불운했던 아우구스토 페레스는 자살한 것이지, 내가 나의 자유의지와 결정으로 그의 죽음에 대해서 이야기한 대로 죽은 것이 아니라는 고티의 단정에 나는 미소를 짓게 된다"(22)고 빅토르 고티 역시 단지 자신이 만든 등장인물에 불과한 존재라는 점을 암시하며 고티의 의견을 반박한다.

그런데 시문에서 명확하게 정리되지 않은 이 문제는 실제로 작품 속에서도 주인공이 어떻게 죽었는지에 대해 등장인물들의 의견만이 제시될 뿐 명확한 결론이 내려지지 않는다. 의사는 심장 발작을, 하인인 도밍고는 소화의 문제를, 하녀 리두비나는 아우구스토의 정신적인 문제를 언급하며 그가 자살했다고 말한다.

이렇게 주인공의 죽음에 대한 서로 다른 해석을 두 개의 서문을 비롯한 작품 속에 제시하며 우나무노는 작가와 등장인물 간의 갈등과 그들의 존재적 문제에 대해 암시한다. 서문에서 주인공의 죽음 원인을 둘러싼 빅토르 고티와 우나무노의 서로 다른 견해는 31장에 나오는 아우구스토와 우나무노의 만남 이전에 이 작품이 상정하는 등장인물과 작가의 갈등에 대한 의미 있는 일면을 제공했던 셈이다.

이러한 방식으로 『안개』의 기본적인 틀은 등장인물이 작가와 같은 공간에서 대화하고 충돌하는 구조를 갖는다. 이러한 과정에서 단지 등장인물의 허구성과 존재적 불안이 이야기되는 것을 넘어서 작가 자체도 등장인물과 마찬가지로 신 앞에서 자신의 존재적 불안을 드러낸다. 그런데 이러한 면은 또한 이 작품을 읽는 독자들에게도 해당하며, 결국 모든 인간에게 적용되는 문제가 된다.

> 저를 창조해 주신 우나무노 선생님, 당신도 역시 죽을 것입니다. 당신 역시도 원래 있었던 무의 세계로 돌아갈 것입니다.… 신은 당신을 꿈꾸는 것을 중단할 것입니다! 당신은 죽을 것입니다! 네, 비록 원하지 않더라도 당신은 죽을 거예요! 당신은 죽을 거예요! 그리고 내 이야기를 읽는 모든 사람들도 죽을 것입니다. 모두가, 모두가 한 사람도 남김없이! 나와 같은 허구의 실체들! (291)

이렇듯 등장인물과 저자와의 관계에서 시작한 존재의 문제는 모든 인간이 직면한 문제가 되는데, 우나무노는 이러한 존재적 불안을 어떠한 방식으로 해결할 것인가에 대한 고민을 드러낸다.

따라서 등장인물 아우구스토가 작가 우나무노를 찾아와 대화를 나누는 31장은 기본적으로 전지적 작가 시점에 대한 부정을 내포하며, 우나무노가 느끼는 삶의 실존적 문제에 대한 성찰을 담고 있다.

자신의 존재를 부정하는 작가 우나무노 앞에서 아우구스토는 다음과 같이 항변한다. "침대에서 꼼짝 않고 잠들어 있는 사람이 꿈을 꿀 때 무엇이 더 존재하는 겁니까? 꿈을 꾸는 사람으로서의 그입니까? 아니면 그의 꿈입니까?"(283) 꿈은 그 꿈을 꾸는 사람에게 속하지만, 꿈꾸는 자가 꿈속의 내용을 마음대로 할 수 없는 것처럼, 작품 속의 등장인물은 작가에게 속해 있지만, 작가 역시 등장인물을 자신의 의지대로 어찌할 수 없다는 것이다.

한편, 꿈속 인물의 존재적 의미는 꿈을 꾸는 사람이 꿈에서 깨지 않을 때까지인 것처럼, 세상이라는 무대에 세워진 인간은 신이 꿈꾸는 것을 중단하면 그 존재적 의미가 사라진다. 이러한 점에서 소설 속 등장인물과 실제 인간은 마찬가지의 유한성을 갖게 된다.

이렇듯 작가가 자신의 작품 속에 등장인물로 나와서 허구의 인물과 대화를 나눈다는 설정은 인간 실존의 문제와 관련해서 의미 있는 시사점을 제공한다. 말하자면, 소설의 전개에서 또 다른 등장인물로서 작가의 등장은 세상이라는 무대에 놓인 유한한 인간 존재 우나무노의 문제의식을 내포하고 있다. 결국 작가에 대한 등장인물의 항변은 창조자 신에 대한 인간 우나무노의 항변으로 치환되는 것이다. 그러므로 『안개』에는 삶의 유한성을 어떠한 방식으로 극복할 것인가에 대한 우나무노의 실존적 고민이 들어 있다고 볼 수 있다.

우나무노가 평생 고뇌했던 불멸에 대한 갈망은 『생의 비극적 의미』에서 표현했던 "모든 사물이 그 실체 내에서 보전하기 위하여 기울이는 노력은 다름 아니라 사물 자체에 현존하는 본질이다"(우나무노 1988, 14-15)라는 말로 요약되는데, 『안개』 속의 아우구스토와 우나무노 역시 이러한 문제에 대한 고민을 토로하고 있다. 이에 대한 해결책으로 우나무노는 자신의 존재를 증명하려는 아우구스토의 입을 통해 돈키호테와 산초가 "세르반테스보다도 더 실제적인 인물"(283)이지 않느냐고 말하며, 허구적 인물이 '살과 뼈의 인간'보다 존재적으로 더 우월함을 내세운다.

> 세르반테스와 돈키호테의 관계에서 '살과 뼈의 인간'이었던 세르반테스는 죽었지만, 그가 창조한 돈키호테는 죽지 않고 계속해서 살아남는다는 것이다. 나아가 세르반테스의 불멸은 허구적 인물인 돈키호테를 통해서 이어질 수 있다고 말한다. 왜냐하면 돈키호

테를 통해 세르반테스의 정신 등 그의 삶의 일부가 끊임없이 이어지고 있기 때문이다. (고려대학교 스페인·라틴아메리카연구소 2008, 509)

이러한 맥락에서 우나무노가 안개를 대화체 형식으로 구성한 것이나, 후기의 글로 갈수록 연극 장르를 선호한 것은 등장인물을 통한 재현 가능성을 염두에 둔 까닭으로 볼 때 자연스럽게 이해될 수 있다. "왜냐하면 연극은 소멸되어 버리는 삶의 구체성을 무대라는 장치 속에서 동적이고 생성적으로 되살릴 수 있는 장르"(조민현 2005, 55)이기 때문이다.

이렇게 등장인물과 작가의 갈등을 통해 우나무노가 제시한 인간 존재에 대한 문제는 결국 그 자신이 평생에 걸쳐 고뇌했던 불멸에 대한 갈망과 연결될 수 있다. 한편, '살과 뼈의 인간'이었던 우나무노는 죽었지만 그가 남긴 허구적 인물을 통해 그의 일부가 계속해서 지속될 수 있다는 논리는 조국 스페인의 존속 문제와 연결될 수 있는 개연성을 갖는다.

6 98세대로서의 우나무노와 『안개』

1898년 미서전쟁의 패배로 스페인의 쇠퇴가 정점에 도달했을 때 출현한 98세대의 벤도로시 우나무노는 불멸을 갈망하는 자신의 개인적 고뇌를 스페인이 당면한 문제와 연결시켰다. 따라서 이 작품 역시 98세대의 문맥과 연결해서 생각해 볼 여지가 있는데, 그것은 한 인간이 유한한 속성을 갖는 것처럼, 한 국가 역시 소멸에 처할 수 있다는 인식에서 비롯된다. 『안개』에서 등장인물과 작가의 갈등이 결국 존재의 지속을 바라는 열망에서 나왔고, 결국 작가의 지속은 그가 남긴 등장인물에 의해서라는 전망은 국가의 차원에서도 동일하게 적용될 수 있다. 작가처럼 한 국가도 소멸에 처할 수 있지만, 국가가 남긴 무형의 유산들을 통해 국가 역시 완전히 소멸되지 않고 이어질 수 있다는 것이다. 우나무노는 이를 '내부의 역사'라고 부르며 『정통주의에 관하여』에서 바다의 표면과 대비되는 심연의 바닷속으로 묘사하는데, "심연의 바닷속처럼 침묵 속에 이루어졌던 내부의 역사적인 삶이 진보의 본질이며 진정하고 영원한 전통"(Unamuno 1991, 50)이기 때문이다. 결국 우나무노는 이 내부의 역사를 통해 스페인이 계속해서 이어질 수 있다고 생각했던 것이다.

> 우나무노는 돈키호테를 통해 작가 세르반테스가 계속해서 살아남는 것처럼, 스페인이 국가적인 위기에도 불구하고 그 내부의 역사인 민족의 정신을 통해 계속해서 존속할 수 있는 방식을 생각해 냈던 것이다. 우나무노가 실체적인 역사보다 더 항구적인 것으로 '내부의 역사' 개념을 떠올린 것도 이러한 이유에서다. (고려대학교 스페인·라틴아메리카연구소 2008, 510)

이러한 맥락에서 우나무노의 『안개』는 소설 장르의 혁신적 개혁을 내세웠으면서도 그것이 단지 문학 내적인 문제에만 머물지 않고, 한 개인과 국가가 처한 문제를 성찰하고 그에 대응할 수 있는 문학적 방식을 보여 준 작품으로 간주할 수 있다.

참고자료

우나무노는 '남유럽의 키에르케고르'라 불릴 만큼 인간 삶의 실존적인 면에 많은 관심을 기울였다. 그의 사상서인 『생의 비극적 의미』(장선영 옮김, 삼성이데아, 1988)는 이러한 면을 대표한다. 여러 문학 작품 역시 문학의 존재론에 대한 문제의식과 더불어 그가 철학적으로 사유했던 인간과 사회의 문제를 문학적 틀 속에 담아내고 있다. 번역된 그의 문학 작품들 중에서 『아벨 산체스』(이지선 옮김, 문파랑, 2009)는 인간의 실존 문제를 '질투'의 감정과 연결하여 파악했다. 등장인물의 심리를 입체적으로 조명하고 있는 『모범소설』(박수현 옮김, 아르테, 2009)은 소설적 형식으로 우나무노가 상정하는 인간에 대한 심도 있는 이해를 구하고 있다.

04
젊은 시선으로 붙잡은
삶의 의미들의 그물망
카르멘 라포렛, 『나다』
서은희
Nada

서은희

서울대학교 서어서문학과를 졸업하고 마드리드 대학에서 스페인 문학으로 박사학위를 취득했다. 현재 한양대학교 ERICA캠퍼스 창의융합교육원 조교수로 재직 중이다. 역서로는 후안 곤살레스의 『미국 라티노의 역사』(그린비, 공역, 2014)가 있고, 주요 논문으로는 「멕시코 사회를 표현하는 새로운 방식: 카롤리나 리바스, 『하나는 하나를 위하여』」(2015), 「알바로 폼보의 윤리적 세계인식: 「루스밀라」와 「변화」를 중심으로」(2016) 등이 있다.

1 『나다』의 배경

다음과 같은 사회를 상상해 보자.

사람들이 서로 다른 가치관과 이념을 앞세워 팽팽히 맞섰다. 여러 사회 계층과 집단들의 이권이나 혹은 그저 생존권을 유지하려는 노력들이 얽혀서 점차 보이지 않는 전선이 생겨났다. 수년에 걸쳐 이 갈등은 점점 더 악화되어 갔고, 결국 내전이라고 불리는 처참한 싸움으로 귀결되었다. 이 싸움은 낯선 외국인들과의 전쟁이 아니라 나와 같은 말을 쓰고 비슷한 밥을 먹으며 농담을 공유하는 사람들이 하루아침에 나의 적으로 돌변한 전쟁이었다. 일상의 평화로운 일부이던 친구, 선생님, 이웃을 증오감을 가지고 적대하라고, '국가'라고 불리는 나보다 우선하는 존재를 대리하는 힘 있는 사람들이 명령했다. 그러지 않으면 내가 국가의 적으로 지적당하고 내 가족이 감옥에 끌려간다는 것이었다. 먹을 음식, 입을 옷, 보호받을 장소가 없는 것이 첫째로 큰일이었지만, 운이 매우 좋아서 병들거나 다치지 않은 사람들도 국가가 씌우는 편집된 현실과 가치관 안에 자신을 끼워 맞추며 마모되어 갔다. 징집당한 남자들은 서로 죽이고, 살아 돌아갈 가능성을 높이기 위해 목숨을 걸고 반대편으로 투항하기도 했다. 여자들은 가족이 굶어 죽지 않도록 닥치는 대로 일했다. 특히 분쟁 시역의 여자들은 매일 자신과 자매들과 딸들이 군인에게 강간당하지 않기를, 강간으로 임신하지 않기를 기도했다. 전쟁이라는 두 글자만으로 설명되지 않는 지옥이 2년 8개월 15일 동안 사람들을 덮쳤다. 정확히 집계되지 않지만 수백만 명이 전투 중에, 굶어서, 병으로, 혼란을 틈탄 범죄의 피해자가 되어, 도덕을 해치는 불순분자로 낙인 찍혀서 죽임을 당했다.

결국에는 한쪽이 승리했다며 전쟁 종료가 선포되었다. 이긴 편은 이 역사가 신의 뜻임을 천명하며 하느님의 대리자로서의 정부를 수립했다. 이 정부는 이제부터 이 나라 안에서는 어떤 행동이 선하거나 악한지, 어떤 규범을 지켜야 하는지, 무엇을 질서라고 부를 것인지를 임격히 정해서 국민들을 군대식으로 훈육했다. 전쟁에서 진 쪽에 속했던 사람들은 '빨갱이(rojo)'라고 불리며 배제와 보복을 당했다. 정치적 '빨갱이'는 아니지만 정부가 비도덕적이라고 규정한 외국 지성인들의 철학책을 읽거나, 이성애자가 아니라는 사실이 들통나거나, 가톨릭이 아닌 종교를 믿는다고 밝혀지면 강제 교정과 처벌을 받았다. 자료가 조작되거나 없어져서 정확한 통계를 낼 수 없는 수의 인원이 수용소에 끌려가 절차 없이 처형당했다. 국가가 국민을 통제하기 위해 백색 테러를 조직적·체계적으로 행하는 상황에서, 나 자신의 '정상성'을 입증하려면 정부, 교회, 학교의 명령에 복종할 수밖에 없었다. 그러려면 무엇보다도 침묵해야 했다. 사회 지도층과 언론이 영합하여 "가만히 있으라"며 제시하는 도덕률과 행동지침 앞에, 각 개인은 "열성적인 침묵(el silencio entusiasta)"[1]으로 호응해야 했다.

전쟁이 끝난 후 5년 정도의 시간이 흘러, 모든 승자들과 패자들이 1,800번 넘는 밤낮을 위와 같은 분위기 속에서 지냈다고 상상

1 전후 프랑코 정부가 국민들에게 강요한 규범과 태도에 대한 비판적 요약. 이후 언급할 주간지 『데스티노』 1939년 9월 9일 자에 실린 표현이다.

해 보자. 이것이 『나다(*Nada*)』가 세상에 나온 1945년 당시 스페인의 상황이다.

2 『나다』의 출현

전쟁은 1939년 4월 1일에 끝났다. 따사로운 봄이었지만 살아남은 사람들은 상처투성이였다. 사회 계층, 정치적 성향, 성별, 성적 지향, 그 외 개인적인 삶의 조건들에 따라 각자가 겪는 고통의 종류와 깊이는 달랐다. 전쟁 전에 누리던 사치를 좀 참는 정도에 그친 운 좋은 소수도 있었고, 가족을 잃은 충격을 추스르기도 전에 아이들마저 생계를 위해 구걸과 막노동으로 내몰린 가정도 무수히 많았다. 어쨌거나 인간이라는 존재와 선악의 의미 자체가 뒤흔들린 충격 후, 겉보기에는 조용한 일상이 돌아왔다 해도 각자의 내면의 크고 작은 어둠은 좀처럼 사라지지 않았다.

어떤 시대를 살고 어떤 환경에 처해 있을지라도, 사람은 누구나 '빵과 장미'[2]를 원한다. 스페인 국민 역시 배를 채울 양식 말고도, 프랑코 총통이 원하는 만큼 전적으로 종속되지만은 않던 정신

2 20세기 초 미국의 페미니스트 노동운동가 로즈 슈나이더만(Rose Schneiderman)이 "노동자에게는 빵도 필요하지만 장미도 필요하다"고 연설하며, 생존에 필요한 임금뿐 아니라 인간의 존엄성이 보장되는 노동조건을 요구한 데서 비롯된 표현이다. 시인 제임스 오펜하임(James Oppenheim)이 이 표현을 이용하여 쓴 시 「빵과 장미(Bread and Roses)」(1911) 이후로 세계적으로 유명한 정치 슬로건이 되었다. 켄 로치(Ken Loach) 감독의 동명의 영화(2000)도 널리 알려졌다.

을 위한 양식도 구해야 했다. 척박한 환경 속에서도 비판적인 지성과 예술적 감성을 삶에 되돌리기 위해 많은 이들이 노력을 기울였다.

카탈루냐주는 그런 시도가 가장 적극적으로 꽃핀 곳이었다. 수도 마드리드에 비해 전쟁의 피해를 덜 입었고 바다가 있어 식량난도 덜한 데다, 전쟁 전 공화국 시절에 누렸던 자치권을 잃고 전체주의적 정부에 종속되어 버린 불만이 가장 컸던 지역이기 때문이다. 전쟁 직후인 1939년에 카탈루냐의 수도 바르셀로나의 젊은 문인들이 힘을 모아 펴내기 시작한 문화 주간지 『데스티노(*Destino*)』('운명' 혹은 '목적지'라는 의미의 스페인어)는 마비되다시피 한 스페인 문화의 견인차 역할을 톡톡히 해냈다. 프랑코 정부의 악명 높은 검열이 기존의 수준 높은 문예지들을 사실상 폐간해 버린 상황이었기에, 『데스티노』는 그 지적 공백을 메우면서 대중적인 인기도 끌어 높은 판매수익을 남기겠다는 야심을 갖고 출발했다. 목말라 있던 대중은 억압적이고 시대착오적인 사회 규범으로부터 거리를 두고 자유롭고 진지한 미학을 시도하는 글들을 열렬히 지지했다.

주간지가 안정적인 인기를 얻어 가면서 『데스티노』의 운영진은 스페인에서는 최초로 문학상을 제정할 계획을 세웠다. 좋은 소설과 작가를 발굴하는 일은 사회 공익에 기여하는 일이고, 거기서 나오는 출판 소득의 일부는 『데스티노』가 가져간다는 설레는 전략이었다. 그런 아이디어에서 나달(Nadal) 문학상이 태어났다. 상의 이름으로는 『데스티노』의 초기 편집장이었다가 향년 27세에 세상을 떠난 에우헤니오 나달 가야(Eugenio Nadal Gaya)의 첫 번째 성을 따왔다.

1944년, 제1회 나달상에 응모할 작품을 모집한다는 광고에 응해 총 스물여섯 편의 소설이 출품되었다. 적은 숫자였지만 개중에는 전쟁 전에 이름을 날렸던 기성 작가의 소설도 있었다. 처음에 심사위원단 중 몇은 이 작가에게 당연히 당선되지 않겠느냐는 장담까지 해 준 상태였다. 그러나 심사위원들이 한 이름 없는 신인의 『나다』라는 작품을 읽었을 때 이 공익에 맞지 않는 약속은 다행스럽게도 의미를 잃고 잊혀졌다(Caballé y Rolón 2010, 154-167). 제목 '나다(nada)'는 스페인어로 무(無), 허무, 부재, 무용함, 사소한 일 등의 의미를 갖는 단어이다. 이 이야기는 스페인 주류 사회가 허용하는 범위 내에서 당대의 소설이 지루하게 반복 재현하던 인물, 스토리, 정조를 벗어나 있었다. "통속적인 것을 거부한다"라는 『데스티노』의 표어에 가장 적합한, 새로운 관찰력과 신선한 문체를 보여 주는 소설이었다. 심사위원단은 망설임 없이 이 작품을 수상작으로 결정했고, 출판 후에는 권위 있는 비평가들로부터 청소년들에 이르기까지 폭넓은 독자들이 『나다』의 낯설고 아름다운 서술에 매료되었다.

권위 있는 비평가이자 작가 프란시스코 움브랄(Francisco Umbral)은 당시를 회상하며 "『나다』는 새로운 스페인 문학의 장을 열었다. 어떤 의미로는 내전 이전의 소설가들을 은퇴시켜 버린 셈이다"라고 평가했다(Caballé y Rolón 2010, 169). 전후 스페인 소설의 거장 미겔 델리베스(Miguel Delibes)는 "내전 이후의 소설에 두 핵심이 있다. 카르멘 라포렛(Carmen Laforet, 1921-2004)의 『나다』와 카밀로 호세 셀라(Camilo José Cela)의 『파스쿠알 두아르테의 가족』이다"라는 말로 『나다』의 시의적절함을 상소했다(Fuente 2002, 57).

다른 눈으로 세상을 한번 봐 보는 것 자체가 너무도 어렵던 시절, 군사 독재 정권의 무거운 감시 아래서 자유로운 생각마저 감옥에 가둬야 했던 시대에, 『나다』는 마치 황무지에 내린 비처럼 나타나 후대 작가들의 모범으로 자리하며 스페인 문학사 안에 하나의 이정표로 남았다.

3 작가 카르멘 라포렛

이 소설이 준 충격과 작가가 정체를 드러냈을 때 심사위원단이 받은 충격 중 어느 쪽이 더 컸는지를 가리기는 어렵다. 하루아침에 유명인사가 된 카르멘 라포렛은 22세의 여성이었다. 1인칭 시점에서 회고적으로 서술된 『나다』의 능란한 이야기 전개와 자유로운 표현력은 마치 중년 이후의 여성이 지난 삶을 침착하게 관조하면서 편안히 쓴 듯한 인상을 주었기에, 작가를 마주한 문단의 놀라움은 한층 더 컸다. 근대 스페인의 지적 스승이었던 98세대[3]의 일원인 아소린(Azorín)은 『나다』에 대한 경악에 가까운 놀라움을 감추지 않으며 라포렛에게 이런 말을 건넸다. "그 나이에 그런 작품을 쓰는 게 가능하다고 생각합니까? 당신은 어째서 1900년생이 아니신지요? 그 나이에 그렇게 아름다운 책, 소설미학을 혁신하는 책을 쓸 수는 없는 겁니다"(Azorín 1945).

3 19세기 말에서 20세기 초에 활발히 활동하고 스페인 근대 사상의 기반을 닦은 일군의 작가들이다. 1898년 미서전쟁의 패배와 그로 인해 마지막 식민지였던 쿠바, 푸에르토리코, 괌, 필리핀 등을 미국에 빼앗긴 충격이 국민 전체의 정신적 위기로 연결되자, 국가적 자성을 촉구하면서 전통에서 출발하면서도 새롭고 발전적인 스페인의 정체성을 형성해 갈 것을 주장했다. 스페인 최초의 근대적 지식인 세대로 여겨진다.

이렇듯 나이에 대한 문학계의 편견을 다소나마 약화시키는 데도 공헌한 카르멘 라포렛은, 언론에 의해 명실상부하게 재능, 젊음, 구세대로부터의 독립을 표상하는 상징으로 그려져 대중의 호기심에 불을 붙였다. 그러나 정작 당사자는 『나다』의 주인공 안드레아처럼 내성적이고 관조적인 성격이어서, 나라 전체가 자신의 일거수일투족을 주시하는 상황을 몹시 고통스럽게 느꼈다. 불시에 마이크와 카메라를 들이대며 이전까지의 그녀의 사생활, 스타가 된 소감과 차기작 예고, 다른 작가들에 대한 평가, 각종 문화와 사회 이슈에 대해서까지 집요하게 물으며 대답을 입맛대로 편집하는 각종 매체의 뻔뻔함에 지치고 분노했던 것이다. 실제로 그녀를 대하는 당시 언론의 태도는 상당히 성차별적이었다는 비판을 벗어나기 어렵다. 언론은 역시 당대의 스타 작가이며 남성인 카밀로 호세 셀라에게는 그녀에게 그랬듯 고압적이고 강요하는 태도를 취하지 못했기 때문이다(Caballé y Rolón 2010, 17). 극히 남성 중심적 사회였던 전후 스페인에 이를 문제라고 지적할 만한 사회적 인식은 존재하지 않았고, 결국 언론의 폭력성은 이후 라포렛이 대중 앞에서 모습을 완전히 감추고 은둔에 가까운 삶을 살게 하는 한 원인이 되었다.

22세에 『나다』를 쓰기 전까지 라포렛의 생활은 다행히 내전의 포화를 피해 간 것이었다. 그녀는 1921년 아버지의 고향인 바르셀로나에서 태어났지만, 어린 시절 가족이 이사하여 이베리아 반도 남쪽의 라스 카나리아스 제도에서 유년기를 보냈다. 전쟁이 지속되는 동안 이곳에는 폭격이 없어 그녀는 비교적 평범한 일상을 영위할 수 있었다. 십대 때부터 글쓰기를 좋아해서 혼자서도 계속 써 나갔고 친구들과 어울려 소소한 문예지를 만들기도 했다. 한편 13세

때 어머니가 세상을 떠나고, 그리 친밀한 사이가 아니었던 아버지의 재혼 후 새어머니와도 가까워지지 않았다. 두 남동생의 우애가 위로가 되었다고는 하나, 이런 가족사 속에서 유년기에 깊은 고독이 그녀의 마음에 뿌리내렸으리라 짐작할 수 있다.

십대 중반에 그녀가 가장 좋아하는 일은 다른 사람들의 삶을 상상하는 것이었다. 오후 내내 돌아다니며 모르는 사람의 뒤를 쫓거나, 아무 집이나 벨을 누르고 허구의 인물이 사는지 묻거나 했다고 한다. 이런 엉뚱한 실험은 새로운 삶을 경험하고픈 갈망에서 나오는 것이었다. 당시 사회의 눈으로 보면 이는 더욱 괴상한 짓거리였다. 당시 스페인에서 그 또래의 소녀들은 두어 해 안으로 다가온 사교계 데뷔를 꿈꾸며 어떻게 치장할지, 어떤 남자가 내 앞에 나타날지, 어른들의 모호한 지침으로는 알 수 없는 연애는 어떤 것일지 고민하며 스스로를 다듬기를 교육받던 때였다. 여성이 사교계에 데뷔한다는 것은 결혼 적령기의 남성들 앞에 자신을 선보일 때가 되었다는, 말하자면 한 남자의 가정을 돌봐 줄 부인으로서 선택받을 준비가 되었다는 의미였다. 그러나 라포렛은 이런 공식적 규범을 지킬 이유를 납득해 본 적이 없었다. 그녀는 주류 사회가 이른바 '이상한 여자(chica rara)'라 칭하는 범주에 속했다. 국가가 올바른 여성의 길이라고 가르치는 삶에서는 공부나 직업은 중요하지 않았고, 순결한 연애, 교회 안에서의 결혼, 출산, 희생적인 남편 내조와 자녀 양육이라는 절차가 전부였으나, '이상한 여자'들은 그런 과정을 자신의 인생으로 의심 없이 수용하기를 거부하는 사람들이었다(Martín Gaite 1987, 36-38). 라포렛의 이런 성향은 『나다』의 주인공 안드레아의 심리를 통해 섬세하게 표현되며, 이는 『나다』의 개성적이고 진보적인 성취 가운데 하나로 이 소설을 읽은 젊은 독자들의 삶과 문학에 크게 영향을 주었다.

라포렛은 18세에 바르셀로나로 가서 친척집에 머물며 대학에 진학, 3년간 철학 공부를 했고, 이후 마드리드로 가서 법대에 재학 중 『나다』를 집필해서 나달상을 수상했다. 열심히 공부하는 학생은 아니었기에 결국 어느 쪽 학위도 받지 못했다. 그녀가 원하는 것은 직접 무언가를 체험하거나 주변 사람들을 관찰하면서 가정이나 제도가 가르쳐 주지 않는 삶의 깊은 면면을 감각적·직관적으로 배우는 것이었기 때문이다. 아직 여성의 성년연령—당시 24세—에 이르지 않았던 그녀의 두려움은 오직 자신의 아버지가 귀가를 명령해서 경찰이 자신을 라스 카나리아스로 강제송환하는 것뿐이었다. 당시에는 그것이 부친의 법적 권리 중 하나였기 때문이다(Caballé y Rolón 2010, 103).

다행히도 그런 일은 일어나지 않았지만 현실은 거기서 크게 다르지는 않았다. 나달상을 수상한 1년 후, 그녀는 자신의 원래 소망이었던 서커스단 보조역이나 해외에서의 가사도우미 일을 구하는 대신에 『나다』 집필 시기부터 그녀의 스승이자 보호자 역할을 자처했던 문학비평가 마누엘 세레살레스(Manuel Cerezales)와 결혼했다. 이후 언론에서 모습을 감췄고 문단으로부터도 가급적 거리를 두었으며, 크게 주목받지는 않은 세 편의 장편소설과 두 권의 단편집을 더 발표했다. 다섯 자녀를 두었고 25년간 결혼생활을 유지했으며, 1970년 남편과 헤어진 후 경제적으로 불안정하고 건강이 악화되어 힘든 삶을 살았다. 그녀의 자녀들이 본 어머니는 억압적이고 성차별적인 스페인 사회 분위기, 정치 싸움으로 얼룩진 문단 안에서 괴로워하면서 소수의 가족과 친구들을 제외하고는 사람과의 접촉을 피하는 은둔자였다. 노년기에 시작된 알츠하이머가 점점 악화되어 기억을 잃어 가다 나중에는 말을 잃었고, 2004년 향년 82세를 일기로 마드리드에서 세상을 떠났다. 스페인 여러 도시의 거리들이 그녀의 이름을 땄고, 이후 2007년에는 라포렛의 삶을 추모하며 말년의 고통을 애도하는 의미로 '카르멘 라포렛 시립 노인돌봄센터'가 마드리드에 설립되었다.

라포렛의 삶을 간략하게 살펴보았지만, 사실 먼 시대와 문화를 살아간 낯선 이의 삶에 대해 알 수 있는 범위는 매우 제한되어 있으며 증언들의 객관성을 가리기도 어렵다. 그런 와중에 작가가 살아간 시공간과 문화를 가장 직접적으로 이해할 수 있는 방법 중 하나는 그녀가 창조한 세계를 체험하는 것이다. 고전이 된 소설 『나다』가 구체적으로 어떤 작품인지, 1940년대 스페인이 이 소설을 만나고 환호한 이유가 무엇인지, 이후로 어떤 의미들이 발견되어 왔는지 개략적으로나마 살펴보자.

4 『나다』가 품은 다양한 의미들

1) 작품의 줄거리

내전 직후의 스페인, 18세의 안드레아는 답답한 지방 소도시를 떠나 새로운 세상을 보러 바르셀로나에 도착한다. 그러나 새 생활에 대한 부푼 희망은 그녀를 받아 주기로 한 외가 친척들을 접하면서 곧 바로 무너진다. 아리바우 거리에 살고 있는 그들은 전쟁 때문에 가난해졌을 뿐 아니라 정신적으로도 피폐해져 있다. 앙구스티아스 이모는 집 밖에서는 위선적이고 가족들에게는 잔인한 독설가이다. 후안 외삼촌은 무능하며 분노를 조절하지 못하고 폭력을 휘두른다. 그의 부인 글로리아는 게으르고 아둔하며 자신만의 환상에 빠져 있는 듯 보인다. 후안의 동생 로만 외삼촌은 빼어난 예술적 재능과 남성적인 매력을 지녔지만 주변 사람을 괴롭히면서 즐거움을 느끼는 잔학한 사람이다. 안드레아를 비롯해 모두에게 다정한 유일한 사람인 할머니는 자식들의 싸움과 고통 앞에서 늘 희생적인 태도를 취하지만 문제를 해결할 능력은 없다.

안드레아는 이들 틈에서 하루하루를 조심스럽게 살아간다. 친척집의 식사는 질과 양 모두 보잘것없고, 국가에서 나오는 고아 복지 연금에서 생활비를 내고 나면 남는 돈도 거의 없기에 그녀는 항상 배고픔에 허덕이고 다른 사치를 할 여유는 더더욱 없다. 악몽 같은 바르셀로나의 삶에서 유일한 기쁨은 친구 에나와의 우정이다. 에나는 뛰어난 지성과 용기, 감수성, 미모를 갖춘 부유한 가정의 딸로 주변의 애정과 흠모를 독차지한다. 안드레아와 에나는 서로를 자기 자신처럼 아끼는 절친한 친구가 된다.

안드레아는 친척들의 복잡한 내면을 점차 목격해 간다. 앙구스티아스는 사회의 시선 때문에 좌절한 애정의 상처를 안고 있다. 후안의 분노는 화가가 되고 싶었으나 재능이 없었다는 점에, 또한 글로리아가 로만에게 연정을 품고 있으며 자신은 금전적으로나 매력 면에서나 그녀를 만족시키지 못한다는 점에 뿌리를 두고 있다. 글로리아는 어리석고 게을러 보이지만 의외로 책임감이 있으며 사랑스럽기도 하고, 로만이 그녀를 사랑한다는 망상은 로만 측에서도 이유를 제공한 것으로 보인다. 각자가 인식하는 현실이 조금씩 다른 가운데 가장 수수께끼 같은 존재는 로만으로, 전쟁 전에는 그렇게 잔혹한 거짓말쟁이는 아니었으리라고 짐작할 수 있을 뿐이다. 한편 안드레아는 주변 사람들의 얄팍함과 속물스러움, 특히 그녀에게 접근하는 남자들의 제멋대로인 태도에 환멸을 느낀다.

어느 순간부터 에나는 자신의 남자친구를 버리면서까지 로만과 가까이 지내기 시작하며, 안드레아를 피하고 그 이유를 설명하지도 않는다. 단지 자신을 믿어 달라는 말만을 남길 뿐이다. 에나의 엄마는 안드레아를 찾아와 자신이 젊은 시절 로만을 사랑했으나 그에게 야비하게 이용당했음을 털어놓고, 에나가 같은 피해를 입지 않게 도와 달라고 부탁한다. 안드레아는 친구에게 버림받은 슬픔과 에나에 대한 걱정으로 불안한 나날을 보낸다. 어느 날 안드레아는 에나와 로만 사이의 적대적인 대화를 엿듣고 에나를 위험에서 구하기 위해 그 자리에 끼어들어 대화를 중단시킨다. 곧 후회하며 도망치지만 에나가 따라와 자신은 로만을 사랑한 것이 아니라 그가 엄마에게 준 상처를 되갚아주려는 계획이었고 그것이 마침내 성공했음을 고백한다. 우정을 되찾고 집에 돌아간 안드레아는 로만이 자살했음을 알게 된다. 장례식에 온 로만의 누나들은 로만과 후안의 뒤틀린 삶이 할머니가 아들들을 잘못 키운 탓이라 비난하며 후안도 이에 동의한다. 로만이 죽은 후에도 후안의 폭력성은 더해 가 상황은 크게 나아지지는 않는다. 안드레아는 에나 가족의 도움으로 마드리드에 일자리를 얻어, 1년간의 경험을 뒤로하고 마침내 바르셀로나를 떠난다.

2) 전후의 어두운 사회를 재현하기

> 욕실은 마치 마법의 집 같았다. 거무튀튀하게 때가 낀 벽마다 거친 손자국들과 절망에 찬 절규의 흔적들이 담겨 있었다. 곳곳에 칠이 벗겨지면서 생겨난 구멍들은 습기 찬 입을 벌리고 있었다. 거울 위쪽에는, 달리 놓을 곳이 없어서 그렇기도 하겠지만, 허연 도미 몇 마리와 속이 시커매진 양파 몇 알이 그려진 정물화 한 점이 걸려 있었다. 찌그러진 수도꼭지에서는 광기가 미소 짓는 것 같았다. (라포렛 2006, 22)

『나다』를 읽는 독자 대부분이 먼저 주목하게 되는 부분은, 주인공 안드레아가 묘사하는 친척들이 얼마나 기이한 사람들인가, 이들이 살아가는 방식이 왜 이렇게 폭력적이고 비참한가 하는 점이다. 이 소설은 분위기와 정서에 있어서 에드거 앨런 포의 공포 단편이나 고야의 기괴한 화풍, 에밀리 브론테의 『폭풍의 언덕』 등을 연상시키며, 이런 면에서 이 작품을 고딕소설[4]로 보기도 한다. 프랑코 독재정부가 쿠데타와 함께 일으킨 내전과 그 후의 억압적인 사회를 정당화하기 위해 국민에게 주입하는 스페인의 공식적 이미지, 기독교적 가치를 실천하는 선하고 자랑스러운 국가 이미지 속에는

4 낭만적인 공포와 죽음을 다루며 종종 로맨스가 적당한 비율로 섞인 소설을 폭넓게 지칭한다. 18세기 중반 영국에서 시작되어 19세기 유럽에서 크게 유행했다. 메리 셸리의 『프랑켄슈타인』, 브럼 스토커의 『드라큘라』, 에드거 앨런 포의 소설 등이 우리에게도 잘 알려진 고딕소설이다.

들어갈 자리가 없는, 실제 삶의 비합리적이고 파괴적인 면모에 초점을 맞추는 것이다.

안드레아의 친척들 각자가 특유의 비틀리고 모순된 면모들을 갖고 있지만, 이런 모순이 가장 강하게 드러나는 인물은 로만이다. 처음 안드레아의 눈에 비친 그는 재치 있는 말솜씨와 다정한 태도, 천재적인 예술적 감수성과 재능을 지닌, 이 가족의 구성원임이 믿기지 않는 멋진 사람이다. 그러나 그는 곧 유일한 형제인 후안에게 잔인한 말을 던져 감정적으로 학대해서 후안이 자제심을 잃고 폭력을 휘두르는 것을 즐기는 병적인 가학성을 드러낸다. 또한 그는 후안의 부인인 글로리아를 과거에 유혹한 적이 있으며, 현재도 그녀를 무시하고 잔인하게 대하다가 멋대로 자신과의 동침을 강요하는 등의 이기성과 폭력성을 보이기도 한다.

내전과 그 이후 사회의 어둠을 압축적으로 표현하는 인물인 로만을 밝고 아름다운 세계의 대표자 에나가 용감하게 싸워 이겼음을 알면서도, 소설 말미에서 안드레아는 바르셀로나를 떠나면서 그곳에서 자신이 "얻은 건 아무것도 없었"(라포렛 2006, 367)다고 생각한다. '승리한 스페인'이라는 국가의 공식 담론이 무색하도록, 시골의 수도원을 나와 스페인에서 가장 부유하고 발전한 도시인 바르셀로나에서 1년간 지낸 안드레아에게 남은 것이 '나다', 즉 무(無) 뿐인 것이다. 이는 직접적인 비판의 목소리를 높이지 않으면서도 당시 사회가 얼마나 비인간적이고 낙후된 상황에 처해 있었는지를 독자에게 강력하게 선포하는 결말이다.

프랑코 정부는 전후 40여 년간 강력하고 자의적인 검열 제도를 통해 문학, 언론, 예술 등 모든 분야에서 내전과 국가 정책에 부정적인 목소리를 삭제하는 데 열을 올렸다. 그러기에 소설이 이 사회의 부정적인 면을 비판하려면 검열을 피할 수 있는 다양한 전략이 필요했다. 저자 라포렛이 의도했든 그렇지 않았든, 『나다』의 최대 전략은 젊고 순수하고 정치나 역사에 눈을 돌리지 않는 서술자가 자신의 즉각적인 감정을 진술하면서도 다소 모호하게 이야기한다는 점이었다. 거기서 고정되지 않은 여러 의미들이 생겨날 수도 있고 미뤄지거나 없어지기도 하기 때문이다. 정신적으로 문제가 있어 보이는 인물들의 이야기를 서술자 안드레아가 경건한 스페인 전체와 동일시하는 낌새는 없어 보였다. 이 일탈적인 인물들의 비참한 곤궁은 이들의 개인적인 어리석음에서 비롯된 결과이거나 심리가 불안정한 서술자의 과장일 뿐이었다. 그래서 겉보기에 이 이야기는 한 외로운 소녀가 겪은 기괴하고 안쓰러운 고생담이라 불러도 그만이었다. 전쟁에 승리한 편에 속하는 검열의 주체들에게는 비교적 무해한 이야기였으며, 그와 동시에 독자 대중에게는 어떤 정치적 비판보다도 가장 마음 깊이 다가가는 이야기였다. 독자들은 각자의 방식으로 안드레아와 공감했고, 자신이 살고 있는 곳만큼이나 답답하고 이해 불가능한 삶의 조건들 속에 갇힌 그녀의 두려움을 함께 호흡했다.

3) 세계를 파악하며 '나'를 찾기

누구도 의사를 부를 생각조차 해 보지 않은 새에 열은 떨어졌고, 미열마저 가셔 버린 그 순간 나는 신기하게도 미미하나마 마음의 여유가 생기는 걸 느낄 수 있었다. 겨우 몸을 일으킬 수 있게 되면

> 서 덮고 있던 모포를 발 아래로 차 내는 순간 바르셀로나의 이 집에 들어온 이래로 줄곧 나를 무력하게 만들었던 그 짓누르는 듯한 압박감마저 털어 낸 듯한 느낌이 들었다. (라포렛 2006, 75)

『나다』를 일종의 빌둥스로만(Bildungsroman), 즉 성장소설로 읽는 관점은 이 소설을 보는 대표적 관점 중 하나이다. 두 번의 세계대전이 발발하고 수많은 사람들이 찰나에 생명과 평범한 일상을 상실하면서, '인간이라는 존재는 무엇이며 삶에는 무슨 의미가 있는가'라는 실존주의적 의문[5]은 20세기 전반에 서구 문학의 근본적인 주제로 부각되었다. 두 세계대전 사이에 일어난 스페인 내전 직후에 쓰인 『나다』 역시 비슷한 문제의식을 기저에 두고 있다. 이 점을 고려하며, 젊은 주인공 안드레아가 전통적인 질서와 현대적 합리성 모두가 무너진 세계 안에서 자신이 어떤 존재인지 힘들게 탐색해 가는 성장기로 이 소설을 읽어 낼 수 있다.

바르셀로나는 안드레아에게 억압적인 공간이다. 그녀가 자유롭고 독립적으로 살기를 갈망할 수 있다는 기본적인 사실조차 아리바우 거리의 친척들은 인정하지 않는다. 앙구스티아스는 조카의

5 실존주의라는 명칭 안에는 19세기에서 20세기 초반에 이르기까지 형성된 철학의 여러 지류가 묶인다. 이들의 공통점은 인간을 자유의지가 있는 주체로 여기며, 삶은 이 주체가 환경을 극복하며 자신의 의지를 실천해 가는 과정으로 여긴다는 점이다. 여기서 말하는 실존주의는 스페인 98세대를 대표하는 미겔 데 우나무노가 논한 '무의미한 삶을 살며 고통을 겪어야 하는 인생의 비극성', 프랑스의 참여 철학자 장 폴 사르트르(Jean-Paul Sartre)의 '인간은 아무 이유 없이 세계 속에 던져진 존재'라는 생각으로 요약될 수 있다.

일거수일투족을 자신의 기준, 정확히 말하자면 자신이 생각하는 사회의 규범에 맞추기 위해서 꾸중과 비아냥을 멈추지 않으며, 도리어 타인의 눈으로 보면 우스울 정도로 과도한 예법을 강요한다. 로만은 정반대 입장에 서서 안드레아가 자기 내면의 진정한 열정과 욕망을 억누르면서 답답한 사회적 관습에 스스로를 가둔다고 소통한다. 그 외의 어른들 중에도 안드레아가 의지하고 모범으로 삼을 만한 사람은 없다. 후안은 조카에게 무관심하거나 폭력적이고, 글로리아에게 안드레아는 자신의 말을 들어 주는 상대일 뿐이며, 할머니는 무기력하고 다른 사람들의 착취의 대상인 데다 그 위치에 자진해서 머물러 있다. 이런 가족들 사이에서 안드레아가 자기 자신의 생각과 가치관을 정립하려면, 연장자이거나 전쟁을 경험했다는 이유로 그녀를 평가하고 조종하려는 사람들의 영향력이라는 결코 작지 않은 장애를 꾸준히 넘어서야만 한다.

안드레아는 저 '어른들'에게 적극적인 반항의 표현을 하지는 않지만, 이들에게 진심으로 휘말리거나 복종하는 경우는 더욱 없다. 항상 거리를 두고 모두를 날카롭게 관찰하며, 그들의 우스꽝스럽거나 병적인 모습들을 냉정히 묘사한다. 그녀의 성장에 있어 이러한 인간에 대한 비판적 시각은 중요한 요소이다. '나는 어떻게 살고 싶은가'라는 질문 못지않게 '나는 어떻게는 살고 싶지 않은가'라는 질문 역시 정체성과 가치관 형성에 있어 핵심적이기 때문이다.

안드레아의 자유와 독립을 크게 제한하는 또 하나의 삶의 조건은 가난이다. 배가 고프다 못해 영양실조 상태라는 것, 영양실조의 증상으로 항상 예민해져 있어 사소한 이유로도 사람들과 싸우게 된다는 것, 미래를 고려해서 지출을 안배하는 이성적인 사고를 할 수 없기에 적은 수입을 소소한 군것질이나 괜찮은 식당에서의 한 끼 식사와 같은 눈앞의 유혹에 써 버린다는 것, 또한 책이나 친구를 위한 선물, 남부끄럽지 않은 옷 등 삶에 여유와 기쁨을 부여하는 지출을 모두 포기하고 그저 생존을 위한 생존만을 영위한다는 점, 이는 모두 안드레아가 빠져 있는 경제적 빈곤의 결과이다. 친척들의 광기에 가까운 언행과 시로 간의 갈등도 이 가족에게 경제적 여유가 있었더라면 대부분 생겨나지 않았을 일들이다. 이런 점은 에나와 대학의 부르주아 친구들을 만날 때 안드레아가 느끼는 해방감과 행복에서 더 명확히 드러난다. 그들은 물질적 여유가 없을 때 생기는 고통을 모르기에 자신감이 넘치고 사교적이며, 지성과 유머, 감수성을 발달시킬 기회도 풍부하게 누려 왔다. 안드레아는 자신의 낡은 단벌옷과 이상한 친척들이 부끄러워서 사람들을 피하면서도, 자신에게 사랑으로 다가온 에나가 대표하는 풍요로운 삶에 깊이 매혹된다. 동시에 대학 친구들이 속한 사회계층으로부터 배척당하는 경험을 하며 부르주아 계층의 위선적인 면모를 접하기도 한다.

이렇듯 안드레아는 사적 영역인 가족 내부에서뿐 아니라 공적 영역인 사회에 어떠한 억압적이고 배척적인 요소들이 존재하며 그것이 개인 정체성의 형성에 어떻게 개입하는지 발견한다. 사회적 폭력인 전쟁의 피해를 입은 사람들이 다른 개인의 자유를 어떻게 침해하는가를 배우고, 물질적 풍요가 보장되는 삶이 품고 있는 가능성들을 맛보며, 동시에 그 풍요로부터 배제되고 차별받는 순간도 체험한다. 이런 과정을 통해 안드레아는 그녀의 의지와 관계없이 그녀를 둘러싸고 있는 '세계'라는 무겁고 복잡한 구조를 인식하고, 자신이 그것에 적응하고 또한 그것을 극복하며 살아가야 하는 존재임을 깊이 실감한다.

주인공의 모든 경험이 고통스럽기만 하다면 『나다』는 단순히 삶의 비관성을 토로한 소설이 되었을지도 모른다. 그러나 이 소설의 대표적 특징인 모호한 양가(兩價)성은 안드레아의 성장에서도 볼 수 있다. 안드레아의 고통스러운 배움의 과정을 지탱하는 에너지는, 소설을 통틀어 긍정적으로 묘사되는 단 한 사람이며 상황을 변화시킬 힘과 적극성을 가진 유일한 인물인 에나의 존재이다. 이 소설에서 묘사되는 인물들 사이의 관계는 대부분 서로를 지배하고 종속시키려는 욕망에 기반하고 있으나, 유일하게 에나와 안드레아의 관계만큼은 사랑을 동력으로 자라난다. 이 사랑의 관계 덕분에 수동적이고 무기력하던 안드레아는 주체적인 존재로 거듭난다. 눈앞의 부조리한 일들에 개입하지 않고 관찰자로서만 살아가고 있음에 자괴감을 느끼면서도 거기서 벗어나지 못하던 그녀가 최초로 주체적인 결정을 내리고 변화를 시도하는 순간이, 에나의 엄마가 안드레아에게 에나를 도와달라고 청하는 순간인 것이다. 에나와 로만 사이의 긴장과 갈등이 극도에 달한 순간 로만의 방에 안드레아가 용감하게 들어간 행동을 두고, 나중에 에나는 자신이 안드레아에게 구원받았다고 말한다. 이전까지 둘 사이의 관계는 에나가 안드레아를 리드하고 안드레아는 에나에게 감정적으로 의지하는 것이었으나, 이 일을 통해 둘의 애정은 동등한 주체성 위에 세워지게 된다. 소설의 결말에서 안드레아는 죽은 로만에 대해 그가 살았을 때는 느낄 수 없었던 그의 긍정적인 면에 대한 그리움을 느끼고, 자신이 글로리아 외숙모에게 애정을 느낀다는 사실도 확인한다. 이런 변화 역시, 그녀가 독자적인 자신을 견고히 하면서 피억압자의 입장을 벗어나 자기결정권과 포용력을 지닌 주체로 변했기 때문에 생겨나는 것이다.

이러한 안드레아의 변화와 관련하여 『나다』를 현대의 로망스(romance)로 보는 시각도 존재한다. 신화비평가 노스럽 프라이(Northrop Frye)에 의하면 로망스란 신화나 서사시, 중세문학 등 전근대적인 문학 형태에서 종종 보이는, 선과 악이라는 이분법적 극단으로 갈라진 세계 안에서 뛰어난 인물인 영웅이 악에 맞서는 모험을 하는 이야기이다. 영웅은 마침내 악을 물리치고 더 완벽한 사회의 질서를 회복하며, 종종 새로운 신분이나 정체성을 획득한다. 이 장르는 동서양을 막론하고 중세 이전부터 높은 대중적 인기를 누렸다. 오늘날에도 할리우드의 히어로물이나 판타지 소설 등의 장르 안에서 이 전형적인 구조는 끊임없이 재생산된다. 『나다』도 이러한 서사 구조와 몇 가지 유사성을 보인다. 안드레아가 바르셀로나 안에 숨어 있는 어둠의 세계와 광기 어린 인물들 사이에 들어가면서 이야기가 시작되고, 로만과 에나로 대표되는 악과 선이 대립한다. 1년이라는 상징적이고 주기적인 시간의 흐름 속에서 이야기가 진행되고, 안드레아의 모험은 희망과 절망, 꿈과 환멸이라는 두 극단을 오간다.

그러나 이런 전통적인 이분법적 구조는 종종 모호하게 흐려지거나 서로 자리를 바꾼다. 예를 들어 에나가 자신에게 타인을 조종하고 싶은 욕망이 있음을 안드레아에게 고백할 때, 에나의 내면에도 어찌 보면 로만과 유사한 악이 존재하며, 에나와 로만의 대립은 매우 닮은 두 힘 사이의 긴장이었음이 드러난다. 이런 이분법의 해체는 개인의 내면의 복잡성을 탐구하는 현대소설로서의 작업이며,

『나다』 특유의 다성적인 모호성을 구성한다. 이렇듯 전통적이고 대중에게 익숙한 이야기 구조를 빌려 오면서도 실존적 자의식, 동시대의 사회상, 단순한 세계인식의 틀 해체 등과 같은 현대적 이슈를 다루었다는 점 또한 이 소설이 다양한 독자들에게 호소력을 갖도록 한 하나의 특징이다.

4) 가부장제[6]와 '분홍 소설'의 허구를 타파하기

> 그런 생각을 했던 것은, 헤라르도 역시 그저 수컷에 불과하며, 여자 앞에서는 이런 식의 행동밖에는 할 줄 모르는 숱한 남자들 가운데 하나임을 깨닫지 못할 만큼 내가 그렇게 맹추였기 때문이었다. 그 애는 지성도, 감성도 그 정도밖에 안 되는 그런 애였다. 헤라르도는 이번엔 느닷없이 나를 자기 옆으로 바짝 잡아당기더니 내 입술에 키스했다. 화들짝 놀란 내가 그를 밀쳐 냈다. 나는 있는 힘껏 그를 밀쳐 낸 뒤 마구 뛰었다. (라포렛 2006, 184)

6 가부장제(家父長制)는 남성이 집안의 어른으로서 강력한 가장권을 가지고 가족구성원을 통솔하는 가족형태, 그리고 가족구성원에 대한 가장의 지배를 뒷받침하는 사회체계를 일컫는다. 이 둘은 서로를 규정하고 재생산하며 동시에 존재한다. 여성학에서는 이 용어를 여성에 대한 남성의 일반적 억압체계를 가리키는 개념으로 사용하는데, 이 용법은 가부장제의 한 측면인 여성에 대한 남성의 지배를 부각시킨 것이다. 세계 보편적으로 가부장제는 역사 이전의 시기에서 오늘날에 이르기까지 대부분의 사회체계와 가족형태의 근간을 이루어 왔고, 여성의 지위와 삶을 결정짓는 데 가장 핵심적인 제도이다. 『한국민족문화대백과사전』 '가부장제' 항목 참조(http://encykorea.aks.ac.kr/Contents/Index?contents_id=E0000200).

스페인의 대중문학에 대해 이야기할 때 '분홍 소설(novela rosa)'이라는 장르가 빠질 수 없다. 이는 스페인어권에서 로맨스 소설을 칭하는 용어로, 보통은 사회가 여성에게 요구하는 모범적 자질을 갖춘 여성 주인공이 온갖 유혹과 역경을 이겨 내며 그 보상으로 이상적인 남성 주인공과 결혼이라는 결합 안에 맺어진다는 구조를 지닌다. 말하자면 일반적인 분홍 소설은 가부장제 사회의 규범과 가치관에 매우 잘 부합한다. 여성이 남성을 만나 결혼하는 과정 전체를 자연스럽고 당위적인 것으로 표현하고, 이 과정에서 가부장적 남성이 여성에게 원하는 미모, 인내심, 순종적인 성격, 가정을 돌보는 능력 등이 필수불가결함을 부각시킨다. 또한 그 보상으로 그녀가 만나게 되는 남편은 인격적으로 완전무결하기에 그와의 행복은 굳건하다는 허구적인 신화를 재생산한다. 20세기 스페인에서 분홍 소설 장르는 여성 독자 대중에게 큰 인기를 끌었고, 현대의 멜로드라마처럼 로맨스와 결혼에 대한 환상을 자극함과 동시에 보수적인 가치관을 강화했다.

『나다』의 시대를 포함해 프랑코 치하의 스페인에서는 국가가 모범적인 여성상을 공식적으로 제시했다. 정부 기관이었던 여성부(Sección Femenina)는 스페인 여성의 교육을 총괄하고 지침을 내렸는데, "여성은 스스로 정치를 하는 것이 아니라 (프랑코의 정당인 팔랑헤당의) 생각을 사랑하고 그것을 후손들에게 전달하기 위해" 교육받아야 한다는 공식 입장을 가지고 있었다. 그러기에 사회 속에서 여성에게 허락된 역할은 아내와 엄마로 살아가는 것뿐이었고, 여성이 유아기에서부터 성인이 되어서도 계속 받는 교육 또한 살림, 육아, 남성에 대한 내조라는 분야로 한정되었다. 그런 사회였기 때문에

"이기주의는 남성의 몫, 자기희생은 여성의 몫이어야 한다"라는 문장이 최고위급 정치인의 공식 연설문에 들어 있어도 이상하지 않을 정도였다(Pérez Trompeta 1996, 164-165).

모범적인 가정주부가 삶의 목표여야 하는 미혼여성이 일상 속에서 지켜야 하는 규범들 가운데에는 너무 튀지 않게, 그러나 매력적으로 외모를 꾸밀 것, 남성들의 말에 조용히 귀를 기울이고 동의를 표할 것, 감정을 억누르고 항상 온화하고 사랑스러운 태도를 유지할 것, 외출할 때는 가급적 동행인과 함께할 것, 늦은 시간에 외출하지 말며 피치 못할 경우에는 남성과 동행할 것 등이 있었다. 분홍 소설은 당시 여성 독자가 읽는 문학과 거의 동일시되는 장르였고, 이 장르의 주인공들은 반드시 위와 같은 행동규범을 체화하고 있었다. 만약 피치 못한 사정으로 그런 불문율들을 지키지 못한다면 반성하고 죄책감을 느끼는 진짜 '개념녀'들이었다.

그러나 안드레아는 분홍 소설의 주인공이 되기에 충분한 낭만적 조건들(젊음, 고아인 신분, 가난, 불행한 환경)을 갖췄음에도 불구하고, 여성이 사회의 보상과 인정을 받기 위해 지켜야 하는 규범들에 관심이 없었다. 그래서 이 장 앞에서 언급한 '이상한 여자'의 문학적 전범이 되었고, 새로운 여성 인물을 창조하려는 후대의 여성 작가들에게도 최초의 선례이자 상징적인 존재로 남았다(Martín Gaite 1993, 112). 안드레아는 몸치장에 열심이지도 않고, 남에게 좋은 인상을 주려 하지도 않으며, 심지어 수업조차 열심히 듣지 않고, 오로지 주변을 예민하게 관찰하는 데만 몰두한다. 에나를 포함한 대학 친구들은 그녀가 참으로 특이한 사람임을 자주 언급하고, 친척들마저 그녀를 이해할 수 없다고 토로한다. 보수적이고 타인의 시선을 의식하는 앙구스티아스 이모에게 그 남다름은 꾸중과 경멸의 대상이며, 고독한 예술가인 로만 외삼촌에게는 동족을 알아보는 표식이 된다. 어쨌거나 『나다』는 '이상한' 안드레아 본인의 시각에서 서술된 이야기이기에 독자는 모든 것을 그녀의 눈으로 보아야 한다. 그러므로 주류 사회의 시각으로 그녀의 행실이 바르지 못하다고 비난하고 김열하기 이전에 그녀 내면에서 솟아오르는 개인적인 감정과 욕망들부터 먼저 실감하게 된다. 이는 분홍 소설 장르의 젊은 여성 주인공들이 전통적인 가치의 변호사 역할을 한다는 사실과 대척점에 서는, 『나다』의 가장 두드러지는 특징 중 하나이다.

분홍 소설이 미화하는 가부장제의 연애와 결혼 신화를 비웃듯이, 이 소설에서 안드레아에게 구애하는 남성 인물들에 관련하여 일어나는 사건들은 안드레아와 독자 모두에게 차가운 현실을 대면케 한다. 첫째로 그녀와 헤라르도 사이에서 일어난 일들이다. 안드레아의 특이한 행동 가운데 가장 눈에 띄는 것은 혼자 하는 밤 산책이다. 그녀는 인적이 드물어질 정도로 늦은 시간에 뚜렷한 목적지도 없이 거리를 여기저기 돌아다닌다. 부조리한 주변 상황에 대한 반항심과 자유에의 갈망에서 나오는 습관이지만, 앙구스티아스는 물론 후안 외삼촌에게마저 안드레아가 멍청하고 타락했음을 입증하는 증거로 보인다. 안드레아는 밤 산책 중에 안면이 있고 신분이 확실한 청년 헤라르도를 만나게 되는데, 그는 그녀가 매우 특이해서 친구가 되고 싶다며 데이트를 청한다. 에나의 무관심 때문에 외롭던 참이라 며칠 후에 데이트에 응하지만, 그의 고압적이고 제멋대로인 태도, 잘난 척하려고 내뱉는 앞뒤가 안 맞는 말들에 질려버린다. 당당한 체구에 멋진 양복을 차려입고 여성을 이끌어 주려는 의지로 가득한 청년이라면, 분홍 소설뿐 아니라 당시 현실 속에서 젊은 여성의 관심이 집중되는 대상이었고, 웬만한 단점은 눈감아 줄 법한 존재였다. 그러니 분홍 소설에서라면 헤라르도는 어느 정도 미화되어 그려졌을 것이고, 현실에서였다면 혼기가 찬 여성들과 그 어머니들은 그의 단점들을 신앙심과 순종으로 인내했을 것이다. 그러나 안드레아는 '이상한' 여성이기에, 이 '구원자'를 가차 없이 거절하며 그의 어리석음을 단순하고 명확한 언어로 묘사한다.

두 번째는 대학 친구인 폰스와 안드레아의 관계이다. 폰스는 부유한 집안의 아들로, 남성성을 과시하는 헤라르도와 대조적으로 작은 체구에 배려심이 많다. 그는 안드레아에게 오래전부터 호감을 가져 왔기에 그녀가 필요로 하는 선물을 하거나 자신의 부유한 친구들 패거리에 그녀를 소개하는 등 일상 속에서 끈질기게 다정한 호의를 베푼다. 어느 날 그는 자신의 생일파티에 꼭 와 달라고 간곡히 안드레아를 초대하고, 방학에는 자신의 가족들과 함께 바닷가로 휴가를 떠나자는 계획도 세운다. 안드레아는 폰스에게 우정 이상의 감정이 없지만 자신이 그를 사랑하게 되기를 간절히 바라며, 누군가의 특별한 애정을 받는다는 사실에 만족감을 느끼기도 한다. 그러나 이 관계는 분홍 소설의 독자들이 자동적으로 기대할 행복한 결말과 정반대의 결과로 끝난다. 초라한 차림새로 생일파티에 간 안드레아가 직면하는 것은 폰스 어머니의 낯설어하는 눈빛, 아름다운 사촌 여동생에게 갑자기 사랑고백을 받은 폰스의 배신, 흥겨운 파티 한가운데 소외된 외로움이다. 신뢰할 수 있어 보이던 폰스가 사회계층 간의 괴리를 극복할 만큼 성숙하지는 못한 사람임이 밝혀지면서, 남성의 사랑이 행복을 보장한다는 신화의 허구성이 드러난다.

위 두 관계와 대조적으로 에나와 안드레아 사이의 관계는 『나다』 전체를 통틀어 어떤 이성 간의 결합보다 공고하고 발전적이다. 둘 사이의 연대에는 에나의 이상적인 남자친구인 하이메조차 도달하지 못하는 끈끈함이 있다. 하이메는 에나와 로만 사이의 비밀스러운 대결을 견디지 못하고 결국 에나를 포기하는 모습을 보이지만, 안드레아는 에나에게 버려졌다는 소외감에 괴로워하면서도 그녀가 로만을 이기도록 도움으로써 둘 사이의 신뢰와 애정은 한층 더 깊어진다.

친척들과 친구들 등 모든 주요 인물들과 안드레아의 관계도를 살펴보면, 남성 인물들은 그녀에게 억압적·폭력적이거나 이중적이고 위선적인 태도를 취함을 알 수 있다. 헤라르도와 폰스뿐 아니라 로만, 후안과의 관계 역시 그렇다. 길에서 마주치는 남자 걸인마저 동정심과 죄책감을 자극하면서 안드레아를 조종하려 든다. 그러나 여성 인물들과 안드레아의 관계는 전체적으로 훨씬 긍정적으로 묘사되며 이해와 존중에 기초한다. 앙구스티아스와 같은 억압적인 인물의 경우마저도 안드레아는 그녀가 친척들 가운데서는 가장 올바르게 살려고 노력하는 성실한 존재임을 인정한다. 할머니는 가족 모두를 배려하기 위해 늘 자신을 희생하기에 연민과 감사를 불러일으킨다. 후안의 부인인 외숙모 글로리아는 아둔하고 자아도취에 빠진 인물로 보이지만 시간이 흐르면서 안드레아는 그녀가 의외의 영악함, 생존능력, 도덕심을 지니고 있음을 알게 되며, 소설 말미에서 친척들과 헤어질 때 처음으로 자신이 그녀를 좋아한다는 것을 깨닫는다. 이 새로운 애정의 자각은 글로리아와의 사이에서만 발생하는 독특한 것이다. 또한 에나와의 관계는 앞에서 살펴본 바와 같이 소설 전체에서 유일하게 서로에게 힘을 주며 서로를 구원하는 깊고 순수한 애정이다. 에나의 엄마는 안드레아를 잘 모름에도 불구하고 딸을 위하는 마음으로 그녀에게 갑작스럽게 비밀을 고백하고 도움을 청하며 안드레아 역시 그 마음에 공감하는데, 이 신뢰와 공감은 안드레아와 에나의 상황 해결과 성장에 결정적으로 연결된다.

요컨대 『나다』의 주인공은 사회가 요구하는 전형적인 여성관에 자신을 맞추지 않고, 남성들과의 관계에서는 환멸, 공포, 피로감 등을 경험하며, 반면 여성들과의 관계에서는 애정과 배려, 새로운 모범을 얻는다. 이런 서사는 남성의 시각과 편의를 기준점으로 삼아 구조된 가부장제 사회에 대한 거부와 저항으로 읽힌다. 물론 『나다』가 적극적인 페미니즘적 의도를 갖고 쓰였다고 보기는 어렵다. 저자 라포렛은 페미니즘이나 혹은 다른 정치적·철학적 경향에 공식적으로든 작품을 통해서든 관심을 표한 적이 없기 때문이다. 20세기 중반 유럽에서는 보부아르의 『제2의 성』[7]이 철학적 지각 변동을 일으켰으나, 고립된 스페인에서는 국가주의, 가부장제, 가톨릭 교리를 벗어난 모든 사상은 철저히 반사회적이고 비윤리적인 것으로 치부되었다. 그럼에도 불구하고, 앞에서 본 바와 같이 라포렛이 창조한 인물들과 이야기는 남성 중심적 사회에 뚜렷이 불

7 20세기 프랑스 철학자 시몬 드 보부아르(Simone de Beauvoir)가 1949년에 출판한 저서. 페미니스트 철학에서 가장 중요한 이론서 중 하나로 이후 페미니즘의 발전에 막대한 영향을 미쳤다. 가부장제 사회가 여성을 어떤 방식으로 억압해 왔으며 여성이 처해 있는 당대 상황의 이유는 무엇인지를 역사적으로 고찰했다.

만을 표시하며, 이에 저항하고 삶의 독립성과 의미를 찾기 위한 수단으로 여성 간의 연대를 제시한다. 사상적으로 억눌려 있던 스페인에서 나온 소설임을 고려하면 대단히 페미니즘적인 내용을 담은 작품이다.

5) 억눌린 욕망들과 호모에로티시즘[8]

> 구질구질해 보이는 옷을 모두 벗어던진 채 우리 앞에서 포즈를 취한 글로리아 외숙모의 모습은 흉물스러운 주변 모든 것들 속에서 믿기지 않을 만큼 어찌나 아름답고 환하게 빛나던지 하늘이 내려주신 기적과도 같았다. 곱게 뻗은 두 다리, 두 팔, 그리고 선이 섬세한 가슴속에서는 상냥하면서도 사악한 영혼이 숨 쉬는 것 같았고, 흠잡을 곳 없이 완벽한 따사로운 피부 위로는 날카로운 지성이 묻어나는 것 같았으며(…). (라포렛 2006, 47)

배리 조던(Barry Jordan)은 『나다』를 전형적인 성장소설 구조를 지녔다고 보는 대신, 인물들의 억압되거나 좌절한 욕망들을 그러모은 파편화된 이야기로 파악했다(Jordan 1992, 108). 이 소설 자체가 안드레아가 꿈꾸던 바르셀로나에서의 생활과 현실 사이의 깊은 괴

8 호모에로티시즘(homoeroticism)은 같은 성별을 지닌 사람들 사이에서 생기는 성적 이끌림 혹은 그것을 내포하는 분위기를 지칭한다. 이는 호모섹슈얼리티와 반드시 일치하지는 않는데, 지속적인 성정체성이나 성적 지향이 동성애가 아닌 사람들 사이에서도 호모에로틱한 욕망이 일시적으로 발생할 수 있기 때문이다.

리를 묘사하고 있음은 물론이거니와, 뛰어난 재능에도 불구하고 전쟁을 통해 가학적으로 변한 로만이나 화가로서의 꿈도 이루지 못하고 부인의 사랑과 인정도 획득하지 못하는 후안, 아들들의 고통스런 삶이 어린 시절 제대로 교육하지 않은 탓이라고 딸들의 힐난을 받는 할머니, 평화로운 결혼생활을 바랐으나 가난과 변해 버린 남편의 폭력을 버텨 내야 하는 글로리아 등 대부분의 인물들이 극복하기 요원해 보이는 좌절 속에서 살아간다.

그중에서도 특히 두드러지는 억압과 좌절은 타인에 대한 욕망, 즉 성욕과 관계에 대한 욕망에 관한 것이다. 일종의 불륜 관계에 있었던 앙구스티아스와 돈 헤로니모가 결국 결합하지 못하고 진자기 수녀원으로 떠난다는 결말은 이루어지지 않은 사랑의 명료한 예이다. 그러나 이보다 모호한 방식으로 제시되고 독자의 해석에 맡겨지는 실패한 욕망들이 『나다』 안에는 촘촘히 심어져 있다. 로만과의 관계에서 에나의 엄마, 에나, 글로리아는 각각 좌절하거나(에나의 엄마), 상대에게 좌절을 경험시키거나(에나), 주도권의 이동에 따라 자신이 좌절하기도 상대를 좌절시키기도 한다(글로리아). 후안과 로만 형제 사이에서 벌어지는, 후자가 전자에게 정서적 폭력을 가하는 사도마조히즘적 관계는 성적인 것은 아니지만, 후안이 자신을 학대하던 동생의 죽음 앞에 "애인을 잃은 여인이나 소중한 첫아들을 먼저 보낸 젊은 엄마의 고통"(리포렛 2006, 350)을 보이며 절망하는 것 역시 기형적인 애정 관계의 시작과 좌절을 보여 준다. 깊이와 심각성은 다를지라도 처음에 로만과 안드레아 사이에 존재했던 긴장감이나 안드레아가 헤라르도나 폰스와의 사이에서 겪은 일들 역시 이루어지지 않은 관계들 사이에 포함될 수 있다.

이런 관점에서 보면, 바르셀로나에서 인간관계들을 수동적으로 관찰하며 보낸 1년 동안 안드레아가 통합된 정체성을 찾고 성장했다기보다는, 그녀의 욕망과 정체성은 그런 관계들 사이에서 결국 억눌리고 파편화되고 포착하기 어려운 채로 남았다고 해석할 수 있다. 『나다』라는 제목의 의미 또한 이런 시각과 통한다. 안드레아의 발전과 성숙의 핵심석 증거인 에나와 로만의 싸움에의 능동적 개입은 과연 진정한 의미에서 능동적이었는가, 그보다는 순간적인 감정의 격발이 아닌가, 어둠을 대표하는 로만의 자살도 안드레아와 에나의 긍정적 승리라기보다 로만이라는 개인의 좌절이라는 의미가 더 크지 않은가 등의 문제의식들 안에서 『나다』 특유의 모호성이 드러나며, 안드레아의 성장과 정체성 추구가 완결된 과정이라는 주장에는 의문이 제기된다.

같은 맥락에서, 사무엘 아마고(Samuel Amago)는 안드레아의 성 정체성과 성적 지향이 그녀 본인에 의해 명확히 정의된 적이 없으며, 그녀가 청소년기에서 성인기로 넘어가는 19세의 나이로 스스로의 성정체성을 발견해 가는 결정적인 시기에 있음을 지적한다(Amago 2002, 67). 앞에서 살펴본 바와 같이 이 시기에 그녀가 남성들과 맺는 관계는 공포나 혐오감, 환멸로 마무리되는 반면, 여성들과의 관계에서는 애정과 연대를 생성해 낸다. 특히 가장 감각적이고 관능이 엿보이는 서술은 안드레아가 글로리아와 에나 두 여성을 향해 행하는 호모에로틱한 관찰과 고백이라는 점에 주목해야 한다.

안드레아는 글로리아에 대해 “머리가 별로 좋은 것 같지도 않았고, 그렇다고 내면으로부터 인간적인 매력이 솟아나는 스타일도 아니었다"(라포렛 2006, 46)고 냉정하게 평가하며, 그녀에 대한 자신의 호감이 후안의 누드모델을 서는 그녀의 아름다운 육체를 보면서 생겨났다고 정확히 밝힌다. 글로리아의 몸을 보고 감탄한 날 안드레아는 처음으로 그녀의 방에 함께 가서 친밀하게 이야기를 나눈다. 그녀가 늘어놓는 의미 없는 수다는 안드레아에게 빗소리처럼 노곤하고 기분 좋게 들린다. 이 이후로 그녀에 대한 안드레아의 감정은 달콤한 나른함과 편안함으로 자리잡으며, 안드레아의 꿈속에서 그녀는 후안의 손에 애무받는 감각적인 이미지로 재현된다. 어느 날 후안이 그녀를 알몸으로 욕조에 몰아넣고 구타한 뒤, 안드레아는 그녀의 몸을 닦아 주고 자신의 방으로 데려가 함께 침대에 누우며, 그녀의 늘어진 빨간 머리카락과 흰 목에 매료되고 그녀를 향해 순간적으로 흡혈귀와 같은 강렬한 허기를 느낀다. 이 장면에서는 직전에 자행된 잔혹한 가정 폭력의 공포, 그리고 그것이 일단 멈췄다는 안도감에서 오는 이완과 피로를 배경으로 갑작스럽게 출현하는 호모에로틱한 탐닉이 독자에게 생생하게 제시된다.

또한 여러 장면에서 에나를 꼼꼼하게 묘사하는 안드레아의 시선은 찬미와 경탄 그 자체이며, 우정과 그 이상의 감정 사이의 경계에 모호하게 걸쳐 있다. 안드레아가 그녀에게 선물한 손수건은 전통적으로 낭만적인 사랑의 맹세를 상징하며, 로만과 그녀가 대치하고 있음을 알았을 때 안드레아는 그녀를 위기에 빠진 귀부인으로, 자신을 기사로 상상한 바 있다. 이야기 구조로 보아도 에나는 안드레아가 만나는 부정적인 이성애 대상들의 반대 지점에 위치한다. 안드레아가 첫인상부터 나빴던 헤라르도와의 데이트를 수용한 이유는, 에나가 자신을 피한다는 괴로움이 깊어졌을 때 에나의 대체가 될 대상이 필요했기 때문이다. 또한 안드레아가 폰스의 파티에 소박한 차림새로 찾아갔을 때 그녀가 당한 무시는 어찌 보면 본인의 예상대로이나, 그 이전에 에나의 집에 방문할 때는 연금을 낭비하다시피 써서 새 블라우스를 입고 장미다발을 선물로 가져가는 성의를 보였다. 두 사람이 안드레아에게 의미하는 바가 무의식적 차원에서부터 상이하며, 그녀에게 이성애의 대상인 남성보다 우정 혹은 동성애적 욕망의 대상인 여성이 더 중요하다는 것을 보여 주는 부분이다(Amago 2002, 77).

소설 전체를 보았을 때 호모에로티시즘을 드러내는 요소들은 다양하나, 동시에 안드레아가 레즈비언이거나 바이섹슈얼이라고 확고히 단정할 수 있는 근거 또한 없다. 이 점 역시 『나다』가 갖는 모호한 해석의 가능성 중 하나이다. 고려해야 할 점은, 동성애자들은 프랑코 치하에서, 특히 전쟁 직후인 1940년대에 가장 집요하게 멸시와 배척, 교정을 당한 집단 중 하나였기에, 라포렛이 자기 작품의 주인공을 가시적으로 젠더퀴어로 만들 가능성은 현실적으로 부재했다는 점이다. 당시의 스페인 사회에서 존재를 허락받은 유일한 섹슈얼리티인 이성애를 안드레아가 전혀 긍정적으로 체화하지 않는 모습은, 미국의 급진적 페미니스트 시인 에이드리언 리치(Adrienne Rich)가 1980년에 논한 '탄력 있는 레즈비언 연속체', 즉 강제적인 이성애에 동의하지 않으며 다양한 성격의 여성 간 유대를 중시하는 여성들의 문학적 예시이기도 하다.

5 나가며

이 장에서 다룬 『나다』의 의미들, 즉 전후의 스페인 사회 묘사, 세계 속에서 정체성을 찾아가는 성장소설, 가부장적 사회 비판, 주류 아닌 욕망의 탐구라는 네 가지 의미 이외에도, 독자는 각자의 개성과 삶의 경험에 따라 새로운 의미를 읽어 낼 수 있을 것이다. 『나다』의 섬세하게 직조된 모호성이 인간의 복잡한 내면을 다각적으로 표현하기 때문이다. 여러 인물들의 기억이 서로 엇갈릴 때 어느 것이 맞는지, 그런 차이는 왜 생기는지, 대립과 갈등이 있을 때 그 안에서 선과 악이 어떻게 구분되는지 등을 재정의해야 한다. 이런 식으로, 확고해 보였던 의미와 가치가 해체되고 재배치되는 순간들을 독자는 이 장에서 설명되지 않는 자신만의 방식으로 경험할 것이다.

이 소설이 불변의 고전으로 남은 많은 이유들 가운데는 누가 뭐래도 안드레아라는 서술자의 섬세한 자의식이 뿜어내는 매력이 있다. 그녀의 탐욕스러운 관찰력, 꾸밈없으면서도 독창적인 언어, 자신에게도 타인에게도 편견 없고 자유로운 시선, 자신의 침묵이라는 빈칸을 통해 독자의 상상력을 끌어들이는 열린 태도로 『나다』는 모든 세대의 독자들을 매혹시킨다. 덧붙이자면, 모든 문학 작품이 그렇겠지만, 절묘하게 구사된 문장의 아름다움을 즐기기 위해 가능하다면 반드시 번역본이 아닌 원전을 감상해야 하는 작품이기도 하다.

참고자료

스페인 내전과 이후 프랑코 총통의 군사독재는 스페인은 물론 서구세계의 현대사에서 매우 큰 사건이었다. 그러기에 내전과 그 이후 사회의 변화, 민중의 뼈아픈 삶을 다양한 시각으로 바라보고 성찰한 작품은 무수히 많으며 오늘날에도 계속 다양한 장르로 태어나고 있다. 아쉬운 점은 한국에 소개된 작품이 그리 많지 않다는 사실이다. 영화 〈마리포사〉(1999)는 스페인 시골마을의 소박한 일상과 함께 점차 증폭되어 마침내 내전 발발로 이어지는 정치적 긴장감과 사람들의 대립을 간결하면서도 사실적으로 그려냈다. 스페인에서 가장 중요한 현대 작가 중 한 사람인 아나 마리아 마투테의 동화 『어느 날 훌쩍 커 버린 아이 후후』(김정하 옮김, 푸른숲주니어, 2005/원작 1964)는 당대의 현실과는 전혀 다른 이상적인 공간을 설정하고 그 안에서 아이가 건강하게 성장하는 모습을 그림으로써 비틀린 현실을 대조를 통해 비판했다. 스페인의 각종 만화상을 휩쓴 만화 『어느 아나키스트의 고백』(안토니오 알타리바 글, 킴 그림, 해바라기프로젝트 옮김, 길찾기, 2013/원작 2010)은, 작가와 같은 이름을 가진 작가의 아버지 안토니오의 1910년에서 2001년까지의 생애를 담담하면서도 사실적으로 그린다. 내전과 프랑코 독재기가 삶의 중심을 통과한 상처투성이 세대를 이해하고 애도하기 위한 다음 세대의 노력인 셈이다.

05
『살라미나의 병사들』,
스페인 내전의
진정한 영웅들
임호준
Soldados de
Salamina

임호준

서울대학교 서어서문학과를 졸업하고 마드리드 대학에서 박사학위를 취득하였으며 현재 서울대학교 서어서문학과 부교수로 재직 중이다. 저서로는 『시네마, 슬픈대륙을 품다』(현실문화연구, 2006), 『스페인 영화』(문학과지성사, 2013), 『즐거운 식인』(민음사, 2017)이 있고, 역서로는 가브리엘 가르시아 마르케스의 『백년 동안의 고독』(고려원, 1996), 『현대 스페인 희곡선』(서울대학교출판부, 2003), 마리우 지 안드라지의 『마쿠나이마』(을유문화사, 2016)가 있다.

이 장에는 필자의 글(2008; 2012) 일부가 포함되어 있다.

1 작가 하비에르 세르카스

작가인 하비에르 세르카스(Javier Cercas, 1962-)는 엑스트레마두라(Extremadura)주의 카세레스(Cáceres) 근처 작은 도시에서 태어났다. 그가 네 살 되던 해에 그의 가족은 카탈루냐의 헤로나(Gerona)로 이주했고 이후 현재까지 세르카스는 카탈루냐에 거주하고 있다. 바르셀로나 자치대학(UAB)을 졸업한 그는 같은 대학에서 스페인 문학을 전공하여 박사학위를 받았다. 이후 1989년부터 헤로나 대학에서 스페인 문학 교수로 재직하면서 신문에 칼럼을 쓰거나 소설을 출판했다. 『휴대전화(*El móvil*)』(1987), 『세입자(*El inquilino*)』(1989), 『곤살로 수아레스의 문학작품(*La obra literaria de Gonzalo Suárez*)』(1994), 『좋은 시기(*Una buena temporada*)』(1998), 『실제 이야기(*Relatos reales*)』(2000) 등 꾸준히 작품을 발표했지만 그다지 큰 반향을 일으키지는 못했다. 그는 1990년대에 바르셀로나에 살고 있던 칠레 출신의 작가 로베르토 볼라뇨(Roberto Bolaño)와 가깝게 지내며 문학적인 자극을 받았다.

그러던 중 2001년 발표한 『살라미나의 병사들(*Soldados de Salamina*)』의 폭발적인 성공은 그를 일약 유명작가의 반열에 올려놓았다. 『살라미나의 병사들』은 스페인 내에서 100만 권 이상의 판매고를 기록했고, 20여 개 국가에 번역되어 출판되는 등 공전의 상업적 성공을 거두었으며, 마리오 바르가스 요사, 수전 손택, 파울로 코엘료 등 저명한 문인, 비평가들로부터 극찬을 받았다. 그리고 2003년에는 유명감독 다비드 트루에바(David Trueba)에 의해 동명의 제목으로 영화화되었는데, 이 작품 역시 스페인 최고 권위의 영화상인

고야상을 수상했고 오스카상 후보에도 올랐을 정도로 우호적인 평가를 받았다.

『살라미나의 병사들』 이후에도 꾸준히 저술활동을 지속한 세르카스는 『빛의 속도(*La velocidad de la luz*)』(2006), 『한순간의 해부(*Anatomía de un instante*)』(2011), 『국경의 법(*Las leyes de la frontera*)』(2012), 『사기꾼(*El impostor*)』(2014), 『그림자의 군주(*El monarca de las sombras*)』(2017) 등을 펴냈는데, 이 작품들에서도 역사적 사실에 대한 고증을 통해 역사와 픽션을 뒤섞는 자신의 스타일을 유지하고 있다. 또한 『살라미나의 병사들』과 마찬가지로 세르카스 자신으로 오인될 수 있는 서술자가 이야기를 전개한다. 『빛의 속도』에서는 세르카스의 실제 경험처럼 미국의 일리노이 대학에서 연구하던 주인공이 트로츠키주의자이자 베트남 전쟁의 참전용사인 로드니(Rodney)를 만나 그와 우정을 쌓으면서 베트남 전쟁에 얽힌 비밀스러운 이야기를 파헤친다. 한편, 『한순간의 해부』는 1981년 2월 23일에 있었던, 민주화에 불만을 품고 군부가 쿠데타를 일으킨 사건을 다루고 있다. 테헤로 대령이 의회의 단상에 올라가 총을 쏘며 의원들을 위협한 순간, 몸을 숨기지 않고 이에 대항한 아돌포 수아레스(Adolfo Suárez) 총리를 객관적으로 조명하면서 사건의 실체에 다가가고 있다. 『그림자의 군주』에서는 스페인 내전에서 프랑코 반란파를 위해 싸우다 19세의 나이로 전사한 자신의 작은 외할아버지 마누엘 메나(Manuel Mena)의 이야기를 다루고 있다. 이렇듯 그의 작품은 내전, 프랑코 독재, 민주화 이행기 등 스페인 현대사의 결정적 장면들을 포착하여 자신만의 스타일로 문학화하고 있다. 인터뷰에서는 단호하게 반프랑코적인 입장을 취하고 있지만 작품에서는 정치적인 입장표명을 삼간 채 객관적이고 실증적으로 역사적 사건을 파헤치는 경향을 보여주었다. 그러다 보니 수정주의자로 오해를 받는 경우가 있었는데 『살라미나의 병사들』이 그런 경우이다.

2001년 『살라미나의 병사들』이 『엘 문도(*El mundo*)』지(誌)에 의해 '올해의 책'으로 뽑힌 기념으로 가진 인터뷰에서 세르카스는 자신의 창작 스타일에 대하여 다음과 같이 말했다.

> 나의 소설은 사실적 진실이 아닌 문학적 진실을 추구한다. 다시 말해 도덕적이고, 우주적인 진실로서 문학이 항상 추구하는 진실이다. 하지만 가능한 한 나는 사실에 충실하려고 노력하는데, 내가 추구하는 진실에 그 사실이 어긋날 때만 사실을 변경한다. (Cercas 2001)

그는 이렇게 실증적인 조사를 바탕으로 역사적 사실을 파헤침으로써 실화와 허구의 경계에 해당하는 작품을 써 왔는데, 사실에 기반을 두지만 허구적 요소가 상당하다는 점에서 사실을 추구하는 영미 문학의 '퀘스트(quest)'나 '르뽀'와는 구별된다. 고전적인 소설 창작의 방식을 벗어난 세르카스의 이러한 창작 스타일은 추리소설, 범죄소설 등 대중적 형식을 선호하는 새로운 세대의 취향에 맞았기 때문에 『살라미나의 병사들』 이래로 그의 작품은 비평가들뿐만 이 아니라 대중들로부터도 좋은 평가를 받을 수 있었다. 그는 "쉽게 읽히지만 이해하기는 어려운 소설"을 지향한다며 그런 면에서 『돈키호테』야말로 자신이 가장 좋아하는 소설이라고 말했다(Alegre 2003, 83-91). 세르카스는 현재 스페인 문단을 대표하는 작가 중 한

명으로서 활발하게 작품활동을 이어 가고 있다.

2 작품 탄생의 역사적 배경과 최근 스페인 내전소설의 경향

스페인 내전(1936-1939)은 스페인 현대사에 엄청난 충격과 파장을 가져온 사건이었지만 스페인 문학에서 그 중요성만큼 충분히 다뤄졌다고 보긴 어렵다. 그것은 무엇보다 내전 이후 집권한 프랑코 정권에 의해 내전에 대해 말하는 것이 금지되었기 때문이다. 집권 직후 5만 명 이상의 공화파를 처형한 프랑코 정권은 그 이후엔 국민의 분열을 우려하여 예술작품에서 내전을 직접적으로 다루는 것을 검열을 통해 엄격하게 제한하였다. 따라서 프랑코가 사망한 1975년까지 스페인에서 나온 내전 관련 소설은 내전을 비유적으로 서술하며 전쟁의 아픔을 예술적으로 승화한 것들이 대부분이었다. 물론 이러한 작품들의 주류는 공화파에 경도된 지식인의 시각에서 쓰인 것으로서 당시의 스페인 사회를 난해한 예술형식 속에서 우회적으로 비판하고 있다.

1975년 프랑코의 사망 이후 검열이 철폐되자 비로소 내전은 예술의 소재가 될 수 있었다. 그러자 내전의 진상을 알리고 프랑코 정권의 만행을 고발하는 역사물, 다큐멘터리, 예술 작품이 쏟아져 나왔다. 소설로 보자면 1977년에만 24편, 1978년에 26편이 출간되었는데 이것은 이전 시기에 비하면 갑작스럽게 늘어난 것이었다(Bertrand de Muñoz 1986, 19). 하지만 내전소설의 유행은 금방 사그라들고 마는데, 내전에 대해 말하지 말자는 사회적 합의가 대세를 이루었기 때문이다. 1980년대 중반까지도 스페인의 일반 대중들은 좌·우의 대립이 가져올 사회적 갈등과 혼란을 두려워했고 그래서 좌·우파 정치 지도자들이 합의한 '망각협정'을 지지하고 있었다. 게다가 스페인 사회는 다원적인 시민사회로 가는 유럽 사회의 흐름에 뒤늦게 동참하여 빠르게 변화하고 있었기 때문에 내전은 작가나 지식인들의 꾸준한 논의제기에도 불구하고 스페인 사회에 주목할 만한 파장을 일으키지 못했다. 따라서 이 시기 내전 관련 소설 중에서 대중적인 관심을 불러일으켰던 작품은 극소수였다.

하지만 1990년대에 이르자 망각의 시대가 끝나고 상황은 변화하기 시작한다. 1990년대 후반 이래로 스페인 사회가 이른바 기억의 시대로 접어들면서 여러 곳에서 내전 때 자행된 집단 학살의 현장이 발굴되고 프랑코의 동상이 철거되는 등 과거사 청산을 위한 실제적인 작업이 진행되었다.[1] 과거의 만행을 실증적으로 추적하고 고발하는 저작물들도 줄을 이었다. 일반 대중 및 정치권으로부터 과거사 청산에 대한 제도적 조치가 요구되자 2006년 사회노동당 정부

1 왜 이 시기부터 과거사 청산의 움직임이 시작되었는가 하는 의문에 대해서 전문가들은 대체로 두 가지 의견을 제시한다. 첫째는 칠레, 남아공, 아르헨티나 등에서 진행된 과거사 청산의 시도가 스페인에도 영향을 미쳤다는 것으로서, 특히 1998년 발타사르 가르손 판사가 스페인 사람들을 고문하고 살해한 혐의로 칠레의 독재자 피노체트를 기소한 사건은 스페인 국민들의 지대한 관심을 모았고 스페인의 과거사 청산 움직임에 중요한 도화선이 되었다는 것이다(Madelaine 2005). 둘째는 1990년대에 접어들어 그동안 '망각협정'의 유지를 가능케 했던 사회적 갈등에 대한 우려가 사라지며 이제는 과거사를 거론하는 것이 사회적인 위협이 되지 않는다는 국민적 공감대가 형성되었다는 것이다(Gómez López-Quiñones 2006, 15).

는 과거의 진상규명과 피해자 보상을 골자로 하는 과거사 청산 법안을 국회에서 통과시키기에 이르렀고, 이에 따라 '역사기억법(Ley de la memoria histórica)'이라고 하는 법안이 2007년 발효되었다.[2]

1990년대 이래로 이른바 '기억의 시대(Época de la memoria)'가 도래하자 내전과 관련한 많은 작품들이 나왔다. 내전을 다루고 있지만 이 작품들은 과거에 비해 다른 경향을 보이고 있다. 민주화 시대 초기를 제외하고 이전의 작품들이 내전의 실상을 알리기보다는 내전이 남긴 아픔을 예술적으로 표현하는 데 주력했다면, 1990년대 중반 이래의 작품들은 오히려 내전을 사실적으로 조명하는 데 비중을 두었다. 이런 작품들로 안드레스 트라피엘로(Andrés Trapiello, 1953-)의 『사거리의 밤(*La noche de los cuatro caminos*)』(2001), 『어제는 이제 그만(*Ayer no más*)』(2012), 둘세 차콘(Dulce Chacón, 1954-)의 『잠든 목소리(*La voz dormida*)』(2002), 헤수스 프랑코(Jesús Franco)의 『열세 송이 장미(*Las tres rosas*)』(2004), 벤하민 프라도(Benjamín Prado, 1961-)의 『걸어 다니는 나쁜 사람(*Mala gente que camina*)』(2006), 알무데나 그란데스(Almudena Grandes, 1960-)의 『얼어붙은 심장(*El corazón helado*)』(2007), 안토니오 무뇨스 몰리나(Antonio Muñoz Molina, 1956-)의 『시간의 밤(*La noche de los tiempos*)』(2009), 에두아르도 멘도사(Eduardo Mendoza, 1943-)의 『고양이들의 싸움(*Riña de gatos*)』(2010) 등이 있다. 이 작품들은 내전과 프랑코 독재시기를

2 이 법안은 진상조사를 통한 가해자 처벌에 대한 조항이 없이 피해자 보상에만 국한되어 있다는 점에서 진보진영으로부터 적지 않은 비판을 받기도 했다(임호준 2012, 183-202 참조).

거론하기 시작한 당시의 시대 상황과 맞물려 화제를 불러 모았다.

한편, 이 작품들보다도 더욱 사실적이라 할 수 있을 작품들도 출간되었는데 몇몇 작품은 실존 인물을 주인공으로 하여 관련자의 증언, 회고록, 공식서류, 신문기사, 사진 등을 토대로 과거의 사건을 사실적으로 재구성함으로써 과연 소설로 볼 수 있는가 하는 점이 논란이 될 정도였다. 후안 마누엘 데 프라다(Juan Manuel de Prada, 1970-)의 『존재의 구석: 아나 마리아 마르티네스 사지를 찾아서(*Las esquinas del aire: En busca de Ana María Martínez Sagi*)』(2000), 하비에르 세르카스의 『살라미나의 병사들』(2001), 그리고 이그나시오 마르티네스 데 피손(Ignacio Martínez de Pisón, 1960-)의 『죽은 자를 매장하기(*Enterrar a los muertos*)』(2005) 등이 대표적이다. 세 작품들의 작가들은 모두 1960년 이후에 출생한, 내전을 직접 경험하지 못한 세대이다. 이 작품들은 모두 작가의 분신으로 볼 수 있는 현재 시점의 서술자가 내전과 직접적으로 관련이 있는 과거의 실존 인물이나 사건을 추적하여 숨겨져 있던 진실을 파헤치는 형식으로 구성되어 있어 어떤 독자들은 소설이 아닌 논픽션으로 오해하기도 했다. 세 작품은 모두 상업적으로도 상당한 성공을 거두었고 사회적으로도 적지 않은 반향을 불러일으켰는데, 허구가 아닌 실재 인물과 사건을 복원하여 역사를 재조명했다는 점과 무관하지 않아 보인다.

2000년대 이후에 출판된, 내전을 직접 경험하지 못한 젊은 세대 작가들의 내전소설에서 느껴지는 경향은 이데올로기와 거리를 둔 채 실증적인 관심을 취하고 있다는 것이다. 그래서 이전까지의 소설에서 신화화되던 공화파나 인민전선의 폭력을 서술하는 데에도 거침이 없다.[3] 가령 후안 마누엘 데 프라다의 『존재의 구석』에서 주인공 마르티네스 사지는 종군기자로서 무정부주의자 부대를 따라다니며 취재하지만 무정부주의자들이 모두 선하지 않다는 것을 잘 알고 있다. "무정부주의자 대열에는 피할 수 없는 임무로서 무고한 승려와 신부를 약탈하고 노획하고 살해하여 그들의 씨를 말리는 데 전문가가 된 악당들도 있었다"라고 고백한다(Prada 2000, 489). 마르티네스 데 피손의 『죽은 자를 매장하기』 역시 공화파 내부의 폭력을 말하는 데 주저하지 않는다. 서술자는 주인공 도스 파소스의 입장에서 헤밍웨이 등이 만든 공산주의 선전 다큐멘터리에 대해 "도스 파소스는 내전의 비극을 이루는 한 부분이 공화파 진영에서 벌어진 보이지 않는 억압이라는 것을 알고 있었고 이것은 다큐멘터리, 특히 공산주의를 표방하는 작품에는 반영할 수 없는 것이라는 점을 잘 알고 있었다"(Martínez de Pisón 2006, 114)고 비판한다. 안드레스 트라피엘로의 『어제는 이제 그만』에서 한 대학교수는 "두 편의 차이란 반란파는 비밀리에 범죄를 저지르고 비밀을 지켰던 반면, 다른 쪽은 사람들이 보는 앞에서 범죄를 저질렀을 뿐만 아니라 그것을 오히려 뽐내고 다녔던 것입니다"(Trapiello 2012, 139) 라고 말한다.

이렇게 스페인의 현대 작가들은 내전을 더 이상 이데올로기적 시각에서 보지 않기 때문에 이전 작가들에 비해 훨씬 객관적이고

3 이제까지의 소설에서 전쟁에서 맞서 싸운 공화파와 프랑코 반란파는 선악의 이분법으로 단순화되는 경우가 많았고 급진적 개혁 정책을 펼쳤던 제2공화국은 '아름다운 시절'로 신화화되곤 했다.

중립적인 입장에서 접근하고 있다. 그리하여 이들은 양쪽 모두에게 잔학행위의 책임을 묻고 있는데, 기본적으로는 양쪽을 전쟁으로 내몰았던 이데올로기 대립이 개인의 우연한 신념에서 비롯된 것임을 언급함으로써 전쟁의 무용론을 말하고 있다.

전쟁에서 싸웠던 양측에 객관적으로 접근하는 2000년대의 작가들은 화해와 화합에 대해 보다 적극적인 의식을 보여 준다. 다르게 이야기하자면, "전쟁 자체보다는 전쟁이 남긴 기억 속에 잔존하는 상처에 관심을 갖고" 이에 대한 치유로서 화해의 서사를 만드는 것이다(Santamaría Colmenero 2012, 55). 가령 알무데나 그란데스의 『얼어붙은 심장』은 2005년을 배경으로 프랑코파 가문과 공화파 가문에 속한 두 연인이 악연으로 뒤얽힌 그들 가문의 과거사를 밝힘으로써 과거를 극복하는 서사를 마련하고 있다. 작품의 제목은 내전 직후 사망한 공화파의 신화적 시인인 안토니오 마차도의 시 "두 스페인 중에서 한쪽이/당신의 심장을 얼게 하리라"라는 구절에서 따온 것으로서, 얼어붙은 심장을 녹게 만드는 것이 이 작품의 의도이다. 이 작품에서는 스페인 내전을 중심으로 삼대에 걸친 악연의 가계사가 펼쳐진다. 첫 세대는 내전에서 맞붙어 싸운 세대이고, 두 번째 세대는 아들 세대로서 승자 쪽은 프랑코 치하의 스페인에서 영화를 누리고, 패자 쪽은 망명지 프랑스에서 고생하게 된다. 세 번째 세대가 작품의 주인공이 되는 연인들의 세대로서 현재의 스페인을 살아가는 젊은이들이다. 스페인의 현대사를 반영하듯, 승자와 패자의 후손들은 극단적으로 상반된 삶을 살아야 했다. 하지만 세 번째 세대의 주인공들은 이런 과거의 악연을 극복하고 연인이 된다.

한편, 벤하민 프라도의 『걸어 다니는 나쁜 사람들』은 우파 작가가 프랑코 정권에 의해 자행된 만행을 파헤치고 고발하는 역설적인 상황을 설정한다. 이 책의 주인공인 문학 교수는 한 파시스트 작가를 발굴하는데 그는 프랑코 정권하에서 공화파 죄수들의 아이들을 빼앗아 정권의 추종자들에게 나눠준 충격적인 만행을 고발하는 작품을 썼던 사람이다. 메타 픽션의 구조를 활용하여 파시스트 작가들 중에도 자신들의 범죄를 인정하고 고발하는 시식인이 있었음을 말함으로써 파시스트 작가들의 재평가를 유도한다.

이러한 작품들 중에서 가장 상업적으로 성공을 거두었고 비평적으로 큰 반향을 일으킨 작품은 『살라미나의 병사들』이다. 이렇게 2000년대에 접어들어 새로운 세대의 스페인 작가들은, 이전 세대의 작가들이 공화파에 편향적인 시각을 보이던 것과 달리 내전의 양측을 실증적·객관적으로 바라보며 화해와 화합을 모색하는 경향을 보이게 되는데 『살라미나의 병사들』 역시 이러한 경향을 충실히 반영하고 있는 작품이다. 다만, 다른 작품들과 달리 이 작품의 진정한 의미는 복잡한 구조 속에 숨겨져 있다고 할 수 있는데 "쉽게 읽히지만 이해하기 어려운 작품"을 지향하는 작가의 전략에서 비롯된 것으로 보인다. 이 때문에 이 작품은 다양한 해석의 가능성을 제공하면서 집단적 기억을 위한 논의의 장을 마련하고 있다.

3 작품의 서사와 구조

하비에르 세르카스의 여러 작품은 자서전적인 형식을 취하고 있는데, 『살라미나의 병사들』의 서술자 역시 여러 면에서 작자인 하비에르 세르카스 본인이라 여길 수 있다. 연령상으로도 그렇고 작품에서 서술자가 처해 있는 상황이 작가의 상황과 매우 유사하기 때문이다. 그래서 1인칭으로 진행되는 서술은 마치 작가 자신이 이야기하고 있는 느낌을 준다. 40대의 작가와 서술자는 내전 이후에 태어난 세대를 대표한다고 볼 수 있다. 작품은 세 개의 장으로 구성되어 있는데 1장은 "숲속의 친구들", 2장은 "살라미나의 병사들", 3장은 "스톡턴에서의 만남"이라는 소제목이 붙어 있다. 『살라미나의 병사들』의 도입부는 이 작품의 서술 방식에 있어 기본적인 원리를 드러내고 있다.

> 1994년 여름이었다. 이미 6년도 더 지난 그때, 나는 처음으로 라파엘 산체스 마사스에 대한 총살 집행에 관한 이야기를 들었다. 당시는 내게 세 가지 일이 막 벌어진 뒤였다. 아버지께서 돌아가셨고, 아내가 날 버리고 떠났으며, 난 글 쓰는 직업을 그만두었다. 사실 난 거짓말을 하고 있다. 셋 중에서 앞의 두 가지는 틀리지 않다. 확실한 사실이다. 하지만 세 번째 것은 그렇지 않다. (세르카스 2012, 13)[4]

첫 문장은 서술자가 라파엘 산체스 마사스라는 역사적 인물과 내전을 이야기함으로써 독자들로 하여금 논픽션 형식의 글을 기대

4 하비에르 세르카스(2012), 『살라미나의 병사들』, 김창민 옮김, 열린책들. 이후 이 텍스트의 인용 시 괄호 안에 쪽번호만 적는다.

하게 만든다. 하지만 그 후 서술자는 개인적인 일을 이야기하는데, 이로써 이 작품은 역사적 사실과 서술자의 개인적 이야기가 뒤섞일 것이라는 점을 예고한다. 그리고 개인적인 일을 이야기하던 서술자는 한 가지 거짓말을 했다고 털어놓는다. 이것은 중요한 정보인데, 서술자가 하는 말이 모두 사실이 아닐 수 있다는 것을 미리 알려 주기 때문이다. 실제로 이 작품에서 산체스 마사스와 함께 가장 중요한 인물인 미라예스는 가공의 인물이다. 하지만 이 인물 역시 로베르토 볼라뇨라는 실제 인물에 의해 소개됨으로써 역사적으로 실존했던 인물로 보이도록 한다. 따라서 작품의 첫 문단은 실제적으로 보이는 외형에 속지 말 것을 독자들에게 미리 당부하고 있는 셈이다.

1장에서 작품의 서술자인 하비에르 세르카스는 소설을 한 편 펴낸 소설가로서 신문사에서 기자로 일하고 있지만 전혀 알려진 작가가 아니다. 이것은 『살라미나의 병사들』을 펴내기 전 작가 하비에르 세르카스의 실제 상황과 기자와 교수라는 직업만 다를 뿐 유사하다. 그는 2000년대를 사는 여느 젊은 세대와 마찬가지로 애초 내전에 그다지 관심이 없다. 어느 날 유명 작가를 인터뷰하는 자리에서 작가의 부친인 산체스 마사스가 내전 때 공화파 포로로 잡혔고 종전 직전 총살대에서 극적으로 생환한 이야기를 듣게 된다. 집단총살의 아비규환 속에서 숲으로 도주한 마사스는 추적에 나선 공화파 병사에게 발각되는데, 숨어 있던 마사스를 발견한 병사가 그를 못 본 척함으로써 기적적으로 생환할 수 있었다.

이 인터뷰를 기회로 해서 기자는 내전에 대해 관심을 갖게 된다. 그는 1999년 내전 종전 60주년을 맞아 시인 안토니오 마차도의 마지막 행적에 대해 글을 쓰라는 편집부의 요청에 따라 그의 비극적 최후를 다룬 에세이를 신문에 올린다. 「본질적인 비밀(Secreto esencial)」이라는 제목의 글에서 서술자는 공화국 편 희생자를 대표하는 시인 안토니오 마차도의 죽음에 대해 쓰면서 동시에 그와 비슷한 시기 총살형의 운명에 처했던 프랑코파의 거물 산체스 마사스의 기적적 생환을 다룬다. 그는 "이 대칭적인 두 비밀 중 하나를 밝혀낼 수 있다면, 아마도 훨씬 더 본질적인 어떤 비밀에 닿을 수 있을 거라고" 믿는다. 그의 에세이는 양측의 대표적 인물을 다룸으로써 논란을 일으킨다. 그는 독자들로부터 세 통의 편지를 받는데, 두 통은 프랑코파를 편드는 수정주의자라며 그를 비판하는 내용이었다. 세 번째는 지역의 향토 사학자로부터 온 편지로서 산체스 마사스에 대해 더 많은 정보를 주고자 하는 것이었다. 향토 사학자를 만난 기자는 그를 통해 산체스 마사스가 총살 현장에서 극적으로 도망친 후 뒤를 쫓아온 공화파 병사에게 적발되었으나 절체절명의 순간 그 병사가 그를 못 본 것으로 함으로써 살아날 수 있었다는 이야기를 듣는다. 이 사건에 관심을 갖게 된 기자는 이 사건을 파헤치게 되는데, 숲속에서 산체스 마사스를 도와준 친구들을 만나 그들이 우정을 쌓은 이야기를 듣고 본격적으로 산체스 마사스에 대해 취재하기 시작한다. 산체스 마사스는 숲속의 친구들과 헤어지면서 "살라미나의 병사들"이라는 제목으로 책을 쓸 것이라고 하였는데 그것이 이 작품의 2장이 된다.

흥미로운 것은 2장은 실화(relato real)라는 점을 서술자가 강조한다는 것이다. 이것은 1장 도입부에서 서술자 자신이 거짓말을 할 수도 있다는 점을 알려 준 것과 대비된다.

"뭐라고? 또 소설을?" 부장은 빈정거리듯 물었다.

"아니요. 실화입니다." 나는 우쭐해서 대답했다.

뭐를 실화라고 하는지 부장에게 설명했다. 나의 실화가 다룰 내용도 설명했다.

"재미있는데…. 그래, 이미 제목도 정했나?"

"『살리미나의 병사들』이라고 할 겁니다." (93)

2장은 이 작품의 서술자인 기자가 취재한 내용으로서 따로 떼어 놓아도 될, 산체스 마사스의 전기(傳記)가 된다. 1장이나 3장에 비해 3인칭의 객관적인 서술이 주를 이루지만 가끔씩 자신의 추측이나 생각을 밝히는데, 서술자는 주인공의 허물까지 덮어 주려는 우호적인 자세를 취한다. 서술자는 빌바오 상류 집안 출신으로서 어릴 적부터 문학에 심취했던 마사스가 일간지의 외국 특파원이 되어 이탈리아에 머물게 되면서 파시즘에 심취하게 된 이력을 들려준다. 스페인에 돌아온 마사스는 스페인의 파시스트 단체인 팔랑헤의 핵심 이론가가 되는데 1930년대 스페인에서 좌우 대립이 격화되자 무력봉기를 계획하게 된다. 하지만 전쟁이 일어났을 때 공화파 점령지역인 마드리드에 있던 그는 칠레 대사관으로 도피하여 1년 반을 보내게 되었고 사정이 급박해지자 바르셀로나로 탈출을 감행하다 공화파에게 붙잡히고 만다. 그리고 바르셀로나 앞바다에 정박해 있던 우루과이라는 이름의 배에 갇혀 있다가 공화파의 패배가 임박해 오자 결국 프랑스와의 국경지대에서 총살당하는 운명 앞에 선다. 하지만 총살장의 혼란 속에서 극적으로 도망쳤고, 그를 죽일 수 있었음에도 못 본 것으로 해 준 공화파 병사와 숲속 친구들의 도움으로 결국 반란파를 만나 생환할 수 있었던 것이다. 마사스는 전쟁이 끝난 후 프랑코 정권의 각료로 임명되었으나 이내 프랑코 정권이 자신이 꿈꿔 온 파시스트적 이상과 너무나 다르다는 것을 깨닫기 시작한다. 현실에 환멸을 느끼면서 점차 정권에 거리를 두게 된 그는 오히려 프랑코 정권의 비판자로 돌아서게 되었고 말년에는 아무것도 믿지 않는 허무주의자의 삶을 살다가 죽는다. 서술자는 마사스가 야만적인 대학살을 가져온 전쟁을 일으킨 책임이 있지만 그의 문학적 성취마저 잊혔기 때문에 그에 대한 책임을 졌다고 말하며 그가 죄과를 치렀음을 강조한다.

마지막 3장에서는 반전이 일어난다. 『살라미나의 병사들』이라는 책을 쓴 후 칠레 작가 로베르토 볼라뇨를 인터뷰하던 서술자는 그로부터 예전에 캠프장에서 보았다는 미라예스라는 사람에 대한 이야기를 듣는다. 선반공 견습생으로 정치를 전혀 몰랐던 미라예스는 1936년 내전이 일어나자 열여덟 살의 나이에 공화국 군대에 징집된다. 공산주의자 장군의 휘하에 배치되었기 때문에 공산주의자로 싸운 그는 전쟁이 공화국의 패배로 끝나자 패잔병들과 함께 국경을 넘어 프랑스로 패주한다. 열악한 피난민 수용소에 있던 그는 2차 세계대전이 발발하자 프랑스의 외인부대에 지원하였고 북아프리카 사막에서 나치에 대항하여 전투를 벌이게 된다. 그리고는 다시 영국으로 보내져 다른 스페인 내전 패잔병들과 함께 노르망디 상륙작전에 참전하게 된다. 독일까지 진격했던 미라예스는 전쟁이 거의 끝나가던 어느 날 지뢰를 밟는 바람에 큰 부상을 입었고 연합군에서 용감하게 싸운 공로를 인정받아 프랑스 국민이 되어 평생 연금을 받을 수 있게 되었다. 볼라뇨에 의하면 미라예스에겐 딸이 하나 있었으나 딸 역시 떠나 버려 미라예스는 혼자서 캠핑장에 여름을 보내러 오곤 했다는 것이다. 서술자는 볼라뇨의 이야기를 듣자 산체스 마사스를 절체절명의 순간 놓아준 병사가 미라예스일 것이라는 생각을 하게 되고 그의 행적을 찾기 시작한다. 결국 서술자는 프랑스 디종의 한 양로원에서 쓸쓸하게 여생을 보내고 있는 미라예스를 찾게 된다. 산체스 마사스의 인생 역정에 대해 취재하며 어느 정도 그를 이해하는 듯 보였던 서술자는 미라예스를 만나고는 그야말로 문명을 구한 진정한 영웅이라고 생각하게 된다. 미라예스는 스페인 내전과 2차 세계대전의 전장에서 아무도 기억하는 이 없이 죽어 간 동료들의 이름을 부르며 그들에게 죄책감을 갖는다. 서술자는 산체스 마사스를 살려 준 병사가 미라예스가 아니었냐고 묻는데 그는 이 질문에 아니라고 대답한다. 하지만 서술자는 그가 미라예스였다고 확신하며 그와 같은 무명용사의 희생과 관용이 문명을 구했다고 깨닫게 된다.

작품의 구성을 보자면 2장은 실제 인물의 전기가 되고, 3장은 허구적 인물에 대한 이야기가 된다. 하지만 3장의 주인공인 마라예스가 자신을 찾아온 서술자 세르카스에게 2장의 이야기를 듣자, "아주 소설 같은 얘기로군요(Una historia muy novelesca)"(261)라고 일축해 버린다. 서술자는 미라예스의 이야기를 들으면서 자신의 생각을 수정하게 되는데 여기에는 역사적인 의식뿐만이 아니라 실화의 개념도 포함된다. 즉 실화라는 것은 실제로 겪은 사람만 알 뿐, 말로 전해지는 이상 진실과 거리가 있다는 것이다. 미라예스는 서술자에게 이렇게 이야기한다.

> 이봐요, 젊은 양반, 내가 하지도 않은 일을 말하라고 하지 마시오. 나는 사실을 있는 그대로, 내가 경험한 그대로 전하는 것뿐이니까. 해석은 댁이 알아서 하는 거고. 그러니까 당신은 신문 기자 아니오? 안 그렇습니까? (254)

미라예스의 말은 직접 경험하지 않고 글이나 말로써 사건의 진실에 도달할 수 없다는 뜻이다. 이렇게 미라예스를 만나면서 실증적인 추적을 통해 '본질적인 비밀'에 도달할 수 있다는 서술자의 믿음은 흔들리기 시작한다. 그리고 실화를 쓰겠다는 자신의 생각이 한낱 만용에 불과했음을 깨닫게 된다.

> 그것은 뭔가 말로 표현할 수 없는 것이다. 마치 시냇물이 돌을 회피하듯 말을 회피하는 그 무엇이다. 왜냐하면 말은 스스로에 대해서 언급하기 위해 만들어진 것이다. 말로 표현할 수 있는 것을 말하기 위해서 만들어진 것이다. (…) 나는 누구인지 말로 표현하지 못한다. (276)

이렇듯 『살라미나의 병사들』은 외형적으로는 실증적인 조사에 근거하여 실화와 같은 형식을 취하고 있지만 작품의 마지막에 이르러서는 언어적 표현의 한계를 말하고 있다. 바로 이러한 점 때문에 이 작품은 소설 속에 전기(傳記)를 삽입하거나 소설을 쓰는 과정을 기록한 메타 구조를 채택했으리라고 생각할 수 있다. 독자는 소설을 쓰기 위해 취재하는 작가 세르카스를 의식하면서 작품의 가공적 구조를 인식할 수 있게 된다.

4 작품의 정치적 의미와 문학적 의의

스페인 문학사에서 스페인 내전은 정도의 차이는 있지만 지속적으로 문학의 소재가 되어 왔다. 내전 직후엔 내전에 참전했거나 직접적으로 경험한 1세내 작가들에 의해 쓰였고, 그 후엔 내전을 어린 시절에 목격했거나 부모들의 아픔으로 경험한 2세대 작가들이 내전의 아픔을 문학적으로 재현했으며, 1990년대 이래로는 전쟁을 경험하지 못한 3세대 작가들에 의한 작품이 나오기 시작한다. 1, 2세대 작가들이 전쟁의 참혹함을 고발하고 트라우마를 간직한 개인들의 실존적 문제에 천착한 반면, 3세대 작가들은 탈이념적이고 실증적인 관점에서 내전에 접근한다. 『살라미나의 병사들』은 이러한 경향의 대표적인 작품이라 할 수 있다.

이 작품에는 두 명의 중심인물이 등장하는데 산체스 마사스와 미라예스이다. 한 명은 프랑코파이고 다른 한 명은 공화파이다. 처음에 서술자는 산체스 마사스의 기적적인 생환에 관심을 갖게 되고 그에 대해 신문에 글을 쓰는데, 이 글에서 그는 공화파와 프랑코파의 신화적 인물 두 명을 함께 다룬다. 이것은 탈이념적인 경향이라 할 수 있는데, 내전을 통해 고통을 당한 양쪽의 거물을 병치시킴으로써 정치적 편향성을 벗어나기 때문이다.

탈이념적 성향의 결정판으로 서술자는 이런 인물들이 한쪽 편에 서며 내전에 가담한 정치적 동기에 대해서도 냉소적인 시각을 보인다. 시인 마차도 형제가 각자 상대편에 가담한 정황에 대해 정치적 신념과는 무관할 수 있다는 가능성을 제기하기 때문이다. 알

다시피 형인 마누엘 마차도는 내전에서 프랑코 반란파에 동조했고, 동생인 안토니오 마차도는 공화국 편에 가담했다. 이렇게 형제가 정치적으로 갈라진 이유에 대하여 서술자는 다음과 같은 대담한 발언을 들려준다.

> 마누엘이 프랑코의 7월 18일 반란 소식을 듣고 놀란 곳은 부르고스였다. 반란에 동조한 지역이었다. 안토니오는 공화 세력이 장악하고 있는 마드리드에서 반란을 접했다. 만약 마누엘이 마드리드에 있었더라면 그도 공화파를 지지했을 거라고 추측하는 것은 일리가 있다. 만약 안토니오가 부르고스에 있었더라면 어떤 일이 일어났을까 하고 자문하는 것은 아마도 쓸데없는 짓이리라. (24-25)

내전 발발 당시 마드리드는 공화국의 수도였고, 부르고스는 즉각 반란파 지지를 선언한 도시이다. "상상은 부질없는 짓이다"라며 얼버무리고 있지만 서술자는 상황 논리에 의해 전쟁에서 형제의 정치적 노선이 정해졌을 수 있다는 암시를 주고 있다. 이것은 실로 대담한 발언으로서, 시인 안토니오 마차도는 페데리코 가르시아 로르카(Federico García Lorca), 미겔 에르난데스(Miguel Hernández)와 더불어 내전 때 희생된 공화국의 순교자와 같은 위치를 차지하고 있는 문인이기 때문이다. 이런 신화적 인물의 정치적 동기를 의심한다는 것은 공화파 신봉자들에겐 여간 충격적인 것이 아니다.

『살라미나의 병사들』의 서술자는 보다 결정적인 증언을 남긴다. 그는 자신이 쓴 기사를 읽고 연락해 온 향토 사학자 아기레의 입을 빌려 상당히 비판적인 눈으로 내전 초기 공화파가 지지른 교회 방화와 성직자에 대한 집단 학살을 들려준다.

> "비록 유행은 지났지만, 전 여전히 성직자들을 싫어합니다. 하지만 그때 상황은 집단 광기였지요." 그렇게 해석을 붙였다. "그 광기를 설명할 수 있는 원인들을 찾는 것은 쉽습니다. 하지만 나치즘을 설명하는 원인들을 찾는 것도 쉬운 일이지요.… 어떤 카탈루냐 민족주의 역사가들은 당시 교회에 불을 지르고 성직자들을 살해하던 사람들은 외부 사람들, 이주해 온 사람들이라고 넌지시 내비치기도 합니다. 거짓말입니다. 여기 사람들이었어요. 3년 뒤 만세를 부르며 프랑코 군대를 환영한 사람들도 한둘이 아니었지요. 물론 선생님께서 물으신다면 교회들에 불을 지를 때 거기 있었다고 대답할 사람은 아무도 없을 겁니다. 하지만 그건 다른 문제입니다. 내가 정말 참을 수 없는 것은 그런 민족주의자들이 아직도 헛소리를 하고 다닌다는 겁니다."(33)

비록 서술자가 직접 주장한 말은 아니지만 이 증언은 프랑코파로 내전에서 싸운 사람들 역시 희생자임을 말하고 있다.

서술자의 탈이념성은 국민파[5]의 전범 산체스 마사스와 인간적으로 동화되는 선까지 나아간다. 그가 이데올로기적 믿음에 의해 전쟁의 필요성을 역설하고 젊은이들을 선동함으로써 전장으로

5 스페인 내전에서 반란을 일으킨 반란군을 공화파 시각으로는 반란파(sublevados), 파시스트(fascistas)라 부르고, 반란파 스스로는 국민파(nacionales)로 부른다.

내몰았지만, 죽음의 위기를 극적으로 넘기며 "변호하고 설교하던 그 모든 것들을 믿지 않게 되었다"(138)고 말한다. 결국 그는 정치와 이데올로기의 무상함을 깨닫게 되고 나중엔 평범한 부르주아로서 삶을 마쳤다는 것이다. 서술자의 태도는 비록 산체스 마사스가 잘못된 정치 이데올로기에 젖어 전쟁의 발발에 일조했으나 이것은 한때의 순수한 열정에서 비롯된 것이었고 그 자신이 죽을 고비를 넘기고 난 후엔 정치에 회의적인 시각을 갖게 되었다고 함으로써 그의 인간적인 면모를 부각시키며 독자로부터 전범에 대한 이해와 관용을 유도하는 듯하다.

이렇게 산체스 마사스에 동조하는 듯한 입장을 취했던 서술자는 미라에스를 찾고 그를 만남으로써 인식의 일대 전환을 이룬 듯 보인다. 그래서 표면적으로 보자면 『살라미나의 병사들』은 1, 2, 3부를 통한 서술자의 정치적 입장 변화를 다루는 듯하다. 서술자는, 쓸쓸하게 노년을 보내고 있는 공화파 병사 안토니오 미라예스를 만나고부터는 그의 입장에 동화된다. 평생 자유와 정의를 위해 싸웠지만 아무도 알아주는 사람 없이 이국땅의 요양원에서 쓸쓸하게 살고 있는 노병 미라예스의 존재는 이제까지 내전을 승자의 입장에서 보던 서술자의 시각을 변화시킨다. 미라예스를 대면했을 때 서술자는 다음과 같이 생각한다.

> 미라예스 씨가 말을 하는 동안 나는 생각했다. '인류사의 모든 역사 중에서 가장 슬픈 것은 스페인의 역사이다. 왜냐하면 끝이 안 좋으니까.' 그러고 나서 또 생각했다. '끝이 좋지 않다고?' 그리고 또 생각했다. '염병할 놈의 이행기.' (229)

서술자의 이러한 고백은 역사의식 면에서 그의 상당한 변화를 의미한다. 1977년의 '망각협정'이 문제가 있었음을 시인하는 것이기 때문이다. 그러나 전환기에 대한 서술자의 비판이 '망각협정'을 정면에서 반대하는 것은 아니다. 앞의 인용문에서 서술자가 "똥이나 처먹을 전환기!(Y una gran mierda para la Transición!)"라고 했을 때의 의미는 미라예스 같은 희생자가 망각된 점이 정의롭지 못했다는 것을 지적한 것이지 가해자를 철저하게 응징하지 못한 것을 지적하는 것이 아니다.

서술자는 '망각협정'의 문제점이 가해자의 불법 행위를 응징하지 못했다는 정의의 차원에 있는 것이 아니라 무고한 희생자들이 그냥 잊히도록 내버려 두었다는 데 있다고 생각한다. 즉, 서술자는 미라예스의 정치적 시각에 동화된 것이 아니다. 서술자가 보기에 미라예스는 정의의 사도가 아니다. 그 역시 무고한 전쟁의 피해자일 뿐이다. 당황스럽게도, 미라예스는 이데올로기에 상관없이 우연에 의해 전쟁을 지속하고 있는 사람으로 묘사된다.

> 나는 다시 자유 프랑스의 깃발을 들고 무르주크의 오아시스를 향해 끝없이 펼쳐진 리비아의 뜨거운 사막을 걸어가고 있는 미라예스를 떠올렸다. 그 순간 사람들은 자기 일을 보기 위해서 프랑스의 이 광장과 유럽의 모든 광장들을 걸어가고 있었던 것이다. 자신의 운명과 그들이 이미 포기한 문명의 운명이 미라예스가 앞으로, 계속 앞으로 걸어가는 것에 달려 있음을 모르고서 말이다. 그 순간 나는 산체스 마사스와 호세 안토니오를 떠올렸다. 그리고 어쩌면 그들이 틀리지 않았고, 결국 문명을 구한 것은 항상 소수의 전

> 사들이었다는 생각이 들었다. 난 생각했다. '호세 안토니오도, 산체스 마사스도 상상하지 못했다. 자신들이나 자신들과 같은 그 어느 누구도 바로 그 마지막 소수의 전사 집단이 될 수 없다는 것을. 반대로 우연히 혹은 재수가 없어 그곳에 있었던 네 명의 아랍인과 한 명의 흑인, 그리고 카탈루냐 출신인 한 명의 선반공이 그 마지막 소수의 전사들이 되리라는 것을 상상하지 못했던 것이다. 그리고 누군가 선반공에게 당신이 그 암흑의 시기에 모든 사람을 구원하고 있다고 말했더라면 그 사람은 우스워 죽었을 거라는 것을, 어쩌면 바로 그런 이유 때문에—문명이 자기 손에 달려 있다는 것을 상상도 하지 못하고 있었기에—그 문명을 구한 마지막 내가로 조국이 아닌 다른 나라의 쓸쓸 한 도시에 있는 빈민 복지 시설의 방 하나에서 잊힌 채 살게 될 거라는 것도 모른 채, 그리고 그 복지 시설에서는 아무도, 어쩌면 웃는 표정에 비쩍 마른 한 수녀, 그가 전쟁에 참전했다는 사실조차 모르던 그 수녀를 제외하고는 아무도 자신을 그리워하지 않을 거라는 것도 모른 채 그는 문명과 우리를 구하고 있었다는 사실을 호세 안토니오도, 산체스 마사스도 상상하지 못했을 것이다.' (258-259)

서술자에 따르면 미라예스는 확고한 이데올로기를 가지고 스페인 내선과 세2차 세계대전에서 싸웠던 것이 아니라 상황이 그를 전쟁에 계속 참전하도록 만든 것이다. 따라서 그는 확고한 신념 아래 전쟁에 참여했던 것이 아니라 "우연히 또는 운이 나빠서" 그 자리에 있게 된 것뿐이다. 이것은 앞서, 마누엘 마차도가 내전 발발 당시 부르고스에 있었기 때문에 반란파에 가담한 것이고 안도니오 마차도 역시 부르고스에 있었더라면 반란파에 가담했을 수도 있다는, 서술자의 조심스러운 발언과 맥이 닿아 있다.

그렇다면 여전히 서술자는 내전 참가자들의 정치적 동기에 대해선 회의적인 입장을 견지하고 있는 셈이다. 어느 쪽에 가담했든, 그들이 "어두운 시기를 구원하고 있었다고 한다면 웃겨서 죽을 지경이 되었을 것"이라는 극단적인 정치적 허무주의가 여전히 서술자의 시각이다. 우파든 좌파든 상황 논리에 의해 전쟁에 뛰어들게 된 것일 뿐 어느 쪽도 절대적인 정의를 담보하는 것은 아니라는 것이다. 이것은 제2공화국을 신화적 시선으로 바라보는 일부 지식인들의 분노를 살 수도 있는 대목으로서, 앞서 서술자의 신문기사가 '수정주의'라고 비판을 받은 것과 비슷한 상황이다.

서술자가 미라예스와 전쟁에서 죽어 간 공화파 병사들의 처지를 보고 분개하는 것은 그들이 프랑코파의 참전자들과 달리 아무도 기억하는 이 없이 잊혀졌기 때문이다. 이에 비하면 산체스 마사스는 전쟁 후 충분히 영화를 누렸기 때문에 굳이 기억하지 않아도 되는 것이다.

> 비록 이 엿 같은 나라는 아주 하찮은 마을의 아주 하찮은 거리 그 어디에도 미라예스의 이름을 붙이지 않을지라도, 내가 그의 이야기를 전하는 한 미라예스는 어떤 식으로든 계속 살아 있게 될 것이고, 내가 그들의 이야기를 계속하는 한 가르시아 세게스 형제—주안과 렐라—, 미겔 카르도스, 가비 발드리치, 피포 카날, 고르도 오데나, 산티 브루가다, 조르디 구다욜 역시, 비록 그들이 오랜 세월 동안 죽고, 죽고, 죽고, 죽어 있었지만, 계속 살아 있게 되리라는 것

> 을 알았다. 누구에게도 맡기지 않고 나는 미라예스와 그들 모두에 대해서 이야기할 것이다. 물론 피게라스 형제와 안젤라츠에 대해서도, 마리아 퍼레와 나의 아버지 그리고 볼라뇨의 젊은 라틴아메리카 친구들에 대해서도 이야기하리라. 하지만 무엇보다도 산체스 마사스와, 마지막 순간 문명을 구원한 그 소수의 병사들에 대해서 말하리라. 그 소수의 병사들에 산체스 마사스는 끼일 자격이 없지만 미라예스는 자격이 있다. (277)

서술자가 미라예스 그리고 공화파 병사들을 '애도'하게 된 것은 한마디로 그들이 피해자이고 승자 측 군인들과 달리 아무런 보상을 받지 못했기 때문이다. 그들이 반란파에 맞서 적법한 공화국을 지키기 위해 싸운 정치적 동기에 대해선 아무런 역사적 평가가 없고, 이들이 사형, 투옥, 고문, 추방 등 갖은 고생을 당한 억울함에 대한 배려도 전혀 없다. 미라예스는 내전에서 함께 싸우다 전사한 전우들의 이름을 열거하며 아무도 알아주지 않은 채 전장에서 죽어 간 이들이야말로 영웅이라고 말한다. "진정한 영웅들은 전쟁에서 태어나 전쟁에서 죽지요. 살아 있는 영웅은 없소이다. 젊은 양반. 모두 다 죽었어요. 모두 죽었어요, 죽었어, 죽었다고"(263)라고 미라예스는 말한다.

이렇게 서술자는 안토니오 미라예스와의 만남을 통해 진정한 영웅은 아무도 알아주는 이 없이 전쟁터에서 죽어 간 병사들임을 깨닫게 된다. 전쟁터에서 도주하는 저군을 살려 준 병사의 에피소드로 시작된 『살라미나의 병사들』은 결국 이렇게 무명용사의 이름을 열거하는 것으로 끝이 난다. 『살라미나의 병사들』의 의도는 치음부터 이렇게 기억되지 못하고 죽어 간 '영웅들'을 찾는 것이었다.

이렇듯 『살라미나의 병사들』은 무명용사에 대한 헌사로 끝이 난다. 그런 면에서 이 작품은 무명용사에 대한 진혼곡이라고 해석될 수 있다. 하지만 무명용사에 대한 인식에 도달할 때까지 거쳐 왔던 많은 에피소드와 서술자의 중의적 발언은 이 작품의 서사를 서술자가 계속해서 인식을 바꾸어 온 깨달음의 과정으로 치부하고 마지막 발언을 이 작품의 종국적 의미로 이해하는 것을 곤란하게 만든다. 이제까지 서술자가 들려줬던 대담한 발언들을 생각한다면 마지막의 끝맺음은 다소 갑작스럽다고 할 수 있다. 여러 비평가들이 이 작품을 수정주의적이라고 평가한 것 역시 작품의 의도가 마지막 결말에만 있다고 보지 않았기 때문이다.[6]

그렇기 때문에 이 작품의 의미를 표면적인 서사로만 파악할 것이 아니라, 서술자의 발언 속에 담긴 심층적인 의미를 고려하여야 한다. 이 맥락에서 눈여겨봐야 할 것은 이 작품의 구조이다. 앞서 설명한 것처럼 이 작품의 2장에는 파시스트 정치가 산체스 마사스에 대한 전기가, 3장에는 무명용사 미라예스의 일대기가 균형 있게 배치되어 있다. 한쪽만을 읽는 사람은 각각의 인물에 동화될 수 있을 정도로 일대기는 편향적이다. 중요한 것은 두 사람의 일대기 사이에 절체절명의 순간 적군의 목숨을 살려 준 상징적인 일화가

6 『살라미나의 병사들』은 여러 비평가들로부터 반란파의 시각에서 내전을 보고 있다는 평을 들었다. 그러나 노이셰퍼는 이 작품에서 서술자와 작가의 입장을 구분하며, 서술자는 반란파의 입장에 서 있지만 작가는 그렇지 않다고 말한다(Neuschäfer 2006, 151).

있다는 것이다. 이 소설의 영화 버전에도 여러 번 반복되듯이 이 일화는 『살라미나의 병사들』에서 가장 상징적인 장면이라 할 수 있을 만큼 중요하게 다뤄지는데 그 이유는 짧은 일화가 작품의 메시지를 함축하고 있기 때문이다.

서술자는 서사의 진행 과정에서 "누가 영웅인가" 하는 물음을 되풀이하는데 작품에서 영웅으로 일컬어진 사람은 무저항운동을 실현한 간디, 부하들에게 무기를 주지 않아 부하들의 목숨을 구한 살바도르 아옌데, 그리고 화재현장에서 자신을 희생하여 다른 사람의 목숨을 구한 젊은이이다. 이렇게 본다면 이 작품에서 말하는 영웅이란 특정한 정치적 노선의 수호자가 아니라 남의 목숨을 소중히 여기는 인도주의적 인물이다. 그런 면에서 총살대에서 도망친 적군을 살려 준 이름 없는 병사가 영웅이 되는 것이다.

이 작품은 앞서 여러 발언에서 보았듯 정치적 이념을 판단하지 않는다. 비록 마지막 결말은 공화파 무명용사들에 대한 진혼곡으로 끝이 났지만 그들에게 헌사를 보내는 것은 그들이 스스로를 희생하며 싸웠던 정치적 신념이 옳았기 때문이 아니라 아무런 대가 없이 잊혀졌기 때문이다. 서술자가 처음에 감정적 동화를 보이던 산체스 마사스의 죄과도 많은 사람들을 전쟁이라는 피의 도가니 속으로 몰아넣은 것인데 그가 말년에 쓸쓸하게 잊힘으로써 죄과를 치렀다고 서술자는 말한다.

결국 이 작품이 말하고자 하는 바는 인도주의, 평화주의이고 이제 와서 정치적 이념의 잘잘못을 가릴 필요 없이 화해와 화합을 이루자는 것이다. 물론 이러한 정신을 상징적으로 보여 주는 것이 무명의 공화파 병사가 절체절명의 순간 산체스 마사스를 살려 준 장면이다. 이미 전쟁 말미에 이르러 승자와 패자가 결정된 상황에서 국민파의 거물 포로를 공화파 병사가 살려 주는, 인도주의적인 대목이 등장함으로써 마치 공화파와 국민파 사이의 상징적인 화해를 말하고 있는 셈이기 때문이다. 그 후 병사는 비가 쏟아지는 병영에서 미소를 머금고 〈스페인의 한숨(Suspiros de España)〉이라는 스페인의 대표적인 민요 파소 도블레를 부른다. 이것은 동족상잔의 비극을 넘어서는 민족적 화합의 노래로서 여기에 이 작품의 가장 진정한 메시지가 함축되어 있다. 이러한 『살라미나의 병사들』의 평화주의, 화해주의의 메시지는 앞서 설명한 2000년대 스페인 내전 소설의 주된 경향이기도 하며 화해와 화합을 강조하는 2007년 역사기억법의 기본 정신이기도 하다. 이것은 물론 스페인 내전에 관한 현재 대부분 스페인 사람들의 지배적인 정서로서, 『살라미나의 병사들』은 이러한 정서를 감동적인 일화 속에 담아냄으로써 스페인 내전소설의 걸작으로 남을 수 있게 되었다.

참고자료

스페인 내전에 관해서 스페인 작가가 쓴 작품이 번역된 것은 『살라미나의 병사들』이 유일하다. 외국 작가가 쓴 작품으로는 헤밍웨이의 『누구를 위하여 종은 울리나』, 조지 오웰의 『카탈로니아 찬가』, 앙드레 말로의 『희망』이 여러 출판사에서 출간되었다. 세 작가 모두 국제의용군으로서 스페인 내전에 참전하여 그 경험을 바탕으로 작품을 썼고 접근 방식은 다르지만 모두 걸작으로 평가할 만하다.

06
보르헤스의
『픽션들』을 여는
열쇠들
문학적 존재론에 관한
보르헤스의 실험들
양운덕
Ficciones

양운덕

고려대학교 법학과를 졸업하고 동 대학 철학과 대학원에서 헤겔 철학으로 박사학위를 취득했다. 현재 연구소 '필로소피아'의 소장으로 활동하고 있다. 저서로는 『문학과 철학의 향연』(문학과지성사, 2011), 피노키오의 철학 시리즈 『피노키오는 사람인가, 인형인가』(휴머니스트, 2012) 외 3권, 『보르헤스의 지팡이』(재남, 2015), 『사랑의 인문학』(삼인, 2015) 등이 있다. 문학과 철학의 대화에 관심을 갖고 문학적 존재론, 인식론 등을 공부하고 있으며, 〈웹진 민연〉에 세계문학을 소개하는 「문학의 1001가지 질문」(2013. 5-2014. 12)을 연재했다.

1 눈먼 도서관장

1) 책과 어두움의 아이러니

보르헤스(Jorge Luis Borges, 1899-1986)는 한 강연에서 '실명(失明)'을 주제로 눈먼 작가들의 경험을 독특하게 해석한다.

앞을 거의 보지 못하는 그는 1955년에 도서관장이 된다. 그곳의 장서는 99만 권이었다. 그는 자신에게 천국은 도서관 같은 곳이라고 밝힌다. 하지만 "어두운 눈"으로 "글자가 없는 책"을 어떻게 읽을 수 있을까? "시력을 잃었고, 동시에 책을 사랑했기" 때문에 빚어지는 아이러니를 어떻게 설명할 수 있을까(SN 278/233-234)?[1] 그는 이런 아이러니를 「축복의 시(Poema de los dones)」라는 시로 표현한다.

그 누구도 눈물을 흘리거나 비난으로 깎아내리지 말기를
책과 밤을 동시에 주신
하느님의 훌륭한 아이러니
그 오묘함에 대한 나의 심경을… (SN 278/234)

보르헤스는 자신에게 주어진 어두움을 선물로 해석한다. 덕분

1 이 강에서 보르헤스의 『칠일 밤(*Siete Noches*)』을 SN으로 줄여서 쓰고, 괄호 안에 스페인어본(Borges 1989)과 한글 번역본(보르헤스 2004)의 쪽번호를 차례대로 적는다.

에 어두움과 함께 살아가는 다른 방식을 찾을 수 있기 때문이다. 보이는 세상을 잃어버린 그는 "다른 세상", "잃어버린 가시적인 세상을 이어받을 미래"를 찾는다(SN 284/254). 그는 자신을 탐구하는 루이스 데 레온의 시에 주목한다.

> 나는 내 자신과 살고 싶습니다.
> 하늘의 은혜를 입은 미덕을 즐기고 싶습니다.
> 아무런 증인도 없이 홀로,
> 사랑과 질투,
> 증오와 희망과 두려움에서 해방된 채. (SN 284/254)

그는 하늘이 선물한 어두움 덕분에 "자기 자신과 함께 있을 수 있는 이"가 되고, "가장 자신을 잘 알 수 있는 사람"이 될 수 있다고 본다. 눈먼 사람보다 자신을 더 잘 알 수 있는 사람이 있을까(SN 285/254-255)?

그리고 무슨 일이 일어나건 그 일에 특정한 목적이 있다고 여긴다면 예술가는 자신이 겪는 불행을 어떻게 이해하고 받아들여야 할까? "그에게 일어나는 모든 것, 심지어는 수치와 장애와 불행을 포함한 모든 것은 점토, 곧 예술의 질료로 주어지는 것"이므로, 그것을 받아들이고 이용해야 한다. "그래서 우리 삶이 처한 비참한 상황으로부터 영원하거나 영원하려고 소망하는 것을 만들어 내야" 한다고 본다(SN 285/256).

그러면 보르헤스는 무엇을 만들었는가? 그는 '다른 세상'을 만들 어떤 문학을 창조함으로써 어두움의 선물에 보답했는가?

2) 책을 찾는 여행

보르헤스의 삶은 도서관에서 책을 찾는 여행에 빗댈 수 있다. 그는 「바벨의 도서관(La biblioteca de Babel)」에서 한 권의 책을 찾는 여행을 회고한다.

> 도서관의 모든 사람들처럼 나는 젊은 시절부터 여행을 했다. 나는 한 권의 책, 아마도 목록들의 목록인 책을 찾아서 돌아다녔다. 이제 내 눈은 지금 내가 쓰고 있는 것조차 알아볼 수 없고, 나는 내가 태어난 육각형 방에서 몇 레구아[1레구아=5.58km] 떨어지지 않은 곳에서 죽을 준비를 하고 있다. 내가 죽으면 자비로운 손들이 나를 난간 너머로 내던질 것이다. 내 무덤은 깊이를 알 수 없는 대기가 될 것이고, 내 육체는 끝없이 가라앉을 것이고, 부식할 것이고, 아마도 무한한 추락이 만들 바람으로 해체될 것이다. (F 90/131/98)[2]

이처럼 '한 권의 책'을 찾지 못한 여행은 무의미할까? 이런 경험은 불행한 개인의 경우에 그치는 것이 아니라 인간들의 삶의 조건이기도 하다. 「바벨의 도서관」에서 사서(司書)—보르헤스는 인간을 불완전한 사서로 본다—들은 모든 진리를 담은 완전한 책, 전능한 책, 총체적인 책, 즉 한 권의 책을 찾아서 끝없이 여행한다. 이 도

2 이 장에서 『픽션들(*Ficciones*)』을 F로 줄여서 쓰고, 괄호 안에 스페인어본(Borges 1984), 황병하 번역본(보르헤스 1996), 송병선 번역본(보르헤스 2012)의 쪽번호를 차례대로 적는다.

서관에는 모든 책이 존재하지만 모두가 찾는 그 한 권의 책은 없다.

가능한 모든 책이 있는 이 도서관에는 어떤 개인적인 문제나 세계의 문제에 대해서도 감동적인(elocuente) 답을 담은 책이 어떤 육각형 진열실에 있다고 한다. 그러니 각 개인의 존재 이유를 밝힌 변론서(Vindicación)도 있을 것이다(F 94/137/103). 변론서는 각 개인의 존재를 정당화하는 책이다. 태어난 이유, 있어야 할 자리, 해야 할 일, 만나야 할 사람들을 기록해 놓은 책을 보아야 자기답게 살 수 있을 것이다. '진리의 순례자들'은 자신의 책을 차지하려고 아귀다툼을 벌인다. 서로 다투고, 미치고, 죽이고 죽는 모습들에서 한 걸음 물러서서 냉정하게 문제를 살펴보자. 과연 각자는 자신의 책을 찾을 수 있을까? 그 가능성은 어느 정도일까?

어떤 책이 '있다'는 것과 그것을 '찾는' 것은 다르다. 자기 변론서가 무한한 도서관의 어느 진열실에 있는지 어떻게 알 수 있는가? 안타깝게도 그런 책을 찾을 가능성은 지극히 낮다. 변론서를 찾을 확률이 0에 가깝다면, 개인들은 삶의 의미를 잃어버리고 마는가?

한 발 더 물러서 보자. 변론서가 있으려면 삶의 의미가 미리 정해져 있어야 한다. 그런데 그 반대로 '삶에는 정해진 의미가 없다'고 보면 어떨까? 초월적인 존재가 의미를 쥐어 주기를 기다리기보다는 자기 손으로 의미를 만들면 어떨까? 삶의 의미를 스스로 만들어야 하지 않을까? 초월적인 존재가 써 놓으면 내가 그것을 글자 그대로 행하는 삶은 나의 것인가, 그분의 것인가?

이런 변론서가 없다면 내 삶의 의미를 만들고 기록하는 이는 나 자신이 될 것이다. 자기가 바로 자기 변론서의 저자가 된다. 어쨌든 변론서가 없고, 바깥에서 주어지는 의미가 없다면 변론서 찾기에서 변론서의 '저자' 되기로 방향이 바뀔 것이다.

그러면 보르헤스는 어떤 변론서를 썼을까? 그의 책은 도서관 천국에서 새로운 문학의 우주로 창조한 '픽션들'이 아닐까?

3) 무한한 원, 수많은 중심들

원에는 하나의 중심이 있다. 그런데 그 원이 더없이 큰 것이라면 그 중심을 어떻게 찾을 수 있을까? 무한한 원의 중심은 찾을 수 없을 것이다. 무한한 원에서는 모든 곳이 중심이 될 수 있거나 중심이 모든 곳에 있다고 할 수 있다. 예를 들어서 우주가 무한하다면, 그 중심은 어딘가 신비로운 지점에 있는 것이 아니라 '여기 이곳'일 수 있다.

무한한 도서관, 가능한 모든 책이 있는 도서관에는 진리의 책, 총체적이고 절대적인 책인 '한 권의 책'이 있을까? 그것이 없다면 마치 중심을 찾을 수 없는 원처럼 모든 책이 저마다 중심이 될 수 있지 않을까?

만약 중심이 모든 것을 지배한다면, 도서관에는 단 한 권의 진리의 책만 있어야 하고, 다른 불완전한 책들은 존재할 가치가 없을 것이다. 하지만 그런 한 권의 책이 없는 곳에서는 부분적이고 불완전한 책들이 중심이나 본질 없이 공존할 수 있다. 신성하고 충만하고 완전한 의미를 지니지 않은 평범한 책들은 나름의 의미를 지닐 것이다.

보르헤스의 무한한 도서관에서는 한 권의 책이 아니라 모든 책이 존재 권리를 갖는다. 설령 무의미한 내용으로 가득한 것일지라도 불태우고 추방하지 않는다.

가상의 무한한 도서관은 책들이 저마다 충분한 존재 이유를 갖는 곳이 아닐까? 그래서 과거, 현재, 미래의 책들이 존재하는 (또는 존재할) 총체적인 도서관에서는 '다양한 작은 책'이 부분적이고 제한된 의미를 지닌 채, 한편으로는 혼란과 무의미를 벗어날 수 없지만, 다른 한편으로는 제한 없는 사유와 무한한 창조의 공간을 이룰 것이다.

이런 맥락에서 보르헤스는 책이 '대화'이자 '관계'라고 본다. 책은 그 자체로 완결되고 자족적이고 충만한 기원과 궁극 목적을 지닌 것이 아니라, 다른 책들에 열려 있고 서로 대화하면서 영향을 주고받는 그물망의 한 매듭에 지나지 않는다.

보르헤스는 이런 사고를 「피에르 메나르: 『돈키호테』의 저자(Pierre Menard, autor del Quijote)」에서 명료하게 제시한다. 그는 주인공의 입을 빌어서, 지성이 "생각하고, 분석하고, 창안하는(inventar) 것"이라고 지적한다. 지성이 생각하고 분석하는 데 그친다면 기존의 것을 수동적으로 받아들이는 '게으름과 야만성'에 머물 것이다. 이를 벗어나 '능동적인 창조'를 추구한다면 판에 박힌 생각을 넘어서서 '모든 것을 생각할 수 있는 능력', '생각하는 자유'를 추구할 것이다(F 59/88/65-66).

이것을 새로운 '읽기'의 문제로 바꿔 보자.

예를 들어서, 그는 A부인이 쓴 『켄타우로스의 정원』이 A부인 자신의 작품인지를 질문한다. A부인이 쓴 작품이 그녀 자신의 것이 아니라면 누구의 것일까(F 59/88/66)?

하나의 텍스트는 항상 다른 텍스트와 맞물려 있다. 각 텍스트는 텍스트들의 상호관련, 상호참조, 상호지시 속에서 비로소 자신을 구성할 수 있다. 한 텍스트는 다른 텍스트들과 관계 맺고, 대화하고 다투면서 텍스트들 '사이'에 존재한다.

이렇게 본다면, A부인이 쓴 작품이 온전히 자신만의 창작일 수는 없다. 수많은 작품을 참고하고 재구성, 조합한 결과물이다. 그 작품을 낳은 수많은 조상, 부모, 친구, 경쟁자들이 그 작품의 앞, 옆, 뒤에 있다. 작품 안에는 다양한 바깥들이, 자기 안에는 이질적인 타자들이 있다. 그래서 한 작품은 온전하게 작가 자신의 창조물일 수 없다.

보르헤스는 여기에 그치지 않고 더 놀라운 수상을 한다. 문학 창작을 비롯한 모든 글쓰기는 기존 작품을 '다시 쓰는' 것에 지나지 않는다. 새로운 것처럼 보이는 것들도 이미 있는 작품들을 다르게 배치하고 혼합한 것일 뿐이다. 온전한 창조, 완전한 새로움이란 있을 수 없고 "모든 것은 이미 쓰여 있다(todo está escrito)"(F 59/142/108). 문학의 태양 아래 새로운 작품이란 없는 것이다.

이런 책들의 대화를 시간적 관계로 확대해 보자.

보르헤스는 텍스트의 시간이 한 방향으로만 흐르는지, 곧 시기적으로 앞선 텍스트가 원본이고 뒤이은 텍스트가 그것을 모방하거나 복사한 것인지를 질문한다. 앞선 텍스트는 이후의 해석들에 의해서 되먹여지는(feed back) 관계에서 시간상에 있는 텍스트들은 상호참조와 해석의 그물망 안에 있기 때문이다.

한 예로, 그리스 고전인 호메로스의 『오디세이아』는 기원전 4세기에, 그리고 로마 시인 베르길리우스의 『아이네이스』는 기원후 1세기에 쓰였다. 그런데 이것을 뒤집어서 『오디세이아』가 『아이네이스』 이후의 작품이라고 할 수도 있다(F 59/88/66). 해석은 작품 읽기에 영향을 미치고, 텍스트를 '다시' 그리고 '새롭게' 보도록 한다. 고전을 읽는 독자는 다양한 해석의 좌표에서 고전을 재조명하기 때문에 두 텍스트의 시간은 서로 뒤얽힌다. 현재의 관점으로 과거를 해석하거나, 미래의 관점으로 현재를 재해석하면 시간은 한 방향으로만 나아가지는 않고 앞뒤를 오가며 서로 뒤섞인다. 상이한 다른 시간들이 서로 맞물린다.

이런 까닭에 보르헤스는 14세기 말의 신비주의 계열의 작품인 『예수의 모방』을 현대 프랑스 작가인 셀린(Louis-Ferdinand Céline)이나 아일랜드 작가인 조이스의 작품으로 볼 수도 있다고 한다(F 59/88-89/66).

이렇게 볼 때 모든 읽기는 고정된 의미를 되찾기보다는 '다른' 의미를 찾는 모험이 된다. 텍스트의 무대에서 벌어지는 이런 '읽는 모험'들은 자신의 눈으로 '의미를 창안하는' 시도이다. 독자는 읽기를 통해서 새로운 '저자'가 될 수 있다. 텍스트를 새롭게 읽는 모험을 하지 않고도 새로운 삶과 다른 세계를 마련할 수 있을까?

4) 『픽션들』을 읽기 위하여

보르헤스는 『픽션들』에서 구체적인 상상의 힘으로 흥미로운 문학적 우주를 창안한다. 각각의 단편은 새로운 질문으로 미지의 길을 개척하는 열린 눈, 자유롭고 절도 있는 발걸음, 고뇌와 웃음이 녹아든 몸짓들로 문학의 하늘을 수놓고 허구의 대지를 내달린다. 이런 허구적 존재들은 가장 환상적이면서도 더없이 구체적이다.

이런 『픽션들』의 세계는 카오스와 코스모스가 다투면서 공존하는 세계이다. 이곳에서는 허구와 현실, 우연과 필연, 창조와 모방, 유한과 무한, 의미와 무의미, 단일한 중심과 다원적인 우주, 단일한 시간과 무한하게 발산하는 시간 등의 대립이 인물, 상황, 주제들로 구체화된다.

이제 이런 『픽션들』을 읽기 위한 임시 안내도, 처음 읽는 이들이 흥미를 느낄 만한 질문의 방에 들어갈 수 있는 열쇠들을 제시하고자 한다. 다음에서 보르헤스가 이끄는 다채로운 문학적 실험들을 살펴보자.

2 우연의 놀이판과 우연의 문학

1) 우연으로 만든 세계?

이 세계의 모든 것은 필연의 법칙에 따르는가? 그래서 우연은 전혀 존재하지 않는가? 아니면 반대로 우연이 질서와 법칙을 깨뜨리고 세계를 혼돈에 빠뜨리는가? 어느 쪽일까? 문학의 세계에서 모든 것은 인과성에 따르는가, 아니면 우연의 개입 때문에 앞뒤는 전혀 가늠할 수 없는가?

보르헤스는 기존의 사고틀을 뒤집는 실험을 제안한다. 오로지 우연으로 만든 세계를 상정해 보자. 이런 세계는 필연적 질서만으로 세계를 설명하는 방식을 정반대로 뒤집은 것이다. 이런 우연의 세계에는 어떤 질서나 법칙도 있을 수 없다. 우연에 우연을 더하는 곳에서는 어떤 기이한 일들이 벌어질까? 우연의 공간에서 어떤 문학적 실험을 할 수 있을까?

우연의 문학적 실험 무대인 「바빌로니아의 복권(La lotería en Babilonia)」은 어떤 세계인가?[3] 우연이 모든 것을 지배하던 가상의 고대 바빌로니아 이야기를 들어 보자. 화자는 자신이 바빌로니아의 모든 이처럼 한때 총독을 지냈지만 노예로 전락하기도 했다고 한다. 이처럼 전능함과 수치를 모두 맛보는 일은 바빌로니아에서는 흔하다고 한다.

화자는 자신이 사형 선고를 받고 칼을 휘두르는 자 앞에 있으면서도 여전히 희망을 잃지 않았다고 한다. 모든 것을 명확하게 설명하려고 했던 그리스인들은 바빌로니아를 지배하는 '불확실성'을 도저히 이해할 수 없을 것이다. 바빌로니아인들이 불확실하고 우연한 삶을 살 수 있었던 것은 복권, 이를테면 제비뽑기 때문이었다.

처음에는 하층민들만 복권을 즐겼지만 이후에 모두가 복권에 참여했다고 한다. 당첨된 이들에게 즉석에서 보상하는 초보적인 방식으로 시작된 것이 불운한 자들에게 벌금을 물리는 것으로 바뀌면서 인기를 끌었고, 그렇게 '개량된' 복권 때문에 모두가 행운과 불운 사이에서 줄타기를 즐겼다.

3 이 이야기를 '우연'이 지배하는 세계로 즐길 수도 있지만 카프카적인 세계를 새로운 공간에서 재구성한 것으로 볼 수도 있다. 이 작품이 『성』과 『소송』을 보르헤스 풍으로 번역하고 재구성한 것으로 본다면, 이 작품은 카프카적 혼돈이 던진 질문에 대한 문학적 답변이라고 할 수 있다.

그러다가 복권을 '공정하게' 관리할 '회사(la Compañía)'가 생겨서 복권에 관한 모든 것을 관장했다. 불운의 숫자를 뽑고 벌금을 물지 않고 감옥행을 선택하는 사람들의 저항 때문에 회사는 "종교적이고 형이상학적인 절대 권력"을 행사하면서 점차 바빌로니아 사람들의 모든 것을 장악한다. 이처럼 우연을 관리하고 조직하는 회사를 인간의 운명을 관장하는 신성한 존재나 그 정체를 파악하기 어려운 관료 조직으로 볼 수 있다.[4]

회사가 불운의 숫자를 뽑은 자들에 대한 처벌을 구류기간으로 정한 탓에 '금전과 무관한' 복권이 생겼는데, 이런 복권은 큰 인기를 끌었고 회사는 사람들의 요구와 성화에 못 이겨서 불운의 숫자를 더 늘렸다고 한다.

2) 모두를 위한 공평한 우연

한때 빈민가가 소란스러웠는데, 교회 사람들이 판돈을 늘리고, 공포와 희망의 배분을 제멋대로 조작했기 때문이다. 우연의 기회를 '공정하게' 보장해야 하는 우연의 왕국이라면 추첨 기회도 고르게 보장해야 할 것이다. 격렬한 소요가 일어났고, 재산이 많건 적건 "모두가 복권에 평등하게 참여할 수 있어야 한다"고 요구했다(F 74/106-107/81).

4 카프카가 형상화한 '법원'이나 '성'은 신성한 존재나 정체불명의 관료조직에 대한 은유일 수 있다. 보르헤스는 이것을 '회사'에 비유하고, 회사가 '우연'을 주도적으로 조시한다고 본다.

결국 이런 '새로운 질서'가 역사의 '필연적인(necesaria)' 단계라고 보게 되고, 우연이 더 널리 골고루 퍼졌다고 한다. 새로운 질서가 마련되자 민중들은 부자들의 반대를 극복하고 자신들의 의지를 관철했다. 두 가지 요구가 부각되었는데, 하나는 "회사는 민중의 권력을 전면적으로 인정해야 한다"이고, 또 하나는 "복권을 비밀로, 무료로, 모두에게 실시하라!"는 것이었다(F 74-75/107-108/81-82).

이런 요구가 받아들여지면서 모든 자유인은 자동적으로 신성한 추첨에 참여하게 되었다. 이런 복권의 왕국에서 권력, 쾌락, 고통, 파멸은 모두 '우연의 선물'이다. 추첨의 미로가 삶의 미로이고 혼돈의 세계를 드러낸다.

이런 추첨의 결과는 매우 다양했고, 희귀한 결과도 자주 나왔다고 한다. 어떤 이를 공개적으로 죽일 것, 한 사람을 신격화하는 것처럼 한 가지 행동만을 요구하는 경우를 고르는 행운은 드물고 주로 기발한(genial) 것이었다. 이처럼 복권 결과를 다양하게 조합하기(combinar)는 어려운 일이어서 회사 사람들이 전능할 뿐만 아니라 교활하다(astutos)고들 하는 얘기가 나돌았다. 신성한 힘의 대리인들은 온갖 교묘하고 교활한 수를 써서 자신들이 원하는 결과를 정당화하고 '우연한' 선택이 자연스럽거나 공정한 선택이라고 믿게 할 것이다. 우연하게 배정된 것처럼 보이는 모든 것은 회사의 엄격한 계산에서 나온 것이리라. (이해하기 어려운) 신의 선택과 은총은 신성한 의지의 결정이고, (모순된 것처럼 보이는) 관료 메커니즘의 권력행사도 최적의 결정이리라.

3) 회사/성으로 가는 길

그런데 회사의 추첨 과정이나 운용 방식은 비밀스러워서 회사 쪽에서 사람들의 소망, 공포를 미리 알아보려고 점성술사와 첩자까지 이용했다는 소문도 나돌았다. 누구 짓인지 모르지만 개인들의 정보가 곳곳에서 노출되곤 했다. 예를 들면 돌사자상, '카프카(Qaphqa)라는 이름의 신성한 화장실', '회사로 통하는 길'이라는 먼지 낀 수도관들 틈새에 그런 정보가 몰래 숨겨져 있었다고 한다(F 75-76/109/83).[5]

이처럼 회사의 관리는 철저했지만 추첨 결과에 대한 불만은 끊이질 않았다고 한다. 회사는 공식적으로 대응하지 않고, 가끔 공장의 폐품더미 안에 기묘한 반박문을 새겨 넣곤 했다. 그 가운데 한 구절에 모두 관심을 가졌다. "복권은 세계의 질서에 우연을 집어넣는 것이고, 오류를 받아들임은 우연에 배치되지 않는다"(F 76/109/83).

사람들은 오류로 여겨지는 것까지도 거대하고 정교한 우연적인 질서의 요소라고 주장한 이 포고문을 읽고 나서 예상과 달리 잠잠해졌다고 한다.

5 보르헤스는 이 작품이 카프카의 작품 속 '성으로 가는 길'이나 소송 과정에서 '무죄를 증명하는 절차'를 재해석한 것임을 밝힌다. 그는 카프카적인 문제를 우연의 왕국으로 명료하게 제시한다. 바빌로니아에서 회사로 가는 길은 『소송』에서 카(K)가 성으로 끝없이 나아가는 과정, 소송 과정에서 자기의 무죄를 증명하려는 불가능한 노력을 다른 방식으로 제시한 것이다.

4) 끝없이 이어지는 우연의 행진

바빌로니아에서 우연이 만드는 미로에 관한 논쟁들은 꽤 많았다고 한다. 그 가운데 과감한 가설 하나를 보자. "복권이 우연을 강조하고, 우주에 주기적으로 혼돈을 끌어들인 것이라면 추첨의 한 단계만이 아니라 추첨의 모든 단계에 우연이 골고루 들어가야 한다"(F 77/110/84).

예를 들어서 우연의 결정에 따라 어떤 이에게 매질을 명령하는 경우에 구체적인 절차들 하나하나를 매번 '우연하게' 결정하자는 것이다. 이런 사고방식 덕분에 복권이 '개혁(reforma)'되었다고 한다. 예를 들어서 첫 번째 추첨의 결과로 "이 사람을 죽여라"가 나왔다고 하자. 그러면 이 명령을 실행하기 위한 추첨을 해야 한다. 그리고 그를 죽일 아홉 명의 형 집행 후보자들을 추천하는 두 번째 추첨을 하고, 세 번째로 그 가운데 형 집행자 네 사람을 정하는 추첨을 하고, 또 그들을 두고 네 번째 추첨을 해서 둘은 형 집행자에서 면제되어 다른 행운에 당첨되고, 남은 두 사람 중에서 한 사람은 더 심한 방법으로 형을 집행할 수 있는 권리를 얻고, 다른 한 사람은 아예 처벌을 거부할 수 있는 권리를 얻는다(F 77/111/84-85).

이런 식으로 '추첨을 위한 추첨'을 계속하면 결국은 아무것도 결정할 수 없어서 추첨 횟수는 무한할 수밖에 없고 그 어떠한 결정도 마지막 결정이 될 수 없다. 흥미롭게도 어떤 이는 바로 이런 무한성이 우연이 드러내는 불규칙한 숫자들과 잘 어울린다고 본다.

플라톤주의자들은 오히려 이런 점이 (우연의 세계에서도) 복권으로 이루어진 우주의 원형(原型)과 조화를 이룬다고 주장한다. 이런 복권의 플라톤주의는 '복권의 이데아', 우연한 현상들의 원리이자 이상인 '우연의 이데아'를 찾고자 한다.

5) 포도주 항아리에서 뱀이 나오다

회사의 '자비로움 덕분에' 바빌로니아의 관습에 우연이 넘쳐서 곳곳에서 언제든지 우연을 볼 수 있게 되었다고 한다. 그래서 다마스쿠스산 포도주 열두 항아리를 산 경우 그 가운데 하나에서 부적이나 뱀이 나올 수도 있다고 한다.

포도주 단지에 꼭 포도주만 들어 있으리라고 믿지 않는다면, 트로이 목마에서 엉뚱한 것들이 나오거나, 그레고르 잠자의 방을 기어 다니는 벌레, 알리바바 집의 기름 항아리 속에 숨어 있는 도둑들을 보면 흥미로울 것이다. 이처럼 원인과 결과의 '엉뚱한' 결합이 흔하고 '우연의 이데아'를 모방한 사건들이 넘쳐난다면 어떤 경우에도 (예상 가능한) 필연적인 결과를 기대할 수는 없을 것이다. 이처럼 우연적인 사건들이 흔한 탓에 계약서를 쓰는 공증인은 때때로, 또는 '항상' 엉뚱한 내용을 기재한다고 한다. 그뿐만 아니라 이 이야기를 전하는 화자 자신도 사실과 다르게 얘기할지 모른다.

당시에 우연을 교정하는(corregir) 문제가 부각되곤 했는데, 뛰어난 바빌로니아의 역사가들은 우연을 교정하는 방법을 고안했다고 한다. 이 방법은 꽤 믿을 만한 것이라고 하지만 그들이 속임수를 전혀 쓰지 않았다고 하기는 어렵다.

역사에서 우연을 교정하거나 적절하게 활용하는 경우는 잘 알려져 있다. 우연을 교묘하게 길들여서 필연적인 역사를 만드는 역사가들은 흔히 클레오파트라의 '코 높이'와 관련해서 "그녀의 코가 조금만 낮았더라면…" 하고 가정하지만, 재미있는 것은 클레오파트라의 코 높이가 한 치 더 낮더라도 그런 우연을 잘 고치고 다듬어서 바람직한 길로 이끈다는 점이다.

이처럼 역사가들이 우연을 교정한다면 역사를 관리하는 '회사' 쪽은 사정이 어떨까? 회사 자체의 역사만큼 허구에 오염된 것도 없다는 얘기가 나올 만하다. 회사의 역사에도 우연이 개입되지 않을 수 없을 테니까. 예를 들어서 한 사원에서 발굴된 고문서 자료, 성스러운 책이 추첨의 결과일 수도 있을 것이다. 엄격하기로 소문난 유대인 율법학자들도 생략하고, 끼워 넣고, 변경하는 일이 불가피하다고 하면서, 필요하면 간접적인 거짓말을 이용하기도 한다고 한다.

화자는 회사가 항상 "신성한 겸손함으로" 공공성(publicidad)을 회피하곤 해서 누가 회사 직원인지 도무지 알 수 없다고 한다. 어떤 이는 이런 은밀한 방식 때문에 회사가 공포하는 명령들이 사기꾼들의 명령과 다를 바 없다고 주장했다.

그래서 회사의 공식 명령이 기괴한 것일 수도 있고, 거꾸로 그럴 듯한 명령들이 사실은 가짜일 수도 있다. 술에 취해서 명령하는 사람, "자다가 갑자기 일어나서 옆에서 자던 아내의 목을 조르는 사람"이 회사의 비밀 명령을 따르는 것은 아닐까(F 79/114/86-87)?

6) 모든 것이 우연의 놀이판이라면…

회사의 은밀한(silencioso) 작동방식에 대해서 수많은 추측이 난무했다고 한다. 회사의 존재나 작동에 관한 많은 주장들 가운데 주목할 만한 것을 몇 가지 소개한다(F 79/114-115/87).

① 어떤 이는 회사가 '수 세기 전부터' 존재하지 않는 데다가 우리 세계의 신성한 무질서가 기껏 세습적인 것이거나 선동에 지나지 않는다고 주장한다.

② 다른 이는 회사를 영원한 것으로 여기고,

③ 또 다른 이는 회사가 전능하지만 아주 사소한 것에만 영향력을 행사할 뿐이라고 주장한다. 예를 들어서 새의 울음소리, 녹과 먼지의 빛깔 같은 것에만 영향을 미친다고 본다.

④ 이교도로 위장한 어떤 자는 '회사는 결코 존재하지 않았고 앞으로도 존재하지 않으리라'고 주장한다.

⑤ 보다 과격한 어떤 이는 회사의 존재를 긍정하건 부정하건 별 차이가 없다고 본다. 바빌로니아가 우연들의 끝없는 놀이(un infinito juego de azares)에 지나지 않기 때문이다.

이 가운데 "회사는 없다"라고 선언하는 바빌로니아의 니체는 ("신은 죽었다"는 선언처럼) '전능하고 완전한 회사의 죽음'을 환기시킨다. 이에 따르면 회사는 우연을 완전하게 관리할 수 없을 것이다. 그렇다면 회사가 조직하는 우연의 질서는 부분적이고 일시적인 것에 지나지 않는다. 그런데 회사가 불완전하다고 하더라도 우연의 세계를 그저 혼돈과 무질서에 내맡길 수 없으므로 어떤 질서, 불완전하지만 일정한 질서, 보편적이고 전능한 질서가 아니라 부분적이고 제한된 질서가 필요할 것이다. 회사는 우연을 어느 정도, 또는 완전하게 제어·조절한다는 외관과 믿음을 주어야 한다(카오스 이론에서는 '혼돈의 바다' 곳곳에 '질서의 섬들'이 존재할 수 있다고 본다. 곧 보편적이고 영속적이고 질서는 있을 수 없지만 국지적이고 일시적인 질서는 존재한다). 그래서 불완전한 회사는 불완전한 방식으로 우연을 관리한다. 이런 부분적이고 잠정적인 질서는 결코 전능할 수 없으므로 겸손한 회사는 어쩔 수 없이 자신의 한계를 인성하고 거듭 새로운 질서와 작동방식을 마련해야 할 것이다.

이처럼 회사가 만든 질서의 이면에는 결코 제어할 수 없는 우연의 심연이 있다. 회사는 우연이라는 바탕에서만 그 존재 이유를 찾을 수 있고, 회사의 힘이 강력하더라도 그 바탕에는 결코 제어할 수 없는 '그 무엇'이 있을 것이다.

회사가 우연과 무질서를 전제한다면, 바빌로니아가 '우연들의 끝없는 놀이터'라면 우연과 무질서를 바탕으로 삼아서 무엇을 할 수 있는가? 보르헤스는 이런 '우연들의 끝없는 놀이터'를 문학의 무대에 올려놓는다. 문학은 어떻게 우연과 무의미라는 자양분을 문학적으로 형상화하고, 어떤 형식과 구성으로 그것에 구체적 현실성을 부여할 수 있을까?

3 현실이 된 연극: 배신자, 영웅으로 거듭나다

배신자와 영웅을 한 인물로 통합할 수 있을까? 한 성격을 지닌 인물이 동시에 그 반대 성격을 지닐 수 있을까? 예를 들어서 배신자가 동시에 영웅일 수 있을까? 이런 '반대의 일치'를 어떻게 문학적으로 창조할 수 있을까?

영웅을 연기하는 경우를 보자. 연극에서 웃는 배역을 연기하는 자는 (비록 가슴에 슬픔이 가득하더라도) 웃음을 표현하면서 웃는 자가 된다. 마찬가지로 영웅 역할을 맡은 자는 (그가 실질적으로 배신자이건 아니건) 영웅을 연기함으로써 영웅다움을 표현할 수 있다.

보르헤스는 연극과 현실이 교차하는 경우를 상정하여 연극을 모방하는 현실에서 이런 변형(배신자의 영웅 되기)이 어떻게 이루어지는지를 보여 준다.

그러면 보르헤스의 「배신자와 영웅에 관한 논고(Tema del traidor y del héroe)」에서 이런 배신자의 영웅 되기를 살펴보자.

먼저 문제의 사건이 압제에 시달리면서도 저항이 끊이지 않던 어떤 나라에서 일어났다고 하자. 이런 배경은 얼마든지 다양하게 설정할 수 있지만, 편의상 1824년의 아일랜드라고 하자.

저항운동을 이끌던, 베일에 가려진 영웅 킬패트릭은 암살당했다. 이 영웅의 전기를 편찬하던 라이언(킬패트릭의 증손자)은 암살에 얽힌 수수께끼를 추적한다. 킬패트릭은 극장에서 암살당했는데 영국 경찰은 암살자를 찾지 못했고, 역사가들은 경찰이 그를 죽였을지도 모른다고 주장했다. 라이언은 이 암살이 순환적인 성격을 갖는 점 때문에 의구심을 지닌다. 사건이 머나먼 지역에서 일어난 까마득한 옛 사건을 되풀이하는 것처럼 보였기 때문이다. 암살당한 영웅 킬패트릭의 몸에서 편지 한 통이 나왔는데, 그날 밤 그 극장에 가면 위험하다고 경고하는 내용이었다. 그런데 로마제국 시대에 암살당한 카이사르도 친구들이 자신을 살해하기 위해 기다리던 곳으로 가던 중 펼쳐보지 않았던 편지를 품에 지니고 있었다. 그리고 그 편지에는 배신자들의 이름과 음모가 적혀 있었다.

라이언은 카이사르 사건과 킬패트릭 사건 사이의 몇 가지 유사성 때문에 끝없이 되풀이되는 것들로 이루어진 시간의 비밀스러운 형상에 주목했다. 그는 콩도르세를 비롯한 헤겔, 슈펭글러, 비코 등의 순환하는 역시관과 영혼윤회설을 떠올렸다. 혹시 킬패트릭이 전생에 카이사르였을까?

그런데 라이언은 또 다른 흥미로운 발견 덕분에 이런 '시간의 미로'에서 벗어날 수 있었다. 하지만 오히려 더 기묘한 미로에 빠지고 말았다. 흥미로운 발견이란 킬패트릭이 죽던 날 한 거지와 나누었던 몇 마디 말이 이미 희곡 『맥베스』의 대사라는 사실이었다. 과거의 반복이 아니라 연극과 관련된 어떤 반복이 문제가 될까?

라이언은 이런 사건과 관련된 연극 쪽에 관심을 갖는다. 확인한 바로는 영웅의 오랜 동지였던 놀란이 1814년 셰익스피어의 주요 저작들을 게일어로 번역했고, 『율리우스 카이사르』도 그 목록에 들어 있었다. 그는 문서보관소에서 스위스 축제극에 관한 글도 찾아냈다. 그것은 수천 명의 배우들이 참여하고 역사적 일화가 발생한 아일랜드의 바로 그 도시와 산에서 공연되는 대규모 순회극이었다. 또한 죽기 2, 3일 전 킬패트릭이 마지막 수뇌부 회합에서 어떤 배신자를 처형하라고 서명한 문서가 발견되었는데, 그 이름은 지워져 있었다. 그런데 이런 판결은 킬패트릭의 자비로운 성격에 어울리지 않는 것이었다.

라이언은 연극과 현실이 어떤 연관이 있을 것이라고 여기고, 연극에 현실을 겹쳐 놓고 고심하다가 수수께끼의 열쇠를 찾아낸다.

킬패트릭은 한 극장에서 살해되었다. 그런데 사실은 도시 전체가 극장이었고 배우들은 바로 모든 시민이었다. 그의 죽음으로 절정에 이른 그 연극은 며칠 밤낮 동안 공연되었던 것이다.

이제 현실이 연극의 일부가 된 암살극의 전모를 정리해 보자.

1824년 8월 2일 반란음모자들이 모였다. 반란의 분위기는 무르익었지만 시도한 일들이 번번이 실패하곤 했다. 조직에 배신자가 있음이 분명했다. 킬패트릭은 놀란에게 배신자를 색출하라고 지시했고 놀란은 그를 찾아냈다. 놀란은 배신자가 바로 킬패트릭임을 밝혔다. 부인할 수 없는 증거가 제시되자 음모자들은 그 우두머리를 처형하기로 했다. 킬패트릭은 자신을 처형하라는 판결문에 서명했다. 그러면서 자신에 대한 처벌이 조국에 누가 되지 않도록 해 달라고 부탁했다. 놀란은 기묘한 계책을 찾아야 했다. 아일랜드는 킬패트릭을 우상처럼 떠받들고 있어서 그가 수치스러운 행위를 한 것이 알려지면 봉기는 수포로 돌아갈 수 있었다. 놀란은 배신자의 처형을 조국 해방을 위한 계기로 삼을 수 있는 계략을 제안했다. 사형선고를 받은 죄인이 "미리 짜 놓은 연극적 상황에서" 미지의 암살자 손에 죽는 것이 좋으리라고. 그렇게 되면 그 사건은 사람들에게 강한 인상을 남길 것이고, 봉기는 가속될 것이다. 킬패트릭은 그 계획에 적극 동참하기로 약속했다. 자신이 그렇게 연기함으로써 속죄할 기회를 얻고 자신의 죽음으로 대미를 장식할 수 있을 것으로 여긴 듯했다(F 144-145/206-207/162).

시간에 쫓긴 놀란은 독창적인 처형 방식을 고안하는 대신에 셰익스피어의 극들 가운데 『맥베스』와 『율리우스 카이사르』의 장면들을 차용하기로 했다. "공개적이면서도 은밀한" 그 공연은 며칠

동안 계속되었다(F 145/207/162-163).

죄수는 무대인 더블린 시로 들어갔고 "토론을 하고, 과업을 수행했고, 기도했고, 비난했고, 비장한 말들을 토해 냈다". 물론 그의 영광을 되새길 이런 연기들은 놀란이 미리 짜 맞춰 놓은 것들이었다. 수백 명의 배우들이 주인공과 함께 협연했는데, 그들의 대사와 연기는 역사책과 아일랜드의 기억 속에 계속 남아 있을 것이다. 킬패트릭은 그 자신을 구원하는 것이면서 동시에 죽음으로 몰고 갔던, 세부적인 계획에 따르는 운명에 몰두한 나머지 "즉흥적인 연기와 대사들로" (재판관이 작성한) 대본을 보다 풍요롭게 만들기까지 했다. 1824년 8월 6일을 기다리던 수많은 배우가 등장하는 그 연극은 제때 막을 올렸다. "애타게 갈망하던 탄환 하나가 배신자이자 영웅의 가슴에 박혔다." 그는 "피가 두 갈래로 솟구치자" 미리 준비했던 몇 마디 말도 내뱉지 못했다(F 145/207-208/163).

그는 이렇게 연극 속의 영웅으로 자신의 삶을 마쳤다. 그는 영웅 역을 연기함으로써 배신자인 자신의 실체까지 지울 수 있었다. 삶은 비천하지만 예술은 숭고한 것일까?

이 작품은 연극을 모방하는 현실, 곧 현실이 된 연극을 통해서 현실의 배신자가 연극 속의 영웅으로 변신하는 과정을 제시한다. 현실과 연극이 (되먹임으로) 이어지면서 서로의 시작과 끝이 맞물리는 순환 구조를 이룬다.

이런 관점으로 라이언이 암살 수수께끼를 추적하던 과정을 다시 해석해 보자. 읽지 않은 편지를 매개로 주인공의 암살이 카이사르의 암살을 반복한다고 보았지만, 사실은 그 암살이 (카이사르가 주인공인) 연극을 모방한 것이었다. 그 편지는 (처음부터 읽지 않을 것이었고) 암살당한 카이사르를 모방하기 위한 장치였다. 거지와 대화를 나눈 것도 『맥베스』에 있는 말을 운명처럼 반복한 것이 아니라 대본인 『맥베스』를 이용해서 그런 반복의 이미지를 암시하기 위한 장치이다.

이제 앞에서 가설로 제기된 '시간의 미로'(역사의 반복과 순환의 문제와 관련된) 대신에 연극과 현실이 함께 만든 미로가 나타난다. 현실에서 시작된 선은 연극의 무대를 거쳐서 현실과 다른 차원에 있는 인물을 그려낸다. 뫼비우스 띠처럼 연극과 현실의 상이한 공간이 이어지면서 함께 형성하는 (연극적 현실이라는) '미로' 말이다.

이곳에서 현실의 배신자는 연극에 편입되면서 영웅으로 되살아날 수 있다. 이런 '연극-현실'에서 연극도 현실도 아니면서, 또한 연극이기도 하고 현실이기도 한 어떤 시공간(존재 방식, 관계, 의미, 관점)이 태어난다.

현실의 인물이라는 '내용'은 연극의 '형식'을 빌어서 '표현'이라는 새로운 예술적 리얼리티를 얻는다. 킬패트릭의 (배신자라는) 내용은 씻겨지고 오로지 연극 속에서 의미를 지닌 '성격'으로 바뀌며, 이런 연극적 변용을 통해서 다른 속성을 지닌 존재로 변형(transform)된다. 주인공은 자신의 현실적 존재를 연극 공간에 희생물로 바치고 소멸시킴으로써 '여기와 지금'에 얽매인 현존을 넘어서 반복 가능한 존재로 다시 태어나 고유한 존재 방식과 의미를 얻는다.

이런 미로에서 현실과 연극은 뫼비우스 띠처럼 이어지고, 상이한 공간이 혼합되면서 연극이면서 현실적인 효과를 낳는 기묘한 장이 마련된다.

문학적 존재가 제한된 지금-시간을 넘어서서 (작품이 읽힐 때마

다) 거듭 현존할 가능성을 지니는 것처럼, 연극화된 존재도 예술적으로 표현될 때마다 생생한 현재, 살아 있는 순간으로 현재화되는 '가능-존재'가 된다.

작품의 시간과 현실의 시간은 이질적이지만 그 두 시간이 이질적인 채로 '공명'할 때 한번 존재하고 사라지는 현재가 아니라 반복 가능한 현재들이 실현될 수 있다. 이런 시간들은 비록 무대에서 죽음을 눈앞에 보여 주더라도 죽음까지도 넘어선다. 이제 배신자-시간과 영웅-시간은 다르게 존재한다. 그것은 '표현'을 통해서 현재화될 수 있는 '반복 가능한' 시간을 얻는다.

4 작품 속으로 들어간 작가

작가는 주인공을 창조한다. 이런 허구적 주인공과 그를 창조한 작가는 어떤 관계를 맺는가? 작가는 작품 바깥에서 주인공을 지배하고 주인공은 작품 안에 갇혀 있으며, 작가는 현실적이지만 주인공은 허구적일 뿐인가?

문학적 허구인 주인공, 작가의 피조물은 허깨비에 지나지 않는가? 그런데 그런 허깨비를 창조한 작가는 그런 것과 무관하게 자신의 능력과 존재를 지닐 수 있는가? 자신의 주인공이 없는 작가는 작가일 수 있는가? 보르헤스는 이런 허구적 존재와 관련된 문제를 어떻게 문학적 인물들과 그들 간의 갈등으로 형상화하는가? 작가와 주인공의 관계로 어떤 기묘한 관계와 역설을 제시하는가? 「돌고 도는 폐허들(Las ruinas circulares)」은 한 마술사가 상상을 통해서 자신의 정신적인 자식을 창조하는 과정을 보여 준다. 그런데 그 정신적인 피조물은 자신이 마술사의 꿈이 만든 허구에 지나지 않음을 알게 된다. 설상가상으로 그를 창조한 마술사 역시 자신이 허구임을 깨달으면서 파국으로 치닫는다. 이런 내용을 피상적으로 해석해서 기원의 부재, 불가능한 기원의 문제로 보는 데 그친다면 보르헤스의 구성 방식, 독특한 문학적 기법과 문학의 존재론을 간과할 수 있다.

먼저 우나무노의 실험을 보자. 그는 『안개』에서 작가와 주인공이 만나는 기묘한 장면을 상정한다. 사랑에 실패한 주인공은 자살을 결심하고 지푸라기라도 잡는 심정으로 작가를 찾아간다. 이런 기묘한 사건 덕분에 작품 바깥과 안이 기묘하게 이어지는 공간이 마련된다.

소설 공간에서 작가는 '바깥'에 있고, 주인공들은 작품 공간 '안'에서 살고 죽는다. 주인공들은 어떤 경우에도 그 공간을 벗어날 수 없다. 작품 안과 바깥은 분리되어 있고 작가는 '신적인' 위치에서 주인공들의 말과 행동을 창조한다.

그런데 이런 주인공들은 단지 표현 수단에 지나지 않는가? 그런 주인공들이 없다면 작가는 자신의 의도를 문학적으로 형상화할 할 수 없을 것이다.

작가 없는 주인공도 불가능하지만 주인공들 없는 작가도 공허하다. 이런 점에서 작가와 주인공은 절대적으로 단절되고 일방적인 명령-복종 관계에 있는 것처럼 보이지만 사실상 서로를 전제한다. 마치 작가가 주인공을 낳고 그런 주인공들이 작가의 작가다움에 구체적인 내용을 부여하는 것처럼.

먼저 미겔 데 우나무노의 『안개』를 통해 (작품 바깥에 있는) 작가와 (작품에 갇혀 있는) 주인공이 만나는 예를 살펴보자.

1) 누가 더 문학적으로 현실적인가?

작가는 주인공 아우구스토가 자살하려는 의도를 알고 있지만, 그가 원하는 대로 지살할 수 없다고 밝힌다.[6]

> 자네는 자살할 수 없네. 그 까닭은 자네가 살아 있지 않기 때문이지. 당신은 살아 있는 것도 죽은 것도 아니지 않은가. 존재하지 않기 때문에… (N 278/282)[7]

작가는 주인공이 작가의 상상의 산물이거나 독자들의 환상의 산물이라고 지적한다. 곧 "소설 속의 인물"(N 278/282)일 뿐이라고 한다. 그러자 주인공은 반격한다. 오히려 작가가 작중 인물의 표현 수단이라고.

> 허구의 실체이고, 죽어 있지도 살아 있지도 않은 쪽은 제가 아니라 바로 선생님일 수도 있지 않을까요? 선생님은 단지 제 얘기를 세상에 알리기 위한 구실(un pretexto)에 지나지 않을지도 모른다는 생

6 이하의 내용은 Unamuno(2002), 31장을 자유롭게 인용하면서 해설을 덧붙인 것이다.

7 이 장에서 우나무노의 『안개』를 N으로 줄여서 쓰고, 괄호 안에 스페인어본(Unamuno 2002)과 한글 번역본(우나무노 2005)의 쪽번호를 차례대로 적는다.

각이 들었습니다만…

(…)

선생님께서는 돈키호테와 산초의 삶을 재구성하면서 그들이 너무나 현실적이어서 오히려 세르반테스보다도 더 현실적이라고(más reales) 하셨습니다. 실제로 세르반테스의 죽음 이후에도 그 소설적 존재들은 자신의 삶을 유지하고 있습니다.

(…)

저는 오히려 선생님께서 제 바깥에 존재하실 수 없다고 하고 싶습니다. 저 없는 선생님의 초라한 모습을 어찌 상상할 수 있단 말입니까?… 저의 모든 것이 선생님에게서 비롯되더라도 그렇게 표현되어서 구체화된 제가 없다면, 아니 저를 그렇게 표현하려는 노력이 없었다면 선생님의 내면이 여전히 풍성하다고 하실 수 있는지…

(…)

과연 저는 선생님 마음대로 움직이는 꼭두각시에 지나지 않을까요? 제가 아무리 선생님의 작품 속에서만 있더라도, 선생님의 변덕에 이끌려서는 안 되지 않을까요? 허구적 존재에게도 나름의 내적인 논리가 필요하지…

(…)

허구적 존재는 예술의 훌륭한 법칙에 따라서 독자가 기대하지 않거나 기대할 수 없는 것을 할 수는 없으니까요. 저는 선생님께서 공들여 빚으신 저 나름의 성격, 존재 양식(modo de ser), 내적인 (사고/행동) 논리를 갖고 있습니다. 바로 그 논리가 제가 자살할 것을 명합니다. (N 279-281/283-286)

치밀한 반박에 화가 치민 작가는 대화를 거부하고 주인공의 죽음을 선언한다. 그러자 주인공이 말한다.

> 허구의 존재인 저는 죽어야 하는군요.… 그런데 저를 창조하신 선생님! 당신도 죽을 겁니다. 당신 역시 죽을 수밖에 없을 겁니다.… 신은 당신을 꿈꾸기(soñar)를 그칠 겁니다! 비록 원하지 않더라도. (…) 여러분에게 나 아우구스토가 말합니다. 나의 창조자인 돈 미겔 선생도 소설적 실체일 뿐이고, 독자들도 나 같은 희생물과 마찬가지인 소설적 실체(entes nivolescos)에 지나지 않습니다. (N 284/291)

이렇게 주인공에게 죽음을 선고한 작가는 이제 존재하지 않는다. 하지만 아우구스토는 『안개』의 주인공으로서 여전히 자신의 문학적 삶을 살고 있다.

이처럼 작가와 주인공이 만나려면 작품 안의 공간(허구적 공간)과 작품 바깥의 공간(객관적 현실)이 이어지고 소통되어야 한다. 작품의 안과 바깥은 서로 구별되지만 상호 연관된 것이고, 안은 바깥을 통해서 또한 밖은 안을 통해서 서로의 존재를 구체화할 수 있다.

보르헤스는 작품 안과 바깥을 분리하는 사고에 반대하면서, '작품 안에' 작가의 지위를 지닌 자와 그가 빚어낸 주인공의 관계를 설정한다. 이것은 작품의 안과 바깥이 이어지는 공간을 사고하기 위한 실험인데, 이 공간에서 이야기하는 자와 이야기되는 자는 이야기 속에 함께 있다.

2) 앨리스와 붉은 왕의 존재론적인 숨바꼭질

이 문제를 잘 알려진 앨리스의 까다로운 주제와 연결시켜 보자. 『거울 나라의 앨리스』에서 앨리스는 거울 속의 나라를 여행하는데, 이 나라는 체스판을 형상화한 것이고 앨리스는 체스의 졸에서 시작해서 마지막에 여왕으로 화려하게 변신한다. 그 과정에서 앨리스는 요란스럽게 코를 골며 자고 있는 붉은 왕을 발견한다.

앨리스가 붉은 왕을 깨우려고 하자 친구들은 그녀를 말린다. 왕이 그녀에 대한 꿈을 꾸고 있기 때문이라고 하면서. 그런데 『거울 나라의 앨리스』는 앨리스의 꿈 이야기이다. 이 이야기 안에서 앨리스는 붉은 왕에 대한 꿈을 꾸고, 왕은 왕을 꿈꾸는 앨리스를 꿈꾼다. 마주 보는 두 거울처럼 서로를 비춘다.

에셔(Maurits Cornelis Escher)는 이것을 서로를 그리는 두 손의 이미지로 표현한다. 한 손이 다른 손을 그리는데, 그렇게 그려진 손이 자기를 그린 손이라는 역설이다.

보르헤스는 이런 순환을 소재로 주인공과 작가의 관계를 문학적으로 주제화한다. 이것은 까다로운 존재론적 문제를 문학적인 놀이로 바꾼 것이다.

그는 한 주인공이 자신이 원하는 다른 주인공을 창조하면서 그렇게 빚은 자신의 피조물이 피와 살을 지닌 존재가 되기를 바라는 경우를 상징한다.

과연 창조자(또는 작가)-주인공은 자신의 피조물에 현실성을 부여할 수 있을까? 그리고 자신의 피조물을 작품처럼 빚어내는 자는 작품의 기원으로서 자신의 독자성을 정당화할 수 있을까? 이런 시도가 실패한다면 이 실패는 어떤 문학적인 의미를 갖는가?

3) 하나의 존재를 꿈꾸는 자, 그 자신은 누구일까?

「돌고 도는 폐허들」에서 이런 문제틀을 구체화하는 과정의 얼개를 보자. 주인공 미술사(-작가)는 자신의 피조물인 아들 마술사가 스스로의 힘으로 사고하고 행동하는 독자적인 존재가 되기를 바란다. 그런데 첫 번째 시도인 사고하는 지성체는 생명력이 결핍된 추상적인 존재여서 제 힘으로 존재할 수 없고, 두 번째 시도인 살아 숨쉬는 육체를 지닌 존재는 스스로 결정하는 능력이 없다. 하는 수 없이 불의 신의 도움으로 '현실적인' 존재인 아들 마술사가 창조된다. 그는 스스로 사고하고 행동하면서 독립된 개체로서 독자적인 영역에서 나름의 역할을 수행한다. 하지만 이 존재는 '살과 피를 지닌' 존재가 아닌 까닭에 불에 탈 수도, 죽을 수도 없는 허구적 존재에 지나지 않음이 드러난다. 아들이 독립한 지 수십 년이 지난 뒤 기이한 소식이 전해진다. 불 속을 걸어가도 타지 않는 한 마술사가 있다는. 그는 아들이 이러한 비정상적인 특권 때문에 자신이 단순한 허깨비(시뮬라크르), "다른 사람의 꿈에 의해서 투사된 존재"에 불과하다는 것을 깨닫게 될까 하는 두려움에 사로잡힌 채 "1,001일의 비밀스러운 밤"을 고심한다.

이처럼 주인공은 아버지-타인의 상상에 의존하는 타율적인 존재이다. 그런데 또 다른 파국이 기다리고 있다. 산불이 아버지-타인이 있는 신전을 덮쳤다. "가볍고 빠른 구름의 움직임"에 이어서 "남쪽으로 퍼져나가는 표범의 잇몸 같은 장밋빛 하늘", 그것에 이어서 "밤의 금속들을 녹슬게 하던 연기들"과 함께 겁에 질린 동물들이 질주했다. "수 세기 전에 일어났던 것이 똑같이 되풀이되고" 있었다. 신전이 불에 의해서 붕괴되고 있었다. 마술사는 "벽들을 집어삼키며 활활 타오르는 불길들"을 보고 강으로 뛰어들까 생각했다가 죽음을 받아들이기로 했다. "죽음이 자신의 노년을 영화롭게 하고, 힘든 삶의 노고로부터 벗어나게 하려고 다가오고 있는데" 무엇을 피한단 말인가? 그는 "불길의 날개들을 향해서" 나아갔다. 그런데 불길은 그의 살을 물어뜯지 못했다. "불길은 그를 할퀴고, 그를 집어삼켰지만 그는 뜨겁지 않았고 불타지도 않았다." 그도 자신의 아들처럼 불타지 않는 존재였던 것이다. 그는 "안도감과 함께 치욕감을 느끼다가 두려워하며" 자신도 "다른 사람에 의해서 꿈꾸어진 하나의 가상(apariencia)"임을 깨달았다(F 68-69/100/75-76).

4) 작품 속으로 들어간 작가와 글쓰기의 존재론

이 작품을 두 방향으로 해석할 수 있다.

먼저 마술사의 아들 만들기는 작가가 작중 인물을 창조하는 것에 대한 은유이다. 곧 아들이 작품의 주인공 자리에 있다면 그 아버지는 주인공을 창조한 작가의 자리에 있는 셈이다.

흔히 텍스트 안과 바깥을 나누어, 바깥에 실재하는 현실과 작가가 작품의 기원이라고 본다. 무엇보다도 작가는 주인공들을 창조한 신이다.

보르헤스는 이런 이분법에 질문을 던진다. 작가는 텍스트 안과 보이지 않게 연결되어 있다. 주인공들이 없는 작가는 가능성을 지닌 작가일 뿐이다. 작가는 작품 안에 존재하는 주인공들의 존재 덕분에 작가일 수 있다. 작가의 작가다움, 그의 존재 내용은 바로 그 허구적 존재들의 허구성에 바탕을 둔다.

작가와 주인공의 관계는 상관적이다. 한편으로 "소설적 존재의 현실성"을 지닌 "돈키호테와 산초는 오히려 세르반테스보다도 더 현실적"이다. 작품 내적인 존재인 주인공은 현실적인 시공간과 다른 세계에서 나름의 내적인 논리를 지니고 존재할 권리를 얻는다. 다른 한편으로 작가는 주인공들의 허구적 존재 덕분에 문학적 세계를 산출하는 지위를 얻는다.[8]

다른 각도에서 이 작품을 문학과 글쓰기의 존재 방식과 관련해서 읽을 수 있다.

결정적인 마지막 두 장면을 보자. 불에도 타지 않는 마술적인 존재인 아들은 이야기 속에 등장하는 인물로서 꿈이나 상상 속의 존재이다. 마치 세헤라자데가 죽음의 위협 앞에서 하루하루 이야기를 이어 가면서 1,001일 밤 동안 이야기의 왕국을 세워 자신의 삶을 마련했던 것처럼, 아들은 문학의 알레고리로서 자신의 허구적 존재가 살아갈 수 있는 '이야기의 현실'에 자리잡는다. 알라딘의 모험이 펼쳐지는 공간이 바로 아들 마술사의 행위가 전개되는 공간이기도 하다.

보다 흥미로운 것은 이런 아들의 존재가 허깨비라고 괴로워하

8 작가는 텅 빈 바탕, 무에서 창조하는 것이 아니라 자신이 흡수한 문학적 자양분 덕분에 다양한 작품, 세계관, 기법, 구성 방식 등을 조합하고 변형시켜서 새로운(또는 새로운 것처럼 보이는) 주인공, 사건, 갈등, 구성을 창조한다(고 믿는다).

는 아버지의 존재 역시 아들과 같은 허구적 존재라는 점이다. (세헤라자데가 알라딘과 알리바바 등을 등장시킨 것처럼) 아버지가 아들을 등장시킨 작품의 '작가' 자리에 있다면, 아버지 역시 (같은 공간 안에서) 이야기하고 이야기되는 세계의 한 구성원이다. 아버지는 이야기하는 자로서 이야기의 세계, 이야기의 시공간 '안에' 있다.

이 작품은 이야기하는 자가 어떻게 이야기에 포함되는가를 보여 주는 이야기에 관한 이야기, 이야기하는 방식에 관한 이야기이다. 글 쓰는 자가 글에 포함되는 글쓰기는 뫼비우스 띠처럼 안과 바깥이 이어지고, 공존하는 독특한 위상 공간을 창조한다.

보르헤스는 작품 안과 바깥을 소통시키려는 이런 실험을 「아베로에스의 탐구(La busca de Averroes)」에서 명료하게 제시한다. 주인공과 작가는 작품 공간을 매개로 서로 맞물리고 순환하는 구조를 이룬다.

작가는 '주인공에 관한' 이야기를 쓰기 위해서 스스로가 '주인공이 되어야' 하고, 주인공이 되기 위해서 작가는 '이야기를 써야' 한다. 이처럼 주인공이 되는 것과 주인공에 관한 이야기를 쓰는 것은 서로 맞물린다. 이런 순환에서 작가는 주인공의 존재를 통해서만 작가로 존재할 수 있다. 내용상 작가는 주인공이 됨으로써만(주인공은 작가의 분신이다) 존재할 수 있다. 이런 주인공은 작가를 대신해서 표현의 세계에 객관화된다.

보르헤스는 이런 '순환' 구조가 문학의 존재 방식이라고 본다. 곧 작가와 주인공은 서로가 서로의 존재 조건이고, 서로 상대의 내용을 채움으로써 서로를 구성한다. 이런 되먹임을 통해서 작가가 주인공을 창조하고, 창조된 주인공은 작가에게 문학적인 존재근거를 제공한다.

한 인간을 꿈꾸는 것, 꿈에서 한 인간을 빚어내는 것은 작품에서 한 인물, 개성을 창조하는 것이고, 한 성격을 표현해서 허구적·문학적 현실성을 부여한다.

이처럼 글쓰기로 표현된 것은 존재하거나 소멸하는 사물들 너머에서 '다른' 존재를 갖는다. 그것은 문학적 우주에서 나름의 시간과 공간을 펼치고 접는다.

5 관념들의 요지경, 틀뢴의 세 풍경

1) 명사 없는 세계

비인칭 동사들로 말하기

보르헤스는 「틀뢴, 우크바르, 오르비스 테르티우스(Tlön, Uqbar, Orbis Tertius)」에서 액자소설의 형식으로 관념들로 이루어진 가상세계를 제시하고 다양한 문학적 실험을 제안한다. 이 가운데 언어와 존재의 문제에 관련된 주제만 살펴보자.

그는 기존의 문학적 언어에 질문을 던지며 새로운 언어가 빚어내는 새로운 존재들의 세계를 상상한다. 명사 중심의 언어 대신에 동사와 형용사, 부사가 중심이 되는 언어를 사용한다면 그런 표현들은 어떤 세계를 구성할 수 있는지 상상해 보자.

틀뢴의 원초언어(Ur-sprache)에는 명사가 없다. 남쪽 언어에서는 비인칭 동사만 있을 뿐이다. 예를 들어서 '달'이라는 말은 없고, '(달) 뜨다'나 '(달빛) 비치다' 같은 동사만 있다.

명사가 없는 세계에서는 한 사물이 고정된 성질이나 본질을 지닐 수 없다. 그리고 명사가 없다면 문장에서 무엇보다도 주어 자리가 빌 것이다. "( )가 달리고/헤엄치고/글을 쓰고/슬퍼한다"고 할 때, ( )는 다양한 동작이나 상태에 따라서 변하지 않는 그 무엇(실체)이어야 한다.

이런 까닭에, 아리스토텔레스는 존재하는 것들을 실체와 속성들(양, 성질, 관계, 장소, 시간, 위치, 상태, 능동, 수동)로 나누고, 이것을 문장 구조에 대입해서 주어와 술어에 배치한다. 주어 자리에는 실체가, 술어 자리에는 그 속성들이 자리 잡는다. 이것을 원용하면, 주어 자리에는 명사가, 술어 자리에는 동사가 들어간다고 할 수 있는데, 술어가 바뀌더라도 주어는 변치 않으므로 주어는 불변적이고 고정된 본질을 지닌 것이다.

이와 달리 동사를 앞세우면 하나의 중심이나 본질이 이끄는 세계가 아니라, 운동하고 변화하는 세계가 전면에 나타난다. '( )가 글을 쓴다'에서 '글을 쓰는 ( )'는 글과 무관하게 존재할 수 없고 글쓰기를 통해서만 '글 쓰는 X'로 존재할 수 있다.

'(비가) 내린다'거나 '(사건이) 일어난다(it happens)'처럼 비인칭 동사를 쓴다면 명사나 실체처럼 고정된 성질을 지닌 '존재의 세계'는 바뀌고 흐르는 '생성의 세계'로 대체된다.

비인칭 동사의 한 예를 보자. '달이 강 위에 뜨다'를 틀뢴어로는 'hlör u fang axaxaxas mlö'라고 한다. 이 해독할 수 없는 구절을 어떤 이가 멋있게 번역했다고 한다. 'Upward, behind the onstreaming it mooned.' 보다시피 명사 moon이 아니라 mooned 라는 동사를 쓰고 있다(F 22/31/22).

동사들은 생성의 세계에서 (명사들이 언제 어디에서나 동일한 것과 달리) 시간적 지속에 따라서 변하는 양태를 다르게 표현한다. 배고픈 이는 '먹었다'나 '먹을 것이다'가 아니라 '먹다'를 원한다. '사랑한다'는 '사랑했다'나 '사랑하리라'와 다르다. 이런 다양한 시제는 (시간이 변해도 동일한 사랑이 아니라) 시간에 따른 생성과 변화와 소멸의 이질적인 리듬을 표현한다.[9]

형용사들의 우연한 마주침들 사이에서

북쪽 언어도 명사를 쓰지 않고, 단음절 형용사를 원초적인 핵(la célula primordial)으로 삼는다. 이런 형용사들의 집합(acumulación)이 명사를 이루는 셈이다. 예를 들어서, '달' 대신에 '어둡고 둥그런 위에 있는 허공에서 밝게 빛나는' 또는 '하늘의-오렌지 빛의-부드러운' 등을 사용한다.

9 보르헤스는 경험주의 철학자 흄이 물질과 정신의 존재를 가정하지 않고 사고하는 점에 주목한다. 즉 정신은 지각하는 어떤 것, 물질은 지각된 어떤 것에 지나지 않는다. '생각하는 나'라는 불변적인 실체도, 객관적인 물질도 없다. 따라서 문장에서도 명사들(nouns)이 제거되면 동사들만 남는다. '나는 생각한다' 대신에 (주체 없는 행위들을 표현하기 위해서) '비가 온다(llueve; it rains)'라고 하는 것처럼 '('나' 없이 그 무엇에 의해서) 생각된다(se piensa; it is thought)'라고 한다. 따라서 데카르트처럼 '나는 생각한다. 그러므로 나는 존재한다'고 하는 대신에 주체 없이 '어떤 것이 생각한다(algo piensa; something thinks)'라고 하거나 '(그 무엇이) 생각된다(se piensa; it is thought)'라고 한다. 그래서 'se piensa, luego algo existe(it is thought, therefore something is)'라고 써야 한다.

'달'이라는 명사는 언제 어디에서나 같은 달을 가리키지만, 형용사들이 모여서 만든 집합체-달은 매번 달라지는 달의 상태나 달의 느낌을 표현할 수 있다. 순간마다 변하는 느낌, 상황이나 관계에 따라서 바뀌는 상태까지도 다채롭게 나타낸다. 더 이상 '하나의 바다', 항상 똑같은 바다가 아니라, '파란', '푸르른', '시퍼런', '검푸른', '쪽빛' 바다처럼 형용사의 수만큼 많은 '바다들의 상태'와 다채로운 표정들이 넘실거린다. '바다'는 천의 얼굴을 지니고 그때마다 거듭 태어날 것이다. 또한 한 사람의 얼굴도 화난 얼굴과 웃는 얼굴이 다른 느낌을 준다면 같은 얼굴이라고 할 수 없다. 이런 다양한 상태와 느낌들이 모여서 현상을 빚어낸다면 순간마다 달라지므로 현상들은 시간적 지속에 따라 이질적인 상태와 관계의 계열을 이룰 것이다.

그러고 이런 형용사들의 집합으로 어떤 대상이 나타나는 것은 순전히 우연(puramente fortuito)의 몫이라고 할 수 있다. 우연의 마주침으로 빚어지는 사건들의 세계에서 한 상태가 다른 상태들과 '우연히' 만나고 흩어진다.

북쪽 문학에서는 시적인 필연성에 따라서 한순간 모였다가 흩어지곤 하는 관념적인 대상들이 넘친다. 이는 마이농(Alexius Meinong)의 정신적 존재들이 존속하는(subsist) 세계를 연상케 한다.[10]

10 마이농의 대상은 의식의 대상을 말한다. 5, 1/3, -3 같은 수나 선과 악 같은 가치 대상은 나무나 책상과 다른 방식의 존재를 갖는다. 그리고 '샛별'과 '개밥바라기'라는 두 낱은 같은 대상인 금성을 가리키지만 표현하는 방식은 다르다. 그래서 하나의 지시 대

때로는 이런 관념적 대상들이 순전히 동시성(simultaneidad)에 의해서 존재하기도 한다. 간단한 예로 시각적인 말과 청각적인 말이 만나서 이루어지는 대상도 있다. 태양이 질 때의 붉은 색과 한 마리 새가 지저귀는 소리의 우연하고 순간적인 만남이 빚어내는 어떤 것 말이다.

이처럼 상이한 두 감각의 어우러짐으로 멋진 조합을 빚을 수 있으니, 시-청각, 시-후각, 청-후각 등을 조합해도 이채로운 존재들이 나타날 것이다.

그뿐만 아니라 어떤 대상은 많은 용어들의 만남으로 이루어지기도 한다. 예를 들어서 태양, 수영하는 이의 가슴에 부딪히는 물, 감은 눈 속에 떠오르면서 떨고 있는 희미한 장미, 강물이나 꿈결에 흘러가는 감각들의 마주침이 빚어내는 이미지가 있을 수 있다.

이런 이차적인 대상들은 다른 대상들과 어울리기도 하는데, 이렇게 조합되는 과정은 축약어들을 바탕으로 무한하게 이어질 수 있다. 마치 말-구슬들을 하나로 엮은 거대한 시-목걸이처럼. 그래서 '극단적으로' 모든 상태들을 하나의 이미지로 느낄 수 있다면 단 하나의 엄청나게 긴 낱말(una sola enorme palabra)로 된 시도 가능할 것이다. 이런 단어는 그 저자가 창조한 하나의 시적 대상(un

---

상을 가리키지만 서로 다른 의미를 갖는다. 따라서 마이농은 상이한 표현(샛별 또는 개밥바라기)에서 이런 표현 자체가 하나의 대상이라고 본다. '하늘의 푸름'은 하늘이나 그 물리적인 성질들과 구별되는 '어떤 것'이다. 하늘의 푸름은 판단될 수 있고 존재할 수 있는 '그 무엇'이어서 하늘 자체와 같은 것이 아니다. 물론 이것은 오로지 언어 안에서만 존재할 수 있고 언어적 표현과 뗄 수 없는 것이다. 이런 '하늘의 푸름'이라는 '대상'은 하늘과는 다른 방식으로 존재하므로 부수적인 존재(Aussersein)를 갖는다.

objeto poético)을 낳는다. 마치 말라르메가 한 편의 시(대문자 시)로 모든 우주를 포괄하려는 불가능한 시도를 했던 것처럼.

이렇게 동사와 형용사로 명사를 대신한다면, 하늘의 수많은 표정을 단 하나의 '하늘'로 단조롭게 축소시키고, 다양하고 이질적인 차이들을 단순한 하나의 본질로 덮어 버리지 않을 것이다. 하늘의 구름들처럼 매순간 다른 표정을 짓고 그런 이미지들이 서로 이어지고 겹치면서 그때마다 다른 존재를 낳는다면 어떻게 그 많은 어휘들을 헤아릴 수 있을까? 게다가 기쁨, 슬픔 같은 명사 대신에 수많은 기쁘고 슬픈 상태들에 따라서 뉘앙스가 다른 느낌들, 기쁜 상태 자체가 슬픈 상태와 다를 뿐만 아니라 기쁨 안에서도 첫 순간, 순간3, 순간7… 마지막 순간의 느낌이 같지 않다면, 도대체 하나의 기쁨은 얼마나 많은 상태와 강도들을 지니고 있을까? 또한 그것들의 표현들은 또 얼마나 많을까?

2) 복제물들의 놀이터에서 찾은 '원본'?

복제 놀이

보르헤스가 틀뢴이라는 상상의 놀이터에서 고안한 복제 놀이를 구경해 보자. 이것은 틀뢴의 오래된 지역에서 흔하게 일어나는 잃어버린 물건 복제하기에 관한 이야기이다.

잃어버린 연필 하나를 두 사람이 찾은 경우를 예로 들어 보자. A가 연필을 찾고도 시치미를 떼고 잠자고 있었더니 C도 A가 찾은 것에 못지않은 것, 오히려 기대보다 더 걸맞은 것을 찾았다고 한다. 이 경우에 둘 가운데 하나가 거짓이 아니라 모두가 참일 수 있는가? 복제한 것과 원본이 동등한 자격을 갖는가? 복제한 쪽이 원본보다 더 뛰어날 수 있을까?

이런 일이 흔하다 보니 이런 이차적인 대상을 흐뢰니르(hrönir)라고 부른다고 한다. 단어는 그다지 볼품은 없지만 원래의 것을 뜻하는 흐뢴(hrön)과 거의 차이가 없다. 얼마 전까지는 이런 흐뢰니르를 방심이나 망각에 따른 우연의 산물들(hijos casuales)로 여기기도 했지만, 그것을 "체계적으로 생산"한 지는 100년밖에 되지 않았다고 한다.

이런 복제 문제는 어떤 사건과 그것에 대한 기억, 현실을 모방하는 배우의 연기, 과거 역사에 대한 기록처럼 다양한 문제들과 관련된다고 볼 수 있다. 곧 실제 경험과 그것을 재현하는 문제에 대한 '은유'이다.

어쨌든 처음으로 흐뢰니르를 제작하는 시도는 실패했지만 그 작업방식(modus operandi)만은 볼 만했다고 한다. 과거 유적을 탐사하는 예를 보자. 한 형무소 소장이 죄수들에게 예전에 강바닥이었던 무덤들 사이에서 유물을 찾아오면 석방해 주겠다고 약속한다. 물론 작업하기 몇 달 전에 유물 사진을 보여 주었다고 한다. 그들은 일주일 동안 삽과 괭이로 열심히 발굴 작업을 했는데 그들이 찾은 것이라곤 원래 찾던 유물보다 훨씬 후대의 흐뢴인 수레바퀴 하나뿐이었다. 그런데 더 재미있는 일이 생겼다. 이런 실패를 공개하지 않은 채 나중에 다른 네 발굴단에게 똑같은 작업을 맡겼다. 그 가운데 세 발굴단은 예상한 대로 실패했는데, 지휘자가 도중에 사망한 네 번째 발굴단이 유물을 찾아냈다고 한다. 그들은 "황금가면 하나, 오래된 칼 하나, 몇 점의 토기, 가슴 부분에 해독할 수 없는 글자들이 새겨진 왕의 사지 없는 흉상"을 발굴했다. 물론 어떤 이는 이것을 '발굴한' 것이 아니라 '생산한' 것이라고 비꼬기도 했다(F 29/40/31).

그래서 발굴자들이 탐색의 '실험적인 성격을' 알고 있었다면 그들을 믿을 수 없다는 얘기도 있고, 그처럼 집단적인 조사는 모순된 대상들을 생산할 뿐이라고 떠드는 바람에 요즘에는 "개별적이고 즉흥적인" 방식을 선호한다고 한다.

이처럼 흐뢰니르를 체계적으로 손질한 덕분에 고고학자들은 많은 불편을 덜 수 있었다고 한다. 그들은 미래 못지않게 "유연하고 부드러운" 과거를 남분하는 데 그치지 않고 심지어 그것을 원하는 대로 변형할 수 있게 되었다고 한다.

반복을 거듭하다가 창조한 원본

흥미로운 다른 예를 보자. 어떤 흐뢴에서 나온 2차 흐뢰니르와 3차 흐뢰니르들은 첫 번째 흐뢴과 어긋난 점을 지나치게 드러내곤 하는데, 5차 흐뢰니르쯤 되면 처음과 거의 같은 형태가 되고, 계속해서 9차 흐뢰니르는 2차 흐뢰니르와 거의 구별하기 어렵고, 11차 흐뢰니르에는 원본에는 없던 선의 선명함(una pureza de líneas)까지 나타난다(F 30/41/31-32).

이렇게 원본을 능가하는 흐뢰니르가 나오면 이미 거쳐 온 과정을 다시 반복한다. 그래서 복제 과정은 '주기적(periódico)'이다. 12차 흐뢰니르는 다시 원본과 달라지고 그 질이 떨어진다.

이런 까닭에 원본(Ur-)이야말로 그 어떤 흐뢴보다도 더 낯설고 보다 더 순수한 것일 때가 흔하다고 한다. 그래서 이것이 암시에 의해서 생산되고(producida) 희망에 의해서 연역된다(deducido)는 주장도 있다. 그리고 앞에서 발굴했다는 커다란 황금가면이 바로 그런 예이다.

이처럼 끝없이 돌고 도는 복제의 놀이터에서 모조물 사이에 있는 원형은 모조들 가운데 하나이고 파생된 것에 지나지 않으면서도 그것들보다 더욱 순수한 것처럼 행세할 것이다. 이런 사정으로 원형의 밝고 순수함이 복제되면서 점차 희미하고 불순해진다고 믿는 이들의 기원 신화는 무너지고 만다. 복제의 계열 가운데 한 항인 원형은 '원초적인' 순수함도 유일한 존재라는 특성도 지니지 않는다.

이처럼 틀뢴에서는 사물들이 얼마든지 복제될 수 있고, 사람들이 어떤 것을 망각하면 그것이 지워지거나 세부 내용을 잃어버리곤 한다. 예를 들어서, 한 거지가 찾아갈 때는 존재했다가 그가 죽고 나자 사라져 버린 문턱이 고전적인 예이다. 때로는 몇 마리 새들이나 말 한 마리가 실마리가 되어서 폐허가 된 원형 극장을 복원하기도 한다(F 30/41/32).

이런 복제의 놀이터에서 원본과 복사물이 우열에 따라 위계를 이루지 않는다면 그들은 서로 뒤섞이고 나름의 계열을 이룬다. 이런 사정을 알면서도 여전히 원본과 복사의 이분법을 주장할 수 있을까?

이 문제를 문학적으로 재구성한 문학적 현실의 문제로 바꾸어 볼 수 있다. 경험과 그것을 재현한 것(기억이나 경험에 대한 '표현')에서 원본인 경험을 단순히 재현한다고 할 수 없다. 표현 자체가 경험을 재구성하고 경험을 다른 공간과 시간, 다른 질서를 갖는 세계의 구성원으로 옮기고(meta-phora), 변형(meta-morphose)한다. 경험은 표현의 질서에 편입되면서 다른 '진리'를 갖고 언어로 표현되면서 '타자로 변신'한다.[11]

3) 동전 찾기와 유물론의 헛소동

잃어버린 동전과 찾은 동전은 같은 것인가?

관념론이 지배적인 틀뢴에서도 간혹 유물론을 주장하는 이들 때문에 스캔들이 생기기도 한다. 유물론자들의 열정적인 주장으로 화제가 되는 경우가 꽤 있다. 예를 들면, 11세기의 한 이교도 창시자는 유물론을 설명하기 위하여 9개의 구리 동전에 관한 궤변을 고안했다.

> 화요일에 X가 아무도 없는 거리를 지나가다가 9개의 동전을 잃어버린다. 목요일에 Y가 그 거리에서 화요일에 내린 비로 약간 녹이슨 4개의 동전을 발견한다. 금요일에 Z가 거리에서 3개의 동전을 발견한다. 금요일 아침에 X는 집 창고에서 동전 2개를 찾는다. (F 25/36/26)

이 서술을 간략히 요약하면 다음과 같다.

11 예를 들어서 사랑의 경험과 사랑의 표현은 다르다. 전자는 특정한 경험의 시공간에 일정하게 존재하다가 사라지지만, 후자는 문학적 시공간에서 자신이 속했던 시공간을 뛰어넘어 영속적인 존재로 변형된다.

화	X	동전 9개	거리에서 잃다
목	Y	녹슨 동전 4개	거리에서 찾다
금	Z	동전 3개	거리에서 찾다
	X	동전 2개	집에서 찾다

유물론에 따르면 동선의 실재는 그것이 어디에 있건, 언제이건, 누구에 의해서 인식되건(또는 인식되지 않더라도) 동일해야 하므로, 사람이 바뀌고 찾은 장소가 달라졌지만 잃어버린 동전과 되찾은 동전들이 달라지지 않았다고 본다.

그 교주는 되찾은 9개의 동전의 실재성(realidad) 또는 연속성(continuidad)을 연역하고자 했다.

> 화요일과 목요일 사이에 잃어버린 4개의 동전이, 화요일과 금요일 새벽 사이에 2개의 동전이 존재하지 않았다고 생각할 수는 없다. 그것들이 세 기간의 모든 순간마다 (인간이 이해할 수 없는 어떤 은밀한 방법으로) 존재했다고 보아야 논리적이다. (F 25/36/26-27)

화요일에 잃어버린 동전 가운데 4개를 이틀 뒤에 찾았다면 우리가 그것을 보지 못하는 동안에도 그것들은 여전히 존재해야 한다. 동전은 그것을 찾든 찾지 못하든 계속 존재해야 한다. 우리가 대상을 보거나 만지지 않더라도 대상은 '그 자체로' 존재해야 한다.

우리가 대상이 시간1, 시간2… 시간n…에 있을 때 달라진다고 본다면, 한 대상이 어떤 시간에 있더라도 항상 같은 것이라고, 시간을 뛰어넘어서 존재한다고 할 수는 없다. 그 교주가 동전의 실재성을 '시간적' 연속성으로 설명한다면 그는 시간이 흘러도 동전이 변하지 않는다고 보는 셈이다. 곧 인식과 무관하게 '그것 자체로' 존재하는 대상, 시간적 변화를 겪지 않는 대상을 믿는 셈이다.

당연히 틀뢴에서는 그런 사고를 받아들일 수 없었다. 유물론을 분석적으로 반박하는 이들은 이런 역설이 언어적 오류 탓이라고 지적했다. 잃어버린 동전들과 되찾은 동전들의 '동일성(identidad)'을 상정하는 까닭에 논점선취의 오류를 범했고, '찾다(encontrar)'와 '잃다(perder)'라는 동사를 짝지었다는 점이 문제라고 보았다.

그 교주가 먼저 잃은 것과 되찾은 것이 같은 동전이라는 것을 증명하지도 않고 슬그머니 잃어버린 동전들과 되찾은 동전들이 같다고 한 점도 문제이다. 잃어버린 '무엇'과 되찾은 '무엇'에서 하나의 '무엇'이 다른 '무엇'과 같다고 가정하기 때문이다.

그리고 '잃다'와 '찾다'가 짝을 이루려면 그 사이에 시간이 흐르더라도 대상이 전혀 변하지 않아야 한다. 시간 속에서 모든 것이 달라지는데도 '시간 속에서' 잃은 동전과 찾은 동전이 여전히 똑같을 수는 없지 않을까? 5분 전에 그린 삼각형과 5분 뒤에 그릴 삼각형은 같은 모양이라 하더라도 엄연히 다르다.

그런데도 유물론자는 잃어버린 시간과 되찾은 시간 사이에 대상이 어느 정도 달라져도 근본적으로는 동일하다고 여긴다. 시간의 흐름과 그에 따른 대상의 변화를 무시하면서 '변치 않는 그 무엇'을 상정한다.

보다 결정적인 것은 동등한 것(igualdad)과 동일한 것(identidad)이 다르다는 점이다. 약간 녹슨 동전과 그렇지 않은 동전, '이' 동선과 '저' 동전은 비슷하더라도 '똑같은' 동전은 아니다. 동전1, 동전2, 동전3… 동전k…들은 비슷할 수는 있지만 모두가 '하나같이' 같을 수는 없다. 비슷하고 동등한 동전들을 모아서 '동전'이라는 개념을 만들 수는 있지만, 이런 동전 개념은 개별적인 동전들과 다른 방식으로 존재한다. 동전들은 저마다 다르지만, 개념 동전은 어디에서나, 언제나, 누구에게나 똑같다.

그러므로 녹슨 동전이나 다시 찾은 동전이 '동일하다'고 하는 것은, 예를 들어 '6일 밤 동안 심한 고통을 겪는 여섯 사람'이 있는데 그들이 모두 '같은' 고통을 겪었다고 해서 '같은' 사람이라고 하는 것과 마찬가지이다. '아픔'이란 개념은 다양하게 아픈 경우들을 구별하지 않고 '일반적'인 아픔을 지시하고 뜻한다. 일반 개념은 개별적인 차이들을 무시하고 구체적인 차이들을 지운다. 하지만 고통은 남과 나눌 수 없고, 나의 고통은 (다른 누구의 것도 아니므로) 구체적이고 유일한 것이다.

어쨌든 이교도 교주에 맞서는 이들은 그가 '존재'라는 신성한 범주를 사소한 동전에 빗대는 장난스러움에 분노했다. 게다가 한 번은 여럿이라고 했다가 또다시 그것을 부정하는 식이라면, 차라리 '동일성'을 앞세워 9개의 동전이 사실상 '단 하나의' 동전이라고 해야 한다고 지적했다.[12]

12 이는 쇼펜하우어가 하나의 동일한 의지가 다양한 형태들로 표현될 때 그것들 밑에 있는 원초적인 하나(Ur-eine)의 의지를 보는 경우, 곧 9개의 동전이 비슷하거나 같다면 하나의 동전만 있고, 그 동전이 아홉 가지 모습으로 '다르게 나타난다'고 보는 것과 같다.

모두를 포괄하는 하나의 주체?

신기하게도 이런 논박으로도 유물론 논쟁이 종식되지 않았다. 100년 후에 그 전통을 잇는 어떤 명석한 이가 과감한 가설을 제기했다.

> 이 세계에는 단 하나의 주체(un solo sujeto)만 있을 뿐이다. 이 나뉠 수 없는 주체(sujeto indivisible)는 우주의 개별적인 존재들이기도 하고, 또 이 개별 존재들은 바로 신성의 기관들(los órganos de la divinidad)이자 가면들(máscaras)에 지나지 않는다. (F 27/37-38/28)

오케스트라를 이루는 개별 연주자들이 각자의 악기를 연주하는 것처럼 개체들이 하나의 신성을 표현한다면, 그들은 신의 수단들이고, 그 하나하나에 신이 개별적으로 나타나므로 각자는 '가면 쓴' 신의 모습이 될 것이다. 보편 정신을 구현하는 다양한 악기들이 어울려 교향악을 연주하는 경우에 빗댈 수 있다. 이는 정신적 통일성으로 독립된 개인들을 하나로 묶거나 공통된 정신을 지닌 이들을 하나의 주체로 보는 틀이다.

이렇게 보편 주체를 상정하면 개별 주체들의 다양성은 겉모습에 지나지 않는다. 앞서 동전 찾기의 예에서 X는 Y이고, Y는 Z가 되어야 한다. Z는 X가 동전을 잃어버린 것을 '기억하기' 때문에 동전을 찾을 수 있고, 또한 X도 다른 동전들을 찾은 것을 '기억하므로' 창고에서 나머지 동전 2개를 찾는다. 이렇게 되면 잃어버린 자, 기억하는 자, 되찾은 자가 모두 '한' 정신 안에, '하나의' 기억 안에서 사이좋게 만난다(F 27/38/28).

모든 작품이 한 작가의 손에서!

이런 유일한 주체(un sujeto único)에 대한 믿음을 문학에 적용하면 어떻게 될까?

『성경』은 다양한 작가가 다양한 시대에 다양한 주제에 대해서 얘기한 일련의 책들로 볼 수도 있다. 하지만 보르헤스는 성경을 읽는 이들은 이를 한 작가(신)의 작품으로 본다고 지적한다. 신성하고 무한한 지성을 지닌 성령이 다양한 시대, 다양한 국가에 사는 다양한 이들의 손을 빌려서 다양하게 구술했다고 믿는 것이다. 형이상학적 대화인 「욥기」나, 역사인 「열왕기」, 신통기인 「창세기」와 여러 예언자들의 예언서는 상이한 작가들이 썼지만, 읽는 이들은 그것을 마치 단 한 사람이 쓴 것처럼, 단 하나의 작품인 것처럼 읽는다.

틀뢴에서는 모든 문학 작품을 하나의 '보편 주체'의 다양한 창작물로 본다. 이처럼 보편 주체가 다양하게 빚어낸 문학 작품은 시간을 뛰어넘는(intemporal) 데다가 굳이 글쓴이의 이름을 밝힐 필요도 없을 것이다. 그래서 비평은 통상적으로 작가들을 '고안한다(inventar)'. 예를 들어서 이질적인 『도덕경』과 『천일야화』를 한 작가의 상이한 경향의 작품이라고 여기고 두 작품을 세밀하게 비교하면서 그 흥미로운 '작가'의 심리를 철저하게 분석하곤 한다(F 28/39/30).

하지만 이렇게 주장한다고 해서 모든 책들이 다 똑같다고 보지는 않는다. 당연히 책들은 서로 다르다. 그래서 소설들은 상상할 수 있는 변이들(permutaciones)을 모두 이용하지만 실상은 단일한 구성(un solo argumento)에서 크게 벗어나지 않는다. 철학의 경우에 빗대면 철학책들의 내용이 아무리 다르더라도 같은 틀을 따른다고 할 수 있는데, 그것들은 한결같이 주장과 반대 주장으로 짜여 있기 때문이다. 철학의 역사는 주장과 이에 대한 비판의 역사라고 볼 수 있다. 어떤 철학자는 플라톤을 지지하거나 비판하는 주장들을 모으면 철학의 역사가 된다고 주장하기도 한다. 이와 비슷하게 세르반테스 이후의 근대소설의 역사를 모두 『돈키호테』를 고쳐 쓴 역사라고, 『돈키호테』의 1, 2부에서 허구적 현실을 만드는 다양한 기법과 장치가 소설의 모든 가능성을 제시하기 때문에 더 이상의 새로운 방식을 찾기가 어려울 것이라는 기발한 주장도 있다. 틀뢴에서는 문학과 철학의 차이보다는 그들의 공통 형식, 동일한 구성에 주목한다. 만약 책(libro)이 그 안에 반대-책(contra-libro)을 갖지 않는 경우 온전할 수 없다면, 문학과 철학에 공통된 형식을 찾을 수 있을 것이다.

문학을 구성하는 방식과 철학적 논증(argumento)을 구성하는 방식은 모두 상반되는 것을 대립시키는 갈등 상황과 이를 해소하는 과정으로 볼 수 있다. 철학적 주장과 반대 주장이 맞서는 갈등과 이를 해결하는 노력이라면, 소설도 상이한 성격들 간의 대립이나 주인공과 상황 간의 갈등 및 이를 극복하는 시도들이라고 할 수 있다.

형이상학은 환상문학의 일종이다

틀뢴에서 형이상학을 환상문학의 일종으로 보는 것도 이런 관점과 연결된다. 어떤 이유로 그럴까? (모든 것을 하나의 원리로 파악하려는) 형이상학은 하나의 총체적인 체계를 마련하기 위해서 우주의 모든 관점을 단 하나의 관점 아래 두고자 한다. 그런데 그런 총체적인 관점(todos los aspectos)은 허구이거나 오류에 지나지 않는다.

이런 보편적인 관점, 또는 '관점 위의 관점'이 있어야만 부분적이고 제한된 관점들을 넘어서서 모든 현상을 온전하게 질서지울 수 있다. 그런데 우리가 사물을 보는 조건을 고려하면, 우리는 항상 특정한 관점에서 부분적으로만 사물을 볼 뿐이다. 책상을 앞쪽에서 볼 때 그 뒷면을 보지 못하고, 달도 앞면밖에 볼 수 없다. 제대로 보려면 이쪽저쪽에서 다양하게 본 것들을 모으고 구성해야 한다. 그래서 현상과 그 그림자가 함께 주어지면 그림자를 지우고 사물을 온전하게 눈앞에 볼 수 있도록 구성해야 한다.

총체적인 관점은 의심스럽지만 온갖 현상들이 어지럽게 뒤얽힌 혼돈에서 벗어나야 한다는 이유와 필요를 앞세워 '마치' 총체적인 관점이 있는 것'처럼' 가정한다. 하지만 특권적인 관점, 사물을 온전하게 볼 수 있다는 총체적인 관점은 허구적인 장치에 지나지 않는다.

문학의 경우에 전지적 작가 시점이 이런 특성을 지닌다. 작가가 전능한 눈으로 모든 것을 두루 살핀다면 인물과 사물들은 전능한 시선 밑에 있어야 한다. 이렇게 수백 개의 잠들지 않는 눈으로 보고 있는 것처럼 총체적인 진리를 제시하는 구성 방식은 현실성을 확보하기 어렵다.

그래서 틀뢴에서는 '총체적인 관점'(혹은 '전면적인 관점')을 받아들이지 않는다. 어떤 점 때문일까? 앞에서 공간상에 있는 대상들을 볼 때 부분적인 면들밖에 보지 못함을 지적했는데, 시간을 고려하면 이런 난점은 더 잘 드러난다. 시간 안에서는 모든 순간을 한꺼번에 펼칠 수 없다. 모든 시점(時點)들은 '동시에' 주어지지 않고 '차례대로' 주어질 뿐이다. 이런 사정을 무시하고 총체적인 관점을 가정하려면 현재 순간과 모든 과거의 순간들, 그리고 앞으로 존재할 미래의 순간들까지도 하나로 합할 수 있다고 억지로 상정해야만 한다.

총체적인 시간은 불가능하다. 악보상에서는 음표들이 한꺼번에 '동시에' 주어져 있지만 그것을 연주할 때는 차례대로, 하나가 나타나면 다른 하나가 지워지고 또 새로운 하나가 이어서 나타나는 방식으로 계기적으로만, 부분적으로만 시간이 이어진다. 물론 무한한 신의 눈을 가정한다면 항상 모든 것을 '현재' 속에서 파악할 수 있다. 신에게는 과거와 미래란 있을 수 없고, 오로지 영원한 현재, '오늘' 또는 '지금'만 있기 때문이다. 이처럼 전능한 관점이 불가능하다는 점과 현대문학에서 제한된 시점들을 다양하게 사용하는 경우를 비교하면 흥미로운 구성 방식의 변화를 설명할 수 있을 것이다. 그 어떤 관점도 총체적이지 않다면 부분적이고 제한된 관점들은 항상 무엇인가를 볼 수 있으면서 또한 동시에 보지 못하는 상황에 직면한다. 문학의 빛은 항상 그것이 밝힐 수 없는 어둠과 볼 수 없는 그 무엇을 곁에 둘 수밖에 없을 것이다. 우리가 형이상학처럼 모든 것을 하나의 원리와 단일한 관점으로 더 이상 설명할 수 없는 상황에 놓여 있다면 다양한 원리와 이질적인 관점들이 공존하는 체계를 어떻게 받아들일 수 있을까? 부분적이고 제한된 세계문학은 어떻게 다양성과 이질성의 풍성한 장을 열 수 있을까?

6 선과 악은 어떻게 공존하는가?: 『성경』을 문학 텍스트로 읽는 한 방식

1) 유다 없는 예수?

배신자 유다를 어떻게 평가할 수 있을까? 유다를 노골적으로 비난함으로써 예수 희생의 존귀함을 부각시키려는 이들이 많다. 그런데 과연 유다는 예수의 희생 과정에서 무의미하거나 불필요할까?

보르헤스는 질문한다. 유다 없는 예수가 가능한가? 물론 이 질문은 종교적 논쟁을 위한 질문이 아니라 문학적인 실험을 위한 질문이다.

유다가 개입하는 십자가 사건을 어떻게 이해할 수 있을까? 유다의 밀고가 없더라도 예수의 '예정된' 희생이 가능할까? 만약 유다가 밀고하지 않았다면 다른 누군가가 예수를 막다른 골목으로 몰아넣어야 하고, 그 밀고마저 이루어지지 않으면 예수의 희생 사건 자체가 실패할 수도 있다. 그렇다면 유다가 구원의 역사에서 보이지 않는 조력자이거나 불가피한 존재인 것은 아닐까? 예수의 영광과 유다의 비천함을 대비시키는 데 그치지 않고, 이 두 극단이 어떤 내적 관련을 맺는지를 살펴야만 잘 드러나지 않는 의미를 찾을 수 있다. 이 양극은 어떤 상관성을 갖는가?

보르헤스는 「유다에 관한 세 가지 해석(Tres versiones de Judas)」에서 유다의 희생에 의문을 품은 한 독실한 종교인 닐스 루네베리를 상정한다. 이 허구적 주인공은 유다 사건을 색다르게 해석한 『그리스도 대 유다』(1904)와 『비밀스러운 구세주』(1909)를 출간한다. 하지만 그가 얻은 것은 비난과 몰이해뿐이고, 그의 저서들은 별 다른 반응도 얻지 못하고 스러진다.

우리는 그가 던진 유다 질문을 (종교적 논쟁의 맥락보다는) 문학적 질문의 좋은 사례로 보고자 한다. 이때 루네베리 자신은 유다에 관한 질문을 구현하는 존재/상징이다. 보르헤스는 루네베리가 출판한 저서들에 나타난 바를 크게 유다에 관한 세 가지 해석으로 정리하고, 예수와 유다의 변증법적 상관성을 추적한다.

2) 첫 번째 해석: 가장 낮은 자 되기

루네베리는 『그리스도 대 유다』의 초판을 드퀸시의 『전문적이고 신학적인 소고들』(1857)에서 인용한 "전통적으로 유다 이스가리옷이 저질렀다고 알려진 바는 단 하나가 아니라 모두가 거짓이다"라는 제사로 시작한다. 그것은 유다에 관한 기존 해석을 논박하는 정치적인 해석이다. 드퀸시는 유다의 배신을 (유대 민족의 해방을 위한) 정치적 필요와 관련짓는다. 그는 유다의 배신이 유대 민족의 해방운동을 위한 것이라고 본다. 곧 예수를 유대 왕으로 여기는 해방투사(유다)는 예수 그리스도가 자신의 신성함을 드러내고 로마의 압제에 대항하는 반란의 불을 당기기를, 곧 로마의 박해를 유도해서 유대인들이 반란을 일으키기를 기대했다는 것이다(F 176/247/198).

루네베리는 이런 정치적 해석보다는 형이상학적인 정당화를 시도한다. 그는 오히려 유다의 배신이 불필요한 잉여(superfluidad)라고 논증한다.

> 성전에서 설교를 하고 수천 명의 군중이 보는 앞에서 기적을 행한 스승을 확인하기 위해서 굳이 배신할 필요는 없었는데도 그런 일이 일어났다. 『성경』에 실수가 있다고 추정할 수는 없다. 세계사에서 가장 중요한 사건에 우연한(casual) 행동이 개입되었다고 추측하는 것을 용납할 수도 없다. 그러므로 유다의 배신은 미리 예정된 행동으로서 구원의 경제(la economía de la redención)에서 신비한 위치를 차지한다. (F 177/247-248/198)

성스러운 사건에 우연이나 설명할 수 없는 무의미한 것은 있을 수 없으므로, 모든 요소는 (아무리 사소하고 터무니없는 것도) 전체와 관련해서 일정한 의미와 역할을 지닌 것이어야 한다. 그렇다면 무의미해 보이는 유다의 행위는 어떤 의미를 지니는가?

예수 희생의 신비한 섭리 안에서 유다의 배신이 의미 있는 요소라면, 유다는 마땅히 해야 할 일을 한 것인지도 모른다. 유다는 어떤 심정, 어떤 태도를 지녔기에 그런 '추악한' 짓을 할 수 있었을까? 루네베리는 이런 기이한 행위의 의미와 맥락을 상기시킨다. 말씀(el Verbo)은 육화되면서 불완전한 존재로 변형된다. 이처럼 신성함이 스스로를 유한한 존재로 낮추었다면 이에 상응해서 인간은 무엇을 해야 하고, 어떻게 자기를 낮추어야 하는가?

> 그런 희생에 상응하려면 모든 인간을 '대표해서(en representación)' 한 인간이 그와 똑같은 희생을 치러야 할 필요가 있다. 유다 이스가리옷이 바로 [인간을 대표해서 그에 상응하는 행동을 한] 그런 사람이다. 유다는 사도들 가운데 유일하게 비밀스러운 신성(secreta

> divinidad)과 예수의 무시무시한 계획을 깨달았다. (F 177/248/199)

루네베리는 유다의 수수께끼를 천상의 숭고한 계획에 상응하는 지상의 응답, 곧 비천한 존재가 십자가를 지는 것과 관련짓는다. 이런 맥락에서 유다의 죽음은 자발적인 것이다.

> 하위질서는 상위질서의 거울이다. (…) 어쨌든 유다는 예수의 특정한 양상을 반영한다. 바로 여기에서 30냥의 은화와 입맞춤이 도출된다. 그리고 그 점으로부터 영원한 벌로도 모자랄 벌을 받아 마땅하다는 사실을 강조하기 위해서 자발적으로 죽었다는 결론이 나온다. (F 177-178/248-249/199)

여기에서 눈여겨볼 점은 천상의 영광과 지상의 비천함이 대비되어 두 항이 서로 맞물려야만 신성한 섭리의 온전한 전체를 드러낼 수 있다는 것이다.

3) 두 번째 해석: 선을 위하여 악을 짊어지다

루네베리는 쏟아지는 비난들 때문에 주요 논지를 손질하고 도덕적 질서에 바탕을 둔 '완곡한 근거(oblicuas razones)'를 제시했다.

그는 예수가 "전지전능한 하느님께서 줄 수 있는 강력한 수단들을 갖추고" 있었으므로, 인류를 구원하기 위해서 다른 그 누구도 필요로 하지 않는다는 점을 인정한다(F 178/249/200). 하지만 유다는 "열두 사도 가운데 한 사람", 선택된 자들 가운데 한 사람임을 상기시킨다. 따라서 그의 죄를 탐욕(은화 30냥) 탓으로 돌려서 가장 비열한 동기를 앞세우는 것으로는 신성한 구원의 섭리를 설명할 수 없다(F 178/250/200).

루네베리는 금욕주의적인 동기를 제시한다. 곧 유다가 자기 부정, 자기 포기를 실천했다고 본다. 유다는 행복과 영광 대신에 불행과 치욕을 스스로 짊어진다. "그는 무서울 정도로 명료하게(lucidez terrible) 숙고해서 자기 죄를 계획했다"(F 179/250/200). 유다는 인류사의 위대한 순간에 동참하면서 감정에 휩쓸리거나 주관적 혼란에 자신을 내맡기지 않는다. 죄를 어둠에 비유하면, 유다가 택한 어둠은 절대적인 어둠, 아니 어둠 자체이다. 유다는 어떠한 미덕도 끼어들 여지가 없는 죄, 바로 믿음을 악용하고 밀고하는 죄를 범한다(「요한복음」, 12장 6절). 그런데 그는 "엄청난 겸손함(gigantesca humilidad)을 지니고 그 일을 했으며, 스스로 선한 존재가 될 자질이 없다고 믿었다"(F 179/250-251/201). 그는 이렇게 자신을 악의 심연에 내던진다.[13]

이런 유다의 선택을 이해하기 위해서 악에 관한 신학적 논의를 살펴보자. 완전한 신이 창조한 세계에 왜 악이 존재하는가? 이처럼 신이 창조한 세계에 존재하는 악을 해명하는 몇 가지 방식이 있는데 그 하나가 라이프니츠의 변신론이다.

라이프니츠에 따르면 신은 가능한 세계들 가운데 최선의 세계

13 루네베리는 유다가 하느님 안에서 충만한 기쁨을 누리고 있었기 때문에 지옥을 추구했다고 본다. "그는 선과 마찬가지로 행복도 신성한 속성이므로 사람들이 그것을 빼앗아서는 안 된다고 생각했다"(F 179/251/201).

를 창조했다. 그림에서 밝음과 어두움 가운데 어느 한쪽만 택한다면 다채로운 세계를 풍성하게 표현할 수 없을 것이다. 음악의 경우에도 협화음이나 불협화음 중에서 한쪽만 택하면 아름답고 조화로운 음악을 만들 수 없다.

이때 빛과 어둠을 선과 악에 비유한다면, 악이 없이 선만 존재하는 세계는 (그 반대 경우처럼) 불완전할 것이다. 따라서 선악이 공존하고, '악 때문에' 그것과 대조되는 '선이 돋보이는' 세계가 보다 완전한 세계이다. 이런 점에서 악은 그 자체로 바람직한 것은 아니지만 필요한 것, 곧 '필요악'이다.

유다의 악은 예수의 선을 두드러지게 하고 선이 보다 완전하게 실현되는 바탕이 된다. 선은 자신과 대비되는 악을 극복함으로써 변증법적인 종합을 추구한다. 유다는 스스로를 도덕적 어둠에 내던짐으로써 인간들에게 도덕적 광명을 제시하고자 한다.

4) 세 번째 해석: 드러나지 않는 구세주?

루네베리는 『비밀스러운 구세주』에서 공공연하게 드러난 구세주-예수가 아니라 비밀스럽게 은폐된 구세주, 이해하기 어렵고 역설적인 구세주를 상정한다.

"그가 세상에 계셨으며 세상은 그로 말미암아 지은 바 되었으되 세상이 그분을 알지 못하였"(「요한복음」, 1장 10절)다는 구절을 어떻게 이해할 수 있는가?

그러면 사람들이 '모르는' 구세주는 과연 누구인가? 여전히 오해의 그늘에 숨어 있는 구세주는 누구인가? 예수 그리스도가 아닌 또 다른 구세주가 있는가?

물론 새로운 구세주를 상정하는 이런 논지는 기이한 결론을 낳는다. 루네베리는 하느님이 인류를 구원하기 위해서 자신을 인간으로 낮추었음을 환기시킨다. 이때 하느님께서 겪은 죽음의 고통을 "불경스럽게도" 어느 날 오후 십자가에서 겪은 고뇌에 제한할 수는 없을 것이다(F 180/252/202). 따라서 희생 과정 전체를 파악해야만 개별 사건들의 의미를 자리매김할 수 있다.

육화 사건의 핵심은 '신의 인간되기'이다. 그런데 인간은 예외 없이 죄를 짓는다. 따라서 인간이 된 구세주가 죄를 지을 수 없었다고 주장하는 것은 모순된다. 인간으로 전락한 구세주는 유한성의 심연에서 헤어나기 어렵다. 따라서 "구세주가 피로와 추위, 비탄과 배고픔과 갈증을 느낄 수 있었음을 인정하고, 죄를 지을 수 있었고 타락하고 파멸할(perderse) 수" 있었다(F 180-181/253/202-203).

「이사야서」의 한 구절을 보자.

> 그는 주 앞에 자라나기를 연한 순 같고 마른 땅에서 나온 줄기 같아서 고운 모양도 없고 풍채도 없은즉 우리가 보기에 흠모할 만한 아름다운 것이 없도다. 그는 멸시를 받아서 사람에게 싫어 버린 바 되었으며 간고를 많이 겪었으며 질고를 아는 자라 마치 사람들에게 얼굴을 가리고 보지 않음을 받는 자 같아서 멸시를 당하였고 우리도 그를 귀하게 여기지 아니하였도다. (「이사야서」, 53장 2-3절)

흔히 이 표현을 그리스도가 십자가에 못 박혀 죽으리라는 예견으로 받아들인다. 하지만 루네베리는 이 구절이 사람들이 알아보지 못할 구세주, "한순간이 아니라 시간과 영원 속에 존재하는 모든 끔찍한 미래이자 육화된 말씀에 대한 예언"(F 181/253-254/203)이라고 본다. 신은 온전한(totalmente) 인간, "인간적인 너무나 인간적인" 인간이 되었다. 심지어 부끄러운(infamia) 인간, 영원한 벌을 받아 심연에 빠질 인간이 되었다. 이런 논지를 '액면 그대로' 받아들이면 어떻게 될까?

"그리스도는 우리를 구원하기 위해서 역사의 복잡한 그물을 짜는 이들 가운데 어떠한 운명이든 선택할 수 있었다." 그러면 과연 어떤 운명을 선택했을까? 역사를 움직이는 명시적인 영웅들인가?

루네베리는 역사의 무대 전면에 드러나지 않거나 은폐된 어떤 운명, 구원의 역사에서 모습을 드러내지만 무의미한 존재로서 지워지고 마는 운명, 어떤 크기도 없는 0과 같은 존재를 염두에 둔다. 그는 우리가 잘 알면서도 전혀 그 존재를 인정하지 않는 자, 존재할 권리를 상실한 자, 하지만 모든 인간을 구원하기 위해서 지옥의 심연에 스스로를 내던진 자인 유다를 그 답으로 제시한다.

> 그[그리스도]는 알렉산더나 피타고라스, 또는 루릭[스칸디나비아 족장이자 러시아 왕국의 건설자]이나 예수가 될 수 있었다. 하지만 그는 비천한 운명(un ínfimo destino)을 택했다. 그것이 바로 유다였다. (F 181/254/203)

5) 명시적 구세주와 은밀한 구세주의 공존?

이런 기이한 결론을 어떻게 이해할 것인가?

만약 유다가 은밀한 구세주라면 우리는 예수와 유다라는 두 유형의 구세주를 갖는다. '명시적인' 구세주의 이면에 존재하는 '은밀한' 구세주 양자는 각각 선과 악, 또는 영광과 수치를 대표한다. 두 구세주를 함께 사고할 때 육화 사건의 역설과 신비를 전체적으로 파악할 수 있다.

이제 신성한 구원의 역사에는 명시적인 예수의 (밝은) 희생, 암묵적으로는 유다의 (은폐된) 희생이 공존한다. 곧 유다의 희생이라는 어둠을 배경으로 해서 예수의 희생이 보다 두드러질 수 있다. 물론 이 두 희생 가운데 후자의 가치나 의미는 명시적으로 드러나지 않아야 한다.

이처럼 「유다에 관한 세 가지 해석」은 종교적인 '내용'을 문학적인 '표현'으로 '재구성'한다. 이야기의 극적 구성을 위해서 대립적인 역할을 분담하는 대조적인 두 주인공 간의 갈등, 그들 간의 모순을 해소하는 구성 방식은 그리 낯설지 않다.

문학에서 부정적인 요소는 긍정적인 요소와 대비되면서 갈등, 긴장, 흥미를 자아내는 효모가 된다. 배신이란 주제도 이런 맥락에서 보면 극적 구성을 위한 '부정적 의미'를 지닌 긍정적인 요소일 수 있다.

유다라는 현상을 작품을 구성하는 한 요소로 본다면 그 역할을 인정할 수 있다. 예를 들어서 선과 악을 대비시키는 경우에 악한 성격, 사악한 계획들, 악 자체가 선과 맞서서 생생한 갈등을 마련한다.

이처럼 보르헤스는 예수와 유다의 변증법적 관계를 문학적 구성 방식으로 볼 수 있는지를 묻는다. 문학은 어떤 길을 택할 것인가? 유다 없는 예수인가? 유다와 함께하는 예수인가? 주인공과 반주인공은 손을 맞잡고 문학 세계의 밝은 곳과 어두운 곳을 함께 달려갈 것인가?

7 허구와 현실: 허구의 현실성

보르헤스는 「바벨의 도서관」의 첫 문장에서 도서관을 우주라고 상정한다. 도서관은 우주에 대한 은유이고, 우주의 다른 이름이다. 이런 은유는 책들의 '세계'인 도서관을 (허구와 관념의 장소가 아니라) '현실'로 보려는 것이다.

흔히 책들의 세계는 현실의 일부에 지나지 않는다고 본다. 그 내용은 관념적이고 그 '바깥'에 그 뿌리인 현실이 있다고 생각한다. 이런 객관적인 바깥 세계가 책이라는 관념을 감싸고 있고, 책은 바깥 세계를 반영하고, 이 바깥의 현실이 책들의 굳건한 근거라고 믿는다. 그런데 이런 객관적인 현실은 그것을 해석하는 관점과 무관하게 그 자체로 존재하는가?

보르헤스는 관념들로 이루어진 허구와 객관적인 현실을 이분법적으로 구별할 수 없다고 본다. 그리고 '관념의 세계'가 그것의 내용인 '현실 세계'를 모방, 반영하거나 재현하지 않는다. 현실과 그것에 대한 관점, 해석은 상호작용하고 서로를 규정한다.

우리는 허구와 현실의 관계에 대해서 두 극단적 관점, 곧 현실만이 유일한 실체라고 보거나 반대로 허구가 현실보다 이상적이고, 허구가 현실을 넘어서는 현실을 구성한다는 관점에서 벗어나서 생각할 수 있다.

문학적 허구, 상상의 공간은 나름의 현실을 창조할 수 있고, 이런 문학적 존재 덕분에 현실을 새롭고 다르게 볼 수 있다. 문학은 현실을 있는 그대로 모방하거나 재현하는 것이 아니라 경험적인 시간-공간의 한계 안에 갇힌 세계를 벗어나서 그것을 자유롭게 변형시키고 나름의 논리에 따라서 전개되는 현실성(reality)을 빚어낼 수 있다.

이것은 현실의 가능성 너머를 넘보면서 허구적 구조물로 현실의 구조를 드러내고 새로운 상상으로 현실을 해석하는 눈을 제시한다. 문학은 현실-허구의 이분법에 갇히지 않고, 허구를 통해서 새로운 현실을 창조하며, 새로운 관점과 가능성을 제시하고자 한다.

문학은 우리의 경험과 세계가 어떻게 문학적으로 형상화된 세계를 통하여 '보다 현실적으로' 구성되는가를 보여 준다. 세계를 보는 관점 없이 세계 자체가 존재할 수 없듯이 문학적 형상화가 없다면 어떠한 세계도 제 모습을 드러낼 수 없다. 만약 이런 상관관계에서 세계를 '표현하는' 문학을 지운다면 문학의 '알맹이'라는 세계가 그 배후에서 온전하게 드러나는 것이 아니라 어떤 형태와 의미도 지니지 못한 세계 자체가 사라지고 말 것이다. 문학적 '표현'은 나름의 현실을 창조한다.

보르헤스는 이런 '허구의 현실성'을 제시한다. 이런 허구는 현실을 모방하기보다는 나름의 시공간, 삶과 세계를 독자적으로 세운다.

보르헤스는 언어로 창조된 세계로 현실의 이면을 드러낼 뿐만 아니라 현실을 표현의 장에서 새롭게 재구성하고, 현실과 언어적 세계가 공명하고 소통하는 길을 제시한다. 그의 문학적 언어는 '현실 존재의 집'이다.

참고자료

보르헤스의 『알레프(*El Aleph*)』(또는 『알렙』, 1949)는 『픽션들』과 짝을 이루는 대표적인 단편집이다. 난해하기로 소문난 『픽션들』에 비해서 좀 더 읽기 쉽고 보다 구체적인 이미지가 많다는 평가를 받기도 한다. 『칠일 밤』(송병선 옮김, 현대문학, 2004)은 일곱 가지 주제에 관한 강연 원고를 모은 것으로 보르헤스의 폭넓고 깊은 사고세계를 담고 있다. 『만리장성과 책들』(정경원 옮김, 열린책들, 2008)은 다양한 문학 작품들에 대한 간결하고 놀라운 비평들과 문학적 주제들을 색다르게 조망하는 『다른 심문들(*Otras Inquisiciones, 1937-1952*)』(1952)에 실린 글을 골라서 번역한 것이다. 『보르헤스의 말』(서창렬 옮김, 마음산책, 2015)은 보르헤스가 반스톤과 시를 주제로 대담한 내용을 실은 것인데 그의 시적 사고를 개관할 수 있는 책이다. 그리고 보르헤스의 초기 시를 중심으로 소개하는 『부에노스아이레스의 열기』(우석균 옮김, 민음사, 1999)도 그의 시 세계를 잘 보여 줄 뿐만 아니라 소설의 중요한 주제들에 대한 사고의 구체적인 단초들도 담고 있다. 한편 김춘진이 편집한 『보르헤스』(문학과지성사, 1996)는 보르헤스 연구서의 하나로 그의 작품론과 다양한 주제를 다루는 글들을 모은 책이다. 베아트리스 사를로의 『보르헤스와 아르헨티나 문학』(김한주 옮김, 인간사랑, 1999)은 보르헤스와 관련된 중요 주제들과 그의 문학과 아르헨티나 문학의 관련에 주목하는 책이다. 그리고 양운덕의 『보르헤스의 지팡이』(재남, 2015)는 『픽션들』과 『알렙』에 실린 주요 단편들의 내용 이해를 돕기 위한 해설서이다.

07
마추픽추에서
인간적 연대를
노래하다
파블로 네루다,
「마추픽추의 산정」
김현균
Alturas de
Macchu
Picchu

김현균

서울대학교 서어서문학과를 졸업하고 마드리드 대학에서 라틴아메리카 문학으로 박사학위를 취득하였으며 현재 서울대학교 서어서문학과 교수로 재직 중이다. 저서로는 『낮은 인문학』(21세기북스, 공저, 2016), 역서로는 후안 룰포 외의 『날 죽이지 말라고 말해줘!』(창비, 2010), 『네루다 시선』(지만지, 2014), 로베르토 페르난데스 레타마르의 『칼리반』(그린비, 2017) 등이 있다.

이 장은 네루다(2014), 김현균(2016a; 2016b)의 일부를 수정·보완한 것이다.

1 움직이지 않는 여행자

정치가 사회의 문화적 욕구를 압도하는 상황에서 '문학의 정치화'와 '문학의 탈정치화'를 경쟁적으로 요구하는 풍토가 오랫동안 라틴아메리카를 지배해 왔다. 작가들은 총을 들 것인가, 펜을 들 것인가의 문제에서 자유로울 수 없었고, 작가가 된다는 것은 흔히 투사가 될 것인가, 아니면 반역자가 될 것인가의 갈림길에 서는 것을 의미했다. 미국의 문학평론가 헤럴드 블룸이 『서구의 정전들(*The Western Canon*)』(1994)에서 모든 시대를 통틀어 서구의 가장 고전적인 작가의 하나로 간주하는 파블로 네루다(Pablo Neruda, 1904-1973) 역시 예외가 아니었다. 라틴아메리카 문학의 근원적 딜레마라 할 수 있는 이러한 요구 사이에서 그의 시는 "서구의 언어로 쓰인 가장 위대한 초현실주의 작품의 하나"로 간주되는가 하면, 현실 참여적 정치시의 뛰어난 예로 평가되기도 했다. 전자의 입장에 선 비평은 스페인 내전 이후 그의 시에서 두드러지는 산문정신과 현실에 대한 비판적 성찰을 데카당적 징후라는 굴레를 씌워 폄하하고, 후자의 비평은 탈역사성을 이유로 초기의 시를 깎아내리기 일쑤다. 시인 자신도 이러한 대립적 시선을 의식한 듯 자서전에서 이렇게 적고 있다. "나를 초현실주의 시인으로 생각하는 이들도 있고, 리얼리즘 시인으로 생각하는 이들도 있다. 또 혹자들은 아예 시인으로 여기지도 않는다. 모두 부분적으로는 옳고 부분적으로는 틀리다"(Neruda 2002, 424). 이러한 평가의 극단적 양극화와 함께 네루다 시의 본질적 가치를 훼손하는 오독의 역사가 시작된다. 스탈린평화상과 노벨문학상 동시 수상에서 어느 정도 가늠할 수 있듯이, 사회주의 세계와 자유주의 세계에서 그의 문학이 동시에 찬양되고 비판받은 것도 이 오독의 역사와 무관하지 않다.

이러한 상황은 네루다가 우리나라에 소개되는 과정에서도 그대로 되풀이된다. 오랫동안 순수-참여 논쟁, 리얼리즘-모더니즘 논쟁 등 숱한 이데올로기적 갈등과 반목에 휘둘려 온 우리 문학계의 현실과 맞물려 그는 다분히 굴절되고 왜곡된 모습으로 받아들여졌다. 1950년대의 좌파 작가들에서 1970년대의 김수영, 1980년대의 김남주를 거쳐 정현종 시인에 이르기까지 네루다 수용의 역사가 이를 잘 보여 준다. 특히 좌파 작가들에게서 두드러지는 이념 편향적 프리즘은 매우 흥미롭다.

지금까지 알려진 바에 따르면, 네루다를 처음 만난 우리 작가는 상허(尙虛) 이태준이다.[1] 1947년 월북한 이태준은 북한 문학예술총연맹 부위원장 자격으로 1951년 10월 베이징에서 열린 건국 2주년 기념 아시아문학좌담회에 참가하여 칠레의 시인을 만나게 된다. 네루다는 1951년 5월 모스크바 방문 후에 시베리아 횡단열차를 이용해 몽골을 거쳐 베이징에 도착한다. 이태준은 『위대한 새 중국』(1952)에서 "이분은 미국 자본가들 밑에 피땀을 착취당하고 있는 칠레 광산노동자들 속에서 시를 써 왔고, 제2차 세계대전 당시에 벌써 미국이 앞으로 파쇼의 길을 걸을 것을 예견하여 미국 청년들에게 경종을 울리는 많은 시를 썼으며, 미제와 자기 나라 반동정권의 갖

1 이 사실은 '상허 탄생 100주년 기념 학술대회'에서 문학평론가 김재용이 발표한 「한국전쟁기의 이태준-『위대한 새 중국』을 중심으로」에서 최초로 공개되었다. 「월북작가 이태준, 파블로 네루다 만났다」, 『연합뉴스』 2004년 6월 10일 자 참조.

은 박해 속에서 세계평화를 위하여 싸워 온 시인의 하나다"라고 칠레의 시인을 소개한 뒤, "네루다의 중요 시편들은 중국에서도 번역되었는데, 이 좌담회가 있은 다음 날 네루다는 중국어판 자기 시집 한 권에 내 이름을 한문으로 그림 그리듯 써서 보내 주었다"고 적고 있다.

또한 1920-1930년대 한국문학사의 한 축이었던 카프(KAPF)의 좌장이자 해방 이후 북한 문학의 대표작가로 꼽히는 민촌(民村) 이기영은 자서전 『태양을 따라』(1984)에서 상당한 지면을 할애하여 네루다와의 만남에 대해 얘기하고 있다.[2] 그가 조쏘친선협회 중앙위원회 위원장 자격으로 1952년 12월 고골 서거 100주년 기념세전 참가 차 소련을 방문했을 때 두 사람의 만남이 성사되었다고 한다. 당시 네루다는 스탈린평화상 심사위원 자격으로 소련을 방문 중이었다. 이기영은 "가을의 푸른 하늘빛이라 할가. 이른 얼음 풀린 강물빛이리 할가. 유달리 파란 눈빛이 영채롭게 비타고 콧마루가 날카로운 그는 예리하고 무자비한 시어로 미제의 심장을 찌르는 반제혁명투사이기도 하였다. 그는 이미 반제투사로 혁명시인으로 세계 진보적 작가들 속에 널리 알려진 사람이다"라고 네루다를 소개하고 있다. 또 그가 칠레 대통령과의 교분을 내세우자 김일성과 자신의 관계에 대해 자랑삼아 이야기했다고 회고한다. "빠블로 선생! 세계의 이름난 작가들 모두가 자기 나라 수반들과 친교가 있습니다. 그러나 나는 우리 수령과는 친교관계라기보다 아버지와 자식과

2 「民村 이기영의 자전적 手記 "태양을 따라"」, 『月刊中央』(2000. 10), pp. 91-92 참조.

의 관계를 맺고 삽니다. 내가 조국을 떠나올 때 우리 수령께서는 먼 길을 떠나는 나의 여행길을 염려하시며 나의 여비까지 손수 관심해 주시었습니다." 이렇게 말하면서 그는 평양을 출발할 때 김일성이 그에게 선물했다는 회중시계를 자랑삼아 내보이기까지 했다고 한다. 이 일화는 『태양을 따라』라는 자서전의 제목이 시사하듯, 김일성 찬양의 맥락에서 이해할 수 있다. 그 외에 한설야도 기행문에서 네루다와의 인연을 회고하고 있는데, 그 역시 경향문학을 대표하는 월북 문인이라는 사실을 기억할 필요가 있다. 당시에 이미 혁명적 민중 시인으로 세계적인 명성을 얻고 있던 네루다는 1950년대 우리의 좌파 작가들에게도 적지 않은 관심의 대상이었던 것이다. 당연하게도 반제혁명투사로서의 면모에 주목하는 이 작가들에게서 냉전시대 이전 네루다의 이미지는 거의 찾아볼 수 없다.

네루다의 시는 비교적 최근에 출간된 갈락시아 구텐베르크 판 전집에 실린 작품만 해도 4,000쪽 가까이 될 정도로 매우 방대하다. 게다가 지난 2014년 스무 편에 이르는 미발표 사랑의 시가 발견되는 등 그의 작품은 지금도 여전히 발굴 중이다. 그가 대표적인 참여시인인 동시에 라틴아메리카 아방가르드 문학의 일면을 대변한다는 사실에서 알 수 있듯이, 작품의 경향과 주제 또한 풍성하고 다채롭다. 한마디로, 네루다가 아닌 네루다들이 존재한다. 사실 난해한 초현실주의적 이미지와 사회시의 간결성, 고독의 시인과 고독에 대한 승리를 노래하는 시인이 공존하는 유기적 복합성이야말로 입장의 차이를 떠나 그의 비평가와 연구자들을 당혹스럽게 하는 요체다. 그런데 그 광활한 시의 바다로 흘러드는 크고 작은 지류들은 결코 메마른 적이 없어 그의 문학은 손쉬운 일반화를 허락하지 않는다. 물론 네루다의 문학 여정을 몇 시기로 구분할 수는 있겠지만, 그의 문학은 순환적일 뿐만 아니라 심오한 내적 통합성을 지니고 있어 전체 작품에 대한 세심한 고려 없이 각각의 시기에 대한 깊은 이해에 도달하기란 불가능하다. 결국 그의 시편들은 연대기적으로 단선적 진화를 해 긴 것이 아니라 하나가 나른 하나를 끊임없이 감싸 안으며 일종의 변증법적 순환을 거듭한다. 시인 자신의 말을 빌리자면, 그의 시는 삶이 끝나는 순간 마지막 말이 완성할 "한 편의 순환시"에 다름 아닌 것이다. 마찬가지 의미에서, 우루과이 비평가 로드리게스 모네갈은 네루다를 "움직이지 않는 여행자(el viajero inmóvil)"에 비유한 바 있다(Rodríguez Monegal 1988 참소).

네루다의 삶이 그러했듯, 그의 시도 『항해와 귀향(*Navegaciones y regresos*)』(1959)이라는 시집의 제목처럼 끊임없이 여행을 떠나지만 어김없이 더욱 성숙한 모습으로 되돌아온다. 한 유고시에서 그는 "세상에 파블로 네루다로 불리는 것보다/더 어리석은 게 있을까?"(Neruda 2000, 850)라고 스스로에게 물음을 던진다. 이처럼 쉼 없이 '지금-여기'의 나를 되물었던 네루다는 죽는 순간까지도 고인 물처럼 한곳에 머물러 있기를 거부한 영원한 여행자였다. 그렇다면 여행자 네루다의 움직이지 않는 중심은 무엇이었을까? 알랭 시카르는 다양한 시기와 주제를 관통하는 네루다 시의 일관성을 "무한한 인간의 시도"(Sicard 1981, 11)에서 찾는다. 네루다에게 '무한한 인간'이란 시간을 정복하고 순간을 포착해 물질 속에 그 삼성을 영속시키고자 하는 존재다. 그의 초기 시는 이러한 시도와 그 좌절로 특징지어지며, 이후의 시들은 그 좌절을 극복해 가는 분투의 과정을 보여 준다.

2 잉크보다 피에 더 가까운 시인

네루다는 1904년 7월 12일 칠레 중부의 파랄에서 태어났다. 교사였던 어머니 로사는 그가 태어난 지 한 달 만에 결핵으로 숨을 거둔다. 두 살 때 철도원이던 아버지를 따라 빗소리 가득한 남부의 소도시 테무코로 이주하였으며, 병약하고 소심했던 소년은 새엄마의 따뜻한 보살핌 속에 자연과 호흡하며 시인의 꿈을 키워 간다. 본명은 리카르도 엘리에세르 네프탈리 레예스 바소알토(Ricardo Eliécer Neftalí Reyes Basoalto)였으나 열여섯 되던 해에 파블로 네루다라는 필명을 사용하기 시작한다. 체코의 낭만주의 시인 얀 네루다(Jan Neruda)의 이름을 차용한 것으로 알려진 필명을 사용한 데는 시인의 길을 극구 반대했던 아버지의 눈을 피하려는 의도도 있었다. 1921년 네루다는 칠레 대학에 진학하기 위해 산티아고행 기차에 몸을 싣는다. 프랑스어 교사의 꿈을 안고 유학길에 올랐지만 그를 기다린 것은 궁핍한 보헤미안의 삶이었다. 꿈, 사랑, 상처 입은 시간들, 이별 그리고 절망으로 점철된 이 시기 삶의 기록이 바로 스무 살 되던 해에 출간된 『스무 편의 사랑의 시와 하나의 절망의 노래(*Veinte poemas de amor y una canción desesperada*)』(1924)다. 우여곡절 끝에 초판 500부로 세상에 나온 이 얄팍한 시집은 강렬한 시적 충동의 산물로서 혁신적 면모는 크게 두드러지지 않지만 꾸준히 베스트셀러 목록에 오를 만큼 예나 지금이나 가장 사랑받는 그의 출세작이다.

네루다는 이 사랑의 시집 덕분에 시인으로 제법 이름을 얻게 되지만, 그렇다고 그의 주린 배를 채워 주지는 못한다. 젊은 작가·시인들이 앞다투어 유럽으로 몰려가던 때 그는 1927년 배고픔을 해결하기 위해 허울뿐인 양곤 주재 명예영사로 임명되어 극동으로 향한다. 『지상의 거처(*Residencia en la tierra*)』(1933, 1935)에는 스페인어가 아닌 낯선 소리에 둘러싸인 언어적 추방상태에서 세상과의 대화와 소통이 철저하게 단절되었던 시인의 고독한 삶이 오롯이 투영되어 있다. 고립된 자아의 내면세계에 갇힌 시편들에서 사랑하는 사람이 곁에 없다는 사실과 그로 인한 상실감은 세계의 상실과 파괴에 대한 직관으로 확대되며, 끝없는 고뇌는 현실의 본질적이고 항상적인 오류와 인간 조건에서 비롯한다는 비관적 세계인식이 두드러진다. 물론 고독과 절망에 대한 저항이 이루어지지만, 그것은 세상에 내던져진, 이른바 피투성(被投性, Geworfenheit)의 조건에 맞서는 존재론적·형이상학적 저항에 지나지 않는다. 변화를 향한 몸부림은 언제나 참담한 실패로 귀결되고, 끝내 "사람으로 사는 게 지긋지긋할 때가 있다"(Neruda 1999a, 308)며 존재론적 불안을 토로한다. 시인은 자신을 옥죄는 존재의 무게를 감당하지 못하고, 결국 나와 타인의 관계는 나와 나의 관계로 대체된다. 이러한 자기고립은 오르테가 이 가세트가 말하는 '비인간화된 예술'의 주된 양상이기도 하다. 이처럼 『지상의 거처』로 대표되는 네루다의 초기 시는 고독한 존재로서의 인간과 설명할 수 없는 막연한 실체로서의 객관현실에 대한 시각에 뿌리를 두고 있으며, 끝없이 해체되는 세계의 이미지를 담고 있는 표현인 "계속 흘러가며 부서지는 강"(Neruda 1999a, 343)은 시인의 이러한 철학을 응축하고 있다.

서구 문학의 직접적인 세례를 받지도, 의도적으로 아방가르드 미학을 추구하지도 않았다는 점에서 '자생적 초현실주의'라 일컫기도 하는 이러한 시 경향에 근본적인 변화가 일어나게 된 결정적 계기는 스페인 내전이었다. 1932년 싱가포르와 자바에서 영사직이 폐지되자 시인은 부인 마리아 안토니타를 동반하고 두 달간의 긴 항해 끝에 조국 땅을 다시 밟았다. 그 후 부에노스아이레스와 바르셀로나를 거쳐 1935년 꿈에 그리던 마드리드 주재 영사로 부임한 네루다는 『지상의 거처』에 한 목소리로 찬사를 보냈던 27세대 시인들을 통해 스페인 문화계와 조우한다. 당시 스페인은 제2공화정의 불안정한 시기였으며, 1930년대의 시대적 위기를 탁월하게 형상화한 달리의 작품 제목처럼 이미 '내전의 예감'이 이베리아의 하늘을 무겁게 짓누르고 있었다. '순수와 혁명'은 공화정 시대의 스페인 문화계를 규정하는 패러다임이었다. 이때 이미 문학적 순수주의는 점차 무게를 더해 가던 역사의 강력한 도전에 직면하게 된다. 그리고 1936년 마침내 전쟁의 불길이 타올랐다. 스페인 내전은 세계를 파시즘과 반파시즘 진영으로 양분하고 지식인들에게 사상의 존재 방식을 물었던 중대한 역사적 사건이었다. 전쟁의 와중에 네루다는 절친한 벗이었던 스페인 시인 가르시아 로르카와 미겔 에르난데스를 잃는 아픔을 겪는다. 네루다의 친공화파적 처신을 못마땅해 한 칠레 정부가 영사관을 폐쇄하지만, 그는 스페인과 프랑스를 오가며 활발한 반파시즘 활동을 전개한다. 특히 1939년에는 2천여 명의 공화파 난민을 배에 실어 무사히 칠레로 구출해 내는 "숭고한 사명"을 완수하기도 했다. 조지 오웰은 스페인의 역사가 1936년에서 멈추었다고 했지만, 1936년에 멈춘 것은 스페인의 역사만이 아니었다. 혁명과 반혁명이 예리하게 충돌한 이 고통과 고뇌의 시기에 네루다는 역사를 끌어안기 위해 허무와 고독, 절망으로부터 멀어졌다. 시 「분노와 고통(Las furias y las penas)」에 붙인 짤막한 서문에서 시인 자신이 밝힌 대로, 세계는 변했고 그의 시도 변한 것이다.

> 1934년에 이 시를 썼다. 그때 이래로 얼마나 많은 일들이 일어났는지! 내가 이 시를 쓴 곳인 스페인은 지금 폐허다. 아! 단지 한 방울의 시나 사랑만으로 세계의 분노를 달랠 수 있다면. 그러나 투쟁과 결연한 가슴만이 그것을 할 수 있다. 세계는 변했고 나의 시도 변했다. (Neruda 1999a, 357)

더 내면 깊숙이 유폐되고자 하는 시인의 바람은 스페인 내전을 통해 결정적으로 무너진다. 변화와 위기의 시대 앞에서 자유에 복무하지 않는 일체의 창작은 반역을 의미했으며, 정치적 앙가주망은 피할 수 없는 시대의 요청이었다. 이제 "양귀비로 뒤덮인 형이상학" 대신 "거리의 피"를 노래하는 네루다의 시는 인간에 대한 믿음을 관철하고 불의에 맞서기 위한 강력한 무기가 된다.

> 너희들은 물을 것이다. 라일락은 어디에 있냐고.
> 양귀비로 뒤덮인 형이상학은?
> 또 종종 단어들 위로
> 쏟아지며 온통 구멍과 새들을
> 만들어 놓던 빗줄기는?
> (…)
> 너희들은 물을 것이다. 왜 당신의 시는
> 꿈과 나뭇잎과 조국의 거대한

화산들에 대해 노래하지 않느냐고.
와서 거리의 피를 보라.
와서 보라,
거리의 피를.
와서 보라, 피를,
거리에 뿌려진! (Neruda 1999a, 369, 371)

스페인 내전의 경험은 네루다 최초의 정치시 「가슴속의 스페인(España en el corazón)」에 고스란히 담겨 있다. 반파시즘 문학의 상징이 된 이 작품에는 엄정한 현실인식과 뚜렷한 이념적 지향을 보이는 새로운 시 개념이 명확한 어조로 제시되어 있다. 『지상의 거처』에서 세계를 카오스로 규정했던 시인은 이제 인간적 연대를 통해 카오스적 세계에서의 탈출을 모색하며 모순투성이 인간세계에 문학적 질서를 부여하고자 한다. 자신의 과거에 대한 반성적 성찰은 인간적 소통의 가능성과 시의 유용성이 부정되었던 『지상의 거처』 시기의 '비인간화된' 시에 대한 문제제기로 이어진다.

누구를 위해 이 차가운 맥박을 찾았는가,
죽음을 위해서가 아니라면?
고립무원의 어둠 속에서 어떤 악기를 잃었던가?
내 말을 들어줄 이 하나 없는 그곳에서. (Neruda 1999a, 364)

이처럼 자신의 존재 방식과 타인의 존재 방식 간의 유사성과 연관성을 인식하면서 네루다의 세계 개념에 처음으로 역사가 등장하게 된다. 그리고 스페인 내전을 통해 눈뜬 역사의식은 피노체트의 군사쿠데타 발발 12일 만인 1973년 9월 23일 그가 죽음을 맞을 때까지 결코 잠들지 않는다.

3 마추픽추 방문과 라틴아메리카의 발견

문학을 이데올로기적인 기능으로 볼 것인가, 아니면 독자적인 예술의 하나로 볼 것인가의 문제는 문학이 봉착하는 영원한 아포리아다. 시와 정치의 관계도 문학의 사회성과 예술성을 둘러싼 이러한 문제의 연장선상에서 이해할 수 있다. 순수주의 개념에 따라 시는 정치에 관여해서는 안 된다는 것이 오랫동안 지배적인 경향이었다. 이 개념에 따르면, 시의 기능은 실천적인 것이 아니며, 따라서 현실 변혁을 위해 복무해서는 안 된다. 이는 시대를 초월한 시의 영속성을 기대하는 관점과 결합된다. 제한적 의미에서의 정치적 요소는 일시적인 것이어서 시의 본질적인 영속성을 저해하므로 보편적인 테마, 즉 죽음이나 고통, 사랑, 고독 등을 다루어야 한다는 것이다. 이러한 견해는 사회적 존재로서의 인간에 대한 관심이 더욱 높아 가고 있다는 사실을 고려할 때, 시의 본질에 있어서도 현실적인 맥락에서도 쉽게 정당화될 수 없다. 시 작품에서 '시적인 것'의 본질은 사회적 존재로서의 인간 조건에 도대한 정서적 의사전달이기 때문이다. 그러므로 인간의 삶의 사회정치적 양상을 주로 다루는 정치시가 다른 경향의 시와 마찬가지로 훌륭하지 못할 이유는 없다. 문학의 성격과 본질을 둘러싼 이러한 쟁점이 가장 첨예하게 대립하는 시집의 하나가 흔히 라틴아메리카의 대서사시로 일컫는 『모두의 노래(*Canto general*)』(1950)다.

스페인 내전을 통해 정치와 역사의식에 눈을 떴음에도 불구하고 『제3의 거처(*Tercera Residencia*)』(1947)에 실린 「볼리바르에게 바치는 노래(Un canto para Bolívar)」 정도를 제외하면 이 시기의 작품에서 라틴아메리카에 대한 언급은 거의 찾아볼 수 없다. 네루다가 오랫동안 가슴에 품고 있던, 조국 칠레의 자연과 역사에 대한 재해석보다 스페인을 비롯한 유럽의 정치사회적 상황이 더 절박하게 다가왔던 것이다. 그러나 많은 여행을 통해 가난과 저발전, 착취의 양상을 몸소 체험하면서 라틴아메리카 현실이 점차 중심주제로 떠오른다. 특히 마추픽추 유적과의 만남은 이 과정에서 결정적인 중요성을 갖는다. 네루다는 1943년 멕시코 주재 총영사 임기를 마치고 귀국하는 길에 말을 타고 마추픽추를 찾았다. 이 방문은 시인에게 서구의 과거는 숭배하면서도 정작 자신의 소중한 유산에는 눈감았던 지난날을 깊이 반성하고 성찰하는 계기를 제공한다.

> 마추픽추의 유적을 보고 나니 경이로운 고대문화들도 종이반죽처럼 보잘것없이 생각되었다. 방치된 잉카의 탑들이 보여 주는 고고한 장엄함에 비하면 인도는 덕지덕지 분을 칠한 왜소하고 볼품없는 신들의 전시장 같았다. 이제 나는 이 위대한 문명과 나를 분리시켜 생각할 수 없었다. 우리가 유산으로 물려받은 이 땅에 발을 디디고 있는 이상 우리도 아메리카 공동체의 숭고한 노력과 관계를 맺고 있다. 우리는 그것을 무시할 수 없으며 우리의 무지와 침

묵은 죄악일 뿐 아니라 패배를 연장하는 것이다. 귀족주의적 세계주의는 우리와 무관한 민족의 과거를 숭상하게 만들었고, 우리 자신의 보물을 발견하지 못하게 우리의 눈을 가리고 있다. (Neruda 2001, 932)

장엄한 유적 앞에서 시인은 자신이 "아득한 어떤 때에 그곳에서 고랑을 파고 바위를 다듬으며 일하고 있었"(Neruda 2002, 580)음을 느낀다. 또 스스로 "칠레인이자 페루인이요, 아메리카인"임을 깨닫고 "계속 노래하기 위한 신앙고백을 발견"(Neruda 2002, 581)하게 된다. 이처럼 수 세기 동안 안데스에 묻혀 있던 "돌의 배꼽의 중심"(Neruda 2002, 580)과의 운명적 만남은 시인의 인식 지평이 조국 칠레를 넘어 아메리카 전체로 확장되는 전환점이 된다. 이 시기는 1936년에 시작된 그의 정치활동이 한층 구체화된 때이기도 하다. 1945년 3월 칠레 북부의 탄광지역에서 상원의원에 당선되었으며, 같은 해 7월에는 칠레 공산당에 입당한다. 또한 1946년 대통령 선거에서는 좌파 정당의 지지를 받던 곤살레스 비델라 후보의 홍보책임자로 활동한다. 그러나 1948년 정부가 좌파 노선에서 벗어나 파업 중인 광산노동자들을 탄압하자 상원에서 "나는 고발한다(Yo acuso)"라는 제하의 연설을 하여 의원직을 박탈당하고 체포령이 내려진다. 그리고 1949년 2월 말에 말을 타고 안데스를 넘어 망명길에 오르기까지 1년 남짓 이곳저곳으로 은신처를 옮겨 다니며 『모두의 노래』 집필에 몰두한다.[3]

3 파블로 라라인(Pablo Larraín) 감독의 영화 〈네루다(Neruda)〉(2016)는 이 시기를

총 15부로 구성된 이 방대한 시집은 정치시의 완결판으로서 1959년 쿠바로 구체화된 혁명의 시대를 예고한 예언서와도 같은 존재였다.[4] 주요 모티프는 아메리카의 역사다. 시인은 "가발도 연미복도 존재하지 않았던"(Neruda 1999a, 417) 정복 이전 아메리카의 숭고한 자연에서 칠레 해안의 소소한 자연에 이르기까지, 또 위대한 역사적 신화에서 일상적인 것에 대한 이데올로기적 해석에 이르기까지 모든 사물과 역사적 진실의 기록자로 나타나며, 시와 역사 기록 간의 상호작용 역시 역사적 현실의 총체적 재현을 꿈꾸는 시인의 예언적 목소리에 의해 끊임없이 통제된다.

『모두의 노래』의 집필 의도는 1400년의 토착 문명부터 마지막 수록 시 「여기서 끝마친다(Termino aquí)」가 쓰인 1949년에 이르기까지 "중간중간 끊어진 아메리카의 지형"(Neruda 2001, 933) 같은 영욕의 역사를 남김없이 드러냄으로써 시간의 한계를 초월한 광대한 영속으로서의 역사 개념을 통해 심오한 아메리카의 뿌리를 탐구하는 것이다. 이러한 의도를 효과적으로 구현하려다 보니 아메리카의 역사와 현실에 대한 시각과 해석은 다소 단순화되었지만, 시인은 시종일관 지배자들의 공식 역사에 대항하여 역사에서 소외된 이름 없는 민중들을 아메리카 역사의 주인으로 세우는 '역사 다시쓰기'를 수행하고 있다. 결코 낮은 목소리로 노래할 수 없었던 이 시기

배경으로 하고 있다.

4　1967년 볼리비아 산악지대에서 생포되어 총살당한 체 게바라의 유품 중에 녹색 노트 한 권이 있었는데, 여기에 「마추픽추의 산정」을 비롯한 수록 시의 일부가 필사되어 있다.

의 네루다는 신념 없이는 예언할 수 없으며 아메리카는 광기 없이는 정복되지 않는다는 사실을 누구보다 잘 알고 있었다. 디에고 리베라, 다비드 시케이로스, 호세 클레멘테 오로스코가 남긴 멕시코의 거대한 벽화에 견줄 만한 장대한 역사적 구도 속에 아메리카 역사의 구체성을 담아내고 있는 이 시집이 성취한 탁월한 민중적 서정은 그가 월트 휘트먼과 더불어 아메리카 대륙 최고의 서사 시인임을 웅변으로 보여 준다.

칠레 공산당에 입당함으로써 공식적으로 마르크스주의를 받아들인 네루다는 이제 전통 미학이 시인에게 부여하는 특권과 '저주'의 징후를 몰아내고 『지상의 거처』의 파괴된 세계 위에 새로운 세계를 건설하는 시의 탈신비화를 꾀한다. 1954년 칠레 대학 강연에서 그는 "시인은 작은 신(un pequeño dios)"이라고 천명했던 칠레의 아방가르드 시인 비센테 우이도브로의 창조주의(Creacionismo)에 맞서 노동자로서의 시인과 노동으로서의 글쓰기 개념을 제시하는데, 1971년 노벨상 수상연설에서 다음과 같이 재차 강조되는 이 개념은 마르크스주의 미학에 근접한다.

> 시인은 "작은 신"이 아닙니다. 결코 "작은 신"이 아니죠. 다른 일이나 직업에 종사하는 사람들보다 우월한 신비적인 운명을 타고난 것도 아닙니다. 저는 이따금 최고의 시인은 우리에게 일용할 양식을 건네는 제빵사라고 말하곤 했습니다. (Neruda 2002, 337)

훗날 스탈린 격하 이후 안드레이 즈다노프를 공개적으로 비판하기까지 네루다는 오랫동안 자타가 공인하는 스탈린주의자였고 사회주의 리얼리즘의 미학적 테제를 암묵적으로 옹호했다. 특히 「가슴속의 스페인」 이후 새로운 사회 건설에 대한 낙관적 전망을 견지했던 그에게 리얼리즘은 당대의 정치사회적·경제적·윤리적 딜레마를 기술하기 위한 주된 창작원리가 되었다. 국제무대에서 사회주의 리얼리즘이 지배적인 미학적 흐름의 하나를 형성하며 유력한 문학적 대안으로 부상한 것도 이 무렵이다. 그러나 1945년의 공산당 입당과 소련을 위시한 사회주의 진영에 대한 지지에도 불구하고 네루다는 사회주의 리얼리즘의 맹목적 추종자가 되기를 거부하고 줄곧 독자적인 노선을 추구하였으며, 심지어는 리얼리즘에 대한 강한 거부감을 드러내기도 했다. "나에게는 리얼리즘이 어울리지 않으며, 시를 논할 때는 특히나 리얼리즘을 혐오한다. 그리고 시가 리얼리즘을 넘어서거나 리얼리즘 아래일 필요는 없으나 반리얼리즘이 될 수는 있다. 반리얼리즘이란 일체의 합리성과 비합리성, 다시 말해 모든 시를 내포하는 시를 말한다"(Neruda 2002, 724). 같은 맥락에서 로드리게스 모네갈은 "사회주의 리얼리즘과 교화적인 시의 추종자들에 대한 명백한 찬동에도 불구하고 『모두의 노래』는 극단적으로 단순한 노선을 보이지 않는다"(Rodríguez Monegal 1988, 241)고 지적한 바 있다. 한마디로 네루다는 하나의 정형화된 틀에 갇히기에는 너무나 자유분방한 창조자였다.

> 나는 많은 세월이 흐른 뒤에야 내가 시를 쓰고 있으며 내가 쓰고 있는 것이 시라고 불린다는 것을 알게 되었다. 시에 대한 정의나 꼬리표에는 전혀 관심을 가져 본 적이 없다. 미학에 관한 논쟁이라면 넌더리가 난다. 미학을 주장하는 사람들을 깔보는 것이 아니라,

내 자신이 문학 작품의 탄생 배경이나 사후 평가에 문외한이라고 느낀다. (Neruda 2002, 772)

상징주의와 초현실주의를 거쳐 스페인 내전 이후 리얼리즘으로 향하였지만, 네루다는 한순간도 미적 자율성과 창조적 상상력을 포기하지 않은 자유로운 예술혼의 소유자요, 리얼리즘 그 너머를 꿈꾼 리얼리스트였다. 시인 자신의 말대로, "리얼리스트가 아닌 시인은 죽은 시인"이지만, "리얼리스트이기만 한 시인 역시 죽은 시인"(Neruda 2002, 692)이기 때문이다. 따라서 근원적이고 존재론적이며 넓은 의미의 현실 세계와 인간적 본능에 대한 섬세한 묘사가 누느러지는 네루다의 복합적인 시 세계를 올바로 해석하기 위해서는 당파적 리얼리즘의 잣대가 아니라 시인의 개성에 초점을 맞춰야 할지도 모른다.

한편, 1940년대에 유의미해 보였던 몇몇 사실들은 오늘날 역사적 가치 평가의 척도에서 중요성을 상실하였으며, "엄격한 소비에트 스타일의 공산주의자"였던 네루다는 『모두의 노래』에서 때때로 마르크스주의 비평가들도 당혹해할 정도의 단순성과 도식성을 드러낸다. 그의 역사인식은 브레히트의 경우처럼 마르크스에 토대를 둔 것이 아니라 당대를 지배했던 냉전논리에 더 가깝기 때문이다. 가령, 스페인과 미 제국주의에 대해서는 예리한 비판의 칼날을 들이대지만, 소련을 위시해 프랑스, 영국 등 여타 유럽 제국주의에 대해서는 침묵을 지키는 편향적인 역사 이해를 보여 준다. 제9부 「나무꾼이여 깨어나라(Que despierte el leñador)」는 이 점에서 특히 주목의 대상이 된다. 제목에 잘 드러나 있듯이, 이 작품은 점차 노골화하는 미국의 정치경제적·군사적 개입을 고발하면서 '나무꾼'의 각성을 촉구하고 있다. 노동자를 대변하는 '나무꾼'은 미국 민중들의 상징으로서 에이브러햄 링컨의 성격을 취하고 있다. 시의 말미에서 네루다는 실제로 링컨의 혼을 소환하고 있는데, 시인 자신의 표현대로 이 시편들은 "세계 평화를 성취하기 위한 미국의 소환"인 셈이다.

미국의 대외정책에 대한 분노에 찬 비판과 공격은 소비에트의 용기에 대한 찬양을 동반하는데, 특히 스탈린에 대한 찬가는 많은 논란을 불러일으켰다. 어쩌면 이 덕분에 1953년 스탈린평화상을 수상할 수 있었겠지만, 네루다를 완고한 스탈린주의자로 매도하는 정적들뿐만 아니라 신파조의 선전이 되는 순간 그의 시가 빈곤해진다고 생각한 동료들의 공격에 빌미를 제공하기도 했다. 1953년 냉전의 한가운데서 스탈린이 사망하자, 네루다는 그를 추모하며 이렇게 썼다. "단순한 사람들 중에 가장 위대한 사람, 우리들의 교사가 세상을 떠났다. 그가 떠나는 순간, 우리들의 지식과 지성, 영광과 고통으로 가득한 우리 시대의 문화 위로 태풍이 몰아친다"(Feinstein 2004, 292). 당시의 네루다에게 스탈린은 히틀러의 악령들에 맞서 승리를 쟁취한 인류의 구원자였고, 스탈린그라드 전투는 "새로운 사회질서가 결정적으로 구축되는 순간"이자 "평화를 보장하는 승리"(Feinstein 2004, 292)였던 것이다. 일찍이 문화적 폐쇄성과 획일주의 같은 소비에트 체제의 어둠을 간파하고 환멸을 드러냈던 앙드레 지드와 달리, 네루다는 그 체제의 긍정적인 면만을 바라보고 있었다. 1956년 제20차 소련 공산당대회 석상에서 흐루시초프가 스탈린의 죄악상을 폭로하고 그해 11월 소련 탱크가 부다페스트로 진격하였지만 이번에도 네루다는 침묵을 지켰다. 그러나 그 후 오랜 기간 논란을 겪으며 서서히 스탈린 우상화에서 벗어났다. 1969년 출간된 『세상의 종말(*Fin de mundo*)』에서는 1년 전 소련군의 탱크가 프라하의 봄을 짓밟은 사건에 대한 시인 내면의 응답을 읽을 수 있다. "보이는데도 보지 않았던/이 눈먼 사람을 용서해 다오"(Neruda 2000, 403). 시인에게 필명을 제공했던 얀 네루다의 도시가 유린당한 일은 그에게 큰 충격과 혼란을 안겨 주었다. 냉전의 절정기에 동유럽을 여행하며 쓴 시적 여행기인 『포도와 바람(*Las uvas y el viento*)』(1954)을 관통하는 미래사회에 대한 낙관적 전망과 비교하면, 사회주의 혁명에 대한 네루다의 단순한 믿음이 얼마나 심각하게 흔들렸는지 알 수 있다.

『모두의 노래』에 나타난 네루다의 역사관과 역사 개념에 대해서는 그동안 많은 논의가 있어 왔다. 그러나 그것이 이 작품에 접근하는 최상의 방법이라고 단정할 수는 없다. 편(偏)내용주의적·이념지향적 관점하에서는 이 책에서 두드러지는 상상력과 역사인식의 밀접한 상호관계가 제대로 해명되지 않기 때문이다. 이 시집에 담겨 있는 역사적 과정과 정치 프로그램에 대한 분석은 냉전이 시작되고 스탈린이 헤게모니를 장악했던 1940년대의 사회역사적 상황에 대한 분석을 사회과학적으로 되풀이하는 것과 크게 다르지 않다. 오늘의 관점에서 바라볼 때, 냉전시기에 네루다가 견지했던 정치적 신념은 상당 부분 시대착오적이며 더 이상 유효하지 않을지 모른다. 그러나 역사적·집단적 성격에도 불구하고 이 작품은 엄밀한 고증이 요구되는 역사물이나 연대기라기보다 역사적 상상력의 산물이라는 점이 간과되어서는 안 된다. 231편 15,000행에 이르는 방대한 시편들은 오늘날에도 비길 데 없는 웅대한 비전을 드러내며, 이 시집을 떠받치는 근원적 휴머니즘은 여전히 현대적 의미를 갖는다.

4 「마추픽추의 산정」: '나'의 독백에서 '우리'의 합성으로

시는 시적 자아를 통해 시인이 우리에게 자신과 세계에 대해 '무엇'을 이야기하는 의사전달 행위다. 이 시적 자아는 노래하는 대상에 따라 상이한 태도를 취할 수 있다. 따라서 테마와 시적 자아 간의 관계 가능성은 하나만 존재하는 것이 아니다. 물론 서정시에서는 시적 자아가 환기하는 정서, 혹은 정서적 체험에 무게중심이 놓이므로 소설에서와 같은 성격 전개를 기대하기는 어렵다. 그러나 「마추픽추의 산정」[5]에서 자아는 평면적 인물이 아니다. 실존적 고뇌부터 개인적 진실의 발견에 이르기까지, 세계 속에서의 상실감에서 인간적 연대를 통한 사회적 가치의 발견에 이르기까지 시적 자아의 역동적인 진화 과정이 펼쳐진다. 다시 말해, 12편으로 이루어진 시는 후반부로 가면서 개인의식의 표현보다는 민중의 대변자로

5 1945년 이슬라네그라에서 쓰인 이 시는 1947년 리브레리아 네이라(Ediciones de Librería Neira) 출판사에서 처음 출간되었다. 그리고 1950년 이후 『모두의 노래』에 포함되었으며, 1954년 나스시멘토(Nascimento) 출판사에서 또다시 독립된 책으로 출간되었다. 이처럼 「마추픽추의 산정」은 그 자체로 완결성을 지니고 있기 때문에 『모두의 노래』의 일부로 분석될 수도 있고 독립적으로 분석될 수도 있다.

서의 사회적 기능이 강조됨으로써 개인적 자아가 사회적 자아로 확장되는 양상을 보인다. 이 가변적인 자아는 타인과 하나의 축을 이루면서, 또 다른 축인 과거/현재와 교차하는 복잡한 구조를 형성한다. 로드리게스 모네갈은 『모두의 노래』의 성격에 대해 "서사적인 동시에 서정적이고, 연대기인 동시에 자서전이며, 역사적 극화이자 개인적 극화"(Rodríguez Monegal 1988, 236)라는 다층적 개념으로 정의한 바 있는데, 이 정의는 네루다 시 전체의 축도라 할 수 있는 「마추픽추의 산정」에도 예외 없이 적용할 수 있다.

과거/현재라는 종축과 자아/타인이라는 횡축이 교차하는 시의 구조는 텍스트를 두 구역으로 분리한다. 첫 다섯 편에서 시적 자아는 자신의 개인사, 즉 "텅 빈 그물처럼"(Neruda 1999a, 434) 방황하며 현실과 인간존재에서 의미를 발견하기 위해 괴롭게 투쟁했던 일련의 자전적 기억을 소환한다.[6]

바이올린 틈에서 나를 기다린 누군가가
목쉰 유황색 나뭇잎들을 헤치고
나선을 그리며 더 아래로 내려가

6 '전기적 자아(yo biográfico)'는 네루다의 거의 모든 시에 등장하는데, 특히 『모두의 노래』—제10부 「도망자(El fugitivo)」의 제15부 「나는(Yo soy)」에서 두드러진다—나 『이슬라네그라의 추억(*Memorial de Isla Negra*)』(1964)처럼 자전적 요소와 역사가 긴밀하게 상호작용하는 경우, 전기의 주체인 네루다와 언술 주체인 시적 자아 사이의 관계는 일견 무너지는 것처럼 보인다. 그러나 시적 자아는 시인의 개인적인 목소리의 영역을 확장시키고 그것을 주관적인 한계 너머로 투사하기 때문에 시적 자아를 통해서 시인은 '나'인 동시에 '타자'가 된다.

땅에 묻힌 탑 같은 세계를 찾아냈다.
나는 더 아래, 황금 지형 속,
대지의 가장 은밀한 생식기에,
유성(流星)에 싸인 검처럼,
거칠고도 부드러운 손을 찔러 넣었다. (Neruda 1999a, 434)

젊은 날의 시인의 삶을 환기하는 긴 방황 뒤에 시적 자아는 아직도 "눈먼 사람처럼" 현혹된 채 인간의 세계로 돌아온다. 사물의 중심으로의 여행은 인간의 대지와 그 허망한 봄으로의 불가피한 회귀로 귀결되는 것이다. 회귀의 표현은 각각 질서와 무질서, 재생산과 파괴로 정의할 수 있는 자연과 인간사회의 대조적인 존재 방식의 이미지를 통해 제시된다.

꽃은 꽃에게 고귀한 씨앗을 전하고
바위는 매질당한 금강석과 모래의 옷에
여전히 그 꽃을 뿌려 두고 있는데,
인간은 결연한 바다의 샘에서
모은 빛의 꽃잎을 구겨 버리고
손에서 맥박 치는 금속에 구멍을 낸다. (Neruda 1999a, 435)

이러한 대조의 결과로서 시 2의 끝부분에서는 자연에서 통찰한 "영원한 광맥"을 찾아 인간존재의 의미에 대한 철학적·형이상학적 물음을 던진다. "인간이란 무엇이었나?"(Neruda 1999a, 436) 그러나 자연세계의 연속성과 인간세계의 불연속성의 대조의 결과로 제기된 문제는 아무런 해답 없이 시적 자아의 패배로 끝나고, 계시적이고 신비로운 마추픽추의 체험이 이루어지기까지 삶의 열쇠를 찾지 못한다. 이 시행들을 관통하는 니힐리즘과 염세주의는『지상의 거처』의 그것과 완벽하게 일치한다. 마침내 시 4-5에서 자아는 세상에 편재하는 죽음과 사물들의 해체로 인한 고뇌, 시간의 불연속적 흐름 앞에서의 공포, 그리고 인간의 역사적 의미에 대한 몰이해에 상처 입은 채 인간적 고독의 맨 밑바닥에 도달한다.

바로 그때 나는 거리에서 거리로 강에서 강으로,
도시에서 도시로 침대에서 침대로 헤매고 다녔고,
소금기 머금은 나의 가면은 사막을 가로질렀다.
그리고 등불도, 불도, 빵도, 돌도, 침묵도 없는
모욕당한 마지막 집들에서, 쓸쓸히,
나 자신의 죽음으로 죽어 가며 나뒹굴었다. (Neruda 1999a, 437)

위의 인용에서 인간존재보다는 돌멩이 따위에나 어울릴 법한 '나뒹굴다(rodé)'라는 동사와 '쓸쓸하다(solo)'라는 형용사의 사용은 절망과 고독의 느낌을 한층 강화한다. 그리고 시 6에서 마침내 상징적인 마추픽추 등정에 착수하면서 극적인 반전이 일어난다.

그때 나는 대지의 사다리를 타고 올라갔다.
수풀 무성한 잃어버린 밀림을 헤치고
마추픽추, 너에게로.

층층이 돌을 쌓아 세운 고도(高都),
마침내 대지가 잠든 의복 속에
감추지 못한 자의 거처.
네 안에서, 두 개의 평행선처럼,
번개의 요람과 인간의 요람이
가시 바람 속에 흔들리고 있었다. (Neruda 1999a, 438)

여기서는 시의 라이트모티프인 죽음의 문제에 대한 해결책이 제시된다. 막다른 골목에서 길이 열린 것이다. 안데스의 산정에서 시적 자아는 도시의 건설자들을 통해 타인들의 죽음과 그들의 삶의 의미에 대한 역사적이고 근본적인 인식에 도달한다. 과거의 인간과 현재의 인간 사이의 명백한 결합과 일치 속에서, 과거의 노동자는 오늘의 시인의 눈으로 '대지의 등불'을 바라보았으며 오늘의 시인은 마추픽추에서 옛 사람의 옷과 손을 바라본다. '(나는) 바라본다(miro)'와 '(그는) 바라보았다(miró)'를 구분 짓는 미묘한 형태적 차이에서 아득한 두 시대의 거리가 결정적으로 극복되고 있다.

나는 바라본다, 의복과 손을,
낭랑하게 울리는 텅 빈 굴에서 물의 흔적을,
나의 눈으로 대지의 등불을 바라보았고
나의 손으로 지금은 소실된 목재에 기름을 먹이던
한 얼굴의 접촉으로 매끄러워진
벽을: 이젠 옷도, 가죽도, 그릇도, 말(言)도,
포도주도, 빵도 다

스러져 땅에 떨어졌으니. (Neruda 1999a, 439)

시적 자아는 개인주의적인 과거와의 결정적 단절을 의미하는 마추픽추의 체험을 통해 누구도 피해 갈 수 없는 일상의 '작은 죽음'을 정복하고 집단적인 인간 속에서 개인적인 삶을 영원화할 수 있는 가능성, 즉 거짓 죽음/진짜 죽음이라는 대립관계의 해소 가능성을 발견한다.[7] 고독과 절망, 실존적 고뇌, 개인적 죽음의 무의미함에 등을 돌리고 집단적 죽음의 계시를 통해 역사의식에 도달한 것이다. 집단적인 죽음에 대한 긍정적인 평가("영원한 생명의 돌과 말(言)"; "그 숱한 삶 뒤에 온 돌의 삶")와 함께, 마추픽추는 마침내 눈부신 성소(聖所)가 된다. 이처럼 「마추픽추의 산정」은 네루다의 초기시를 연상시키는 난해한 초현실주의적 이미지를 통해 세상과 불화하는 고독하고 절망적인 자아의 고뇌를 묘사하면서 시작되지만, 고뇌의 해답, 즉 부정적인 인간적 현실의 극복과 개인적 진실의 발견이 잉카 유적을 매개로 주어진다는 점에서 결정적으로 다르다. 결국 과거/현재의 이분법을 통해 자아의 과거에 대한 비판적 회상이 이루어지는 1구역(시 1-5)은 전체 구도 속에서 자아의 공고화라는 현재의 순간을 고양하기 위한 변증법적 대립항의 의미를 지닌다고 볼 수 있다.

7 페루의 아방가르드 시인 마르틴 아단(Martín Adán, 1908-1985)도 『놓은 손. 마추픽추에 바치는 노래(*La mano desasida. Canto a Machu Picchu*)』(1964)에서 삶과 죽음의 문제를 성찰하고 있지만, 이 시에서는 인간의 유한성·시간성이 죽음을 넘어선 마추픽추의 영속성·영원성과 극명하게 대비되고 있다.

현재와 과거가 교차하는 2구역(시 6-12)은 유적에 대한 성찰에 기반한 원주민 세계의 상상적 재건과 함께 시작된다. 특히 시 9에서는 동사의 절대적 부재 속에 마추픽추의 장엄한 아름다움에 대한 예찬이 쏟아진다.

항성의 독수리, 안개의 포도밭.
잃어버린 요새, 눈먼 언월도(偃月刀).
별 장식의 요대, 신성한 빵.
격류의 계단, 거대한 눈꺼풀.
세모난 튜닉, 돌의 화분(花粉).
화강암의 램프, 돌의 빵.
광석의 뱀, 돌의 장미.
매장된 배, 돌의 샘. (Neruda 1999a, 443)

케추아어로 '늙은 봉우리'를 뜻하는 마추픽추의 철자는 원래 'Machu Picchu'지만 네루다는 의도적으로 'Machu'에 자음 'c'를 추가해 6(Macchu)+6(Picchu)=12(Macchu Picchu)의 상징적 형태를 취하고 있다. 이렇게 형성된 내적 운율은 마추픽추 유적의 완벽한 조화와 비례를 나타내는 동시에 1년을 이루는 12개월과 12개의 별자리, 그리고 12편의 시를 의미한다. 유적의 완벽한 조형미와 균형감은 인용시의 시행 배치와 구문 형태에도 잘 드러나 있다. 마추픽추의 이미지와 메타포가 숨 가쁘게 이어지는 가운데 『모두의 노래』의 제1부 「대지의 등불(La lámpara en la tierra)」에서 시작된 신화적 비전이 지속되면서 일시적으로 시의 서두에서 제기된 인간의 문제가 잊힌 것처럼 보인다. 그러나 이러한 유혹을 깨뜨리는 집요한 물음을 통해 다시 근본적인 문제, 즉 이 시의 진정한 대상인 인간에게로 향한다.

> 돌 위에 돌, 사람아, 너는 어디에 있었느냐?
> 대기 위에 대기, 사람아, 너는 어디에 있었느냐?
> 시간 속에 시간, 사람아, 너는 어디에 있었느냐?
> 너 역시 미완성 인간의 부서진
> 작은 조각이었느냐? 오늘의 거리들에서, 흔적들에서,
> 스러진 가을의 낙엽들에서 영혼을 짓이겨
> 무덤으로 몰아가는 공허한 독수리의
> 작은 파편이었느냐? (Neruda 1999a, 444)

'이 험준한 산악지대에 도대체 어떻게 신비한 요새를 건설했을까'라는 의문은 그곳에서 노동하다 말없이 죽어 간 인간존재에 대한 탐색으로 이어지며, 이제 시인은 역사적 진실의 뿌리를 찾기 위해 잉카의 유적에 감춰진 인간의 고통에 주목한다. 구체적으로, 'hombre(사람)'와 음성적 유사성을 갖는 'hambre(굶주림)'라는 단어에 응축된 궁핍의 개념이 죽음의 개념을 대체하면서 현실의 문제를 예리하게 포착해 낸다.

> 땅에 묻힌 아메리카여, 역시, 너 역시, 맨 밑바다
> 그 쓰린 내장 속에, 독수리처럼 굶주림을 간직했던 것이냐?
> (Neruda 1999a, 445)

이처럼 유적의 신비와 아름다움에 대한 예찬에 뒤이어 인간에 의한 인간의 착취가 제시되고, 자아는 아메리카의 근원적 진실의 저장소인 마추픽추에게 구체적인 역사적 인간의 복권과 회복에 대한 동의를 구한다. "나 오늘 바다보다 넓은 이 행복을 잊게 해다오,/사람이 바다와 바다 위 섬들보다/더 넓으니"(Neruda 1999a, 445).

과거와 현재가 교차하는 「마추픽추의 산정」의 후반부는 시간과 공간의 이중적인 구조로 인해 상상력을 통한 시적 형상화의 전형을 보여 준다. 구체적으로 예수그리스도의 수난에 비유되는 고통과 억압 속에 죽어 간 마추픽추의 형제들과 시적 자아의 동일화라는 현재의 경험을 통해 시공간을 초월한 민중의 연대성이 고양된다. 한 개인의 죽음의 초월은 타인을 통해서, 즉 마추픽추에 묻혔다가 다시 발견된 사람들의 역사를 통해서 가능하다는 인식에 다다른 것이다. 따라서 이제 시인이 선택한 시간 구조에 과거를 위한 공간은 없다. 모든 것은 미래를 향한다. 그러므로 죽음 자체가 아니라 죽은 이들이 노동을 통해 남겨 놓은 역사적 진실이 중요성을 지니며 과거는 단지 역사로 태어남으로써만 의미를 갖게 된다.

시의 전반부와 달리 이제 시적 자아는 단수 개념이 아니라 복수화된 집단적 주인공인 민중 개념을 지향하며, 말 없는 이들의 대변자, 피억압자들의 해방자로의 변신을 향해 모든 시행이 집중된다. 그리고 어느 날 시인이 받았던 마추픽추로의 초대는 그를 통해 아메리카의 모든 형제들에게로 확산된다.

비라코차의 아들, 돌을 쪼는 후안이여,
초록별의 아들, 추위를 먹는 후안이여,

터키옥의 손자, 맨발의 후안이여,

형제여, 나와 함께 태어나기 위해 오르자. (Neruda 1999a, 446)

시적 자아가 함께 오르자고 소환하는 사람들, 그의 말과 피를 통해 말하게 될 옛 아메리카인들은 노동을 통해 영속적인 미를 창조한 노동자들이다. 여기에서 시적 대상인 노동자는 개별화되고 구체적인 이름을 부여받는다. 다양한 직업의 모든 노동자들—농부, 길쌈꾼, 목동, 조련사, 벽돌공, 물장수, 보석공, 농부, 도자기공—은 예외 없이 '후안(Juan)'으로 불리는 것이다. 네루다의 시에서 '후안'은 「엉겅퀴를 기리는 노래(Oda a la alcachofa)」의 '마리아'처럼 가장 평범하고 소박하면서도 숭고한 이름으로 빈중을 대변한다.[8] 막심 고리키의 정의에 따르면, '후안'은 맨발로(piesdescalzos) 추위를 먹고(comefrío) 돌을 쪼는(cortapiedras) 노동자라는 특정 계급의 성격을 전형적으로 제시하는 공통분모가 되는 것이다. 또한 "비라코차의 아들, 돌을 쪼는 후안이여"에서 스페인 이름과 원주민 이름이 뒤섞이는 것은 과거에 적대적이었던 존재들의 결합을 상징한다. 장구한 세월을 관통하는 당당하고 아름다운 하나의 이름을 통해 개인성이 극복되었을 때, 그 개인성은 이미 파편화된 기호가 아니다. 1구역에서 소외된 인간을 특징지었던 분열은 마침내 자아가 탐색의 중

8 네루다는 훗날 「시학 II(Artes poéticas II)」에서 자신의 삶을 회고하면서 이러한 시도의 한계와 모순에 대해 자아비판하고 있다. "나는 언제나 너무 모험을 좋아해서/결코 모험을 하지 못했어,/내가 발견한 것들은/나 자신 속에 있었지,/그렇게 나는 후안을, 페드로를,/마리아를 사취했어,/아무리 애를 써도/나는 나의 집에서 나갈 수 없었던 거야"(Neruda 2000, 440).

심에 놓았던 "파괴될 수 없는" 것의 차원인 서로 융화되고 동화된 인간의 삶으로 변모한다. 세월도 파괴하지 못한 유적의 아름다움 사이에서 자아는 고도(高都)를 건설한 노동자들과 그들처럼 억압받는 모든 이들의 넝마와 눈물과 피, 고통과 분노와 희망에 새롭게 목소리를 부여하고 그들의 본질적인 삶을 복원하는 것이 자신의 책무임을 깨닫는다.

내게 투쟁을 다오, 강철을 다오, 화산을 다오.

그대들의 몸뚱이를 자석처럼 내게 붙여 다오.

나의 핏줄로 나의 입으로 달려와 다오.

나의 말과 나의 피로 말해 다오. (Neruda 1999a, 447)

지금까지 살펴본 것처럼, 유적에 대한 성찰은 인간과 자연이 하나 되는 감동적인 결합의 드라마를 통해 마침내 결정적인 열쇠, 즉 세계의 공허함도 과거의 영광도 아닌 잊힌 사람들의 목소리에 도달한다. 땅에 묻힌 사람들에게 "몇 시간이고 몇 날이고 몇 해고 날 울게 내버려"(Neruda 1999a, 447) 두라고 간청하는 화자의 목소리는 고통의 공감을 통해 아메리카 원주민의 탄식의 울림이 되고, 시 텍스트는 마추픽추를 건설한 과거의 피억압 노동자들이 그에게 구술한 것의 표명이 된다. 화자가 강력하고, 부드럽고, 또 때로는 과격한 언어로 마추픽추를 건설한 노동자들의 이야기를 들려줄 때,

잠든(그러나, 죽지 않은) 노동자들은 ‘기억의 심부름꾼’인 화자와 함께 죽음에서 부활한다. 희생자들의 억압된 집단 기억을 후대에 전달하는 자아는 이제 시간의 밑바닥, “땅속 시간”으로부터 와 목소리를 갖지 못한 모든 사람들에게 목소리를 부여하면서 오늘을 노래하는 목소리이므로 동시에 모든 장소에 있다. 다시 말해, 아메리카의 사라진 사람들과 동일화되고 그들의 죽은 혀에 목소리를 부여했을 때, 인간적·사회적 사명을 띤 자아는 미래의 빛으로 과거의 사실을 조명하면서 무한한 시공간의 차원에서 예언을 수행하게 된다.[9] 구체적으로, 봉건제와 자본주의에서 모든 가치를 창출하는 주체는 잉카의 군주나 스페인 정복자들이 아니라 바로 노동자들이며, 자본주의가 조장하는 비인간화와 개인주의는 현실 변혁과 미래 건설을 위한 투쟁과 헌신을 통해 극복될 수 있음을 암시한다. 마침내 시인은 과거와 현재, 미래의 연결을 통해 잉카 노동자의 고통을 칠레, 더 나아가 아메리카 전체의 운명 가운데서 보고, 또 이것을 세계 도처의 피억압자들의 운명의 일부로 파악하는 데 성공하고 있다.

「마추픽추의 산정」은 당대의 민중 현실을 구체적으로 묘사하고 있지 않으나 확장된 현실로서의 과거 개념에서 날카로운 현실

9 명령법의 사용을 통해 망각에 묻힌 민중들의 부활을 선언하는 시의 마지막 부분에서 시인은 ‘산정’으로부터 유적을 내려다보는 권위 있는 목소리로 노래한다. 멕시코 시인 호세 에밀리오 파체코는 ‘시란 집단적이고 익명적’이라는 그의 시론이 잘 드러나 있는 「익명성을 옹호하며 조지 B. 무어 씨에게 보낸 편지(Carta a George B. Moore en defensa del anonimato)」라는 시에서 민중의 대변자로 신화화된 시인의 위상을 탈신화화하고 있다. “시인은 더 이상 자기 종족의 목소리, 즉 말할 수 없는 사람들을 대신하여 말하는 존재가 아니다”(Pacheco 2000, 303-304).

해석과 낙관적 미래 전망을 나타내며, 시인은 소박한 해답을 제시하는 현실의 재현을 포기하는 대신 현실의 근원을 포착하고 그 핵심을 인간을 통해 탐구한다. 다시 말해, 추상적이고 상상적인 과거를 구축하는 것이 아니라 거대한 현재를 붙들고 그것을 역사를 통해 해석하려 한다. 현실 재현을 넘어서는 상상력은 현실과 동떨어진 환상 속으로 비약하거나 과거의 단순한 이상화를 거부한다는 의미에서 리얼리즘 정신과 맞닿아 있다. 이처럼 잉카 시대의 역사가 아직도 우리의 살아 있는 역사임을 일깨워 주는 것이 「마추픽추의 산정」의 역사의식이자 시적 성취다. 시인의 행복한 긍정대로, 오랜 세월 험준한 산맥 속에 잊혀져 있던 마추픽추는 '아직 살아 있는 죽은 왕국'이다. 잉카의 잃어버린 공중도시 마추픽추의 고고학적 발견은 1911년—물론 현지인들은 오래전부터 유적의 존재를 알고 있었다—미국의 인류학자 하이럼 빙엄에 의해 이루어졌지만, 진정한 발견, 즉 시적 언어를 통한 지리적·역사적 현실의 대체는 1945년 시인 네루다의 상상력을 통해 성취되었다.

당시의 암울했던 세계는 네루다에게 '궁핍한 시대에 시인은 무엇을 할 것인가?'라는 물음을 던진다. 그리고 그는 위기의 시대에 맞서고 역사적 소외로부터 벗어나는 독특한 방식을 의미하는 역사적 상상력을 통해 이 물음에 응답한다. 현실인식을 위한 과학적 방법이 존재한다는 것을 부인하지 않지만, 주관적 상상력을 통해 현실과 차별적 관계를 맺고자 하는 시도 속에서 시인은 현실과 상상력, 객관성과 주관성이 동시에 상호작용하는 경이로운 결합을 성취하고 있다. 시인의 주관성은 객관적 현실에 완전히 자리를 내주지 않으며, 또 그 반대도 아니다. 이 두 가지 요소는 놀라운 방식으로 포개지고 서로 간섭하면서 작품 전체를 관통한다. 현실에 대한 인식을 전달한다는 점에서 리얼리즘적이고 객관적이며, 탈개성화되지 않은 정서적 울림을 유지하는 시적 자아를 표현한다는 점에서 개인적이고 주관적이다.

『모두의 노래』 서두에서 "역사를 말하려고 나 여기에 있다"(Neruda 1999a, 417)고 천명하고 있는 데서 엿볼 수 있듯이, 「마추픽추의 산정」에서 시인은 역사와 최대한 밀착되고자 한다. 그러나 결코 역사가를 대체하거나 역사가와 맞서지 않는다. 아메리카의 역사에 시인 자신의 페르소나인 시적 자아의 주관성을 덧붙이는 과정에서 자연스럽게 역사에 대한 새로운 해석이 생겨난다. 이처럼 문학적인 풍부한 상상력이 역사인식의 깊이를 더해 주며 역사가다운 투철한 역사의식이 예술성의 깊이를 더해 주는 이 시에서 네루다는 상상력의 시인인 동시에 현실을 노래하는 시인이 된다. 결국 시인은 내적 현실과 외적 현실을 포괄하는 총체적 현실의 해석자를 지향하며, 이것이 바로 『모두의 노래』와 더불어 사회주의 리얼리즘의 혐의를 받아 온 『포도와 바람』에서 찾아볼 수 없는 미덕이다.

5 시적 자아의 가변성과 현실의 총체적 반영

지금까지 살펴본 대로, 인간은 홀로 존재하지 않고, 과거-현재-미래의 사회와 역사 속에 그 뿌리를 가지는 연속된 존재의 일부라는 네루다의 핵심 개념이 「마추픽추의 산정」에 잘 나타나 있다. 집단적·복수적 자아를 지향하는 시인의 이러한 몸짓은 열여섯 살 소년 시인이 리카르도 엘리에세르 네프탈리 레예스 바소알토라는 본명을 버리고 파블로 네루다라는 필명을 취하는 평범하지 않은 행위 속에서 이미 예고되고 있다. 시인 스스로 밝히고 있듯이, 그의 삶은 혼자만의 삶이 아니라 "모든 삶들로 빚어진 삶"이다.

> 어쩌면 나는 내 자신 속에 산 것이 아니라 다른 사람들의 삶을 살았는지도 모른다. (…) 나의 인생은 모든 삶들, 시인의 삶들로 빚어진 삶이다. (Neruda 2002, 397)

자서전 서두에 나오는 이 말에서 우리는 단수에서 복수로("vida hecha de todas las vidas"), 그리고 복수에서 단수로("las vidas del poeta")의 섬세한 미끄러짐에 주목할 필요가 있다. 이처럼 전기적·개인적 존재로서의 '나'가 아니라 글쓰기 속에서 모든 삶을 살 수 있는 변화무쌍한 상상의 자아를 통해 그의 노래는 우리 '모두'의 노래가 된다.

> 나는 태어난 것이 아니라 사람들이 나를 세웠네.
> 사람들은 동시에 모든 이름과 모든 성(姓)을
> 내게 부여했네.
> 나는 풀숲으로 불렸고, 나중에는 살구나무,
> 낙엽송으로, 그리고 그 후에는 밀로 불렸네… (Neruda 2000, 911)

네루다에게 시인으로의 탄생은 규정 불능의 존재로 이행함을 전제로 한다. 시인이 취한 필명 파블로 네루다는 동시에 모든 이름을 갖도록 허용하는 이름이며, 이러한 조건 속에서 시적 자아는 역사까지도 포괄하는 총체적 주체로 우뚝 서게 된다. 따라서 풀숲, 살구나무, 낙엽송, 밀이 되는 것은 콰우테목, 라스 카사스, 산디노, 레카바렌 등의 역사적 인물과 이름 없는 무수한 아메리카 민중인 것과 마찬가지다. 『바다와 종(*El mar y las campanas*)』(1973)의 한 시에서 시인은 "나는 곧 민중"임을 장엄하고 엄숙하게 선언한다.

> 나의 이름은 그들, 죽은 이들과 같다.
> 나는 또한 라미레스요, 무뇨스요, 페레스요, 페르난데스다.
> 나는 알바레스, 누녜스, 타피아, 로페스, 콘트레라스로 불린다.
> 나는 앞으로 죽을 모든 이들의 피붙이다. 나는 곧 민중이다.
> (Neruda 1999a, 680)

이처럼 시공간을 초월한 자아의 끊임없는 존재 전이를 통해 『모두의 노래』는 칠레의 노래에서 아메리카 전체의 노래로, 더 나아가 인류 보편의 노래로 시적 공간을 확대해 갈 수 있었다. 『기본적인 것들을 기리는 노래(*Odas elementales*)』(1954)에서 네루다는 이러한 시적 자아의 또 다른 가면을 '보이지 않는 사람(hombre invisible)'으로 부르고 있다. '보이지 않는 사람'은 그의 새로운 시적 태도를 규정하는 중심 개념으로 연대성과 희망을 담보하는 집단 주체를 의미한다. 이 개념은 시인 자신이 사물과 외부 세계의 노래를 전달하는 익명의 존재로 기능하는 탈개성적이고 총체적인 서정시에 대한 의지의 표명이다.

나는 모든 이들이
나의 삶 속에서
살고 내 노래 안에서
노래했으면 좋겠네.
(…)
나의 노래는 모든
사람들을 그러모아,
모든 이들과 함께 노래하는
보이지 않는 사람의 노래라네. (Neruda 1999b, 43, 45)

개인의 내면세계와 고독의 바다에 매몰됐던 과거의 시 세계에 대한 자기비판으로 시작하는 이 시에서 시인은 아방가르드와 상투적 리얼리즘에 맞서 투명한 일상성의 시를 옹호한다. 이 시는 1인칭으로 쓰였지만, 아이러니하게도 '나'의 존재를 투명하게 감추고 '나'의 우월성을 부정하는 이 '보이지 않는 사람'과 더불어 개인과 개인성은 자취를 감추며 시인의 노래는 이름 없는 민중들의 침묵의 언어와 결합한다. 물질세계와의 대화, 역사와의 대화를 거쳐 이제 소박한 사물들과의 대화를 시작한 시인은 자연과 인간 현실의 모든 요소들을 아우르고자 하는 총체적 유토피아를 통해, 모든 것을 담아낼 수 없는 시적 담화 자체의 한계와 결별하고 있는 것이다. 이처럼 '보이지 않는 사람'으로서의 시인 개념은 궁극적으로 총체적 현실인식의 추구와 맞닿아 있으며, 우리는 그 완벽한 이론적 표현을 네루다가 일찍이 1935년 스페인에서 발표한 선언적 글 「순수 없는 시에 관하여(Sobre una poesía sin pureza)」에서 찾아볼 수 있다.

> 우리가 추구해야 할 시는 산(酸)에 닳아지듯 손의 노동에 닳아지고, 땀과 연기가 배어 있고, 법의 테두리 안팎에서 행해지는 다양한 일들로 얼룩진, 백합과 오줌 냄새를 풍기는 그런 시다. 음식 얼룩과 수치를 지닌, 주름살, 법의 준수, 꿈, 불면, 예언, 사랑과 증오의 고백, 폭력적 언동, 충격, 목가, 정치적 신념, 부정, 의혹, 긍정, 무거운 짐을 진 몸뚱이처럼, 낡은 옷처럼 불순한 시. (Neruda 2001, 381)

아직 그의 시가 다분히 형이상학적 단계에 머물러 있을 때 쓴 이 글에서 시인은 마르크스주의 같은 집단주의 미학을 구체적으로 명시하지 않으면서도 일상적인 삶, 인간 존재의 생생하고 구체적인 경험에 대한 추구를 명백하게 보여 준다. 『지상의 거처』에서 개인주의적 성향을 보였던 네루다가 인간의 손에 닳아진 구체적인 시적 대상을 통해 집단적인 시 개념에 접근하고 있음을 알 수 있다. 존재의 구체적인 조건을 배제한 채 인간을 설명하려는 일체의 시도, 역사를 배제한 채 자연을 노래하려는 일체의 시도를 불합리한 것으로 만드는 것은 바로 "인간 존재의 막연한 불순"(Neruda 2001, 381)이다. 삶과 세계의 총체적 반영에 대한 열망은 형이상학적 관념론과 심미주의에 대한 거부이자 사적 유물론의 이데올로기적 프로젝트와는 근본적으로 구별되는 유토피아적 프로젝트이며, 이는 『모두의 노래』, 특히 「마추픽추의 산정」의 본질적 의미를 이해하는 데 결정적 중요성을 갖는다. 이처럼 아마노 알론소가 '난해시(poesía hermética)'로 규정했던 『지상의 거처』 시기에도 이미 리얼리스트로서의 네루다의 면모를 찾아볼 수 있다. 따라서 스페인 내전 이후 "네루다의 시가 밤에서 아침으로 천지개벽했다"(Alonso

1997, 359)는 알론소의 진단은 과장된 면이 없지 않다. 불연속성의 이면에는 네루다의 전(全) 작품을 관통하는 연속성이 자리하고 있기 때문이다.

사회주의 리얼리즘에 토대한 많은 글쓰기가 흔히 빠지기 쉬운 함정으로부터 『모두의 노래』를 구한 것은 바로 시적 자아의 놀라운 가변성, 즉 가면을 창소하는 시인의 능력이다. 그 덕분에 자전적 작가는 자신의 글쓰기 속에 모든 삶을 기록할 수 있으며, 그의 노래는 '모두의 노래'가 될 수 있는 것이다. 제10부 「도망자(El fugitivo)」에서처럼 화자가 영웅적인 주체로 등장하여 시적 담화를 이끌어 가든, 아니면 제8부 「대지의 이름은 후안(La tierra se llama Juan)」에서처럼 시적 자아가 주인공의 역할을 버리고 단순한 화자의 차원으로 물러나든 상황은 마찬가지다. 이 변화무쌍한 자아는 유토피아적 열망 속에서 자신의 시간성을 뛰어넘어 역사적 존재, 역사적 사건과 합류한다. 여기에서 역사적 존재와 개인적 존재, 내적 현실과 외적 현실 사이의 간극은 해체되며, 결코 하나가 다른 하나를 대체하지 않는다. 이러한 시적 자아의 모습은 『모두의 노래』를 다른 작품과 구별 짓는 가장 개성적인 면모로서 자전적인 동시에 총체적인 시적 공간을 창조함으로써 응축된 긴장과 역동성을 불러일으킨다.

예컨대, 「대지의 이름은 후안」에서 사건과 불행을 이야기하는 사람은 시적 주체로서의 민중 자신이다. 각각의 시에는 노동자들 각자가 밝히는 궁핍과 노동, 투쟁의 이야기를 개인화하는 데 기여하는 의미 있는 세부들이 존재한다. 이처럼 근원적인 서정적 화자는 목소리를 작중 인물에게 양도하고 있는데, 네루다는 이러한 화자의 이동을 통해 놀라운 다양성과 극적이고 감동적인 효과를 이끌어 낸다. 칠레뿐만 아니라 볼리비아, 콜롬비아, 코스타리카 등 라틴아메리카 각 나라의 위대한 역사를 건설한 노동자들의 생생한 이야기를 담고 있는 이 시편들이 "민중 자신의 언어로, 민중들이 자신들의 결점과 사물을 이야기하는 방식대로"(Cardona Peña 1950, 280) 쓰였다는 시인 자신의 표현은 다소 과장일 수 있다. 그러나 이미지의 옷을 벗어 버리고 민중의 언어를 직접 전달하겠다는 이 진술에는 "기본적인 대상들의 세계는 가장 단순하고 소박한 형식으로 표현되어야 한다"(Concha 1999, 39)고 믿는 '말의 노동자'로서의 시인의 소명의식이 잘 나타나 있다.

참고자료

「마추픽추의 산정」 전문을 포함하고 있는 우리말 번역으로는 『마추삐추의 山頂』(민용태 옮김, 열음사, 1986), 『모두의 노래』(고혜선 옮김, 문학과지성사, 2016), 「김현균 교수의 번역으로 읽는 네루다의 시(1): 「마추픽추의 산정」(『지구적 세계문학』 7호, 2016)이 있다. 네루다의 시 세계를 두루 살피려면 『네루다 시선』(정현종 옮김, 민음사, 2007), 『네루다 시선』(김현균 옮김, 지만지, 2014)을 참고하면 된다. 작품의 배경을 깊이 이해하고 싶은 독자에게는 애덤 펜스타인이 쓴 평전 『빠블로 네루다』(김현균, 최권행 옮김, 생각의나무, 2005)와 『파블로 네루다 자서전: 사랑하고 노래하고 투쟁하다』(박병규 옮김, 민음사, 2008), 그리고 파블로 라라인 감독의 영화 〈네루다〉(2016)를 추천한다.

08
인간의 고독과 숙명을 해부하다
가브리엘 가르시아 마르케스,
『백년의 고독』
김창민
Cien años
de soledad

김창민

서울대학교 서어서문학과를 졸업하고 마드리드 대학에서 라틴아메리카 문학으로 박사학위를 취득하였으며 현재 서울대학교 서어서문학과 교수로 재직 중이다. 저서로는 『스페인 문화 순례』(서울대학교출판문화원, 편저, 2013), 역서로는 멕시코대학원 편, 『멕시코의 역사』(그린비, 2011), 로제르 바르트라, 『새장에 갇힌 멜랑콜리』(그린비, 2015), 슈테판 츠바이크, 『미래의 나라 브라질』(후마니타스, 2016) 등이 있다.

1 작가의 삶과 콜롬비아의 역사가 반영된 『백년의 고독』

가브리엘 가르시아 마르케스(Gabriel García Márquez, 1927-2014)는 "나는 개인적 경험이 바탕이 되지 않은 이야기는 쓸 수 없다"고 말했다. 이 말은 그의 대표작 『백년의 고독(*Cien años de soledad*)』(1967)에도 그대로 적용된다. 그래서 작가 개인사와 콜롬비아의 역사를 살펴보는 것은 이 작품을 이해하는 데 크게 도움이 된다.

가브리엘 가르시아 마르케스는 1927년 콜롬비아의 아라카타카에서 태어났다. 어려서 아버지 직업 때문에 부모와 떨어져 외조부모 밑에서 자라면서 이들의 영향을 많이 받게 된다. 당시 아라카타가는 산과 강 사이의 작은 마을로 무더위와 폭우가 심한 곳이었다. 라파엘 레예스 정권(1904-1910)과 함께 주변에는 미국의 다국적 기업 유나이티드 푸르트사(United Fruit Co.)를 비롯한 여러 바나나 농장들이 들어서면서 번창했다. 1928년 이웃마을 시에나가에서 바나나 농장 노동자 대량학살 사건이 일어나고, 또 제2차 세계대전이 발발하여 바나나 가격이 폭락하면서 콜롬비아의 바나나 열풍이 시들게 되자 아라카타카 경제도 몰락하여 과거 영화에 대한 기억만이 궁핍한 현실을 위로해 줄 수 있게 되었다. 작품의 공간이 되는 상상의 마을 '마콘도'는 그 당시 아라카타카 마을 근처 고기마얄에 있던 바나나 농장의 이름이었다. 결국 소설 속 마콘도는 작가가 어린 시절을 보낸 아라카타카 마을처럼 전설, 환영, 고독, 향수가 뒤섞인 신화적인 마을로 형상화된 것이다.

소설에서는 천일전쟁과 진보-보수진영 간의 갈등이 많이 언급되고 있다. 천일전쟁은 1899년에서 1902년 사이에 일어난 내전으로, 200회 이상의 전투가 있었고, 3만 명 이상 사망한 비극적 사건이다. 자유진영은 대서양 연안지역의 지지를 받았고, 보수진영은 콜롬비아의 중부와 남부의 지원을 받았다. 결국은 보수진영이 이겼고, 우리베 장군은 추방되었다. 작가의 외조부는 자유당의 우리베 장군의 휘하에서 대령으로 천일전쟁에 참여했다. 가르시아 마르케스는 어릴 적에 외조부로부터 직접 겪은 천일전쟁 이야기와 콜롬비아의 역사 이야기를 수없이 들으면서 자랐다. 그리고 외조모로부터 마을에 전해 오는 전설이나 동화 같은 환상적인 이야기를 많이 들었다. 이렇게 조부모로부터 들은 이야기들과 그 전달방식은 작품의 내용과 문체에 절대적으로 영향을 미쳤다고 할 수 있다. 하지만 이 작품이 콜롬비아의 역사만 다루고 있다고 볼 수는 없다. 에덴동산을 연상시키는 초기 마콘도의 모습에서부터, 스페인에 의한 라틴아메리카 정복과 오랜 식민통치, 해적의 노략질, 자유사상의 유입과 독립을 위한 투쟁, 과학적 진보, 다국적 기업의 착취, 군사 정권의 영향, 원주민과 유럽 문화의 뿌리, 동양의 영향까지, 라틴아메리카의 역사와 인류의 역사를 암시하는 내용들을 작품 곳곳에서 찾아볼 수 있기 때문이다.

시공간적 배경 이외에도, 『백년의 고독』에 등장하는 에피소드나 부엔디아 가문의 혈통에는 가르시아 마르케스의 가족과 관련된 소재들이 많이 들어가 있다. 작품 첫머리, 어린 시절 아우렐리아노 대령이 아버지의 손을 잡고 얼음을 구경하러 가는 에피소드는 바로 작가가 외할아버지 니콜라스의 손을 잡고 서커스를 보러 갔던 어린 시절의 기억이 변형된 것이다. 또 외할아버지는 단어의 의미에 대해 관심이 많았던, 사전광이었다. 소설에서 부엔디아 가족의 남자들 역시 멜키아데스의 원고 해독에 매달렸다. 소설에서 우르슬라 이구아란이 노화 과정에서 눈이 멀고 반쯤 실성하게 되는데, 외할머니 도냐 트랑킬리나(doña Tranquilina)에 대한 과장에서 나왔다고 볼 수 있다. 부엔디아 가문이 리오아차에서 유래하는데, 사실 외조부모가 그곳 출신이며 이들은 사실 친사촌 간이었다. 우르슬라 이구아란과 호세 아르카디오 부엔디아처럼. 이구아란이라는 성은 소설에서나 실제에서나 흔한 성이다. 이처럼 가족사와 관련된 자료들을 활용한다는 것이 과거를 상기시키는 라틴아메리카 소설에서 그리 독창적인 것은 아니다. 다만 가르시아 마르케스는 그러한 개인적 경험을 초월하는 의미를 부여할 수 있었다.

가르시아 마르케스가 8세 때 외할아버지가 죽었다. 그는 중등학교에 다니기 위해 바랑키야로 떠나야 했는데, 1940년에는 보고타 근처에 있는 국립학교의 장학생으로 전학하게 된다. 그의 회고에 따르면 그때가 가장 고통스러운 시기였다. 콜롬비아 북부의 카리브 해안지역이 자유분방하고 활기가+ 넘치는, 감성이 지배하는 지역이라면, 보고타로 대표되는 내륙은 내향적이고 가라앉은, 이성이 지배하는 분위기라고 할 수 있다. 청소년기의 가르시아 마르케스에게 보고타는 '감금과 슬픔'의 도시였다. 그런 분위기는 고통스러웠고, 그로 하여금 자연스럽게 고독을 경험하게 했다.

가르시아 마르케스는 1947년 콜롬비아 국립대학 법대에 입학했으나 법학에 별 흥미를 느끼지 못해 학업을 중단하고, 첫 번째 단편 「세 번째 단념(La tercera resignación)」을 썼다. 이것은 『엘 에스펙타도르(*El espectador*)』에 실린다. 이후 1952년까지 10편의 단편을 언속 발표한다. 자유파 지도자 호르헤 엘리에세르 가이탄(Jorge Eliécer Gaitán)이 살해되면서 촉발된 시위를 잔인하게 진압한 '보고타 학살사태(el bogotazo)' 바로 직후인 1948년 5월, 언론활동에 첫발을 디딘다. 1948년 3월에 막 창간된 자유파 신문인 『엘 우니베살(*El Universal*)』이 첫 활동무대였다. 또한 1950년 우연한 기회에 들른 바랑기아에서 나중에 "바랑키야 그룹(Grupo de Barranquilla)"으로 알려진 언론인과 지식인들을 알게 된다. 그중에는 카탈루냐 출신의 극작가, 책방 주인이자 언론인인 라몬 비녜스(Ramón Vinyes)가 있는데, 그는 『백년의 고독』에서 "카탈루냐 출신의 현자"로 나온다. 그의 "노트들"은 아직 실존한다. 그 그룹 사람들을 통해 그 당시 유명하던 작가들, 도스 파소스(Dos Passos), 포크너(William Faulkner), 버지니아 울프(Virginia Woolf), 스타인벡(John Ernst Steinbeck), 헤밍웨이(Ernest Miller Hemingway), 콜드웰(Erskine Caldwell), 헉슬리(Aldous Leonard Huxley) 등에 대해 많은 지식을 얻게 된다. 그 후, 1950년대 전반까지 신문 『엘 에랄도(*El Heraldo*)』, 『엘 나시오날(*El nacional*)』에 칼럼을 기고하고, 잡지 『콤프리미도(*Comprimido*)』, 『크로니카(*Crónica*)』의 편집장 일을 하면서 작가로서 준비 기간을 가졌다고 할 수 있다.

그가 여러 신문과 잡지에 기고를 한 것은 그만큼 표현에 대한 갈증과 현실문제에 대한 관심이 컸다는 것으로 볼 수 있다. 언론 활동과 신문기사 작성을 통한 문체의 단련은 소설을 쓰는 과정에서도 객관적 시선을 유지하고 서술하는 데 익숙하게 만들었고, 『백년의 고독』에서 등장인물들에 대한 묘사와 서술에서 거리두기로 나타났다고 할 수 있다. 또 한 가지 그의 문체에 영향을 미친 것은 영화 시나리오 쓰기였다. 가르시아 마르케스는 쿠바 혁명 후 설립된 쿠바의 관영 통신사인 '프렌사 라티나(Prensa latina)'의 콜롬비아 지국장직을 1959년 2월부터 맡아 왔는데, 1961년 5월 그 직책을 그만두고 멕시코로 가서 영화 시나리오 집필에 전념한다. 여러 편의 시나리오를 쓰면서 카메라의 렌즈에 담는 듯한 시각적 묘사와 섬세한 감정표현 등으로 문체적 관심이 확장되었고, 그런 '시각적 객관성' 혹은 '거리 두고 서술하기'가 『백년의 고독』의 지배적인 서술 방식으로 나타나게 된 것이라고 볼 수 있다.

일반적으로 『백년의 고독』은 그 이전 소설들의 결정판이라는 평가를 받는다. 따라서 이전 작품들이 어떻게 발전하고 집대성되어 『백년의 고독』이 탄생하게 되었는지를 살펴보는 것도 흥미로운 일이다. 작가가 1950년 5-6월에서 그해 11월까지 쓴 출판되지 않은 원고가 있는데, 제목은 『부엔디아 가족의 집(소설을 위한 메모)(*La casa de los Buendia*(*Apuntes para una novela*))』이다. 여기에서 처음으로 부엔디아라는 성이 등장한다. 1948년 가르시아 마르케스는 천일전쟁에 참여했던 부엔디아라는 성을 가진 인물에 대한 팸플릿을 읽었고, 그때부터 자기 외할아버지 니콜라스 마르케스와 유사한 그 인물의 가족사에 대한 소설을 쓰겠다는 생각을 갖게 되었다고 한다. 이 원고에서 집에 대한 묘사는 아우렐리아노 대령이 돌아오면서 시작한다. 대령은 "비가 그치고 나서" 허물어져 가는 집을 다시 짓기 시작하는데, 앞으로 나오게 될 작가의 작품 속 주된 공간이 그때 이미 마련되었다고 할 수 있다. 다만 적절한 시기와 분위기가 필요했던 상태였다. 또한 이 작품에서 신화와 시간의 결합이 엿보이는데, 이것은 이미 1950년 그의 칼럼난 '기린(jirafa)'에 실린 「환상의 조끼(El chaleco de la fantasía)」란 글에서도 엿보인다. 이러한 가운데 『백년의 고독』은 숙성되고 있었다.

가르시아 마르케스의 첫 소설 『낙엽(*La hojarasca*)』은 1955년에 출간되었지만, 사실은 1951년 9월에 초고가 완성된 것으로 알려진다. 이 짧은 소설의 이야기는 1903-1928년 사이에 마콘도에서 전개되며, 세 명의 인물이 자살한 의사에 대해 각자 독백형식으로 이야기한다. 낙엽은 바나나 농장의 낙엽을 의미한다. 늙은 대령도 등장한다. 이 소설에서 이미 작가는 가족사를 다루는 소설을 구상하고 있었던 것으로 보인다. 하지만 자신이 처음에 계획한 것은 마콘도의 역사 전체를 담는 것이었는데, 결국 단편적인 이야기만을 담게 되어 완성도가 부족하다고 느낀 나머지 실망한다. 처음에는 제목을 애매하게 『집(*La casa*)』이라고 붙였다. 그 이야기에는 자신이 아라카타카에서 보낸 유년시절의 세계가 반영되어 있다. 그곳에서 1915-1918년 사이에 바나나 농장이 호황을 누렸다. 이 시기 가족 주변에 대한 기억들이 『집』을 비롯한 다른 작품들과 『백년의 고독』으로 이어진다.

1961년에 『아무도 대령에게 편지하지 않다(*El coronel no tiene quien le escriba*)』가 출판되는데, 실제로는 1957년에 초고를 완성한 것으로 알려진다. 이 작품에는 끝없이 내리는 비, 부인과 함께 고독에 빠진 대령, 죽은 아들에 대한 기억, 전투에 대한 그리움 등이 마콘도에서 펼쳐진다. 이 작품에 나오는 대령은 신체적 장애가 있다. 실제로 가르시아 마르케스의 외할아버지는 애꾸였다. 또 이 작품에 나오는 젊은 모반가들의 이름이나, 아우렐리아노 대령이 마콘도에서 함께 지낸 마지막 친구들의 이름은—알바로 세페다(Álvaro

Cepeda), 알폰소 푸엔마요르(Alfonso Fuenmayor), 헤르만 바르가스(Germán Vargas)—바랑키야 그룹의 친구들 이름과 같다.

1962년 단편집 『마마 그란데의 장례식(*Los funerales de Mamá Grande*)』이 멕시코에서 출간된다. 이 단편집에서 가장 관심을 끄는 부분은 단편 「마마 그란데의 장례식」의 문체이다. 과거의 간결하고 힘차면서도 부드러운 문체는 이 작품에서 열거와 과장, 유머가 가득한 만연체로 바뀌어 있다. 지나치다 싶을 정도의 열거와 과장은 마마 그란데라는 주인공과 공간적 배경인 마콘도를 환상적 분위기로 만들어 낸다. 마치 옛날이야기를 구술하는 것 같은 구술 문학적 특징과, 서술자가 사건과 인물에 대해서 거리를 두고 서술하려는 태도가 뚜렷하게 보이고 있다. 작가가 고백했던 것처럼, 문체에 있어 스페인의 라몬 고메스 데 라 세르나(Ramón Gómez de la Serna)의 문체인 '그레게리아스(greguerías)'(비교, 역설, 과장, 현실의 한 측면에 대한 부분적이고 놀라운 메타포와 이미지)의 영향을 많이 받았다고 할 수 있다. 이런 몇 가지 측면에서 『백년의 고독』의 탄생이 임박했음을 예고하는 작품이라고 할 수 있다. 하지만 이후 1965년까지 절필을 선언한다. 그때까지 발표한 소설과 단편들이 별로 성공을 거두지 못했고, 스스로 자기 작품에 만족하지 못했기 때문이었다.

마침내 1967년, 『백년의 고독』이 출판된다. 작가에 말에 따르면, 『백년의 고독』의 집필은 1965년에 시작해서, 18개월이 걸렸고 원고지 5천 매가 폐기되었다. 소설을 쓰기 시작했을 때는 이미 작품의 첫 문장과 마지막 문장까지 모든 소설 내용이 머릿속에 완벽하게 쓰여 있었지만, 초고를 완성하고 나서도 10회 정도나 수정을 보았다고 고백했다. 그의 모든 이전 작품들이 『백년의 고독』으로 수렴되었다고 할 수 있다. 작가 자신이 밝혔듯이, 이전의 작품들은 이 소설, 이 거대한 프로젝트로의 접근이었다. 이 작품은 원고가 완성되기도 전에 보고타와 멕시코, 리마의 잡지에 일부가 발표되었는데, 카를로스 푸엔테스(Carlos Fuentes)를 비롯한 작가들과 일반 독자의 반응이 뜨거워지자, 1966년 아르헨티나의 수드아메리카(Sudamérica) 출판사에서 출판제의를 받는다. 1967년 6월 책이 발간되자마자 가르시아 마르케스는 세계적으로 유명한 작가가 되고, 라틴아메리카의 문학도 세계문학의 주변부에서 벗어나게 된다.

2 작품 탄생의 문학사적 배경

『백년의 고독』은 라틴아메리카 소설이 소위 '붐'을 맞고 있던 시기에 탄생했다. 1960년대 초반에 라틴아메리카 소설의 '붐'이 일어난다. 그 시작과 끝이 몇 년이었는지는 정확하게 규정할 수 없지만, 대체적으로 1963년에서 1970년까지로 잡고 있다. 이 시기 라틴아메리카 소설가들은 전 세계적으로 많은 독자들을 확보하게 되고, 연예인 못지않은 인기를 누리게 된다. 당시 라틴아메리카에서는 학교 교육을 통해서 독자들이 급격히 늘어난 상태였고, 이들은 붐을 일으킨 작가들의 작품을 통하여 라틴아메리카 문화의 유산과 자신들의 정체성을 확인하고자 하였다. 그렇다고 문학적 혁신이 이 시기에 일어난 것은 아니다. 1950년대와 그 이전에 전통적 사실주의와 지역주의 소설에 대한 저항이 일어나고 있었다. 쿠바 작가 알레호 카르펜티에르(Alejo Carpentier)의 초기 소설, 아르헨티나의 호르헤 루이스 보르헤스(Jorge Luis Borges)와 훌리오 코르타사르(Julio Cortázar), 우루과이 작가 후안 카를로스 오네티(Juan Carlos Onetti), 그리고 멕시코의 후안 룰포(Juan Rulfo)의 작품들이 그러한 경향을 보였다. 어떤 비평가들은 이들에 앞서 아르헨티나 작가들인 로베르토 아를트(Roberto Arlt), 마세도니오 페르난데스(Macedonio Fernández), 레오폴도 마레찰(Leopoldo Marechal), 우루과이 작가 펠리스베르토 에르난데스(Felisberto Hernández), 페루의 호세 마리아 아르게다스(José María Arguedas), 1967년 노벨문학상을 수상한 과테말라의 미겔 앙헬 아스투리아스(Miguel Ángel Asturias) 등을 더 선구적 작가로 언급하고 있다.

이 시기에 라틴아메리카 문학에 큰 영향을 끼친 정치적 사건은 쿠바 혁명이다. 쿠바 혁명이 진행되면서 라틴아메리카 작가들은 쿠바 혁명에 대한 자신들의 지지를 표명했다. 쿠바 혁명이 반제국주의를 내세우고 저개발의 문제를 다루면서 라틴아메리카 역사와 문화, 정체성에 대한 라틴아메리카인의 자의식을 일깨웠기 때문이다. 또한 혁명 이후 라틴아메리카 국가 간의 연대를 지향하는 뜻으로 만들어진 잡지 『카사 데 라스 아메리카스(*Casa de las Américas*)』, 부에노스아이레스의 주간지 『프리메라 플라나(*Primera Plana*)』, 멕시코의 잡지 『시엠프레(*Siempre*)』, 그리고 아르헨티나와 멕시코의 다른 출판사들도 새로운 작가의 발굴과 홍보에 크게 기여했다. 스페인에서는 세이스 바랄(Seix Barral) 출판사가 비블리오테카 브레베(Biblioteca Breve)라는 문학상을 통해서 라틴아메리카 작가들이 국제적으로 인정받고 크게 활약하는 데 결정적으로 기여했다. 그렇지만 라틴아메리카 소설 붐의 무엇보다 중요한 요인은 작가들의 열정과 문학적 능력이었다. 그들은 문학적 혁신에 대한 열정이 있었고, 새로운 서술 기법에 능통했으며, 전통적인 테마들을 새로운 각도에서 다룰 수 있는 지적·창조적 능력이 있었던 것이다.

붐이 일어난 또 다른 요인으로는 젊은 당시 작가들이 많이 등장했다는 것과 새롭게 출판되는 소설들을 읽고 싶어 하는 독서 대중들이 많아졌다는 것이다. 그 결과 해외에 있는 출판사들도 라틴아메리카 소설에 관심을 가지고 번역을 하게 되었고, 전 세계적으로 독자를 갖게 되었다. 또 미국을 비롯해 해외의 학자와 비평가들이 라틴아메리카 문학에 대해 전문적으로 연구와 비평을 하면서 독자들의 관심을 증대시켰다는 점도 간과할 수 없다. 작가들이 서로의 작품에 대한 평가와 새로운 작가의 발굴에 신경을 썼다는 점도 또 다른 요인이다.

이 붐 소설의 대표적인 작가들로는 훌리오 코르타사르, 카를로스 푸엔테스, 가르시아 마르케스, 마리오 바르가스 요사(Mario Vargas Llosa)가 꼽히지만 때로는 호세 도노소(José Donoso)와 기예르모 카브레라 인판테(Guillermo Cabrera Infante)가 포함되기도 한다. 물론 붐에 앞서 소설을 쓰기 시작했지만 붐 시대에도 계속해서 작품을 쓴 작가도 많고—후안 카를로스 오네티, 레오폴도 마레찰, 후안 룰포, 호세 마리아 아르게다스, 아우구스토 로아 바스토스(Augusto Roa Bastos), 다비드 비냐스(David Viñas), 에르네스토 사바토(Ernesto Sábato)—, 붐 시대 이후에 속하면서도 붐 소설의 서술 기법과 태도를 지속하는 작가들도 있다. 마누엘 푸이그(Manuel Puig), 네스토르 산체스(Néstor Sánchez), 호세 아구스틴(José Agustín), 호세 에밀리오 파체코(José Emilio Pacheco), 구스타보 사인스(Gustavo

Sainz), 페르난도 델 파소(Fernando del Paso) 등이다.

붐 소설 작가들의 작품 경향은 작가마다 다르지만, 과거 지역주의 색채가 드러나는 사실주의 시대의 작품들과는 차별되는 특징들을 지닌다는 점에서, 다시 말해 새로운 글쓰기를 추구했다는 점에서는 공통적이다. 그들은 기존의 소설과는 다른 언어를 사용하고자 했고, 서구인의 시각에서 벗어나 라틴아메리카인의 눈으로 라틴아메리카의 현실을 바라보고자 했다. 그 특징들을 분류해 보면 다음과 같다. 첫째, 정치적·사회적 현실의 재현에 충실한 전통적 사실주의에서 멀어지면서 수동적 독자에서 벗어나 능동적이고 참여적인 독자가 되길 요구한다. 독자는 현실의 층위와 상상의 층위 사이에서 분열된 인물들과 뒤얽혀 있는 시공간을 짜맞추는 역할을 부여받는다. 대표적인 작품으로 훌리오 코르타사르의 『팔방놀이(*Rayuela*)』(1963)와 카를로스 푸엔테스의 『허물벗기(*Cambio de piel*)』(1967)를 들 수 있다. 둘째, 다양한 수준의 언어를 사용한다. 민중의 일상 언어, 고급 언어, 대중매체의 언어, 독백, 대화, 대담한 메타포, 외국어 등을 자유자재로 뒤섞고 패러디한다. 이와 같이 다양한 언어의 각축과 향연을 보여 주는 대표적인 소설로는 쿠바 작가 호세 레사마 리마(José Lezama Lima)의 『낙원(*Paradiso*)』(1966)과 기예르모 카브레라 인판테의 『세 마리의 슬픈 호랑이들(*Tres tristes tigres*)』(1967)을 들 수 있다. 셋째, 소설이 현실 사회에 대한 모방과 재현에서 벗어나 허구적 요소에 더 개방적인 태도를 취하면서 소설은 허구의 장소와 인물들을 창조한다. 현실의 영역과 신화적 영역, 상징적 영역이 뒤섞인다. 대표적인 소설이 바로 『백년의 고독』이라고 할 수 있다. 넷째, 하나의 서술자와 단선적 서술을 배제하고, 인물과 사건을 다양한 인물들이 다양한 시각에서 서술하고, 대화와 독백을 병치하고, 다양한 시간과 공간 속에서 보여 줌으로써 현실을 총체적으로 드러내고자 한다. 대표적인 작품으로 마리오 바르가스 요사의 『도시와 개들(*La ciudad y los perros*)』(1963), 『녹색의 집(*La casa verde*)』(1966)을 들 수 있다. 이 모든 특징들은 라틴아메리카의 정체성에 대한 치열한 탐색과 정치적·사회적 문제에 대한 고민의 결과물이라고 할 수 있을 것이다.

3 돼지 꼬리 달린 아이가 태어나기까지

『백년의 고독』은 '마콘도'라는 가상 마을에 사는 부엔디아 집안의 7대에 걸친 가족사이다. 호세 아르카디오 부엔디아와 우르술라 부부는 300여 명 남짓한 사람들과 함께 조상 대대로 살던 마을을 떠나 '마콘도(Macondo)'라는 땅에 정착하여 마을을 건설하여 살아간다. 그들은 사촌지간이었기에 친척들은 그 결혼을 막으려 애썼다. 근친상간이 계속되면 이구아나나 돼지 꼬리가 달린 아이가 태어날지도 모른다는 염려에서였다. 어느 날 호세 아르카디오 부엔디아가 닭싸움 판에서 친구 프루덴시오를 이겼다. 그 친구는 홧김에 호세 아르카디오가 성불구라고 놀렸고, 호세 아르카디오는 화가 나 그를 죽였는데, 그의 유령이 계속 나타나 죄책감과 괴로움을 견디지 못하고 마을을 떠나게 되었던 것이다. 초기의 마콘도는 평화롭고 모두가 성실하게 살아가는 곳이자, 누구도 사망한 적 없는 지상 낙원이지만, 마을에 문명을 전달하는 멜키아데스와 집시들이 자석, 얼음, 망원경 등과 같은 것들을 가져와 발명품이라고 소개하면서부터 점차 변화한다. 마콘도에서 가장 뛰어난 두뇌를 가지고 부지런했던 호세 아르카디오 부엔디아는 집시가 전해 준 문명의 물건들을 접하게 되면서부터 모든 의무와 책임을 망각한 채 미친 듯이 연금술과 기이한 발명에 몰두할 뿐이었다.

그 부부는 돼지꼬리가 달린 아이가 태어날지도 모른다는 두려움에도 불구하고 두 아들 호세 아르카디오와 아우렐리아노를 낳는다. 이들이 청년이 되었을 때, 여동생 아마란타가 태어나고, 고아인 레베카를 데려다 키우게 된다. 첫째인 호세 아르카디오는 여색을 즐겨 자기 집에 자주 들락거리던 필라르 테르네라를 임신시키고는, 젊은 집시여인과 함께 마을을 떠난다. 아들을 찾아 나선 우르술라는 집시들을 찾는 데에는 실패하지만, 대신 남편이 그토록 찾아 헤맸던 늪지 건너편 마을을 발견하여 돌아온다.

우르술라가 발견한 새로운 마을과의 접촉으로 인해 마콘도는 변화를 경험한다. 호세 아르카디오 부엔디아는 그 중심이 된다. 필라르는 떠나 버린 호세 아르카디오의 아들을 낳고, 이 아이를 아르카디오라고 부른다. 출신을 알 수 없는 여자아이 레베카가 이 가족에게 도착하는데, 우르술라는 흙을 먹는 버릇을 가진 이 아이를 거두어들인다. 아이는 불면증에 시달리고 있었고, 급기야 온 마을이 불면증과 건망증에 걸린다. 불면증은 멜키아데스가 우연히 해독제를 가지고 돌아오면서 치료된다. 이 무렵 마콘도는 급속도로 발전하여 굉장히 번영한 마을을 이룬다. 이러한 마콘도에 시장이 임명되어 보내지고 호세 아르카디오 부엔디아는 시장과 갈등을 겪지만 결국 그를 마을에 받아들인다.

아우렐리아노는 시장의 막내딸인 아홉 살 레메디오스에게 사랑의 감정을 느낀다. 아우렐리아노는 레메디오스와 결혼하게 되지만 그녀는 얼마 안 있어 쌍둥이를 임신한 채 죽고 만다. 부인과 사별한 후에도 장인과는 각별히 지내던 아우렐리아노는 장인을 통해 자유파와 보수파 간의 내전에 대해 알게 된다. 이후 장인을 비롯한 보수파의 부정 선거와 부당 행위를 목격한 아우렐리아노는 청년들을 모아 반란군을 조직하여 아우렐리아노 부엔디아 대령이라는 이름으로 내전에 참여하게 된다. 아우렐리아노 대령은 연이은 전투에서 패배한다. 한편 호세 아르카디오와 필라르 테르네라 사이에서 태어난 아르카디오는 마콘도에 남아 학생들을 규합하여 학교에 진지를 구축하고 마콘도의 시장 겸 사령관으로 군림한다. 이를 본 우르술라는 미친 짓이라며 아르카디오를 말리지만 그는 아랑곳하지 않는다. 전쟁은 자유파에게 불리하게 전개되어 아우렐리아노대령은 아르카디오에게 항복하라고 권유하나 그는 끝까지 저항하다가 정부군에 의해 체포된다. 결국 그는 결혼식도 치르지 못한 아내 산타 소피아 데 라 피에닫과 딸 레메디오스, 쌍둥이 형제인 호세 아르카디오 세군도와 아우렐리아노 세군도를 남겨둔 채 처형당하고 만다. 이때부터 우르술라는 완전히 정신이 나간 남편을 대신하여 마콘도를 이끌어 가는 존재가 된다.

전쟁에서 패한 아우렐리아노 대령은 체포되고, 자신이 간청한 처형 장소인 마콘도로 보내진다. 그곳에서 총살당할 위기에 놓이지만 형과 레베카의 도움으로 풀려나게 되고 전쟁은 재발한다. 잇따른 전투에서 계속 패하던 그는 한 번의 승리를 전화위복으로 삼아 급기야는 마콘도까지 점령하기에 이른다. 이후 마콘도는 자신의 최측근에게 맡겨둔 채 전쟁을 계속한다. 그 후 돌아온 아우렐리아노 대령은 다시금 마콘도를 점령하고는 시장으로 재임 중인 보수파의 장군이자 자신의 친구이기도 한 몬카다 장군과 재회하지만 혁명이라는 이름으로 그를 총살형에 처한다.

계속되는 전쟁 속에서 아우렐리아노 대령은 차츰 지쳐가게 되고 혼자인 것 같다는 고독감에 사로잡힌다. 그에게는 지긋지긋한 전쟁을 종식시켜야겠다는 생각뿐이었고, 그의 오랜 동료 역시 아우렐리아노 대령이 예전과는 다르다는 것을 느낀다. 결국 아우렐리아노 대령은 정부군과의 휴전 협상을 벌이게 되고, 오랜 기간 부하 장교들을 설득한 끝에 전쟁을 종식시킬 휴전 협정에 서명한 후 자살을 시도한다. 하지만 자살은 미수에 그치고, 그의 인기는 더 상승하게 된다. 아우렐리아노 대령은 마콘도에 머물면서 더 이상 전쟁을 하지 않기로 결심한다.

형인 호세 아르카디오는 자신의 집에서 원인 모를 총격에 의해 사망하게 되고, 정신이 나간 채 밤나무 아래에서 생활하던 호세 아르카디오 부엔디아 역시 죽음을 맞이한다.

어렸을 때는 똑같이 생겼던 호세 아르카디오 세군도와 아우렐리아노 세군도 형제는 자라면서 점점 달라진다. 아우렐리아노 세군도는 멜키아데스의 방에 들어가 그의 책들을 보면서 지내다가 페트라 코테스라는 여자를 만나 아들을 낳는다. 그 후 그는 가축을 기르며 살았는데, 페트라 코테스의 신기한 능력과 가축들의 왕성한 번식력으로 인해 금세 부자가 된다. 그리고 이 무렵의 마콘도 역시 비약적인 발전을 거듭한다.

반면, 형인 호세 아르카디오 세군도는 동생에게 자금을 지원

받아 사업을 한답시고 떠나지만 망해서 돌아온다. 이들의 누이인 미녀 레메디오스는 빼어난 외모로 많은 남성들의 동경의 대상이 되지만 그녀는 어느 누구에게도 관심을 두지 않는다. 한편 마콘도에서 열린 축제에서 정부군에 의해 사람들이 대량학살 당하는 사태가 벌어지게 되고 아우렐리아노 세군도는 그 축제의 여왕 페르난다와 결혼한다. 부와 명성이 쇠락해 가는 한 가문의 딸인 페르난다는 우르술라가 쇠약해진 후에는 집안을 지휘하게 되는데, 부엔디아 가문을 다시 귀족 가문으로 되살리기 위해 노력하는 과정에서 엄격한 규율로 인해 부엔디아 사람들과 사사건건 부딪치게 된다. 페르난다는 장남인 호세 아르카디오와 장녀인 레메디오스(메메)를 출산한다.

철도 건설과 함께 마콘도에 들어온 바나나 플랜테이션 농장주들은 사설 경찰조직을 임의로 만들어 마을 사람들에게 공격을 감행하고, 보수파는 외국 제국주의자와 손잡고 기세등등해진다. 아우렐리아노 대령은 보수파들과의 전쟁을 끝낸 것을 후회한다. 아우렐리아노 대령은 17명의 아우렐리아노 아들들과 함께 그들에 대항하는 전쟁을 일으킨다. 그러나 아우렐리아노 부자는 패배하고, 상심한 아우렐리아노 대령은 최측근이었던 마르케스 대령을 찾아가 다시 전쟁을 시작하자고 제안하지만 거절당한다.

어느덧 우르술라는 많이 늙어 앞도 못 볼 정도가 되었지만 가족들 중 그 누구도 그 사실을 알아채는 사람은 없으며, 우르술라 역시 태연한 척 사실을 숨긴다. 호세 아르카디오는 신부가 되길 바라는 고조모와 어머니의 뜻에 따라 신학교로 떠나고 메메 역시 신학교를 다닌다.

한편 아우렐리아노 세군도는 한 번의 실수로 부인 페르난다에 의해 집에서 쫓겨나지만 페르난다의 의도와는 달리 페트라 코테스의 집에 가서는 매일 축제를 열고 돈을 흥청망청 쓰며 지낸다. 아직 결혼도 하지 않고 늙은 아마란타는 매일 수의를 짜며 지내고 아우렐리아노 대령은 자신의 작업실에 틀어박혀 지낸다. 우르술라는 호세 아르카디오 세군도를 시켜 그를 밖으로 끌어내려 하지만 대령은 계속해서 은둔하며 지내다가 서커스가 열린 어느 날 밤나무 밑에서 소변을 보다 그대로 죽고 만다.

페르난다는 셋째 딸을 출산하고 아마란타 우르술라로 이름 짓는다. 메메는 신학교를 졸업하고 집으로 돌아와서는 미국 친구들을 만나고 술도 마시며 즐긴다. 메메는 바나나 농장의 인부인 마우리시오 바빌로니아라는 남자를 만나 그에게 몸을 허락한다. 그녀의 사랑을 눈치 챈 페르난다가 메메를 집에 감금하고, 수녀원으로 보낸다. 그곳에서 아들을 출산한 메메는 아우렐리아노 바빌로니아라고 이름 지어 집으로 보낸다. 이후 그 아이는 출생의 비밀을 전혀 모른 채 길러지게 된다.

마콘도에 4년 11개월 2일 동안 비가 내리고 이로 인해 마을은 황폐화된다. 장마가 끝나자 우르술라의 정신도 돌아온다. 그리고 그간 하지 못했던 일들을 분주하게 처리하지만 이내 다시 정신이 나가고, 결국 우르술라 역시도 죽게 된다. 페르난다 역시 집안일에서는 손을 떼고 아들과의 편지 왕래에만 열중하였기에 집안은 점점 황폐해진다. 한때 마콘도에서 제일가는 부자였던 아우렐리아노 세군도는 장마로 인해 키우던 가축들이 전부 죽어 가난해진 이후로는 복권 사업을 벌인다. 그리고 이 돈으로 딸인 우르술라 아마란타를 브뤼셀로 유학 보낸다. 그 후 호세 아르카디오 세군도와 아우렐리아노 세군도 두 쌍둥이 형제는 같은 날 죽음을 맞이한다. 그리고 아우렐리아노 소년은 멜키아데스의 방에 틀어박혀 죽은 멜키아데스와 대화를 하며 그의 양피지 문서를 조금씩 해독해 나간다.

아마란타 우르술라가 남편 가스통과 함께 브뤼셀에서 돌아온다. 그녀의 성화에 못 이겨 마콘도로 온 가스통은 언제나 유럽으로 돌아갈 생각을 하지만 그녀는 그럴 생각이 전혀 없다. 아우렐리아노는 네 명의 친구들을 만나 낮에는 그들과 토론을 즐기고 밤이 되면 유곽을 찾아다니며 지낸다. 아마란타를 사랑하게 된 그는 창녀 니그로만타와의 잠자리를 통해 그녀에 대한 마음을 정리하고자 하지만 생각대로 되지 않고, 술에 취해 집으로 돌아온 어느 날 욕정을 억누르지 못하고 그녀와 몸을 섞는다.

아우렐리아노의 친구들이 마콘도를 떠난다. 가스통 역시 브뤼셀로 돌아가자 아우렐리아노와 아마란타는 마음 놓고 완벽한 사랑을 나눈다. 아마란타는 돼지꼬리 달린 아이를 낳고 죽고, 아이는 아우렐리아노가 집을 비운 사이 개미떼에 의해 죽는다. 순간 멜키아데스의 양피지가 떠오른 아우렐리아노는 황급히 양피지를 해독해 내려가고 자신의 출생의 비밀을 포함한 지난 백 년 동안의 부엔디아 가문의 모든 역사를 알게 되지만, 그러는 사이 마콘도는 폭풍에 휩쓸려 영원히 사라져 버린다.

4 환상적 요소와 마술적 사실주의

1) 작품에 나타나는 환상적 요소들

이 소설의 특징 중 하나는 환상적 이야기들이 많이 등장한다는 점이다. 작품의 첫머리에서부터 마콘도 마을과 집시들에 대한 묘사는 환상적 분위기를 자아낸다. "선사시대의 알처럼 매끈하고, 하얗고, 거대한 돌들이 깔린 하상으로 투명한 물이 콸콸 흐르던 강가에" 세워진 마콘도 마을에서는 "아직 세상이 생긴 지 채 얼마 되지 않아 많은 것들이 아직 이름을 지니고 있지 않았기 때문에 그것들을 지칭하려면 일일이 손가락으로 가리켜야만 했다". 그 마을에 나타난 집시 멜키아데스는 자석을 가지고 와서 시범을 보이려고 이집 저집을 돌아다녔는데 "냄비와 프라이팬과 부젓가락과 스토브들이 놓여 있던 자리에서 굴러떨어지고, 못과 나사들이 빠져나오려고 몸부림을 하는 바람에 나무들이 삐걱"거렸다고 묘사한다. 또 다른 집시들은 "이탈리아 아리아를 부르는 온갖 색깔의 앵무새, 탬버린 소리에 맞춰 황금 알을 백여 개나 낳는 암탉, 남의 생각을 알아맞히는 훈련된 원숭이, 단추를 달기도 하고 동시에 몸의 열을 내려 주는 만능 기계, 나쁜 기억들을 잊게 해 주는 기구, 시간의 흐름을 잊게 해 주는 고약들"을 가져왔다. "왁자지껄 인산인해를 이루는 장터로 정신이 멍해져 버린 마콘도 주민들은 자신들이 살고 있는 마을에서 갑자기 길을 잃고 헤맸다."

우르술라 이구아란의 고모는 아이를 하나 낳았는데, "엉덩이뼈에 솔처럼 털이 부성부성하고 나사처럼 돌돌 말린 물렁뼈 꼬리를 달고 태어"났다. 호세 아르카디오가 침실에서 총성과 함께 죽는 순간 그의 귀에서 흘러내린 한 줄기 피가 문 밑으로 새어나와, 거실을 가로질러 거리로 나가 온 동네를 가로지르고, 우르술라의 집안 곳곳을 돌아다니다 부엌에서 빵을 만들려고 준비를 하고 있던 우르술라에게 나타났다. 우르술라의 남편 호세 아르카디오 부엔디아가 죽었을 때는 하늘에서 노란 꽃비가 내렸다. "그 꽃비는 조용한 폭풍우처럼 밤새도록 내려 지붕들을 덮고 문들을 막아버렸으며, 밖에서 잠을 자던 짐승들을 질식시켜 버렸다. 너무나 많은 꽃들이 하늘에서 쏟아졌기 때문에 아침이 되자 거리가 폭신폭신한 요를 깔아 놓은 것처럼 되어 버려서 장례 행렬이 지나갈 수 있도록 삽과 갈퀴로 치워야 했다."

이 외에도 양탄자가 하늘을 날아다니고, 나비가 항상 사람을 따라다니며 머리 위에서 날아다니고, 죽은 사람이 다시 나타나 산 사람처럼 행동을 하고, 레베카는 석회 벽을 긁어 먹으며 살고, 미녀 레메디오스는 이불보를 몸에 감고 승천을 한다. 이 모든 환상적 요소들은 일상적이고 평범한 것인 양 현실과 뒤섞여 등장한다. 등장인물들은 그 환상적인 요소를 아무렇지도 않은 듯 자연스럽게 수용한다. 이렇게 현실과 환상적 요소는 경계가 없이 하나의 세계를 형성한다.

2) '마술적 사실주의'란?

라틴아메리카 현대문학사에서 『백년의 고독』은 '마술적 사실주의'의 대표작으로 언급되어 왔다. 모순적인 두 단어로 이루어진 이 용어는 독일의 프란츠 로(Franz Roh)가 1925년 후기표현주의 미술을 지칭하면서 최초로 사용하였다. 그는 주관적이면서 추상적이고 초월적인 표현주의 미술의 매너리즘을 비판하면서 예술 작품은 현실과 사물이 함축하고 있는 복합성을 파악하기 위해 마술적 시선을 담아내야 한다고 주장했다. 이 주장은 한편으로 리얼리즘으로의 복귀를 의미하나 대상세계에 대한 맹목적 존중이 아니라 정신의 구조와 견고한 대상 사이의 팽팽한 긴장을 강조한 것으로 보인다.

라틴아메리카에서는 비평가 우슬라르 피에트리(Uslar Pietri)가 문학 작품을 평가하면서 1948년 처음 사용했지만, 이것을 라틴아메리카의 새로운 문학사조로 규정한 것은 앙헬 플로레스(Angel Flores)였다. 그는 '마술적 사실주의'를 현실에 내재되어 있는 마술적·경이적·신비적 차원들을 포착해 내는 기법으로 여겼다. 한편 루이스 레알(Luis Leal)은 환상문학이나 공상과학소설은 현실을 왜곡하고 상상의 세계를 창조하거나 초자연적인 요소가 이성에 의해 지배되는 세상으로 침입하는 것인 데 반해, '마술적 사실주의'는 '경이로운 현실' 그 자체를 드러낸 것일 뿐이라고 주장했다. 따라서 작품 내의 초자연성이 독자나 화자, 등장인물들에게 아무런 당혹감이나 의문을 제기하지 않음으로써 환상문학과 구별된다고 주장한다. 이는 츠베탕 토도로프(Tzvetan Todorov)가 환상성을 다섯 가지 범주로 나눈 것 중에서 "순수한 경이로운"에 해당된다. 이 "순수한 경이로움"은 초자연적인 상황이 독자나 등장인물에게 아무런 의심이나 거부감 없이 받아들여지는 환상성을 의미한다.

'마술적 사실주의'의 개념과 그 범주에 대한 논의는 아직도 다양하게 진행되고 있다. '마술적 사실주의'에 대한 논쟁의 초점은,

앙헬 플로레스처럼 마술적 사실주의를 하나의 문학적 양식이나 기법으로 보느냐, 아니면 루이스 레알처럼 "현실에 대한 인식론적 태도"로 보느냐 하는 것이다.

일부 비평가들은 라틴아메리카의 '마술적 사실주의'가, 개인의 노력을 통해 혹은 합리적인 평가를 받아 신분상승이 불가능한 현실에서 종교나 민간제의를 통해 위안을 구하는 식민시대 삶의 특징적인 현상을 반영하는 문학 양식이라고 규정한다. 다시 말해, 전근대와 근대, 비합리성과 합리성이 공존하는 라틴아메리카의 역사적·사회적 현실을 반영하는 문학 양식이라는 것이다. 식민잔재나 전근대의 유물이 새로운 시대에 걸맞은 무엇인가로 대체되지 못하고, 새로운 것과 뒤섞여 혼재하는 다시대적 이질성(heterogeneidad multitemporal) 사회의 정체성 탐구 노력의 방식이라는 평가인데, 이는 서구적 이분법과 서구 중심주의적 세계관에서 벗어나지 못한 시각을 그대로 드러내고 있는 것으로서, '마술적 사실주의'의 탈근대적·탈이분법적 태도를 제대로 이해하지 못한 해석이라고 볼 수 있다.

3) '경이로운 현실'과 '마술적 사실주의'

'마술적 사실주의'의 대부로 여겨지는 가브리엘 가르시아 마르케스는 '마술적 사실주의'와 관련된 선언이나 이론을 발표한 바 없다. 그러나 그는 "라틴아메리카의 고독"이라는 제목으로 1982년 노벨상 수상 연설을 하면서 나름대로 라틴아메리카 작가로서의 세계관과 문학관을 피력했다. 그런데 기이하게도, 20세기 쿠바 최고의 작가로 알려진 알레호 카르펜티에르는 이미 1949년 『지상의 왕국(*El reino de este mundo*)』이라는 소설의 서문에서, 가르시아 마르케스의 수상연설과 아주 흡사한 내용을 통해 라틴아메리카에 대한 자신의 인식과 그에 따른 라틴아메리카의 문학관을 피력하고 있다. 이 사실은 알레호 카르펜티에르가 가르시아 마르케스의 세계관과 문학관에, 특히 그의 '마술적 사실주의'에 크나큰 영향을 주었음을 짐작하게 한다. 카르펜티에르가 제시한 '경이로운 현실' 개념을 '마술적 사실주의'의 선구로 보는 입장에서는, 『지상의 왕국』의 서문은 최초이자 유일한 마술적 사실주의 선언문이 된다.

일찍이 파리에서 앙드레 브르통(Andre Breton)을 비롯한 초현실주의자들과 교류를 하던 카르펜티에르는, 이 서문을 쓸 당시 서구세계의 문단과 예술계를 지배하고 있던 초현실주의에 대해, 특히 경이로움을 불러일으키기 위해 그들이 상투적으로 사용하는 기법에 회의를 갖고 있었다. 이 서문에 나타난 주장의 핵심은 라틴아메리카는 현실세계 자체가 '경이로운 현실(lo real maravilloso)'이라는 것이다. 이곳은 서구인의 언어와 인식으로는 파악하기 어려운 거대하고 신비로운 자연, 상식을 초월하는 신화적인 인물들, 믿기 어려운 역사적 사건들, 다양한 인종과 문화의 혼합으로 인해 모든 것이 경이로운 대륙이다. 이러한 현실 앞에서 라틴아메리카의 작가는 유럽의 초현실주의자들처럼 인위적인 수법을 통해서가 아니라, "현실 가운데 알려지지 않은 풍요로운 부분을 평소와는 달리 비상한 관심을 가지고 호의적으로 조명하고… 특별한 강도로 인지된 현실의 층위와 범위를 확장함"으로써 경이로움이 자연스럽게 흘러나오도록 해야 한다는 주장이다.

카르펜티에르에 따르면 '경이로운 현실'은 개인이 주관적으로 발견한 제2의 현실이 아니라 집단적·객관적 현실 그 자체로서, 라틴아메리카에 일상적으로 두루 깃들어 있는 현상이다. 따라서 라틴아메리카 작가의 역할은 그런 현실을 있는 그대로 드러냄으로써 경이로움이 자연스럽게 흘러나오도록 해야 한다는 것이다.

가르시아 마르케스는 노벨상 수상연설에서 라틴아메리카와 관련된 경이로운 역사적·신화적 사건들과 서구의 야만적 역사를 언급한 뒤, 서구의 잣대와 사고로 라틴아메리카의 현실과 라틴아메리카인의 삶을 규정하고 라틴아메리카인의 운명을 강요하려는 서구중심주의와 서구 문명을 신랄하게 비판하였다.

> 내가 노벨문학상을 받게 된 것은 단지 문학적 표현 양식뿐만이 아니라, 우리의 가공할 만한 현실 때문이라고 생각합니다. 이것은 종이 위에 쓰인 현실이 아니라, 우리와 함께 살고 있고, 매일 헤아릴 수 없이 죽어 가는 우리의 매순간을 결정짓는 것입니다. (…) 이 불행한 현실 속에서 사는 모든 창조물들은 거의 상상력을 필요로 하지 않습니다. 우리의 최대의 적은 우리의 삶을 믿게끔 만들 수 있는 전통적인 도구가 불충분하다는 것입니다. 이것이 바로 우리 고독의 핵심입니다. (…) 자아도취에 빠져 있는 서구의 이성적 재능이 우리를 해석하는 데 전혀 가치 없는 도구가 되리라는 것은 쉽게 이해할 수 있습니다. (…) 그들이 자신들을 재는 동일한 잣대로 우리를 재고자 한다는 것은 이해할 만한 일입니다. 하지만 우리 자신의 정체성을 추구하는 것은 서구인들에게도 그랬듯이 너무나 힘들고 잔학한 것입니다. 우리 현실을 타인의 방식으로 해석하는 행위는 갈수

> 록 우리를 이해하지 못하고, 갈수록 우리를 덜 자유스럽게 하며, 갈수록 고독하게 만드는 데 이바지할 뿐입니다. (송병선 1997, 191)

4) '마술적 사실주의'의 역사적·철학적 의미

이처럼 알레호 카르펜티에르의 '경이로운 현실'주의에는 라틴아메리카에 대한 그의 존재론적 인식과 미학적 태도가 동시에 들어 있고, 가르시아 마르케스의 노벨상 수상 연설문에도 마찬가지로 라틴아메리카의 경이로운 현실(마술적 현실)에 대한 인식과 그것을 라틴아메리카인의 언어로 드러내고자 하는 소설가 자신의 간절한 의지가 담겨 있다.

동시에 두 작가의 글에는 라틴아메리카의 복합적 정체성을 있는 그대로 드러내고자 하는 열망이 잠재되어 있다. 아메리카의 기이한 자연과 역동적인 관계를 맺으며 투쟁하는 인간, 그 과정에서 전개되어 온 수많은 오욕의 역사를 포괄하며, 과거와 현재, 구세계와 신세계의 종교와 문화, 인종의 공존과 이종혼합을 포착하고 드러내고자 했던 것이다. 결국 '경이로운 현실'과 '마술적 사실주의'는 라틴아메리카가 서구와는 본질적으로 다르다는 존재론적 태도에서 출발하고 있다고 볼 수 있다. 나아가 경이로운 현실에 대한 믿음에 의해 내적으로 변화된 주체가 그 믿음을 투사해 포착한 아메리카의 현실을 미학적으로 형상화하려는 글쓰기라고 할 수 있다.

또한 이 두 글에서 우리가 다시 주목해야 할 점은 '마술적 사실주의'와 프랑스의 초현실주의를 비롯한 아방가르드와의 관계이다. 다시 말해, 문학과 현실의 관계에 있어 그들은 유럽 철학의 정전을 비판한 프랑스 초현실주의자들의 인식론적·역사적 태도에서 커다란 영향을 받았다는 것이다. 프랑스의 초현실주의자들도 '현실을 경이로운 시각으로 바라보아야 한다'고 권고했다. 마찬가지로 카르펜티에르와 가르시아 마르케스도 초현실주의의 체제 비판적이고 전복적인 인식 태도를 유럽과 라틴아메리카의 종속적 관계를 단절하는 데 차용하였던 것이다. 바꾸어 말하자면, 라틴아메리카 본래의 문화에 유럽인들이 폭력적으로 덧씌워 놓은 베일을 벗겨 냄으로써 라틴아메리카의 정체성을 새롭게 환기시킨 후 민중으로 하여금 진정한 자아를 찾아 나아가도록 유도하고 있다. 라틴아메리카의 '경이로운 현실'에 대한 인식과 그에 따른 고유한 글쓰기를 강조함으로써 서구세계의 형이상학적·인식론적 패러다임에 반기를 들고, 나아가 라틴아메리카의 역사적·문화적 상황에 적절한 미학적 패러다임을 찾아 나섰던 것이다.

어쨌든 이 두 작가의 시도는 제1세계에 대한 라틴아메리카의 인식적·미학적 종속관계를 단절하는 데 기여하였다. 그들의 글쓰기는 서구의 이성 중심적·리얼리즘적 전통을 거부했다는 점에서 포스트모더니즘과 관련지어 언급되기도 한다. 중심부 담론에 의해 재단된 현실을 교정하는 대안적 세계를 창조하고, 중심부 담론의 오류를 바로잡으려 했다는 것이다. 그러나 라틴아메리카의 마술적 사실주의는 서구의 식민 지배를 통해 왜곡된 자아에서 탈피하면서 진정한 주체를 새롭게 만들어 가는 일종의 '탈식민주의 글쓰기'이다. 그래서 '모든 것의 해체'를 지향하는 제1세계의 포스트모더니즘과는 구별되어야 한다. 동일한 맥락에서 가르시아 마르케스의 마술적 사실주의는 보르헤스식의 환상문학과 구별된다. 정치·사회적 기능 면에서 엄연한 차이를 보인다. 가르시아 마르케스의 '마술성'이 현실에 발을 굳건히 디딘 채 이야기의 현실 비판적 기능을 강화한다면, 보르헤스의 '환상성'은 구체적 현실과 유리된 관념의 세계를 형성할 뿐이다.

5 개인의 고독과 라틴아메리카의 고독

1) 개인 성향이 초래하는 고독

제목에서 나타나듯이 이 작품의 가장 큰 주제는 고독이다. 몇몇 인물들에게는 고독이라는 단어가 직접적으로 사용된다. 이 작품에 등장하는 부엔디아 가족 대부분은 고독감을 느끼는데, 그 고독감의 원인이 개인적인 성향일 수도 있고, 외부적이고 집단적인 요인일 수도 있다.

우선 개인적 성향에 따른 고독감은 마콘도를 세운 호세 아르카디오 부엔디아에게서부터 찾아볼 수 있다. 그는 집시들과 외국인 피에트로 크레스피가 가져오는 각종 물건들과 장난감에 무척 흥미를 갖고, 결국 기이한 물건을 발명하려는 몽상에 빠져 가족을 돌보지 않고 고독과 난필을 상징하는 자업실에 갇혀 살다가 거의 실성한 채 죽음을 맞이한다.

그의 둘째 아들 아우렐리아노 대령의 경우 타인과의 소통능력 부재와 이에 따른 자폐적 성향이 아주 두드러진다. 그는 "어머니 배 속에서부터 울었고, 눈을 뜬 채로 세상에 나왔다". 그의 어머니 우르술라는 나이가 들면서 눈이 먼 대신 비범한 통찰력을 갖게 되는데, 아우렐리아노 대령이 배 속에서부터 울었던 것은 그가 사랑하는 데는 무능하다는 것에 대한 암시였다고 생각하고, 자기 아들은 사랑할 수 있는 능력이 전혀 없었다고 결론짓는다. 사실 그는 부인 레메디오스뿐 아니라 전쟁 중 하룻밤을 보낸 여자들에게서도 사랑을 느낀 적이 없었다. 외향적이고 활발한 형 호세 아르카디오와는 반대로 내성적이고 명민한 아우렐리아노 대령은 처음에는 자신이 가진 자유주의 이상을 실현하고자 내전에 참전하지만, 나중에는 "순수하지만 죄악에 가까운" 자존심 때문에 싸움을 계속하게 되고, 결국 천일전쟁의 영웅이 된다. 하지만 그는 "이제 모든 것을 다 할 수 있는 남자처럼 보였을 때"도 하얀 백묵으로 그려진 원 안에 스스로 격리된 채 "무한한 권력의 고독 속"에 빠져든다. 마침내 전쟁에 회의를 느낀 나머지 휴전 협정에 서명을 하고는 자기 아버지처럼 가족은 돌보지 않고 스스로 작업실에 갇혀 황금물고기를 만들면서 여생을 보낸다. "자기 자신 속에 숨어들어가 자물쇠를 채워버렸으며, 그래서 식구들은 결국 그를 죽은 사람이나 마찬가지로 생각하기에" 이른다. 결국 그도 자기 아버지가 가축처럼 묶여 있다가 죽은 밤나무 아래서 죽게 된다는 것은, 스스로 고립을 자처해 인간적 삶을 포기했을 때 인간이 가지는 의미를 상징적으로 드러낸다고 할 수 있다.

레베카는 어릴 적 입양된 아이로 그녀의 자폐적 성격은 석회벽을 파먹는 행위로 극단적으로 표현된다. 그녀는 피에트로 크레스피를 사랑하지만 질투로 인해 결혼에 이르지 못하고, 결국 호세 아르카디오와 결혼하지만 남편이 죽자 자기 집에 스스로 갇혀 살면서 세상과 단절한다. 아마란타 역시 평생 남자들을 받아들이지 못하고 수의를 풀었다 짜는 행위를 반복하면서 일생을 보낸다. 아마란타는 사랑을 성취하려는 용기가 없었기에 고독의 길을 택한 경우라고 할 수 있다.

이들과는 반대로 이 작품에서 고독을 느끼지 못하는 인물들도 여럿 있다. 우선 호세 아르카디오는 충동적이고 모험적인 성격으로 인해 번잡스럽기는 하지만 외로운 삶을 살지는 않는다. 아우렐리아노 세군도 역시 적극적이고 외향적인 성격으로 고독과는 거리가 먼 인생을 살아간다. 결국 이 작품에 등장하는 인물들은 개인적인 성향에 따라 스스로 고독한 삶을 자초한다는 결론에 도달할 수 있다. 한 개인이 타인과의 소통의지가 부족하고, 타인을 사랑하는 데 필요한 용기가 부족한 경우 자폐적인 생활이 되고, 결국 고독한 삶을 살아갈 수 있다는 것을 독자에게 암시하는 작품이라고 할 수 있다.

2) 외부 요인에 따른 고독과 라틴아메리카

이 작품에서 등장인물들에게 고독을 불러일으키는 외적 요인들로는 외부세계와의 접촉에 따른 급격한 근대화와 그에 따른 가족해체 및 소통부재를 들 수 있겠다. 마콘도 마을이 설립되고 얼마 지나지 않아 멜키아데스를 비롯한 집시들이 문명세계의 기이한 물건들을 가져오기 시작하면서부터 낙원처럼 보였던 마콘도는 변화의 길로 들어서고 부엔디아 가족에 균열이 생긴다. 마을을 세운 주체이자 집안의 기둥인 호세 아르카디오 부엔디아가 기이한 물건에 지나친 관심을 보인 나머지 연금술과 이상한 발명에 빠지게 되어 결국 가족과 마을에 대한 관심을 잃어버린다.

그 후 마콘도가 정부의 통제를 받게 되고 내란에 휩싸이게 되면서 마을의 평화는 깨어진다. 사람들은 보수파와 자유파로 나뉘고, 이성을 벗어난 불신과 대립 속에서 사람들 사이의 연대감은 파괴된다. 앞에서 언급했듯이 아우렐리아노 대령은 많은 추종자를 가진 진쟁의 영웅이 되어 막강한 권력을 갖게 되지만 전쟁 과정을 통해 인간에 대한 믿음을 상실한 나머지 절대적 권력이 초래하는 고독감에서 벗어나지 못한다.

결정적으로 마콘도를 뒤흔드는 것은 급격한 근대화이다. 아우렐리아노 대령의 17명의 사생아 중 하나인 아우렐리아노 트리스테는 아우렐리아노 세군도의 지원을 받아 마콘도에 철도를 연결했고, 철도 건설을 시작으로 마콘도는 대대적인 변화를 통해 점점 현대적인 산업도시로 변모한다. 철도를 타고 들어온 문명은 마콘도 사람들을 혼란스럽게 한다. 또한 미국에서 온 사업가들은 마을에 바나나 플랜테이션을 짓고 마콘도 바로 옆에 또 다른 마을을 지어 혼란을 더욱 가중시킨다. 마콘도는 영화, 사치품, 창녀 등으로 더욱 거대해지고 통제 불가능해진다. 부엔디아 가문의 집에도 객지에서 몰려온 사람들이 넘쳐 나게 된다. 그럴수록 가족 간의 관심은 적어지고, 대화와 연대감은 줄어든다. 결국은 집안을 책임져 왔던 우르술라가 나이가 들어 눈이 멀게 되어도 가족들은 알아차리지 못하는 지경에 이른다.

이와 같은 급격한 근대적 사회변화가 개인에게 고독을 초래하는 하나의 예는 바나나 농장의 노동자 파업사건이라 할 수 있다. 미국에서 들어온 바나나 회사가 현지 노동자들을 부당하게 대우하자,

호세 아르카디오 세군도는 바나나 농장의 노무자들을 선동하여 그들의 처우 개선을 요구하는 파업을 벌인다. 이에 정부는 반기를 드는 노동자들을 '불량배'로 규정하고 이들을 사살할 수 있는 권리를 군대에 부여한다. 그 결과 3천 명의 노동자와 가족이 살해당하고 그들의 시체는 바다에 버려졌다. 하지만 정부는 회사와 노동자가 평화적으로 합의에 이르렀다고 발표했다. 그 후 아무도 그 사건의 진실을 기억하는 이가 없었고, 오직 한 사람, 대학살의 현장에서 살아남은 호세 아르카디오 세군도만이 진실을 지닌 채 부엔디아 대령이 쓰던 작업실에 틀어박혀 멜키아데스의 양피지를 읽으며 지낸다. 이 에피소드를 통해서 외부 세력에 의한 인간의 착취와 탄압은 개인들에게 고통과 좌절감, 그로 인한 고독감을 안겨 준다는 것을 보여 준다. 또한 자기 삶의 방식을 갑자기 버리고 타인의 삶의 방식을 따를 때, 특히 그것이 개인주의와 물질만능주의를 표방할 때 인간과 가족의 유대는 상실되고 많은 개인은 고통과 고독 속에 빠질 수 있다는 것을 보여 주고 있다.

이런 맥락에서 우리는 앞서 언급한 작가의 노벨상 수상 연설의 내용과 이 작품의 밀접한 관계를 더욱 잘 이해할 수 있게 된다. 그는 연설문에서, 서구가 강요한 삶을 방식을 따른 지 수백 년이 지난 오늘날 라틴아메리카에서 벌어지는 비극적인 사실들을 나열하고, 대량의 핵무기로 몰살의 위기에 내몰린 인류의 현실을 지적한다. 그리고 서구식 잣대로 라틴아메리카인들의 삶의 방식을 강요하는 것은 라틴아메리카인들을 더욱 고독하게 하는 것이라고 말한다. 마지막으로 이제 라틴아메리카인들도 자신들의 방식대로 유토피아를 꿈꿀 수 있는 권리가 있으며, 그들이 원하는 유토피아는 "새롭게 활짝 개인 생명의 유토피아이며, 그곳은 아무도 타인에게 심지어는 어떻게 죽어야 한다고까지 결정내릴 수 없는 곳이며, 정말로 사랑이 확실하고 행복이 가능한 곳이고, '백년의 고독'을 선고받은 가족들이 마침내 그리고 영원히 이 지구상에 새로운 기회를 가질 수 있는 곳"이어야 한다고 주장한다.

6 숙명론: 『오이디푸스 왕』과 『백년의 고독』

가르시아 마르케스는 멕시코에서 간행되는 잡지 『세상 사람(*Hombre del mundo*)』에서 만든 설문지에 답변을 했는데, 그중 한 답변에서 자신은 보름마다 좋아하는 작가가 바뀌지만 그중에서 바뀌지 않는 작가는 소포클레스와 콘래드(Joseph Conrad)라고 했다. 『백년의 고독』과 관련지어 관심을 끄는 소포클레스의 작품은 『오이디푸스 왕』이다. 실제로 가르시아 마르케스는 영화 〈오이디푸스 시장(Edipo Alcalde)〉(1996)의 각본을 직접 썼다. 이 영화는 소포클레스 작품의 주제인 숙명론과 친부살해에 이은 근친상간이라는 줄거리를 현대 라틴아메리카라는 시공간으로 옮겨 놓은 작품이다.

숙명론 역시 『백년의 고독』의 핵심 주제 중의 하나이다. 부엔디아 가문의 운명은 그 탄생에서 멸망의 순간까지 이미 집시 멜키아데스가 가지고 있던 양피지에 자세히 기록되어 있었다. 또 부엔디아 가문의 후손들은 그 성격에 따라 이름이 주어지며, 그에 맞게 삶을 살아가고 죽음을 맞이한다. 아르카디오라는 이름을 지닌 인물들은 과격하고 충동적인 성격을 지니고, 아우렐리아노라는 이름을 지닌 인물들은 명민하고 내성적이다. 단 호세 아르카디오 세군도와 아우렐리아노 세군도는 이름이 반대로 붙여졌다고 언급된다. 어쨌든 중요한 것은 인물들의 성격에 따라 그들의 행동과 운명이 상당 부분 결정된다는 것이 일관성 있게 제시되고 있다.

인간의 성격이 운명을 만든다는 주제는 소포클레스의 『오이디푸스 왕』에서도 그대로 나타난다. 테베 왕국의 라이오스 왕 부부는 오이디푸스 왕자가 아버지를 죽이고 어머니를 아내로 삼게 되는 운명을 지니고 태어났다는 것을 알게 되자 그를 성 밖으로 데려가 죽이라고 명령하지만, 왕자를 불쌍하게 여긴 부하가 그를 이웃 나라인 코린토스로 보내고, 그곳에서 코린토스의 왕 부부를 친부모로 알고 자란다. 그러다가 델포이 신전에서 신탁을 받았는데, 바로 아버지를 죽이고 어머니와 결혼하게 되리라는 것이었다. 그래서 그 운명을 피하기 위해 코린토스를 떠나 이웃나라 테베 왕국으로 들어간다. 마침 왕의 행차가 있어 길을 비키라고 하자 왕자는 용맹스럽지만 충동적이고 과격한 성격을 이기지 못하고 라이오스 왕을 살해한다. 그리고 앞길을 막는 스핑크스의 수수께끼를 풀고 테베의 왕이 되어 친모인 이오카스테를 차지하게 된다. 한동안 평화로웠던 왕국에 역병이 창궐하자 백성들은 오이디푸스 왕에게 구해 달라고 탄원을 하고, 오이디푸스가 아폴론에게 보낸 사자인 크레온이 도착해 선왕이었던 라이오스를 살해한 자를 알아내 그를 죽이거나 나라 밖으로 추방할 때만 역병에서 벗어날 수 있다는 아폴론의 말을 전한다. 그 자리에서 오이디푸스는 격노하면서 만약 그 패륜아를 잡으면 두 눈을 찔러버리겠다고 말한다. 결국 자신이 그 범인이라는 것을 알게 된 순간 오이디푸스는 어머니 이오카스테의 브로치로 자기의 두 눈을 찌른다.

이 작품을 인간이 처한 불완전함과 인간의 무력함에 대한 깊은 자각, 나아가 신이 인간에게 적의를 품고 있으며, 행복한 것은 위험한 것이라는 당시의 보편적 생각을 드러낸 작품이라고 볼 수도 있다. 또 자신의 의지에 따라 자신의 눈을 찌른 오이디푸스의 의연한 점을 강조하는 해석도 가능하다. 오이디푸스가 자신이 범인임이 드러난 후에도 변명 대신에 자신의 두 눈을 찌르는 극형으로 스스로를 단죄하는 영웅적인 모습을 드러냈다는 것이다. 즉 신이 부여한 운명과 인간이 지닌 자유의지 사이에서 인간의 삶이 이루어져 간다는 작가의 생각이 드러난 것이라는 해석도 가능하다.

바로 이러한 두 번째 해석, 즉 신이 부여한 운명과 인간이 지닌 자유의지 사이에서 인간의 삶이 이루어져 간다는 생각을 이 『백년의 고독』에서도 그대로 엿볼 수 있다. 다만 가르시아 마르케스의 작품에서 인간의 자유의지란 바로 성격이고, 그 성격이 인물들의 삶의 모습을 결정짓는다는 생각이 작품 전편에서 진하게 암시되고 있다. 사실 소포클레스의 작품에서 오이디푸스 왕이 부친을 살해한 것이나 자기 눈을 찌르게 되는 것도 결국은 그의 과격하고 충동적인 성격이 빚은 결과이다. 호세 아르카디오 같은 부류의 인물이라고 할 수 있는데, 만약 오이디푸스가 아우렐리아노 같은 인물이라면 그런 운명이 되지 않았을 것이다. 이와 같이 운명과 인간의 성격의 긴밀한 관계를 잘 드러냈다는 것이 두 작품의 공통점이라고 할 수 있다.

7 나가며

가르시아 마르케스는 스스로를 리얼리스트라고 일컬었다. 그의 현실 개념은 소위 '이성적 사고가 인지하는' 객관적 사실뿐 아니라, 일반 민중이 느끼고, 믿고, 생각하는 것까지 아우른다. 따라서 민중 신화, 민간신앙, 민간요법 등 비현실적인 것들도 현실의 일부를 이루는 것이다. 다시 말해 가르시아 마르케스의 현실 개념은 서구의 이성이 받아들이는 현실 개념보다는 그 인식의 범위가 훨씬 깊고 넓다고 할 수 있다. 이런 입장에서 본다면, 『백년의 고독』은 흔히들 말하는 것처럼 환상적인 작품도 마술적인 작품도 아닌 지극히 사실적인 작품이다. 라틴아메리카의 일상 자체가 『백년의 고독』의 세계처럼 예언, 주술적 치료, 미신 등등 도저히 합리적으로는 이해할 수 없는 일들로 가득하기 때문이다. 따라서 『백년의 고독』은 서구의 이성중심주의가 고착화시킨 현실/환상의 이항대립을 넘어서는 또 다른 현실 개념을 일깨운다.

하지만 『해리포터』, 『반지의 제왕』 같은 환상문학과 다른 점은 기존 환상문학은 역사적 현실과는 동떨어지지만 완벽한 내적 질서를 지닌 환상의 세계를 창조하는 반면, 마술적 사실주의는 역사적 현실과 일상세계를 배경으로 한다는 점이다. 또 기존의 사실주의가 역사, 사회, 현실에 대한 모방 가능성에 집착하는 반면, 마술적 사실주의는 소설이라는 텍스트가 역사와 현실을 있는 그대로 서술할 수 없다고 믿는다. 하나의 현실이나 역사를 보는 시각은 관점에 따라 무한대로 다르고, 다원적이라고 생각하기 때문이다. 마술적 사실주의가 포스트모더니즘과 유사한 점은, 이성주의, 환원적 유불론을 거부하는 탈중심적·탈식민적 담론이라는 것이다. 차이점은 현실을 총체적으로 표현하려는 욕구가 잠재되어 있고, 언어의 재현 가능성에 대한 미련을 드러내고 있으며, 진보와 혁명, 유토피아에 대한 향수를 버리지 못하고 있어, 모더니즘적 경향을 보여 준다는 것이다.

참고자료

우리가 살펴본 이 소설은 국내에서는 10여 개 출판사에서 『백년 동안의 고독』이라는 제목으로 출간되었는데, 다른 외국어를 중역한 것도 있고, 스페인어를 직접 번역한 것도 있다. 그중 민음사에서 2000년 펴낸 『백년의 고독』(조구호 옮김)이 원문에 충실한 번역으로 평가받고 있다.

작가의 다른 작품들도 거의 대부분 우리말로 번역되었고, 그 작품들에 대한 간략한 소개는 유왕무의 『백년의 고독: 마술적 리얼리즘으로 승화된 라틴아메리카의 역사』(살림, 2008)에서 찾아볼 수 있다. '마술적 사실주의'에 대한 비평서로는 『마술적 사실주의』(우석균, 박병규 외 옮김, 한국문화사, 2001)를 추천한다. 그 외에도 작가와 작품에 대한 이해를 높여 줄 수 있는 책으로는 『가르시아 마르케스』(송병선 편역, 문학과지성사, 1997), 중단편과 에세이, 인터뷰 기사 등을 모은 『꿈을 빌려드립니다』(송병선 옮김, 하늘연못, 2014), 작가의 연설문 모음집인 『나는 여기에 연설하러 오지 않았다』(송병선 옮김, 민음사, 2016) 등이 있다.

09
시는
읽는 사람의 것
안토니오 스카르메타,
『네루다의 우편배달부』
우석균
El cartero
de Neruda

우석균

서울대학교 서어서문학과를 졸업하고 마드리드 대학에서 라틴아메리카 문학으로 박사학위를 취득하였으며 현재 서울대학교 라틴아메리카연구소 HK부교수로 재직 중이다. 저서로는 『잉카 in 안데스』(랜덤하우스코리아, 2008)와 『쓰다 만 편지』(글누림, 2017) 등이 있고, 역서로는 호르헤 루이스 보르헤스의 『부에노스 아이레스의 열기』(민음사, 1999)와 로베르토 볼라뇨의 『야만스러운 탐정들』(열린책들, 2012) 등이 있다.

이 장은 필자의 세 글(1998; 2004; 2016)을 주로 종합하되, 원작 소설의 내용을 충분히 소개하는 방향으로 집필했다. 다만 영화와 관련된 마지막 절은 Antezana(2003), Skármeta(2004, 45-55), Ramos-García(2008)를 참조하여 새로 집필했다.

1

제임스 딘, 셰익스피어, 히피, 체 게바라를 꿈꾸던 젊은 시절

아직도 기억이 선하다. 1993년 어느 날 겪은 황당함의 극치가. 칠레 유학 시절이었다. TV 옆을 지나는데 박자, 음정 다 형편없는 노랫소리가 흘러나와 화면에 눈길이 갔다. 누군가 고개를 숙이고 기타를 치며 노래를 부르고 있었다. 기타 반주도 영 시원치 않았다. 설렁설렁 치는 건지 아니면 원래 실력이 형편없는지 정확히 분간은 안 갔지만. 그 작자는 이따금 얼굴을 들었다. 형편없는 노래와 반주 때문에 그새 편견이 생겼는지 인상이 영 마땅치 않았다. 껄렁껄렁하다 못해 천박하고 야비하다는 인상을 받았다. 게다가 머리숱도 별로 없건만 봉두난발 느낌이었다. 어떤 내용인가 해서 귀를 기울였는데 대체 무슨 수작인가 싶었다. 노랫말인즉슨 셰익스피어도 대머리고 보들레르도 대머리였다는 것이다. 노래가 끝나자 그 작자가 말했다. 대머리 문인들의 계보를 노래로 읊어 보았노라고. 오래 후 알게 되었다. 그 작자가 바로 칠레 소설가 안토니오 스카르메타(Antonio Skármeta, 1940-)였다는 사실을. 그리고 아주 오래 후 알게 되었다. 방송되던 프로그램 이름이 〈책 쇼(El Show de los Libros)〉였다는 사실을. 그리고 또 아주 아주 오래 후 알게 되었다. 〈책 쇼〉는 1992년부터 8년 간 지속된 장수 프로그램이었고, 유네스코와 스페인 방송국이 수여하는 상을 받을 정도로 호평을 받았으며, 1998년에는 미국의 방송국이 방영권을 따서 다른 라틴아메리카 국가들을 대상으로 송출했을 정도로 상업적으로도 성공했다는 사실을. 성공의 결정적 비결은 스카르메타의 끼와 익살과 엉뚱함이 아니었을까 싶다.

스카르메타는 1940년 칠레 북부에 위치한 안토파가스타시에서 태어났다. 그의 집안은 조부모 때 크로아티아에서 이민왔다. 스카르메타의 삶에서 커다란 전환점은 유년기 때인 1949년에서 1952년 사이의 부에노스아이레스 생활이었다. 부모가 경제적인 어려움으로 또다시 아르헨티나로 이주했을 때였다. 형편은 녹녹치 않아서 허름한 집, 변변치 못한 동네에 살았고, 어린 스카르메타도 용돈을 벌어 써야 했다. 그럼에도 불구하고 스카르메타는 그 시기를 대단히 행복한 시절로 기억한다. 스스로 번 용돈 덕분에 실컷 만화를 보고, 영화관을 들락거리고, 탱고와 팝송을 기웃거리는 자유를 누릴 수 있었기 때문이다. 어릴 때부터 대중문화에 심취하고 도시적 감수성에 녹아든 이 경험이야말로 스카르메타의 문학을 결정지었다 해도 과언이 아니다.

스카르메타의 부모가 귀환을 결정하는 바람에 부에노스아이레스 생활은 3년 만에 끝난다. 부모가 산티아고로 가서 정착 가능성을 모색하는 동안, 스카르메타는 안토파가스타의 조부모 밑에서 잠시 지내야 했다. 부에노스아이레스에서의 행복한 삶을 박탈당하고 부모와도 떨어져 살아야 했지만, 워낙 활달하고 낙천적인 성격의 소유자인지라 오히려 새로운 즐거움을 발견한다. 스포츠, 문학, 로큰롤 등이었다. 기존의 대중문화에 대한 관심에다가 스포츠와 문학에 대한 관심이 더해진 셈이다. 스카르메타는 그때부터 평생 농구, 축구, 사이클 등 다양한 스포츠를 즐겼다. 장년기에 접어들어서는 경마에도 재미를 붙여 아예 경주마를 사서 대회에 참가시킨 적도 있을 정도였다. 문학에 대한 관심도 안토파가스타 시절부터 높아져서 산티아고에서 중고등학교를 다닐 때는 그렇게도 활동적인 성격임에도 불구하고 때로는 며칠씩 집에 칩거하면서 셰익스피어와 보들레르와 실존주의 계열의 책들을 닥치는 대로 읽었다. 스카르메타 자신이 말하듯 그는 산타아고 시내를 사이클 자전거를 타고 누비는 제임스 딘, 셰익스피어의 시를 낭송하는 로버트 미첨이 되고 싶어 했던 소년이었다.

청소년기와 청년기에 걸쳐 스카르메타를 사로잡은 것이 또 있었다. 미국의 비트 세대였다. 영화, 팝송, 로큰롤 등 당대 미국 대중문화에 심취해 있었던 스카르메타였으니 전 세계를 강타한 비트 세대 열풍에 자연스럽게 휩쓸렸다. 그래서 마치 잭 케루악(Jack Kerouac)의 『길 위에서(*On the Road*)』(1957)의 대학생 히피 주인공처럼 스카르메타도 무전여행에 나선다. 처음에는 안데스 국가들을, 다음에는 아르헨티나와 우루과이와 브라질을, 그리고 나중에는 미국을 몇 달씩 무작정 여행하였다. 인형극을 하면서 모자를 돌리고, 허드렛일을 하면서 경비를 충당하고, 돈이 떨어져 안데스 선주민들에게 빌붙어 먹기도 하고, 미국에서는 남의 차에서 기름을 실례할 때도 있었지만 여행이 고생스럽게 느껴진 적은 없었다. 그렇다고 정신줄 놓고 즐기기만 한 것도 아니다. 안데스에서 전통 축제를 보면서, 또 미국에서 인종차별을 목도할 때마다 자신이 칠레인을 넘어 라틴아메리카인이라는 사실을 깨닫게 되었다. 마치 젊은 스카르메타의 또 다른 영웅이었던 체 게바라가 일찍이 여행을 통해 동일한 깨달음에 이르렀듯이.

스카르메타는 1960년대 말 칠레 대학 문학과 교수가 되면서 그럭저럭 편안한 삶을 살 수도 있었다. 그러나 시대도, 또 깨어 있는 그의 의식도 이를 허락하지 않았다. 1970년 칠레에서는 좌파 연합인 민중연합(Unidad Popular)의 후보 살바도르 아옌데가 대통령에 당선되었다. 세계 최초로 선거를 통해 좌파가 집권했다는 점 때문에 당시 세계의 이목을 끌었던 사건이다. 스카르메타는 아옌데 정부의 열렬한 추종자였다. 그래서 1973년 피노체트 쿠데타 이후 결국 망명을 택할 수밖에 없었다. 독일 서베를린에서 보낸 망명 생활은 1989년까지 계속되었다. 그 생활은 분명 고단했지만 스카르메타에게 새로운 기회이기도 했다. 가령, 영화 시나리오 교수로 서베를린에 정착하게 되면서 문학 창작과 영화를 병행했다. 그리고 바로 이 경험이야말로 그의 대표작인 『네루다의 우편배달부(*El cartero de Neruda*)』(1985)에 소중한 자산이 되었다.

2 잡탕의 미학, 연대, 그리움

스카르메타는 소설, 영화, 연극, 라디오, TV 등 다양한 분야를 넘나드는 활동을 했다. 소위 고급예술과 대중문화의 경계 혹은 예술 장르 간 경계에 구애받지 않았던 것이다. 특정 예술이 인간의 삶을 담고 있다면 고상함 여부나 장르 문제와 상관없이 그 자체만으로도 예술이 될 수 있다고 믿었다. 이는 스카르메타의 개인적 취향이나 자유분방함 혹은 개방적인 성격을 넘어, 삶이 곧 예술이 되어야 하고 예술이 곧 삶 그 자체가 되어야 한다는 그의 미학의 산물이었다. 스카르메타가 말하는 삶이란 일상의 삶이다. 일상의 삶을 통해 인생과 예술의 의미를 이끌어 내고 역사의 소용돌이와 사회 변혁의 꿈을 표출하고자 했던 것이다. 스카르메타는 고상한 문화에 대중문화를 뒤섞고 일상의 삶까지도 거리낌 없이 다루는 자신의 이런 미학을 '잡탕의 미학(estética de la promiscuidad)'이라고 정의했다.

스카르메타는 잡탕의 미학이 새로운 감수성을 지닌 세대의 등장과 관련 있다고 주장한다. 그는 자신처럼 1940년을 전후해서 태어난 작가들은 성장기에 대중매체의 영향을 크게 받은 라틴아메리카 최초의 세대라는 사실을 강조한다. 어렸을 때부터 영화, TV, 오디오, 녹음기 등과 자연스럽게 접촉했고, 로큰롤 가수들이나 비틀스 같은 대중문화 스타들을 우상으로 생각했다. 당연히 그 이전 세대와는 다른 감수성을 지닐 수밖에 없었다. 새로운 감수성을 지닌 세대가 등장하게 된 것은 라틴아메리카 사회가 급격하게 변하고 있었기 때문이다. 그 변화는 근대화가 야기한 것이었다. 제2차 세계대전 이후 미국은 공산주의 확산을 막기 위해서 경제 성장에 역점을 두었다. 서유럽의 전후 복구에 박차를 가하고 대대적인 경기 부양에 나선 것은 물론이고, 라틴아메리카같이 낙후된 지역에도 근대화 바람을 몰고 왔다. 유엔 산하 라틴아메리카 경제위원회(CEPAL)[1]가 주도한 근대화 프로젝트가 그것이었다. 근대화로 인해 도시화가 가속화되고 중산층이 두터워지고 교육기회가 확충되고 소비를 미덕으로 생각하는 소비문화가 출현했다. 스카르메타 세대는 이러한 사회 변화의 산물이었다. 그 이전 세대에 비해 도시에서 자란 문인이 압도적으로 많아졌고, 대학생 수가 증가하면서 형성된 청년문화 세대였으며, 소비문화를 낯설어하지 않고 팝송 혹

1 지금은 라틴아메리카-카리브 경제위원회로 불린다.

은 스포츠 등의 여가 생활에 관심을 돌리는 세대이기도 했다.

스카르메타 세대가 중고등학교 교과서나 대학의 문학 강좌에서 접한 라틴아메리카 문학에 흥미를 느끼지 못한 것은 당연한 일이었다. 밀림, 팜파, 야노(베네수엘라의 대평원)를 무대로 하거나 농촌을 소재로 한 지역주의 소설이 주를 이루고 있었기 때문이다. 물론 라틴아메리키 문학은 1960년대에 소위 '붐 소설' 세대가 국세적인 성공을 거두고 있었고, 문학사적으로 볼 때 붐 소설은 이미 지역주의 소설을 완전히 극복했다. 그러나 스카르메타 세대는 붐 소설이 아직 크게 인정받기 전에 성장기를 보냈다. 그래서 이 세대 역시 사실상 독자적으로 반(反)지역주의 문학을 모색해야 했다. 그래도 스카르메타는 붐 세대의 공헌이나 문학성을 높이 평가한다. 붐 세대의 성공 덕분에 자기 세대가 쉽게 라틴아메리카 독자들에게 다가가고 국제적인 출판 시장에도 상대적으로 수월하게 진입할 수 있었다는 점을 인정한다. 또 붐 세대와 자신의 세대가 문학의 사회적 역할에 대한 관심을 공유하고 있고, 그러면서도 시적 언어의 중요성을 공히 인식하고 있다는 점 역시 인정한다. 다만 자신들이 열광하고 직접적인 영향을 받은 문학은 실존주의 문학이나 비트 세대의 문학처럼 서구 대도시에서 생산된 문학이었다는 점을 강조할 뿐이다. 라틴아메리카에서 본격적인 도시 문학의 출발은 붐 세대가 아니라 자신의 세대라는 것이다.

스카르메타가 서구 대중문화나 문학에 열광했다고 해서 결코 사대주의자는 아니었다. 오히려 쿠바 혁명과 민중연합의 열렬한 지지자였고, 체 게바라에 열광하고 니카라과 산디니스타 정권 수립에 환호한 라틴아메리카주의자였다. 스카르메타는 다만 서구/라틴아메리카 혹은 전통문화/외래문화의 이분법적 구분에 얽매이지 않았을 뿐이다. 그가 추구한 것은 동시대 사람들이 공유할 수 있는 보편적인 가치였다. 프라하의 봄, 파리 학생운동, 반전 운동 등을 이끈 서구 지식인이나 청년들이 스카르메타와 마찬가지로 쿠바 혁명이나 체 게바라에도 열광했다는 점이 그 방증이다.

스카르메타의 첫 작품은 8편의 단편으로 구성된 『열정(*El entusiasmo*)』(1967)이다. 주인공들은 대부분 고뇌하는 청춘이다. 기존 사회체제 때문에 "구토"하고, "이방인"이라고 느끼고, "이유 없는 반항"을 하고, "아우성"을 친다. 그럼에도 불구하고 결코 삶을 비관적으로 바라보지는 않는다. 그들은 고뇌도 열정적으로 하지만 삶 역시 열정적으로 살기를 원한다. 혼자 고민하기보다는 친구를 찾아가 고민을 나누고, 뚜렷한 탈출구가 없다 해도 거리를 활보하면서 청춘을 발산한다. 고뇌가 그들의 삶 자체까지 파괴하는 것을 방지하려는 몸부림이다. 이런 점들로 해서 『열정』은 칠레 문단의 흐름을 바꿀지도 모를 작품으로 주목을 받았다. 무엇보다도 『열정』은 직전 세대인 칠레 1950세대의 작품과 너무나도 다른 분위기의 작품이었다. 1950세대의 소설은 염세적이라는 평가를 받을 정도로 음울했다. 가령, 이 세대를 대표하는 작가인 호세 도노소의 『대관식(*Coronación*)』(1957)만 해도 치매 노인과 허물어져 가는 대저택이 등장한다. 근대화에 따른 구 사회의 몰락을 이런 식으로 형상화한 것이다. 그러나 스카르메타의 『열정』에는 열정을 주체하지 못하는 청춘과 태양이 작열하는 거리가 등장한다. 그것은 칠레 소설 최초로 삶의 활력을 다룬 작품이었다. 또 『열정』은 일상적인 대화와 거리의 언어, 특히 젊은이들의 속어와 은어를 거리낌 없이 사용하여 언어의 혁신이라는 측면에서도 주목을 끌었다.

두 번째 작품인 『지붕 위의 누드(*Desnudo en el tejado*)』(1969)도 『열정』과 비슷한 분위기의 단편집으로 쿠바의 카사 데 라스 아메리카스(Casa de las Américas) 단편소설상을 수상한다. 이 기관이 당시 라틴아메리카 지성계와 예술계에 막대한 영향력을 지니고 있었다는 점을 감안하면 작가로서의 그의 미래가 활짝 열린 셈이다. 세 번째 단편집 『프리킥(*Tiro libre*)』(1973)은 스카르메타 문학에서 전환점이 되었다. 『프리킥』의 주인공 젊은이들은 이제 고뇌만 하지 않는다. 무엇을 해야 하는지 깨달아 가고 있다. 연대를 구축하는 일과 민중연합의 성공을 위해 열정을 쏟아부어야 한다는 깨달음이었다. 이 깨달음은 1960년대 말부터 1970년대 초 사이에 칠레 사회가 경험한 급진적 변혁의 와중에서 스카르메타가 얻은 신념이었다. 이와 함께 스카르메타의 작품에는 새로운 인물들이 등장한다. 장년층이나 소외 계층, 노동자들이 그들이다. 『열정』과 『지붕 위의 누드』가 젊은이들, 특히 기존 사회체제에 저항하면서도 아직 쁘띠 부르주아지 속성을 탈피하지 못한 대학생들을 주로 다루었다는 점을 고려하면 스카르메타의 문학 세계가 폭이 넓어졌음을 알 수 있다. 스카르메타의 첫 장편소설인 『눈이 끓는 것을 꿈꾸었네(*Soñé que la nieve ardía*)』(1975)는 『프리킥』의 연장선상에 있으며, 민중연합 정권의 성공을 위해서는 노동자와 중산층의 연대가 필요하다는 한층 구체화된 신념을 내비친다. 그러나 그것은 한바탕 꿈이었다. 쿠데타 이전에 쓰기 시작한 소설이었지만, 집필을 마쳤을 때 이미 스카르메타는 망명객의 몸이었다. 노동자와 중산층의 연대라는 이상은 이미 좌절된 것이었다. 그래서 『눈이 끓는 것을 꿈꾸었네』는 쿠데타의 충격을 극복하기 위한 일종의 카타르시스 역할을 했을 뿐이다.

중편소설 『나 반칙 안 했어(*No pasó nada*)』(1980)는 망명 생활을 다루고 있다. 작품의 화자이자 주인공은 칠레인 소년으로 부모가 구서독에 망명하면서 서베를린에 살게 되었다. 한편으로는 반피노체트 활동을 통해 칠레인 공동체의 유대에 주력하는 소년의 부모를 비롯한 많은 칠레인의 노력들이 서술되고, 또 한편으로는 정체성의 혼란을 겪으면서 현지 생활에 적응하려고 아등바등하는 소년의 모습이 그려진다. 그러나 전반적으로는 전자보다는 후자에 초점을 맞춘 일종의 성장소설이다. 『나 반칙 안 했어』가 간행되었을 당시에 칠레 망명 작가들이 대부분 쿠데타가 일어난 원인에 대해 성찰하고 군사정권을 비판하는 작품들을 쏟아내던 것에 비하면 망명 생활에 대한 스카르메타의 문제의식은 참신한 것이었다. 그래서 이 작품은 칠레 망명 문학에서 중요한 작품으로 꼽힌다.

그러나 스카르메타가 연대에 대한 신념마저 저버린 것이 아니라는 점은 다음 소설인 『봉기(*La insurrección*)』(1982)에서 여실히 드러난다. 『봉기』는 니카라과에 산디니스타 정권이 들어서는 과정을 그린 작품이다. 1979년 산디니스타 정권이 들어선 후 스카르메타는 다큐멘터리 제작을 위해 니카라과를 방문한다. 민중정부 수립 이후의 니카라과를 보면서 칠레의 민주화에 대한 희망을 품게 되었고, 다큐멘터리만으로는 자신의 감동을 다 표현하지 못해 소설을 집필한다. 스카르메타는 니카라과에 민중정부가 들어설 수 있었던 정치적·경제적·사회적 요인에 대해서는 크게 관심을 두지 않는다. 대신 게릴라, 학생, 우체부, 군인, 신부, 실업자 등이 독재정권의 공식적 언어에 저항하며 그들만의 언어를 창조하고 그 언어를 통한 진정한 의사소통과 연대가 가능해졌을 때 민중정권이 탄생될 수 있었다는 메시지를 전달하고 있다. 산디니스타 혁명을 통해 언어의 혁신이 연대를 이끌어 내고, 나아가 세상을 바꿀 수 있다는 신념을 확인했기 때문이다.

스카르메타의 대표작 『네루다의 우편배달부』는 『봉기』의 연장 선상에서 탄생한 작품이다. 평범하다 못해 무지하다 할 우편배달부 마리오가 1971년 노벨 문학상까지 받은 칠레의 실존시인 파블로 네루다(1904-1973)와 시를 통해 친해지는 과정과 그 이후의 사건들을 그린 소설이기 때문이다. 이를테면 시어를 통한 지식인과 민중의 연대를 고민한 소설인 것이다. 작품의 배경이 되는 장소는 수도 산티아고에서 110킬로미터쯤 떨어진 곳에 있는 이슬라네그라라는 곳이다.[2] 시간적으로는 1969년에서 1973년, 즉 스카르메타의 인생에서 가장 열정적인 순간이었지만 종국에는 참담한 좌절을 경험한 시절을 다루고 있다. 따라서 『봉기』처럼 결코 승리를 구가하는 소설은 될 수 없었다. 소설 서문의 허구적 작가의 말마따나 "열광적으로 시작해서 침울한 나락으로 떨어지"(스카르메타 2004, 10)[3]는 작품이다. 그렇지만 마리오와 네루다의 유쾌하면서도 아름다운 우정

2 '이슬라네그라(Isla Negra)'의 뜻은 '검은 섬'이다. 그러나 섬은 아니고 바닷가 마을이다. 해변에 검은 돌이 많아 그런 지명이 붙었다고 한다. 네루다가 1939년 이곳의 바닷가 집을 구입했을 때, 집 두 채밖에 없던 곳이었다. 네루다는 주로 겨울에 이슬라네그라에 머물면서 바다를 벗 삼아 창작에 몰두했다. 네루다의 이슬라네그라 저택은 오래전부터 문학관으로 일반인들에게 공개되고 있다. 네루다의 시적 상상력이 가미된 아기자기한 저택 풍경과 수집품들 때문에 수많은 사람이 찾는 명소가 되었다.

3 안토니오 스카르메타(2004), 『네루다의 우편배달부』, 우석균 옮김, 민음사. 이후 이 텍스트 인용 시 괄호 안에 쪽번호만 적는다.

이 갑자기 파괴되면서 독자들은 모두가 힘을 모아 그 잃어버린 세상을 되찾아야 한다는 연대 의식을 느끼게 된다.

두 사람의 우정은 어느 정도는 스카르메타와 네루다의 실제 친분이 투영된 것이다. 네루다에게 스카르메타는 대단히 인연 깊은 이는 아니었다. 반면 스카르메타에게 네루다는 여러 가지 추억을 안겨 준 인물이었다. 스카르메타는 고백한다. 네루다 시를 읽고 있는데 어느 여인이 그런 자신에게 관심을 보여 최초의 육체적 경험을 하게 되었다고. 첫 단편집을 네루다 같은 대시인에게 안겨 주고는 읽고 평을 해 달라고 졸랐노라고. 여자 친구를 데리고 거의 무작정 이슬라네그라 집을 방문해 대시인과의 친분을 과시하기도 했다고. 그리고 낮잠 습관이 있는 네루다가 자리를 뜨면, 여자 친구와 빈방에 숨어들어 사랑을 나누기도 했다고. 그렇게 얼굴에 철판 깔고 엉겨 붙었는데도 네루다는 귀찮다 않고 늘 넉넉하게 대해 주었다고. 이러한 개인적인 기억들이 쌓여 있었기에 망명 생활 10년쯤 되던 어느 날 스카르메타는 문득 네루다가 몹시 그리워졌고, 그래서 『네루다의 우편배달부』를 구상하게 되었다. 아마도 가슴이 사무칠 정도의 그리움이었던 것 같다. 소설을 완성하기 이전까지 라디오 극으로, 연극으로, 영화로 장르를 바꿔 가며 발표하면서 여러 차례 구상을 가다듬었으니 말이다. 그렇게 심혈을 기울였기에 스카르메타는 훗날 자신 있게 말할 수 있었다. 자신의 작품들 중에서 『네루다의 우편배달부』는 두고두고 남으리라고. 그리고 실제로 그렇게 되었다. 스카르메타의 작품 중 가장 사랑을 받고 있고, 다시 한번 〈일 포스티노(Il postino)〉(1994)라는 영화로 제작되어 더 큰 유명세를 안겨 주었으며, 스카르메타가 괴테 메달(2002)과 칠레 국가문학상(2014)은 물론이고 이탈리아 문예기사단장 훈장과 프랑스 문예기사 훈장 등을 받는 데도 결정적으로 기여했다.

3 시는 읽는 사람의 것

1) 메타포 우정

『네루다의 우편배달부』는 허구적 서문에 이어 마리오 히메네스가 우편배달부가 된 내력으로 시작한다. 마리오는 어부의 아들인데 새벽 조업이 영 죽을 맛이다. "산안토니오 동시 상영 극장의 스크린에서 보던 뇌쇄적인 여주인공들 빰치는 여인과 화끈한 사랑을 나누는 꿈을 꾸고 있을 때"(15) 아버지가 깨우곤 하기 때문이다. 그래서 가끔씩 감기에 걸렸다고 꾀병을 부리고 집에 남아 꿈속의 천국에서 계속 노닌다. 자식 이기는 부모 없다고 아버지는 아들을 고기잡이에 끌고 나가는 것을 포기한다. 하지만 싸늘한 눈초리로 다른 일자리라도 구하라고 다그친다. 마리오는 우연히 우편배달부를 찾는다는 광고를 발견한다. 그리하여 포구 사람들이 모두 까막눈인지라 사실상 유일한 편지 수신인인 네루다의 전담 우편배달부가 된다.

　전담 배달부가 되면서 네루다에 대한 막연한 존경심과 호기심이 발동했지만, 마리오는 선뜻 이 대시인에게 다가서지는 못한다. 네루다도 우편물을 수령할 때 의례적인 감사 표시를 하고 약간의 팁을 건넬 뿐이다. 그러던 어느 날 두 사람 사이에 최초로 대화다운 대화가 이루어진다. 평소와 달리 네루다가 수령한 우편물들 중에서

한 통을 그 자리에서 개봉하자, 궁금해진 마리오가 이유를 물으면서이다. 네루다는 노벨상 관련 편지라서 그렇다고 대답한다. 마리오는 노벨상을 수상하게 되는지 묻지만, 네루다는 아니라고 답하고 그냥 집으로 들어가려 한다. 하지만 꼼짝하지 않고 있는 마리오를 보고 무슨 생각에 빠졌기에 그러는지 묻는다. 마리오는 다른 편지들 내용이 궁금하다고, 혹시 연애편지냐고 묻는다. 네루다는 아내인 마틸데가 듣겠다고 질색하면서 이 당황스러운 상황에서 벗어나고자 얼른 후한 팁을 안겨 준다. 하지만 마리오는 팁만 받고 여전히 꼼짝하지 않는다. 이번에는 네루다와 겨우 이루어진 대화가 끝나서 슬펐기 때문이다. 네루다가 다시 마음이 약해져 영문을 물어보면서 다음과 같은 대화가 재개된다.

"무슨 일 있나?"

"네?"

"전봇대처럼 서 있잖아."

마리오는 고개를 돌리고 시인의 눈을 찾아 올려다보았다.

"창처럼 꽂혀 있다고요?"

"아니, 체스의 탑처럼 고즈넉해."

"도자기 고양이보다 더 고요해요?"

네루다는 편지 뭉치를 놓고 턱을 어루만졌다.

"마리오, 내게는 『일상 송가』[4]보다 훨씬 더 괜찮은 책들이 있네. 그리고 온갖 메타포로 나를 시험에 들게 하는 건 부당한 일이야." (27)

학교도 변변히 다니지 못한 마리오가 어떻게 이렇게 시구(詩

句)를 인용한 고급 대화를 구사할 수 있었을까? 네루다 이전에도 노벨 문학상을 받은 시인을 배출해서 '시인의 나라'라는 영예로운 별명이 붙은 칠레에서는 일개 우편배달부도 시를 줄줄 외우고 있는 것일까? 자초지종은 이러했다. 마리오는 우편배달부가 되어 첫 월급을 받자 당장 네루다의 『일상 송가』라는 시집을 구입했다. 읽기 위해서가 아니라 순전히 장식용으로. 네루다의 친필 서명을 받아내 그 책을 가지고 동네 소녀들을 꼬셔 볼 작정이었던 것이다. 하지만 네루다 같은 대시인에게 감히 서명을 부탁할 배짱은 없고 해서 하염없이 시집을 끼고 다녔다. 그리고 "그러는 사이 아뿔싸! 책을 그만, 그만, 그만… 몽땅 읽어 버리고야"(22) 말았던 것이다.

하지만 금방 밑천이 드러나고 만다. 아마도 네루다는 자신의 시를 줄줄 꿰고 있는 마리오가 시깨나 읽었다고 생각했을 것이다. 그래서 대화 중에 무심코 '메타포'라는 단어를 사용한 것이다. 그런데 마리오는 단어 뜻을 몰라 무슨 말인지 묻는다. 덕분에 네루다에게 지옥문이 열린다. 아무리 이리저리 설명해도 납득시킬 수가 없다. 비유를 하고, 예를 들고, 메타포가 잔뜩 사용된 시까지 낭송해줘도 말이다. 고진감래라고 희망의 빛이 반짝한다. 시 낭송을 들은 마리오가 되도 않은 감상을 늘어놓다가 불쑥 "제가 마치 선생님 말들 사이로 넘실거리는 배 같았어요"(31)라고 말한다. 네루다는 치하한다. 그게 바로 메타포라고. 마리오는 우연히 튀어나온 것인데

4 1954년 시집으로 국내에서는 보통 『기본적인 것들을 기리는 노래(Odas elementales)』로 번역한다.

그게 뭔 의미가 있겠냐고 말한다. 네루다는 "우연이 아닌 이미지는 없어"(31)라고 용기를 북돋아 준다. 그런데 이 배려 때문에 네루다는 자신도 상상조차 하지 못한 내용의 질문을 받게 된다. 마리오는 이렇게 묻는다.

"선생님은 온 세상이, 즉 바람, 바다, 나무, 산, 불, 동물, 집, 사막, 비…."
"…이제 그만 '기타 등등'이라고 해도 되네."
"…기타 등등! 선생님은 온 세상이 다 무엇인가의 메타포라고 생각하시는 건가요?" (31-32)

이 우주적 질문에 네루다의 입이 떡 벌어진다. 그리고 생각해 보고 대답해 주겠다면서 다음 만남을 약속한다. 네루다가 촌구석 무지랭이에게 마음을 연 순간이고, 두 사람의 우정이 시작된 순간이다.

2) 시는 읽는 사람의 것

마리오가 옳았다. "말들 사이로 넘실거리는 배"는 그저 우연히 나온 메타포였다. 네루다의 권유대로, 필사적으로 바다를 관찰하면서 또 다른 메타포를 떠올리려 했지만 허사였다. 마리오는 "자연의 냉대에 열불이 나서"(35) 술을 마시러 주점에 간다. 그런데 그곳에서 베아트리스라는 너무나 아름다운 소녀를 발견하고 사랑에 빠져 버린다. 도무지 무슨 말을 건네야 할지 모를 정도로. 마리오는 다음

날 당장 네루다에게 달려가 도와 달라고 애걸복걸한다. 소녀를 위한 시도 써 달라고 한다. 노벨상 후보로 거론되는 대시인에게 한낱 연애시를 써 달라고 엉겨 붙은 것이다. 하지만 그놈의 노벨상이 네루다에게는 큰 짐이다. 모르는 소녀라 영감이 떠오르지 않아 시를 못 쓰겠노라고 노련하게 부탁을 거절했더니, 마리오는 "간단한 시 한 수에 그렇게 쩔쩔매서 어떻게 노벨상을 받으시겠어요"(45)라고 냅다 면박을 준다. 기가 막히고 코가 막힐 말에 혼미해진 정신을 겨우 수습한 네루다는 마리오가 가지고 온 전보를 읽어 봐야겠다고 말하면서 마리오의 공세를 피한다. 전보는 공산당 중앙위원회에서 온 것으로 대통령 후보를 권하는 내용이다. 네루다는 정치 일선에 다시 나서는 것이 탐탁지 않았지만 내심 별 수 없다고 생각한 모양이다. 그래서 주점에 가서 마리오와 함께 있는 장면을 소녀 앞에서 연출해 준다. 또 불과 이틀 후 결국 이슬라네그라를 떠나면서는 괜히 미안한 생각이 들어 마리오에게 작품 전집 세 권을 선물한다.

마리오는 어느 정도 마음의 위안을 얻어 시 세계에 빠져든다. 네루다의 시를 탐독하고, 그러다 혹시 시상이 떠오르면 적어 두려고 공책도 한 권 산다. 실제로 바닷가에 앉아 열심히 공책에 뭔가를 끄적거리기도 한다. 그가 시인이 되었다는 소문이 순식간에 퍼져 나간다. 심지어 우파 국회의원 랍베가 대선 지원유세차 들렀다가 마리오를 놀리듯 소문을 언급하고는 시 창작에 사용하라고 고급 앨범을 선물하기도 한다. 마리오 같은 정적 네루다의 추종자에게도 너그럽다는 인상을 풍기려고 그런 것이다. 사회당 지구당은 한술 더 떠서 마리오에게 군중집회에서 자작시를 낭송해 달라는 요청까지 한다. 그러나 사람들은 몰랐다. 마리오가 시를 필사적으로 읽는 가장 중요한 이유는 베아트리스에게 달콤한 말을 건네기 위해서이고, 그가 공책에 열심히 끄적인 것은 시가 아니라 원이나 삼각형 따위라는 것을. 아무리 시를 읽어도 시상이 떠오르지 않아서 말이다.

사랑의 힘은 실로 위대했다. 마리오는 적어도 네루다의 시를 줄줄 외우게 되었고, 이제 준비가 되었다고 여겨 기회만을 노린다. 그리고 어느 날 석양, 홀로 해변을 거닐던 베아트리스에게 회심의 메타포 공세를 펼친다. 소녀의 미소는 얼굴에 나비처럼 번지고, 웃음은 "홀연 일어나는 은빛 파도"이고, "청순한 소녀 옆에 누워 있는 것이 새하얀 바닷가에 있을 때처럼 행복하다고" 말이다(62). 소녀는 황홀경에 빠져 집으로 돌아온다. 마리오가 딸 주위를 맴도는 것을 이미 수상히 여기고 있던 홀어머니 로사 부인이 무슨 말을 했는지 캐묻는다. 소녀는 대답한다. "메타포요"(61). 로사 부인에게는 하늘이 무너지는 대답이다. "촌구석 술집년을 베네치아 공주처럼 느끼게" 만드는 "번드르르한 말처럼 사악한 마약은 없다"(63)는 것이 그녀의 인생 경험이기 때문이다.

그때부터 로사 부인의 철통방어가 시작되고, 덕분에 마리오에게는 인고의 나날이 계속된다. 그러던 중 네루다가 후보 단일화 과정에서 대통령 후보를 아름답게 사퇴하고 이슬라네그라로 돌아온다. 마리오는 하늘에서 동아줄이 내려오기라도 한 듯, 당장 그의 집으로 달려간다. 하지만 환영 인파 때문에, 또 시인이 능란한 회피 때문에 도움을 요청할 기회를 놓친다. 불면의 밤을 보낸 마리오는 우체국에 출근해 네루다에게 온 우편물을 챙긴다. 그러던 중 뜻밖의 편지를 발견한다. 로사 부인이 네루다에게 보낸 편지이다. 마리오는 급히 그 편지를 들고 네루다에게 달려가 내용을 알려 달라고 조른다. 네루다는 그 상황이 재미있어 장난치듯 편지를 읽어 주기 시작한다. 그러다가 마지막 대목에 이르러 갑자기 얼굴이 굳어져 말없이 읽은 뒤 마리오를 뚫어지게 바라본다. "미성년자를 농락한 마리오 히메네스란 작자"(74) 운운하는 구절 때문이다. 네루다는 단호하게 선언한다. 이 일에 관여하지 않겠노라고. 마리오는 나름대로 논리적으로 대든다. "나는야 유능한 뚜쟁이 시인"이라는 네루다의 시구는 "부도 수표"냐고(75). 네루다는 기가 차서 "자네 논리대로라면 셰익스피어를 햄릿 아버지 살인범으로 체포해야겠군"(75) 하고 쏘아붙인다. 하지만 마리오의 애원에 마지못해, 로사 부인에게 두 사람의 만남을 허락해 달라고 부탁은 해 주겠다며 주점으로 전화를 건다. 전화를 받은 그녀는 당장 만나서 이야기하자며 네루다 집으로 쳐들어오고 마리오는 숨는다. 그녀는 베아트리스 가슴팍에서 발견했다는 다음과 같은 시를 시인의 면전에서 읽는다. '벌거벗은'이라는 단어가 나올 때마다 힘주어서.

> 벌거벗은 당신은 그대 손만큼이나 단아합니다.
> 보드랍고 대지 같고 자그마하고 동그랗고 투명하고
> 당신은 초승달이요 사과나무 길입니다.
> 벌거벗은 당신은 밀 이삭처럼 가냘픕니다.
> 벌거벗은 당신은 쿠바의 저녁처럼 푸릅니다.
> 당신 머릿결에는 메꽃과 별이 빛납니다.
> 벌거벗은 당신은 거대하고 황금빛으로 물들어 있습니다.
> 여름날의 황금 성전처럼. (80-81)

시를 다 읽은 로사 부인은 "우체부 그 작자가 내 딸이 홀딱 벗은 걸 보았다고요"(81)라고 결론짓는다. 네루다 입장에서는 두 가지 점에서 황당하기 짝이 없다. 먼저 첫 번째는 편지의 '미성년자 농락' 운운하는 부분이 그녀가 시와 현실을 분간하지 못한 데서 비롯되었기 때문이다. 하지만 네루다는 체면이 체면인지라 점잖게 말해 본다. "로사 부인, 시의 내용이 꼭 실제 상황이라고 보실 필요"(81)는 없다고. 그렇지만 그에게 돌아온 것은 사나운 눈초리였다. 그녀가 돌아가자 분을 삭이지 못한 네루다는 숨어 있던 마리오를 매몰차게 내치려 한다. 문가까지 내몰리자 마리오는 이판사판 대든다. 시집을 선물하고, "우표를 붙이는 데에만 쓰던 혀를 다른 데 사용하는 길"(85) 기르쳤으니 책임을 지라고 말이다. 자신이 사랑에 빠지게 된 것이 네루다 때문이라고 억지를 부리는 것이다. 네루다도 머리뚜껑이 열려 체면이고 뭐고 마리오에게 냅다 쏘아붙인다. "자네는 내가 마틸데를 위해 쓴 시를 베아트리스에게 선사했어"(85)라고. 바로 이 점이 네루다가 황당해 마지않아 했던 두 번째 이유였다. 아내에게 써 준 사랑의 시를 다른 여인에게 바친 마리오가 괘씸했던 것이다. 그러자 마리오의 명언이 작열한다. "시는 쓰는 사람의 것이 아니라 읽는 사람의 것이에요!"(85) 앞서 인용한 "선생님은 온 세상이 다 무엇인가의 메타포라고 생각하시는 건가요?"라는 질문만큼이나 『네루다의 우편배달부』의 독자들을 사로잡은 구절이다.

3) 침울한 나락

사실 마리오는 시가 읽는 사람의 것이라는 점을 이미 입증했다. 메타포 공세로 이미 베아트리스의 마음을 녹여 버린 뒤이기 때문이다. 다만 로사 부인이 베아트리스를 방에 가둬 놓다시피 하고, 어쩌다 외출할 때도 팔을 꼭 잡고 다닐 정도로 철벽수비를 펼치고 있었던 것이 문제일 뿐이었다. 그러나 머지않아 절호의 기회가 찾아온다. 민중연합 후보 살바도르 아옌데가 선거에서 승리한 1970년 9월 4일이다. 세계 최초로 "민주적인 투표로 집권한 최초의 마르크스주의자 대통령"(87)이 탄생한 역사적인 그날, 주점은 아옌데 지지자들로 북적인다. 로사 부인은 일손이 모자라 베아트리스를 영어의 몸에서 풀어 줄 수밖에 없었고, 마리오는 그 틈을 타서 베아트리스를 근처 창고로 불러낸다. 그 역사적인 날은 결국 마리오의 인생의 날이 된다. 그리고 마리오의 상사이자 우체국장인 "코스메의 표현에 의하면 첫 골이 들어간 지 두 달 후에 결혼식이 치러졌다"(93).

결혼식 날 네루다는 주 프랑스 대사가 되어 파리로 떠나고, 그 후 마리오는 주점 주방장으로 일하게 된다. 그러던 어느 날 네루다가 편지와 녹음기를 보낸다. 병마와 향수 때문에 이슬라네그라의 소리를 녹음해 보내 달라는 부탁과 함께. 마리오는 온갖 정성을 다해 녹음을 완수한다. 2주일 후 네루다는 파리의 집무실에서 너무나 정감어린 녹음을 들을 수 있었다. 자신의 소식을 전하고 네루다의 안부를 묻는 편지가 먼저였다. 그리고 몸도 아픈데 눈이 너무 많이 와 울적하다는 네루다를 위로하기 위해 「파리의 네루다를 뒤덮는 백설 송가」라는 시가 녹음되어 있었다. 마리오가 쓴 최초의 시였다.

나의 창백한 미인이여,
파리의 네루다 님에게
푸근하게 내려 다오.
네 하얀 제독의 옷으로
그를 치장해 다오.
그러고는 우리 모두가
그를 사무쳐 그리는 이 항구까지
네 사뿐한 순양함에 태워 모셔 와 다오. (121-122)

마지막으로 네루다가 원했던 이슬라네그라의 소리가 펼쳐졌다. 바람 소리, 바람에 울리는 네루다의 집 종소리, 바위에 부딪히는 파도 소리, 갈매기 울음과 날갯짓 소리, 벌집의 윙윙거림, 바닷물이 해변에 들이쳤다가 물러날 때 모래를 휩쓰는 소리 등등… 이 대목에서 또다시 스카르메타의 해학이 번득인다. 개 짖는 소리, 마음에 드는 갈매기 소리가 잡히지 않아 상스러운 욕까지 해 대며 갈매기를 닦달하는 마리오의 목소리까지 같이 녹음되어 있는 것이다. 녹음의 대단원은 다음과 같다.

그리고 일곱째, (분명히 긴박함이 깃든 격앙된 음성이었고, 침묵이 뒤를 잇는다.) 파블로 네프탈리 히메네스 곤살레스 균 (갓 태어난 아기의 찌렁찌렁 우는 소리가 십 분쯤 지속된다.) (123)

그 사이에 마리오와 베아트리스의 아이가 태어난 것이다. 네루다의 원래 성명은 리카르도 네프탈리 레예스였고, '파블로 네루다'는 체코의 시인 얀 네루다의 이름을 딴 필명이다. 따라서 아기 이름은 네루다의 본명과 필명에서 하나씩 따온 것이다. 마리오로서는 네루다에게 최고의 경의를 표한 셈이다.

그러나 마리오가 무려 몇 달 동안이나 녹음에 열중해 있는 동안 어두운 그림자가 차츰 드리운다. 가진 자들과 우파와 CIA가 민중연합 정권을 무너뜨리려고 매점매석을 하고 물류 수송을 방해해 식량난을 조장한다. 마리오의 주점도 타격을 입는다. 뻔뻔스럽게도 랍베 의원 같은 이는 이슬라네그라에 나타나 아옌데를 독재자로 부르고 하야까지 요구한다. 사람들은 점점 지쳐 간다. 하지만 그 어려운 순간에 네루다가 노벨 문학상을 받게 되었다는 희소식이 전해진다. 시상식이 TV로 방영된다는 예고가 있자 마리오는 빚까지 내어 온 동네가 기억할 잔치를 준비한다. 네루다는 수상 연설에서 이렇게 말한다.

> 정확히 백 년 전, 가련하지만 찬란한 시인, 처절하게 절망하던 한 시인이 이런 예언을 썼습니다. "여명이 밝아 올 때 불타는 인내로 무장하고 찬란한 도시로 입성하리라."
>
> (…)
>
> 결론적으로, 미래는 랭보의 말대로라는 것을 노동자, 시인, 그리고 선한 의지를 가진 사람들에게 말씀드려야겠습니다. 불타는 인내를 지녀야만 빛과 정의와 존엄성이 충만한 찬란한 도시를 정복할 것입니다. (131)

주점에 모인 사람들은 이 연설을 듣고 박수갈채를 보내고, 마리오는 감격의 눈물을 흘린다. 뒤이어 노래와 춤과 포도주가 넘쳐나 길이길이 기억된 잔치판이 벌어진다. 뿐만 아니라 사랑도 질펀하게 넘쳐난다.

> 마리오는 초청객들 중 그 누구도 이름, 주소, 선거인 명부 등록번호 그리고 심지어 배우자 행방을 기억할 수 없을 거라는 확신이 들자, 그제서야 잔치가 성공이라고 생각했다. 이제는 자리를 떠도 질탕한 분위기를 깨지 않을 것 같았다. 마리오는 투우사의 몸짓으로 베아트리스의 앞치마를 벗겨냈다. (133)

마리오와 베아트리스는 차마 인용하기 뭣할 정도로 화끈하고 요란스러운 사랑을 나누어 주점에 있던 이들을 위시해 온 동네 사람들의 우레 같은 박수갈채를 이끌어 낸다.

그러나 이 잔치를 끝으로 이야기는 갑자기 비극으로 치닫는다. 먼저 네루다가 병으로 대사직을 사임하고 이슬라네그라로 돌아온다. 마리오는 얼른 그의 집으로 달려갔지만 병세가 위중해 만나지 못한다. 그리고 얼마 후 쿠데타가 일어난다. 오직 네루다 걱정뿐인 마리오는 쿠데타 당일 총성이 울려 퍼지는데도 우체국에 출근해 우편물을 챙겨 네루다 집으로 향한다. 하지만 이미 군인들이 그의 집을 지키고 있었다. 마리오는 고심 끝에 세계 각지에서 온 염려와 위로와 공부의 전보를 몽땅 외운 뒤 네루다의 집에 몸만 잠입한다. 그리고 네루다에게 그 내용을 전해 준다. 이미 병이 위중한 상태인 네루다는 치밀어 오르는 분노를 이기지 못하고 반쯤 넋이 나가 있다. 그리고 그 상태에서 시 한 수를 읊는다. 평생의 이상이 수

포로 돌아간 것이 한스러웠는지, 자신의 죽음을 예감했는지, 쿠데타로 학살될 수많은 사람들을 걱정했는지, 그래도 언젠가 정의가 승리할 미래가 오리라는 가냘픈 희망의 말을 남기고 싶었는지, 그도 아니면 그저 살아온 날들에 대한 기억이 주마등처럼 스쳤는지 모르겠지만 참으로 비장하기 짝이 없는 시이다.

> 하늘의 품에 휩싸인 바다로 나 돌아가노니,
> 물결 사이사이의 고요가
> 위태로운 긴장을 자아내는구나.
> 새로운 파도가 이를 깨뜨리고
> 무한의 소리가 다시 울려 퍼질 그때까지,
> 어허! 삶은 스러지고
> 피는 침잠하려니. (158)

며칠 후 네루다는 응급차로 산티아고 병원으로 이송되었다가 사망한다. 텔레비전을 통해 사망 소식을 접한 마리오는 깊은 침묵만을 지키고 새벽까지 잠을 이루지 못한다. 그리고 그 새벽 마리오는 비밀리에 연행된다. 랍베 의원이 개입된 연행이었고, 결국 마리오는 영원히 돌아오지 못한다. 심지어 시신조차 찾지 못한다. 툭하면 아프고 툭하면 사고 치던 어린 아들이었건만, 그에 대한 사랑이 담뿍 담긴 시 「파블로 네프탈리 히메네스 곤살레스의 연필 초상」을 시 공모전에 막 보낸 후였다는 애잔한 이야기만 남겼을 뿐이다.

4 일상성 속의 혁명성

스카르메타가 창조한 네루다는 서민들과 격의 없는 대화를 나누고, 비틀스 노래에 맞춰 덩실덩실 춤을 추기도 하고, 자기 시 덕분에 마리오의 사랑이 결실을 맺은 것을 자랑스러워하고, 파리에서 대사로 재직할 때는 이슬라네그라를 못내 그리워하는 감성적인 면도 보인다. 자신 같은 문학소년에게 시심을 싹트게 해 준 네루다, 사람을 좋아해 집이 늘 손님으로 붐비던 네루다, 소탈하고 너그러웠던 네루다, 즉 스카르메타의 추억 속에 남아 있는 네루다가 『네루다의 우편배달부』의 네루다인 것이다.

그러나 이런 친근한 이미지의 네루다는 파격, 아니 파격을 넘어 일탈로 비쳐질 소지가 컸다. 비록 네루다는 '사랑의 시인', '자연의 시인', '민중시인', '아방가르드 시인' 등의 상이한 평가들을 동시에 받을 정도로 다채로운 시 세계를 지니고 있었지만 '민중시인'이자 '제3세계의 행동하는 지식인'의 이미지가 강했기 때문이다. 무엇보다도 그의 삶이 이런 이미지를 각인시켰다. 스페인 내전 이래의 반파시즘 활동, 공산당 입당 및 상원의원으로서의 정치 활동, 우파로 회귀한 대통령의 변절을 강력하게 질타한 국회 연설, 그 일이 화가 되어 감수해야 했던 도피생활과 망명, 스탈린 평화상 수상, 민중연합 지지와 정권 참여 등으로 점철된 삶이었기 때문이다. 또 네루다의 시 세계도 그를 민중시인으로 각인시킨 일련의 흐름이 있었다. 무엇보다도 네루다는 라틴아메리카의 역사, 지리, 민중을 노래한 장편 서사시집 『모두의 노래』(1950)의 저자이다. 나아가 민중으로 파고드는 시를 부르짖으며, 자신의 다른 면모를 볼 수 있는

『스무 편의 사랑의 시와 하나의 절망의 노래』(1924)나 『지상의 거처』(1933, 1935)를 각각 우수적인 주관주의와 고통스러운 감상주의에 빠진 작품들이라고 한때 자아비판하기도 했다. 특히 쿠바 혁명의 성공으로 새로운 역사적 시대가 임박했다는 유토피아적 전망이 1960년대의 라틴아메리카를 휩쓸고, 그 연장선상에서 민중연합 정권이 탄생한 칠레 현실에서 네루다는 자연스럽게 칠레 좌파의 상징이 되었다. 그리고 그런 사회적 맥락 때문에 당대 문학 비평에서도 한 사람의 인간으로서의 네루다 혹은 다채로운 시 세계를 지닌 시인으로보다는 민중시인으로서의 네루다를 조망하는 흐름이 지속되었다.

또 쿠데타 직후 네루다의 갑작스러운 사망도 인간 네루다의 면모를 가리게 되었다. 『네루다의 우편배달부』에서처럼 네루다는 아옌데 정부에서 주 프랑스 대사직을 수행하다가 지병으로 사임했다. 그리고 이슬라네그라 집에서 쿠데타 소식을 들었다. 아침 나절만 해도 네루다는 아직 절망하지 않았다고 한다. 그러다가 평생의 동지이기도 한 아옌데의 사망 소식을 접하고 갑자기 기력을 잃었다. 며칠 후 병세가 위중해져 산티아고의 어느 병원으로 이송되었고, 9월 23일 혼수상태에 빠져 "사람들을 총살하고 있어, 사람들을 총살하고 있다고"라고 절규하며 눈을 감았다. 쿠데타가 일어난 지 12일 만이었다. 그날 밤 시인의 시신은 산티아고의 자택에 안치되었다. 불과 2년 전 노벨 문학상을 수상하여 칠레 국민을 열광시켰던 시인의 최후이건만 쿠데타군의 기세가 워낙 살기등등하여 거의 아무도 시인을 조문하러 올 수 없었다. 게다가 우익 과격파들이 쿠데타 직후 난입해 이미 집을 분탕질하고, 수도를 틀어 놓아 온 집안이 아수라장이었다. 날이 밝자 바닷가 이슬라네그라 집에 묻히고 싶다던 생전 시인의 소원은 군정 당국에 의해 무시되고 그의 유해는 산티아고 집 근처의 공동묘지로 향할 수밖에 없었다. 시인의 명성에 걸맞지 않는 단출한 행렬이 기관총을 든 군인들의 감시를 받으며 시신을 운구했다. 네루다의 유해가 지나고 있다는 것을 알게 된 주변 사람들이 차츰 모이기 시작했고, 문득 네루다를 외치는 단말마의 비장한 음성이 터져 나오면서 곧이어 이에 호응하는 시민들의 목소리들이 높아 갔다. 당황한 군인들은 운구 행렬을 바삐 독촉할 뿐이었다. 이윽고 공동묘지에 이르러 장례식이 거행되었을 때, 흐느끼는 울음 사이로 느닷없이 인터내셔널이 울려 퍼졌다. 시대의 아픔에 대한 통곡이었으며 쿠데타 이후 최초의 항의 시위였다. 시인은 한 줌 흙으로 돌아갔지만 그의 죽음은 이렇듯 이후 17년간의 기나긴 민주화 운동의 횃불을 당겼다. 살아생전의 네루다가 칠레 좌파의 상징적 인물이었다면, 사후에는 민주화 운동의 상징적 인물이 되었던 것이다. 인간미 넘치는 네루다를 추억하는 이들도 물론 많이 있었겠지만, 스카르메타처럼 그런 네루다를 작품으로 승화시킬 시도까지 할 수 있는 분위기는 결코 아니었다.

어쨌든 스카르메타는 『네루다의 우편배달부』에서 '가벼운' 네루다를 창조하기 위해 몇 가지 장치를 마련한다. 우선 무식한 우편배달부 마리오가 네루다의 편지를 배달하게 되면서 그의 시를 읽게 되고, 시를 통해 네루다와 우정을 쌓고, 그의 사랑의 시를 이용해 베아트리스라는 소녀에게 구애하여 결혼에 성공한다는 설정 자체가 네루다의 '무거운' 이미지를 탈색시킨다. 또한 스카르메타는 네루다 시집 중 가장 어려운 시집인 『지상의 거처』나 장중함이 돋

보이는 서사시집 『모두의 노래』의 시는 많이 인용하지 않는다. 『스무 편의 사랑의 시와 하나의 절망의 노래』의 시나 마지막 부인 마틸데에게 바친 사랑의 시 혹은 일상의 빵과 같은 시를 쓰고자 구상한 송가 연작 시집의 시들을 등장인물들의 대화에 주로 인용한다. 스카르메타의 이런 장치들 덕분에 전혀 다른 세계에 속한 인물인 듯한 네루다와 마리오가 우정을 나눈다는 설정이나 무지한 마리오가 네루다의 시를 읽는다는 설정 등도 자연스럽게 사실성을 획득한다.

이 소설이 가진 의미는 이러한 인간 네루다의 모습을 통해 스카르메타가 목표로 한, 삶이 예술이 되고 예술이 삶이 되는 세상을 구현했다는 점이다. 마리오는 시를 통해 사랑만 얻은 것이 아니라 세계에 대한 인식을 근본적으로 바꾸었다. 네루다에게 던진 "선생님은 온 세상이 다 무엇인가의 메타포라고 생각하시는 건가요?"라는 질문은 마리오가 따분한 일상 혹은 평범한 삶을 넘어선 시적 세계를 인식하기 시작했다는 뜻이다. 이처럼 세계에 대한 새로운 인식을 획득하면서 마리오는 말을 할 줄 아는 존재로 다시 태어난다. 베아트리스에게 사랑에 빠지고도 말 한 마디 못 건넬 정도로 수줍어하던 마리오의 모습은 오랜 착취에 길들여져 항의 한 번 제대로 못하는 민중을 암시한다. 그러던 마리오가 네루다의 시를 외워 베아트리스에게 속삭이면서 마침내 말문이 트이기 시작한다. 그리고 우파의 상원의원에게 대통령 선거에서 네루다에게 투표하겠다는 말을 거침없이 하고, 농민·노동자 집회에서 네루다의 시를 낭송하면서 지식인과 민중을 잇는 가교 역할을 한다. 심지어 네루다에게도 하고 싶은 말을 당당히 한다. 시는 쓰는 사람의 것이 아니라 읽는 사람의 것이라고 주장하면서 말이다. 마을 주민들이 감히 못하는 말이나 행동을 하게 되었다는 것은 마리오가 시를 통해 자신의 존엄성에 대해 인식하기 시작하고 또 깨어 있는 의식을 갖추게 되었다는 것을 뜻한다. 한 걸음 더 나아가 마리오는 시를 쓰기 시작한다. 네루다가 파리에서 병이 들어 이슬라네그라가 그립다는 편지를 보내자, 마리오는 그를 그리워하는 마음과 따스한 위로를 담아 송가 한 편을 지어 보낸다. 또한 태어난 아기에 대한 시를 써서 시 공모전에 응모하기도 한다. 마리오에게 시와 삶은 이제 하나가 된 것이다. 이슬라네그라의 소리 녹음 장면도 이 연장선상에서 이해해야 할 것이다. 녹음 과정에서 마리오는 욕지거리를 하기도 하지만 이는 대단히 아름다운 소리로 느껴진다. 네루다를 위해 해변의 소리를 녹음하려고 아등바등하는 인간미가 담긴 소음이기 때문이다. 마리오의 아들 울음소리로 끝을 맺는 녹음은 가히 이 소설의 백미이다. 네루다의 시가 사랑의 씨앗을 뿌리더니, 새 생명이라는 열매까지 맺었으니 말이다. 이로써 스카르메타는 자신이 추구해 온 미학, 즉 지식인과 민중의 진실한 연대, 시와 삶이 하나가 된 일상, 희로애락이 교차하는 일상의 삶에 녹아 있는 혁명성 등을 그 어느 작품에서보다도 원숙하게 승화시켰다.

쿠데타, 네루다의 죽음, 마리오의 실종으로 그 아름다운 시적 세계는 송두리째 파괴된다. 어찌 보면 시적 세계의 발견이 결국 마리오에게는 화가 된 셈이다. 하지만 스카르메타는 당시 아직도 군부독재하에 신음하던 칠레 국민에게, 그리고 이 소설을 읽을 모든 사람에게 호소하고 싶었을 것이다. 시처럼 아름다운 세계가 존재한 시절이 있었으니, 반드시 다시 복구해야 한다고. 네루다의 노벨상 수상 연설 인용에서 스카르메타의 그런 의도를 짐작할 수 있다. 앞서 언급한 수상 연설문에서 네루다는 랭보의 시를 인용하여 이렇게 말한 바 있다. "여명이 밝아 올 때 불타는 인내로 무장하고 찬란한 도시로 입성하리라"라고. 또 말하고 있다. "불타는 인내를 지녀야만 빛과 정의와 존엄성이 충만한 찬란한 도시를 정복할 것"이라고.

5 〈일 포스티노〉 유감

마지막으로 영화 〈일 포스티노〉에 대해서 몇 자 적어야겠다. 『네루다의 우편배달부』의 국제적인 유명세에 크게 기여한 영화이기 때문이다. 1994년 제작된 이 영화의 성공담은 끝도 없다. 가령, 이듬해 미국에 수입되어 미국 영화 역사상 가장 많은 관객이 본 외국 영화라는 기록을 세웠다. 그리고 그 기세를 몰아 1995년 작품상, 감독상, 남우주연상, 각색상, 음악상 등 5개 부문에서 오스카상 후보에 올랐다. 최종적으로는 음악상 수상에 그쳤지만, 외국어영화상이 아닌 작품상 후보, 즉 본상 후보에 올랐다는 점이나, 우편배달부 역을 맡은 마시모 트로이시가 이미 사망한 뒤인데도 남우주연상 후보에 올랐다는 점 등에서 〈일 포스티노〉가 얼마나 성공을 거둔 영화인지 짐작할 수 있을 것이다. 심지어 영화로 해서 원작 소설의 제목마저 "불타는 인내(Ardiente paciencia)"에서 "네루다의 우편배달부"로 1998년에 바뀌었다. 스페인어권에서 〈일 포스티노〉가 "네루다의 우편배달부"라는 제목으로 개봉되었고, 역시 호평을 받은 데 따른 것이다.

스카르메타가 〈일 포스티노〉 덕을 본 것은 틀림없는 사실이다. 그러나 영화야말로 스카르메타 덕을 단단히 보았다. 노벨상 수상 작가와 무지한 우편배달부의 우정이라는 기발한 설정과 소설의 높은 완성도가 없었다면 결코 〈일 포스티노〉의 성공도 없었을 것이기 때문이다. 그리고 소설의 높은 완성도는 앞서 언급했듯이 최종 탈고 전에 라디오 극, 연극, 영화로 제작했을 정도로 심혈을 기울인 스카르메타의 집념 덕분이었다. 심지어 스카르메타가 공동감독으로 참여하여 제작한 〈불타는 인내〉라는 영화의 성공이 없었다면 〈일 포스티노〉가 제작되지 못했을 수도 있다. 〈일 포스티노〉의 감독 마이클 래드포드와 우편배달부 역을 맡은 남자 주인공 마시모 트로이시가 유럽의 어느 영화 페스티벌에서 〈불타는 인내〉를 보고 리메이크 해 보고 싶은 생각이 들었기 때문이다.

라디오 극과 연극은 1982년 제작되었고, 이때부터 제목은 초지일관 "불타는 인내"였다. 그리고 이듬해인 1983년 스카르메타는 동명의 영화를 찍었다. 사실 그해 스카르메타는 『네루다의 우편배달부』를 훌리오 코르타사르의 『팔방놀이』, 가브리엘 가르시아 마르케스의 『백년의 고독』, 알레호 카르펜티에르의 『빛의 세기(*El siglo de las luces*)』 등에 필적할 만한 총체적 소설로 만들어 볼 작정으로 지인들에게 칩거를 선언한 터였다. 그런데 그놈의 술이 원수였다. 예전에 스카르메타의 대본 몇 편으로 재미를 좀 본 독일의 어느 방송국 PD가 찾아와 술을 한잔하게 되었고, 그의 꼬임에 넘어가 쓰던 소설에 기초해서 대본을 써 주기로 약속을 해 버린 것이다. 게다가 그 자리에서 PD가 내미는 선수금마저 덜컥 받아 버렸다. 스카르메타는 빼도 박도 못하고 소설 집필을 잠시 중단하고 요정받은 TV용

영화 대본을 쓸 수밖에 없었다. 그러나 악마의 꼬드김은 계속되었다. 시와 해학과 정치가 너무 잘 어우러진 대본이라 칠레를 모르는 독일인 감독에게 촬영을 맡겨 봐야 맛을 살리기 어려울 테니 직접 감독하면 어떻겠냐는 것이었다. 스카르메타는 펄쩍 뛰었다. 한 번도 영화 감독을 해 본 적이 없을 뿐만 아니라 카메라 기법조차 모르는데 무슨 말도 안 되는 소리냐고 말이다. 심지어 젊었을 때 연극 감독을 해 본 적은 있지만 그때마다 여배우와 사랑에 빠지고 그나마 사랑의 끝도 좋지 못했다는 핑계 아닌 핑계를 댈 정도로 필사적으로 거절했다. 하지만 스카르메타의 회고담을 보면, 그 PD는 낚시의 고수였던 것 같다. 감독 경력이 없는 사람이 찍으면 오히려 참신한 작품이 나올 수도 있다는 논리로 스카르메타의 마음을 뒤흔들더니, 심지어 통상적인 제작비용의 10분의 1밖에 안 되는 예산을 들이미는 후안무치한 제안을 하면서도 기어코 그를 설득해 냈다. 감독직을 수락한 다음에도 스카르메타의 번민은 계속된 모양이다. 그래서 그 PD에게 실패할까봐 걱정이라는 심경을 토로하기도 했다. 하지만 PD는 낚시의 고수임을 다시 한 번 입증했다. 예산이 겨우 그 정도인데 날린들 어떠하랴, 예전에 당신이 쓴 각본을 말아먹은 감독들도 있는데 자기 각본을 자기가 말아먹은들 어떠하랴 등의 위로 아닌 위로로 스카르메타를 어르고 달랬다. 그리하여 스카르메타는 독이 든 성배를 마시게 되었다.

독재 치하의 칠레에서 촬영을 진행할 수는 없는 노릇이니 대체 장소를 물색하다가 포르투갈의 어느 바닷가 마을로 결정되었다. 그러나 이 원정 촬영이 유일한 호사였다. 제작비 부족으로 영화배우는 사실상 단 한 명도 캐스팅하지 못했다. 그래도 제작이 가능했던 이유는 군부정권 종식을 위해 자그마한 힘이라도 보태겠다는 칠레인들이 많았기 때문이다. 술이 원수였다고 말은 하지만 아마 스카르메타 역시 그런 마음이 조금은 있었기에 감독직을 수락했을 것이다. 칠레인 감독, 칠레인 음악 담당, 칠레인 배우들은 그야말로 헌신적으로 촬영에 임했다. 그러나 대부분 영화에는 무지한들이라 결코 쉬운 작업은 아니었다. 네루다 역을 맡은 배우는 연기 경험이 꽤 있었지만 주로 연극무대에 선 인물인지라 카메라만 돌면 연극 대사 하듯이 소리를 질러대서 골치를 썩였고, 배우가 모자라 스카르메타와 그의 부친도 단역으로 출연하기도 했다. 음향이나 영상도 조잡했고, 필자의 기억이 맞다면 흑백영화였다. 유학 시절 칠레 여행 중에 여관 주방에서 무슨 영화인지도 모르고 잠시 보다가, 뭐 이런 촌티 나는 영화를 틀어 주나 싶어 외면해 버린 영화였다. 그럼에도 불구하고 스카르메타가 만든 영화 〈불타는 인내〉는 기적을 일구어 냈다. 유럽의 여러 영화 페스티벌에서 호평을 받으며 상도 여러 차례 받고, 15만 명의 관객도 동원했으니 저예산 영화로는 놀라운 성과를 거둔 것이다. '촌티 나는' 영화인데도 불구하고 그토록 호평을 받을 수 있었던 이유는 단 하나였다고밖에 볼 수 없다. 바로 이야기의 힘이다. 즉, 스카르메타의 이야기가 사람들의 심금을 울렸던 것이다. 스카르메타 스스로도 영화 〈불타는 인내〉의 서사가 만족스러웠던 것 같다. 장편소설을 목표로 475쪽까지 썼던 소설 원고를 중편소설이라고 보기에도 짧은 130여 쪽 분량으로 압축해서 출판하는 쉽지 않은 결정을 내렸으니 말이다.

1994년 제작된 마이클 래드포드 감독의 영화 〈일 포스티노〉는 시를 통한 지식인과 민중의 우정, 네루다의 시를 이용한 구애, 시를 통한 마리오의 새로운 인식 획득, 기지와 해학이 돋보이는 전개 방식 등 원작 소설의 묘미를 충분히 살리고 있다. 그러나 원작 소설과 크게 차이 나는 점들도 있다. 그 차이는 필립 누아레(네루다 역), 마시모 트로이시(마리오 역) 등 이탈리아 배우들을 기용하여 이탈리아를 배경으로 영화를 제작한 데서 비롯되었다. 이탈리아 사람들을 1차적인 관객으로 생각하고 만든 영화라는 뜻이고, 이에 따라 원작 소설을 상당 부분 각색하기에 이르렀다. 우선 영화의 무대가 이슬라 네그라에서 이탈리아의 섬마을로 옮겨지고, 시간적으로도 네루다가 이탈리아에서 잠시 망명생활을 한 적이 있는 1950년대 초를 시대배경으로 하고 있다. 가장 큰 차이는 결말 부분에서 마리오만 죽는다는 점이다. 네루다는 그 전에 망명생활을 끝내고 귀국했고, 몇 년 후 다시 마리오의 마을을 찾았다가 그의 죽음 소식을 접한다. 이탈리아 관객을 우선 대상으로 한 영화였으니 원작 소설보다 마리오에게 더 중심적인 역할을 부여한 것은 불가피하다 해도 네루다를 아예 매정한 인물로 그린 점은 대단히 유감스럽다. 가령, 〈일 포스티노〉의 네루다는 칠레의 정치 상황이 호전돼 귀국하고 난 뒤 비서를 통해 남은 짐을 보내 달라는 사무적인 편지 한 통을 마리오에게 달랑 보낼 뿐이다. 마리오의 죽음을 모르고 있었던 것도 귀국 후 소식이 끊겼기 때문이었다. 다만 마지막 장면에서 네루다의 홀대를 완화하는 설정이 들어간다. 흑백 화면과 천연색 화면이 교차하는 장면이다. 흑백 화면은 마리오가 「파블로 네루다 송가」라는 시를 써서 공산주의 집회에 낭송하러 갔다가 폭력적인 탄압으로 사망하는 과정을, 천연색 화면은 마리오의 죽음에 충격을 받은 네루다가 아름다운 절벽을 뒤로하고 바닷가에서 회한에 찬 표정을 짓고 있는 모습을 담고 있다.

이런 유감스러운 점은 있지만 〈일 포스티노〉도 분명 매력적인 데가 있다. 특히 원작 소설의 녹음 장면을 훨씬 더 가슴 뭉클하고 아름답게 승화시켰다. 녹음의 발단은 짐을 부탁받은 마리오가 네루다 집에 들러서 녹음기를 보고 문득 추억에 잠기면서였다. 어느 날 시인이 조국의 지인들에게 보낼 소식을 녹음하던 때였다. 갑자기 옆에 있던 마리오를 소개하면서 그에게 이 나라의 아름다움에 대해 말해 보라고 했다. 마리오는 무슨 말을 해야 할지 당황하다가 베아트리체(베아트리스의 이탈리아식 이름)라고 말하고, 네루다가 그의 순진무구함에 미소를 지었다. 그 일을 떠올린 마리오는 섬의 아름다움에 대해 제대로 알려줘야겠다고 결심하고 녹음에 나선다. 녹음 첫 부분에서 마리오는 소회를 밝힌다. 시인이 섬을 떠났을 때, 모든 아름다운 것을 다 가지고 가 버린 줄 알았노라고. 하지만 이제는 뭔가를 남기고 떠났다는 것을 깨닫게 되었노라고. 당신에게 바치는 시를 쓰게 되었노라고. 화면으로 섬의 여덟 가지 소리를 녹음하는 마리오의 모습이 잔잔히 펼쳐진다. 잔잔한 파도소리, 큰 파도소리, 해안 절벽을 스치는 바람소리, 덤불을 스치는 바람소리, 어부 아버지의 그물질 소리, 성당 종소리, 베아트리체의 배 속에 있는 아들의 박동소리 등을 녹음하는 모습이다. 그리고 나머지 하나는 필자가 보기에 이 영화의 가장 서정적인 장면이다. 섬이 이렇게 아름다운지 몰랐다는 내레이션과 함께 별이 총총한 하늘에 마리오가 녹음기 마이크를 대는 장면이다. 며칠 후 마리오가 죽으면서 베아트리체는 녹음테이프를 네루다에게 보내지 않고 자신이 간직한다. 그래서 네루다는 다시 섬마을을 찾았을 때 비로소 이 녹음을 들을 수 있었고, 그래서 하염없는 슬픔에 빠지게 된다. 〈일 포스티노〉는 마리오가 네루다의 시 때문에 단순히 사랑을 얻은 것이 아니라 세상이 아름답다는 인식을 획득하게 되었다는 점, 그 아름다운 세상은 결코 파괴되어서는 안 된다는 점 등을 원작 소설과 공유하고 있는 셈이다.

이토록 빼어난 장면에도 불구하고 여전히 유감은 남는다. 이탈리아를 배경으로 이탈리아 배우들이 열연했지만, 감독은 영국인이었고 제작진에는 이탈리아인, 프랑스인, 벨기에인들이 참여했다. 즉, 일차적으로는 이탈리아 관객을 대상으로 했지만, 최소한 유럽 시장 전체를 염두에 두고 제작에 나선 것이다. 그렇기 때문에 〈일 포스티노〉의 탈칠레화는 불가피한 선택이었을 것 같다. 그러나 원작 소설의 기원과 최초의 영화 〈불타는 인내〉가 모두 칠레의 역사적 비극의 산물이었다는 점을 감안하면 시장 논리 때문에 반드시 기억해야 할 소중한 것을 버렸다는 비판에서 결코 자유로울 수 없다. 그 비극이 소설과 〈불타는 인내〉로 치유된 것이 아니라 계속되었기 때문에 더 그렇다. 스카르메타의 영화에서 네루다 역을 맡은 로베르토 파라다에 얽힌 비극이었다. 그는 망명자가 아니었는데도 〈불타는 인내〉 촬영에 참여했다. 스카르메타의 어린 시절 영어 선생이었는데, 네루다와 용모가 흡사하고, 같은 공산당원으로 네루다의 지인이어서 시인 역으로 적격으로 생각하고 스카르메타가 적극 권했다고 한다. 파라다도 연극 활동을 통해 적극적인 민주화 투쟁을 계속한 이력의 소유자였기에 기꺼이 참여했다. 칠레의 엄혹한 군부정권하에서 대단히 위험한 결정이었다. 파라다는 그 전에도 이미 연극 동료들과 함께 살해 위협을 여러 차례 받은 터였기 때문이다. 그러한 위협은 피노체트 정권하에서는 거의 일상이었다. 영화, 연극 배우들에 대한 위협이 너무 심각해서, 〈슈퍼맨〉의 주인공 크리스토퍼 리브가 할리우드의 진보적 영화인들을 대표하여 주 칠레 미국 대사에게 공식적으로 우려를 전달했을 정도의 상황이었다. 파라다 자신은 무사했다. 그러나 교회 산하 인권 단체인 사목연대(Vicaría de la Solidaridad)에서 일하던 아들이 1985년 3월에 실종되었다. 그리고 다음 날 공연을 취소할 수 없어 무대에 서 있던 파라다에게 비극적인 소식이 전해졌다. 아들의 시신이 목이 잘린 채 발견되었다는. 극단은 공연 중지를 결정했다. 그러나 파라다가 반대했다. 그리고 무대에 나서 관객들에게 말했다고 한다. 그들이 아들을 살해했노라고. 훗날 이 소식을 접한 스카르메타는 네루다의 마지막이 떠올랐다고 한다. "사람들을 총살하고 있어, 사람들을 총살하고 있다고"라고 절규했다던 모습이.

참고자료

피노체트 쿠데타와 뒤이은 18년 동안의 군부독재는 칠레 현대사에서 가장 뼈아픈 참극이었다. 그래서 이를 다루는 학술 연구는 물론이고, 『네루다의 우편배달부』처럼 쿠데타 혹은 군부독재를 다루는 수많은 문학 작품이 존재한다. 우리나라 역시 유사한 역사적·정치적 경험이 있기에 여러 작품이 번역, 소개되었다. 특히 이사벨 아옌데의 『영혼의 집』(권미선 옮김, 민음사, 2007)과 로베르토 볼라뇨의 『칠레의 밤』(우석균 옮김, 열린책들, 2010)이 꾸준히 읽히고 있다. 『영혼의 집』은 칠레 사회의 가부장적 체제 속에서 쿠데타의 비극이 잉태되었다는 페미니즘 시각을 담고 있고, 『칠레의 밤』은 권력에 야합한 지식인이자 문인을 비판하고 있다.

10
영화 속 명작과
문화 읽기
제목으로 보는
〈달콤 쌉싸름한 초콜릿〉
장재준
Como
agua para
chocolate

장재준

서울대학교 서어서문학과를 졸업하고 멕시코 과달라하라 대학과 미국의 코넬 대학에서 라틴아메리카 문학을 전공했다. 현재 서울대학교 서어서문학과 외래교수로 재직 중이다. 저서로는 『사람이 살았네』(마루북스, 공저, 2010), 역서로는 마이라 산토스 페브레스 외, 『침실로 올라오세요, 창문을 통해』(문학동네, 공역, 2008) 등이 있다.

몬테수마의 궁전. 코르테스와 콜럼버스.
제의용 잔 속에서 부글부글 거품을 토해 내는
신들의 음식.
쌉쌀한 불로장생의 묘약.
_조앤 해리스, 『초콜릿』

1 원조 시네마 식당

'먹방'과 '쿡방'의 시대다. 식품안전성과 웰빙 및 힐링에 대한 사회적 관심과 욕구를 반영하듯 음식은 여러 분야로부터 집중 조명을 받는다. 영화산업도 예외는 아니다. TV 드라마와 교양/오락 프로그램, 만화와 문학, 광고와 마케팅 분야 등에 못잖게 영화산업에도 음식은 다양한 소스를 제공한다. 수시로 근접 쇼트로 부각되든, 중층적인 의미를 내포하든, 아니면 그저 소품으로 취급되든, 거의 예외 없이 감초처럼 영화에 꼭 낀다. 현실이 영화의 주식(主食)이거니와, 사람들의 가장 큰 욕망 또한 '음식남녀(飮食男女 人之大欲存焉)'이고, 게다가 그 현실 속 삶의 상당한 부분이 또 밥벌이와 연루된 밥그릇 싸움이고 보면, 영화와 음식은 찰떡궁합일 수밖에 없을 터.

그래서일까. 푸짐한 음식 기호와 음식 메타포는 영화의 단골 메뉴다. 일찍이 1980년대에 개봉되었던 〈담뽀뽀〉(1986)와 〈바베트의 만찬〉(1987)처럼 음식 기호를 축으로 내러티브가 구축되는, 온몸이 입이 되게 하는 음식영화-요리영화들은 수두룩하다. "하늘에서 음식이" 펑펑 쏟아져 내리고 생쥐까지 요리사(〈라따뚜이〉)로 눈갑하는 판국이다. 요리 내공(〈식신〉)을 다지기 위해 식림사(食林寺)로 들어가는가 하면, 일본식 '삼시세끼'를 위해서라면 하와이(〈하와이언 레시피〉)도, 핀란드(〈카모메 식당〉)도, 심지어 남극(〈남극의 쉐프〉)도 마다 않는다. 스크린이 요리책/음식 블로그(〈줄리 앤 줄리아〉)나 향신료 수첩(〈터치 오브 스파이스〉)처럼 읽히기도 하고, 미각돌기를 한껏 발기시키는 육감적인 요리 쇼 프로그램(〈맛을 보여 드립니다〉)으로, 동화적 판타지(〈찰리와 초콜릿 공장〉)로 보이기도 한다. 푸드 트럭을 몰고 떠나는 음식 로드 무비(〈아메리칸 셰프〉)에서부터 식곤증을 몰고 오는 〈리틀 포레스트〉 1-2까지 실로 다양하다. 당연히 이 '트루맛쇼'의 목록에 달달한 디저트 영화(〈양과자점 코안도르〉)들이 빠질 리 없다.

이런 요리영화-'푸드 포르노'에서는 욕망의 매개이자 주체의 대리물인 음식이 이성을 유혹하는(culinary seduction) 밑밥으로 사용되곤 한다. 〈달팽이 식당〉, 〈바베트의 만찬〉, 〈소울 키친〉, 〈초콜릿〉, 〈토스트〉 등에서처럼 특정한 감정, 이를테면 갓 자란 애정이나 곰삭은 그리움을 (일)깨우는 촉매제 역할을 하는 경우도 왕왕 있다. 코까지 곤두서게 만드는 쾌락과 자극의 수단이자 성욕을 격발시키는 최음제 구실도 한다. 상황에 따라서는 음식이 지배와 억압의 방식, 처벌의 수단(요리 도구 포함), 나아가 죽음의 원인과 도구로도 쓰인다. 그런가 하면, 요리와 요리 '레시피(receta)'가 특정한 상태나 감정에 대한 유효한 '처방(receta)', 곧 힐링-푸드테라피가 되는 경우도 종종 있다. 물론 식욕 그 자체나 성욕을 포함한 모든 의욕의 철회를 암시하는 거식증과 채식주의 등이 방어기제와 저항의 제스처로 기능하거나, 이를 자기 징벌과 성찰의 수단으로 채택하는 경우 또한 드물지 않다. 채워지지 않는 맹렬한 성적 허기의 표현으로서의 먹고 먹이기 혹은 요리하기도 마찬가지다.

영화감독이 푸드스타일리스트-미식 에세이스트가 되고 스크린이 맛깔스럽게 차려진 커다란 밥상이 되는 이런 음식영화-요리영화들에서 음식은 단순한 소재 그 이상이다. 그 자체로 영화의 피와 살이 되고, 구성 원리가 되고, 주제나 서사를 틀 짓는 뼈대가 된다. 이를테면 소설가와 감독이 도마 위에서 작업을 수행하는 셈이다.

특히나 영화 〈삼공일 삼공이〉와 〈헬프〉에서처럼 이러저러하게 페미니즘적 시각을 장착했을 때는 도마와 칼이 욕망과 자아실현의 도구가 됨과 동시에 여성적 글쓰기를 위한 전복적인 수단으로 용도 변경, 아예 남근적 펜("pen is penis")을 대체하기도 한다. 따라서 부엌과 식탁은 성적 차이를 발생(engendered)시키고 삶을 속박하던 숙명적 굴레의 자리에서 벗어나 창조적이고 性스러운 해방 공간으로 자리매김한다. 여성적 연대와 소통("키친 토크")이 무르익는 장(場)이자 억압의 틀을 깨려는 탈주와 반란과 욕망이 숙성되는 홈(槽)으로 변모한다. 페미니즘 시각이 듬뿍 담긴 이런 영화들에서는 음식과 요리가 내포하는 기능과 역할 또한 달라지기 마련이다. 기존과는 다르게 적극적이고 관능적인 욕망의 표현 기제, 여성적 인식의 매개와 통로, 억압적이지만 동시에 해방적인 수단, 속을 달래는 위안 혹은 정서적 유희, 저항의 매체이자 자아 찾기의 촉매제 역할을 수행한다. 아울러 이미 언급했듯이, 요리(과정) 그 자체가 소재의 차원을 넘어 여성적 글쓰기의 대안적인 방법론(새로운 문학적 표현 기법, 소재, 형식, 구성, 어휘, 문체, 공간 등)의 일환으로 제시된다.

〈달콤 쌉싸름한 초콜릿(Como agua para chocolate)〉(1992)도 바로

이런 음식담론을 내장하고 있는 영화들 중의 하나다. 더 정확하게 표현하자면, 그런 영화들의 한 전형(典型)이다. 국제적인 흥행을 거둔 원작 요리소설(novela culinaria)까지 거느리고 있으니, 그 의미는 더욱 남다르다. 비록 작품의 영화적(문학적) 성취와 페미니즘적 시각의 한계를 둘러싼 논란은 거셀지라도. 어쨌든 이제까지 언급했던 모든 다채로운 음식기호와 요리 메타포를 당시로서는 비교적 참신하게, 그것도 매우 맛깔스러운 모듬식 형태로 선보였기에, '시네마 식당'들의 원조라 해도 될 성싶다. 여성 요리문학의 계보를 이으면서 남성 정전(canon)(『백년의 고독』과 『콜레라 시대의 사랑』 및 멕시코 혁명소설들)을 '포스트모던하게' 버무려서(패러디해서) 내놓았기에, 음식과 요리와 부엌이라는 소재와 주제는 한결 더 색달라 보였다. '라틴아메리카' '붐'을 대변하던 마술적 사실주의를 덤으로 곁들여서(드레싱해서) 선보였기에 메뉴판에 없던 메뉴처럼 신선했다.

> 사랑이 허기라면, 섹스는 일종의 음식이다.
>
> _권지예, 『유혹』 1

2 애피타이저

영화 〈달콤 쌉싸름한 초콜릿〉은 라틴아메리카 문학의 '포스트붐' 세대를 대표하는 라우라 에스키벨(Laura Esquivel, 1950-)의 동명 소설(1989)을 스크린에 옮긴 것이다. 영어로 원작이 번역(*Like Water for Chocolate*, 1989), 출간되어 선풍적인 인기를 누리게 되자, 이에 자극을 받은 알폰소 아라우(Alfonso Arau) 감독이 미국 시장을 정조준해서 내놓은 맞춤형 상품이다. 35만 달러 내외의 저예산 추로(churro: 예술성과 작품 완성도가 떨어지는 싸구려 날림영화(quickie)) 스타일의 영화들이 판을 치던 시절에 〈달콤 쌉싸름한 초콜릿〉 제작에 2백만 달러를 쏟아 부었다. 또 다소 이례적으로 할리우드 기술진들을 대거 투입했다. 멕시코(1992년 4월)와 미국(1993년 2월)에서 개봉된 이래 호평과 혹평 사이를 넘나들며 적잖은 상을 거머쥐고 멕시코 영화 산업에서 "사막의 물과 같은(Like Water in a Desert)" 대접을 받았다. 영화는 영어로 번역된 원작 소설의 흥행몰이뿐만 아니라, 카를로스 푸엔테스(Carlos Fuentes)의 소설 영문판 『올드 그링고(*Old Gringo*)』(1985)와 제인 폰다와 그레고리 펙이 주연한 동명의 영화(1989), 그리고 때마침 1991년에 미국에 상륙한 프리다 칼로(Frida Kahlo) 신드롬 등에 편승해서 멕시코 붐을 일으켰다. 멕시코 요리 열풍과 요리 민족주의(culinary nationalism)에도 불을 지펴서, 〈맛을 보여드립니다(Woman on Top)〉(2000)와 〈달팽이 식당〉(2010) 같은 숱한 에피고넨을 양산했다. 이 '밀리언 달러 초콜릿'은 14년 뒤에 〈판의 미로〉가 그 자리(대략 3,765만 달러)를 꿰차기 전까지 미국에서 개봉된 스페인어권 영화들 중에서 역대 최고의 흥행수입(약 2,167만 달러)을 기록했다. 라티노들에게 그 모든 공을 돌릴 수도 없었거니와, 스타 시스템에 기댄 것도 아니었고, 그렇다고 딱히 눈에 띄는 깨소금 소면이 있었던 것도 아니었기에 놀라움은 더했다. 중국 요리 돌풍을 몰고 왔던 〈음식남녀〉가 1994년에 미국에서 개봉되어 대략 730만 달러를 거둬들인 것을 감안하면, 사실상 '미성년자 관람불가'나 다름없는 R

등급이었던 〈달콤 쌉싸름한 초콜릿〉이 거둔 성과는 응당 상찬을 받을 만하다. 물론 찬찬히 따져 보면 어설픈 구석도 많고 논란의 여지도 상당하다. 당장 제목부터가 그러하다.

원작 소설과 영화가 국내에서 모두 〈달콤 쌉싸름한 초콜릿〉으로 번역, 출간, 상영되었지만, 원제목을 음미해 볼 필요는 있다.[1] 원작의 미학(味學)과 시학(視學)이 맛깔스럽게 원제목에 배어 있는바, 한번 곱씹어 볼 만하다.

> 나는 요리하고 사랑해야만 한다.
> 그것은 두 가지 일이면서 동시에 한 가지다.
> 이것이 내 운명이다.
> _조경란, 『혀』[2]

3 메인 디시

일단 이 알 듯도 모를 듯도 한 작품의 제목 "Como agua para

1 이 장에서 사용하고 있는 소설 텍스트는 라우라 에스키벨(2004), 『달콤 쌉싸름한 초콜릿』, 권미선 옮김, 민음사이다. 이하 이 텍스트의 인용 시 괄호 안에 쪽번호만 적는다.
2 동명의 단편집 『혀』(2008)를 발표한 신인 작가 주이란 씨에 의해 표절 논란에 휘말린 작품. 두 '혀' 중에서 어떤 혀가 거짓말을 하는지, 그 시시비비야 저작권분쟁조정위원회가 적절하게 '가릴' 테지만, 분명한 것은 조경란의 이 "사랑하는, 맛보는, 거짓말하는 혀"가 『달콤 쌉싸름한 초콜릿』처럼 각 장의 맨 앞에 월별 음식 레시피를 곁들인 요리소설이라는 사실이다.

chocolate"는 라틴아메리카에서 관습적으로 널리 쓰이는 표현이다. 마시는 '초콜릿을 끓이는 물처럼'으로 직역된다. 통상 더 이상 참을 수 없을 정도로 부글부글 끓어올라 금방이라도 폭발할 것 같은 상태나 사람을 지칭한다. 즉 비등점에 도달한 사물의 상태나 사람의 감정을 묘사하는 관용구다. 주로 불안, 욕망, 억압, 분노 게이지 등을 표시한다. 넓게 보면, 조바심, 갑갑함, 긴장, 견딤 등의 상태나 상황과도 무관하지 않다.

번역이 으레 그렇듯이 고역이었겠지만, 녹록치 않은 문화적인 함축의미를 두루 거느린 영화의 원제목은 세계 곳곳에서 고초를 겪은 듯하다. 가령 영화는 일본, 네덜란드, 덴마크에서 각각 "장미 꽃잎을 곁들인 삼사의 전설", "붉은 장미와 토르티야", "붉은 장미와 칠리소스"라는 서로 다른 꼬리표(titulus)를 달고 개봉되었다. 그렇다면, 영화의 주된 소재와 주제 의식 및 내러티브의 전반적인 흐름을 고려할 때, "달콤 쌉싸름한 초콜릿"을 포함해서 앞에서 열거한 제목들은 원제목에서 어떤 해석 기능과 문화적 요소들을 덜어내는가? 어떤 의미의 결들을 도려내는가?

첫째, 영화(소설) 텍스트는 성적 욕망의 문제를 전면(제목!)에 내세운다. 하지만 이들 번역된 제목들은 텍스트와 원제목에 질펀하게 곁들여진 성적 의미소들을 죄다 떨어내 버린다. 온몸에 송골송골 돋아나는 기포 같은 땀이나 후끈 달아오른 몸속의 거센 불길 등을 연상시키는 원제목의 두툼한 성적 의미망을 포괄·포착하지 못한다는 얘기다. "소변이 마려울 때와 비슷한 또 다른 욕구를"(107) 제거해 버린다. "펄펄 끓는 뜨거운 피를"(25) 제목에서 모조리 빼 버리는 격이다. 다시 말해 한솥밥을 먹으면서 동서(同棲)하고 불화하는 욕망의 삼각형(티타 ↔ 페드로 ↔ 로사우라)이 더운 김처럼 토해 내는 신음소리, 몸에서 뿜어져 나오는 열기, 몽글몽글 솟아나는 욕정·정욕(sexual arousal) 등을 온전하게 잡아내지 못한다. 원제목과 내연의 관계에 있는 영화 행간 속의 다양한 성적 의미기호들을 거세한다는 뜻이다. 그래서 '초콜릿을 끓이는 물처럼' 펄펄 끓는 몸이나 절질 끓는 욕망·열정·관능 등을 풍성하게 함축하는 매우 '핫(hot)'한 원제목과 비교하면, 이들 번역된 제목들은 불가불 헛헛하고 밋밋할 수밖에 없다. 한술 더 떠, 질냄비처럼 한껏 달궈진 헤르트루디스의 나신(裸身), 티타를 보는 것만으로도 허기를 느끼다가 결국 복상사(급체?)로 이어지는 페드로의 성적 오르가슴, 헤르트루디스의 귀향 모티브, 성냥반죽 및 터널 에피소드와도 원제목은 관계하는데 반해, 번역된 제목들은 전혀 그렇지 못하다. 제목과 핵심 에피소드들과의 은밀한 통정을 이어 가지 못하고 의식적이든 무의식적이든 그들 사이의 내통 가능성을 차단해 버린다. 그렇게 번역 제목에서 삭제되는 핵심 서사들은 수두룩하다. 예컨대 불가능했기에 불에 의해서만 가능했던 티타와 페드로의 불같던 사랑("죽음까지 파고드는 에로스"), "반죽 덩어리에 불과"(75)했던 티타의 가슴을 "관능적인 여인의 가슴으로"(76) 화하게 했던 페드로의 시선(burning gaze), 하객들 모두를 분탕한 섹스로 이끌었던 에스페란사의 성대(性大)한 결혼식 성찬(性饌) 등의 경우가 그러하다. 원제목과 달리 번역된 제목들은 이들에 관한 그 어떤 언질도 주지 않는다. 때문에, 좀 맵게 말하자면, 이들 번역된 제목들은 무뚝뚝도 하거니와 얼마간 무책임해 보인다. 아예 무의미하다고 할 수는 없을지라도. 암시와 해석 기능이 크게 결여되어 있는 것만은 분명해 보인다. 서사를 추려 내고 우려내는 요약-압축 기능의 부재가 몹시 도드라져 보인다.

둘째, 성소(聖所/性所)인 부엌의 '신성한 불'과 앞서 열거한 등장인물들 각각의 '뜨거운 속불'을 동시에 아우를 수 있는 것 또한 원제목뿐이다. 그래서 이렇게 말할 수도 있는 것이다. 소설과 영화 텍스트는, 부엌의 불과 '뜨거운 속불', 이 '두 불 사이(between two fires)'를 오가며 의미를 달여 낸다고. 마치 'Como agua para chocolate'의 속뜻처럼. 덧붙여 하나 더 특기할 만한 것은, 욕구와 욕망들로 아우성치는 무의식을 프로이트는 곧잘 "끓는 솥(boiling pot)"에 빗댔는데, 번역된 제목들과는 다르게 위반에의 충동을 비유적으로 형상화하는 원제목은 끓는점에 도달한 이들 억압된 욕구와 욕망의 상태를 지시하기에도 전혀 부족함이 없어 보인다는 사실이다. 비록 끓는 솥과 같던 티타의 욕망, 요리책, 페넬로페적 한숨, 눈물, 부엌을 대물림 받은 에스페란사가 종국에는 '도가니탕(melting pot)'의 규율("U.S.-style patriarchy")을 수용하는 것으로 '트랜스내셔널 로망스'는 싱겁게 매조지가 되지만.

차라리 날 먹지

_영화 〈키친(The Naked Kitchen)〉 중 모래(신민아)의 대사

셋째, 번역된 제목들은 '초콜릿을 끓이는 물처럼' 시끌시끌했던 티타의 내면의 추이와 정황을 또한 실감나게 담아내지 못한다. 다른 말로 하자면, 가문의 전통과 문화적 금기, 사회적 관습과 젠더적 인습(특히나 관습적 성차에 의해 여성에게 할당된 사적 공간) 등이 촉발한 티타의 심적 난마(亂麻)를 생생한 비유로 풀어내지 못한다. 티

타와 이들 가부(모)장적-다중적 억압기제들 사이에 흐르는 탱탱한 긴장관계를 삭제해 버리는 셈이니까. 벗어나려는 욕망과 벗어날 수 없는 현실 사이에서 들끓어 오르던 티타의 분노(boiling mad)를 효과적으로 공감각화할 수 없다. 원제목의 원뜻 그대로 부글부글 끓어올라 금방이라도 폭발할 것 같은 임계점에 다다른 인물이 티타라는 사실에는 이론의 여지가 없다. "매일 음식을 준비해야 하는 종신형을 선고받은" 『콜레라 시대의 사랑』 속 페르미나 다사처럼 칼의 볼모가 되어 젖은 아궁이처럼 살아야 했던 부엌데기 티타. 자기 입맛대로 막내딸의 인생을 요리하려던 마마 엘레나에게 들볶이고, 북쪽(norte)과 농장을 들락거리던 두 '초리소'[3] 사이에 끼여 속앓이 했던 페넬로페. 팔루스를 가진 여자, "씹어 먹는 자궁(vagina dentada)"(김형중 2006, 148-159) 이미지의 무시무시한 어머니-마녀로부터 늘 거세와 연기(演技)/역할극을 강요당했던, 그래서 이름(Tita)에서부터 엄마가 아니라 과잉 모성을 지닌 막막한 이모(tía)의 운명을 타고났던 찬밥 신세의 그녀('어머니 되기'에는 실패하고 '어머니 노릇'만 하는 티타). 확실히 이들 번역된 제목들은 티타의 삶이 처한 그런 한계상황에 무덤덤하고, 그로부터 야기되는 티타의 '속 시끄러움'과 울화에 대해서는 냉담하다. 한마디로 "따라야 할 관습이 없는 곳으로" 훨훨 날아가고픈 열망과 가족이라는 제도적 성(性) 사이에서 속을 끓이던 티타의 처지를 압축적으로 묘사하기엔 영 힘에 부친

3 원작 소설과 영화에서 소시지의 일종인 초리소는 페드로의 남성성을 상징하는 음식으로 심심찮게 등장한다.

다는 얘기다. 물론이다. 방귀와 트림으로 토해 내던 로사우라의 갈증의 포화 상태, 욕망의 소화 불량 상태와도 원제목은 썩 잘 어울린다. 불같이 일어나던 그녀의 질투와 분통, 시커먼 냉가슴과 애간장과도 (절)묘하게 잘 어우러진다.

6-8세기경에 제작된 마야의 접시. 한 여인이 맷돌의 일종인 메타테(metate)에 카카오를 갈고 있다. 시선 끝은 어딜까? 뚫어져라 그녀를 응시(burning gaze)하는 사내의 눈에 불이 붙었다. 시선의 주체였던 페드로와 보여주기(to show)도 하고 보여지기(to be looked)도 했던 디디. 〈달콤 쌉싸름한 초콜릿〉의 한 장면과 거의 판박이다. 음식과 여자와 성(性)과 시선. 영화의 메인 메뉴가 고스란히 저 접시에 담겨 있는 듯하다.

넷째, 작품 속의 특정한 음식이나 레시피에서 따온 이들 제목은 '초콜릿을 끓이는 물'의 이미지와 오버랩되는 다양한 표현 및 (요리)장면들과도 유기적으로 접속하지 못한다. 작품 요소요소에 촘촘하게 배치, 나열됨으로써 '초콜릿을 끓이는 물'의 시청각적 이미지를 강화하고 강조하는 대목은 수두룩하다. 이를테면 "뜨겁게 달궈진 질냄비 위로 현란하게 춤을 추며 떨어지는 물방울"(14), "팔팔 끓는 기름에 도넛 반죽을 집어넣었을 때의 느낌"(24), "농장을 떠난 후로 마음속에서 부글부글 끓어오르고 있는 이 느낌"(116), "몸속에서 아주 강렬한 불길이 일었기 때문"(134), "속에서부터 끓어오르는 분노는 빵 반죽의 이스트처럼 부풀어 올랐다"(158), "팝콘 튀길 때처럼 머리가 터지기 일보직전이었다"(160) 등등이 바로 그러하다. 다들 원제목의 이런저런 변형이자 원제목에 반영된 비유들이다. 거듭 말하건대, 번역된 제목들은 빈번하게 반복되고 다양하게 변주되는 이러한 음식과 요리 관련 묘사(클로즈업) 및 비유들에 자연스럽게 스며들지 못한다. 원제목과 달리 이 모든 푸짐한 음식 기호와 요리 메타포를 주제와 소재, 서사와 의미의 층위로 한데 녹여내지도 모아 내지도 못한다.

다섯째, 텍스트의 공간적 배경이 되는 미-멕 국경지대와 만났을 때 이들 번역된 제목들은 별다른 가외의 의미 또한 산출하지 못한다. 1986년에 제정된 이민법(IRCA)을 통해서도 어렵잖게 짐작할 수 있듯이 국경 통제와 이민 문제는 1980년대 중반부터 미국 정치권의 '뜨거운 감자'로 부상했다. 당시 가장 돌출된 정치 현안이었던 반이민 정서는 이미 위험 수위를 한참 넘어섰다. 특히나 멕시코계 서류미비 이주노동자 문제는 '끓는점'에 도달했다고 해도 지나치지 않았다. 이민법과 미등록 월경 논란의 발화점이 된 미-멕 국경지대는 그래서 반드시 짚고 넘어가야 할 '핫스팟(hot spot)'이었다. 따라서 영화(와 소설)에서 그려지는 미-멕 국경문제와 미국(인)-멕시코(인) 관계는 이러한 저간의 사정에 대한 매우 꾀바른(미국을 향해 주먹 감자를 날리지는 않는다) 영화적(소설적) 대응과 배려라 할 수도 있겠다.[4] 하지만 더 흥미로운 점은, 의도했든 의도하지 않았든

4 그렇지 않고서야 멕시코 혁명 기간 동안에 일어났던 두 번(1914년과 1916년)에 걸친 미국의 멕시코 침략이 어떻게 밥상토크에 오르지 않을 수 있었겠는가. 158,664명의 주 방위군을 포함해 이라크와 아프가니스탄에 파병된 숫자보다 더 많은 미군을 국경지대와 멕시코 북부 지역으로 불러들였던 판초 비야의 뉴멕시코주 콜럼버스(Columbus) 습격 사건(1916)이 어떻게 누락되었겠는가. 그것도 브라운 박사 부자(父子)와 '판초 비야의 여자'였던 헤르트루디스를 꽤 비중 있게 다루면서 말이다. 시대와 공간을 둘러싼 영화의 얼개가 멕시코 혁명 당시의 실제 미-멕 국경지대 상황과는 판이하게 다르다. 게다가 멕시코 혁명 이후(보호무역을 근간으로 했던 수입대체 산업화 전략을 폐기하고 신

여하튼 원제목은 비등점에 도달한 당시의 경계(border) 상황을 징후적으로 드러낸 것이라 해도 무방하리만큼 아귀가 딱 맞아떨어진다는 사실이다. 멕시코의 정치경제적 대미 종속 상황에 기름을 붓는 격이었던 나프타 협상(1988-1994)을 둘러싼 논란과 원제목 간의 기묘한 맞물림은 논외로 두더라도.

여섯째, 번역된 제목들은 초콜릿에 부착된 성적 메타포를 다소간 혹은 완전히 떼어 낸다. 사실 초콜릿이 육욕과 성 쾌감을 증강시키는 최음제라는 속설의 뿌리는 의외로 깊고 질기다. 이미 마

자유주의적 구조조정을 통해 미국과의 경제통합을 모색하기 시작하던 1980년대까지)의 국가 공식 담론이자 국민 통합의 원리로 작동했던 것이 반미·반외세 "혁명적 민족주의"였음을 상기하면 더더욱 의외다. 아니, 의도적인 것으로 보인다. 물론 마초의 나라 특유의 민족주의적·국가주의적 진술이 눈에 띄기도 한다. 흡사 롤랑 바르트가 '판자니' 파스타 광고에 등장하는 야채들의 색(초록색, 흰색, 빨간색)을 이탈리아를 상징하는 기호로 해석했듯이, 소설 말미에서 티타는 '호두 소스를 곁들인 칠레고추 요리'에 들어가는 포블라노 고추(초록색), 호두 소스(하얀색), 그리고 석류(빨간색)가 삼색의(tricolor) "자랑스러운 멕시코 국기"를 상징한다며 자부심을 드러낸다. 소설과는 달리 영화는 그것에 대한 직접적인 언급은 자제한다. 대신 멕시코의 독립 영웅 아구스틴 데 이투르비데(Agustín de Iturbide)와 얽힌 일화로 인해 "독립 기념 요리(independence dish)"로 불리는 이 음식의 조리 과정과 접시에 담긴 모습을 반복적으로 클로즈업한다. 하지만 어떤 경우든 우리는 다음과 같이 말할 수 있다. 이 멕시코의 소울 푸드가 환기시키는 멕시코 국기에는 독수리의 발톱도 빠졌고, 뱀의 이빨도 없고, 오직 식용 가능한 선인장만 있을 뿐이라고. 좀 과장하자면, 멕시코는 목구멍에서 손이 튀어나올 만큼 먹음직스러운 것(선인장? 디디?) 혹은 곳(시장)으로 그려질 뿐이라고. 멕시코가 미국을 위한 초콜릿처럼(like chocolate for U.S.A.) 보이기를 마다하지 않는다고. 그래서 각각 종교(religión), 독립(independencia), 통합(unión)을 상징하는 멕시코 국기의 흰색과 초록색과 빨간색은 에스페란사와 알렉스 커플(couple)의 결혼(unión)과 나프타(NAFTA)를 통한 시장통합(union), 그리고 경제 동조화(coupling)를 낳을 수밖에 없는 대미 의존성(dependencia) 혹은 부정적 상호의존성(inter-dependencia)을 연상시킬 뿐이라고. 나프타 협정을 마치 복음처럼 설파하던 살리나스 통치 시대의 종교(religión)적 광기만이 오버랩될 뿐이라고.

야 시대부터 "엄숙한 의식의 한 부분인 동시에 쾌락의 수단"으로 애용되었다. 흡사 〈달콤 쌉싸름한 초콜릿〉과 〈바베트의 만찬〉을 한데 버무려 놓은 듯한 〈초콜릿〉(2000)이 바로 그런 마야인들의 달달한 믿음(초콜릿 엑스터시)에 뿌리를 둔 영화다. 카사노바(사실 그도 초콜릿을 사랑의 묘약으로 여겨 여자만큼 즐겼다)가 아침에 생굴 50개를 먹고 '해장 섹스'를 했듯이 초콜릿 음료를 하루에 50잔씩 애음했다는 아스테카(15세기 후반에 아스테카 궁궐에서 소비된 초콜릿 음료는 하루에 무려 2,000잔을 상회했다)의 초콜릿 황제 몬테수마는 처녀들과 잠자리에 들기 전에 의례처럼 초콜릿 음료를 먼저 먹곤 했다. 방중술(房中術)의 비기(秘技)라는 초콜릿 신화에 불을 지핀 격이었다. 이 '사랑의 레시피'를 따라 한 이들은 수없이 많았다. 소설과 외설을 넘나들 때 늘 초콜릿 과자와 음료를 찾았던 사드 후작이 이 신화의 열렬한 신봉자였음은 익히 알려진 사실이고, 프랑스 루이 15세의 부인이었던 마리 레슈친스카(Maria Leszczyńska)와 정부(情婦)였던 퐁파두르(Pompadour) 후작부인이 초콜릿을 최음제로 즐겨 사용한 사실 또한 공공연한 비밀이었다. 님포마니아(nymphomania)였던 뒤바리 백작부인(Madame Du Barry)의 끔찍한 초콜릿 사랑은 두말할 것도 없고. 이렇듯 설탕 소비 증가의 촉매제 구실을 하면서 유럽에서 입소문을 탄 '신세계'의 천연 흥분제가 바로 '나무에서 자라는 돈', 카카오였다. 20세기에 들어와서도 크게 달라지지 않았다. 여전히 초콜릿은 에로스가 첨가된 일종의 패션 푸드(passion food)로 유혹하는 이드(id)로 소비되었다. 일례로, 콜롬비아의 라우라 레스트레포(Laura Restrepo)는 소설 『열정의 섬(*La isla de la pasión*)』(1989)에서 멕시코의 베라크루스 지역에서는 초야를 치르는 신혼부부에게 관습적으로 핫 초콜릿을 제공한다고 서술하고 있는데, 이는 기실 초콜릿, 특히나 마시는 초콜릿이 최음제라는 신화의 질긴 잔영을 채록한 것에 다름 아니다. 이러한 사실들을 감안한다면 앞에서 예로 든 제목들은 원제목이 품고 있는 핫 초콜릿에서 가장 핫한 의미소들을 상당 부분 혹은 모짝 건져내 버린다고 할 만하다. 초콜릿 신화의 신화소인 페닐에틸아민(Phenylethylamine)-아난다미드(Anandamide)-오피오이드(Opioid)와 같은 '핫 케미컬'을 걸러내 버리는 꼴이니까.

확실히 초콜릿은 영화(와 소설)에 얹힌 단순한 '토핑'은 아니다. 계절밥상용 식자재 그 이상이다. 주제나 상황 혹은 관계의 양상을 예고하고 엄호하는 잘 발효된 기의라 할 법하다.

> 성냥갑 속에서/너무 오래 불붙기를 기다리다/
> 늙어 버린 성냥개비들/
> 유황 바른 머리를/화약지에 확 그어/
> 일순간의 맞불 한 번/그 환희로/
> 화형도 겁 없이 환하게 환하게/몸 사르고 싶었음을[5]

5 김남조, 시집 『사랑하리, 사랑하라』 중 「성냥」의 전문. 마치 〈달콤 쌉싸름한 초콜릿〉에 대한 깔끔한 주석이자 티타와 페드로의 사랑에 바치는 헌시(獻詩)처럼 읽힌다. 마마 엘레나와 로사우라의 죽음을 필요로 했던 그들의 사랑은 결국 죽음의 과정을 통과해야만 가능했던 것. '로맨스에서 죽음은 구원이다'라는 말은 이들에게도 적용될 수 있을 듯하다. 22년을 뭉근하게 뜸을 들인 이후에야 "나무도마 위의 칼자국처럼" 깊게 패인 이마와 입술을 맞대는 티타와 페드로. "젤리처럼 마구 흔들"리고 휘둘리긴 했지만 끝사랑으로 첫사랑을 택한 그들은 53년 7개월 11일을 묵혀 온 『콜레라 시대의 사랑』 속 플로렌티노 아리사와 페르미나 다사의 문학적 자식들이다. 비록 플로렌티노 아리사는 요리책이 아니라 "수많은 일회성 사랑을 제외하고 오랫동안 지속된 사랑만을 적은 공책을

결론을 맺자. 번역의 문제이든 마케팅의 문제이든 그 속사정이야 어떻든 간에 번역된 제목들은 하나같이 성에 차지 않는다. 비록 시인 사포(Sappho)가 에로스를 "쓰고도 달콤하다"고 표현했다 하더라도 사정은 마찬가지다. 반면, 'Como agua para chocolate'는 등장인물들의 끓어오르는 욕망과 흘러넘치는 사랑을 담아내기에 딱 맞다. 규율적 권력과 감시의 편재가 초래한 혹은 초래하게 될 제반 상황들을 암시하기에도 제격이다. 억눌렸던 다채로운 계급과 계층 및 지역과 인종의 이해와 요구(욕구)가 한꺼번에 분출되었던 멕시코 혁명의 발발을 예고한다고 해도 그리 생뚱맞지 않다. 눈만 마주쳐도 임신을 시키는 발기한 집단으로 묘사되던 멕시코 혁명군과도 잘 어울린다. 여성적 욕망의 표출과 억압(억제), 나아가 가부장제에 종속된 여성의 상황에 대한 메타포로도 하등의 손색이 없다. 팥죽 끓듯 하는 인물 내면의 번뇌와 고투는 물론이거니와 음식과 성과 요리들이 구축하는 의미장과 서사의 뼈대를 제유적(提喩的)으로 표상하는 데 맞춤한 표현이다. 사실 이 네 단어가 이 영화(와 소설) 전체를 진하게(에로틱하게!) 우려냈다고 해도 과언이 아닐 정도로. 의미심장한 상징과 비유와 서사적 긴장을 한 쾌에 꿰고 있는 '후끈 달아오른' Como agua para chocolate, 정말이지 제목으로는 꽤나 그럴싸하지 않은가.

25권 가지고" 있었지만 말이다. 그리고 죽음과 입 맞추는 티타와 페드로의 사랑은 타나토스다. '죽음까지 파고드는 에로스'가 합일과 접신과 시원으로의 회귀에 이르는 유일한 터널이었다.

4 디저트: 카카오 톡

카카오 파우더와 카카오 버터의 대량생산에 힘입어 지금과 같은 먹는 판형 초콜릿 제조 기술이 산업화된 것은 19세기에 들어선 후의 일이었다. 초콜릿에 분말우유를 첨가한 것은 그보다도 훨씬 뒤인 1870년대 중반부터였다. 그 이전까지 초콜릿은 마시는 음료였다. 카카오 원두와 물로 만들어지는 초콜릿 음료는 해석이 분분하지만 어원상으로도(xocolātl) '쓰디쓴(xococ) 물(ātl)' 혹은 '뜨거운 물(chocol haa)'을 함축한다. 고온다습한 저지대(적도-남북 위도 20°)에서 자라는 카카오나무의 재배 기원은 멀게는 메소아메리카 문명의 모체였던 올메카(Olmeca)시대(1500-400 B.C.)로 거슬러 올라간다. 최근의 고고학 발굴 성과에 의해 멕시코의 치아파스와 베라크루스 지역에서는 올메카 문명 이전인 기원전 1900-1750년경에 이미 식용으로 사용한 사실이 밝혀지기도 했지만. 아무튼 카카오 콩을 갈고 으깨서 만든 걸쭉한 초콜릿을 칠리 고추, 옥수수 분말, 바닐라, 마게이 즙, 아나토, 꽃, 꿀 등을 첨가해서 본격적으로 음용하기 시작한 이들은 마야(600 B.C.)와 아스테카(1400 A.D.)의 일부 선택받은 계층이었다. 왕족, 귀족, 전사계급, 부유한 상인계층, 전장에 나가는 병사나 공놀이의 승리자처럼 제물로 바쳐지던 사람 등이 이 부류에 속했다. 초콜릿의 쌉싸한 거품 맛을 으뜸으로 치던 이 두 문명의 (소비)특권층이 사실상 인류 최초의 쇼콜라티에(chocolatier)였던 셈이다.

마시고, 먹고, 씹고, 바르고, 칠하고, 뿌리고, 발효시키는 등 카카오의 쓰임새와 이용 방법은 가히 옥수수에 버금갈 정도로 다양했다. 이들 카카오 인간들은 카카오를 신들이 그들에게 선사한 '신들의 음식(Theobroma cacao)'으로 여겨 신성시했다. 주술적 성분을 지녔다고 믿었기에 주로 농경의식과 종교의식(행위)에 사용했다. 귀한 손님을 접대하거나 왕의 연회와 귀족들의 주연에서는 어김없이 초콜릿 타임을 가졌다. 특히 마야 문명권에서는 전쟁과 상업과 카카오의 신(神)인 엑 추아흐(Ek Chuah)를 기리는 제의를 매년 4월에 성대하게 거행했다. 이때 제사장들은 깃털이나 향과 함께 카카오 원두를 제단에 올리는 한편, 얼룩덜룩하게 몸을 카카오 즙으로 칠한 개를 희생양으로 바쳤다. 인간의 심장을 쏙 빼닮은 카카오를 피 대용으로도 사용했다. 풍요를 기원하며 '카카오 전파자'인 원숭이(No Monkeys, No Chocolate)를 숭배했을 뿐만 아니라 제의적 퍼포먼스의 일환으로 이 '카카오 전파자'를 종종 희생 제물로 삼았다. 약혼식이나 결혼식에도 빠지는 법이 없었다. 피로연 음료로 귀한 대접을 받는 것에 그치지 않고 직접 초례상에 오르기까지 했다. 예컨대, 카카오 5알을 신랑과 신부가 서로 교환하거나, 신랑이 옥수수 알갱이와 카카오 원두를 신부에게 건네면 답례로 신부는 신랑에게 토르티야와 초콜릿 음료를 내놓았다. 백미 두 그릇과 닭 한 쌍을 대신하던 것이 옥수수와 카카오였던 셈이다. 종교의식이나 결혼식을 거행할 때는 일찍이(1100 B.C.) 온두라스 지역에서도 카카오 발효 음료를 지금의 치차(chicha)나 맥주처럼 즐겨 마시곤 했다. 마야 문명권에 편입되었던 멕시코의 오아하카 지방에서는 오늘날에도 옥수수와 카카오를 발효시킨 제례용 무알콜 음료(테하테 tejate)를 관습적으로 나눠 마신다. 마야인들의 카카오 사랑은 참으로 각별했다. 카카오에 생애주기별 맞춤형 상징성을 할당했다. 그들은 카카오 음료의 제조 과정이 그려진 그릇이나 카카오가 담긴 용기(容器)를 망자(亡者)와 함께 매장하는가 하면, 카카오 즙을 어린아이들의 이마와 얼굴, 발가락과 손가락에 발라 주기도 했다. 일종의 세례의식이었던 셈이다. 말 그대로 요람에서 무덤까지 카카오와 함께했다. 스페인 정복자들의 등쌀에 못 이겨 중미와 콜롬비아에서 떠밀려 파나마까지 내려온 쿠나(Kuna) 부족이 여태 그렇게 생활하고 있듯이.

아스테카 문명권도 크게 다르지 않았다. 정복으로 영토를 확장한 "아스테카인들은 깃털과 담배, 피와 카카오에 대한 마야인들의 열정을 고스란히 이어받았다"(게이틀리 2006). 마치 남아메리카의 선주민들이 신에게 타바코(tabaco)를 바쳤듯이, 처녀를 제물로 삼은 인신공희에서 아스테카인들은 태양과 인간의 핏빛을 닮은 카카오를 꽃잎에 싸서 신에게 함께 봉헌했다. 희생양으로 지목된 남자 노예에게 1달이 넘도록 내내 카카오를 마시게 한 후 그의 '카카오 피와 심장'을 신에게 바치는 의식도 행했다. 카카오 파종 시기에는 13일간 부부의 합궁(合宮)도 금했다. 이처럼 아스테카인들은 그들을 위해서 신으로부터 카카오를 훔쳐 냈던 케찰코아틀을 숭배하고 프로메테우스의 간(肝)처럼 쓴 초콜릿에 풍요로운 상징성을 부여했다. 카카오나무는 그들의 우주관과 종교관을 상징하는 생명의 나무(우주목)로 형상화되었으며, 카카오 원두는 품삯이나 세금과 공물의 지불 수단, 물물교환이나 도량형의 척도, 시인이나 철학사들이 단골 메타포(삶이 화려함과 사치, 인간의 심장과 생명과 피)로 애용되었다. 중독성이 강하다고 믿었기에, 껌(chicle)의 경우와는 상반되게 아이들과 여자들에게는 초콜릿 음료를 제한했다. 마야 문명권과 동일하게 아스테카의 일반 평민들은 축제와 결혼식 등 극히 예외적인 경우에 한해서만 이 '신들의 음료'를 맛볼 수 있었다. '소울 푸드'로 여겨지긴 했으나, 바로 그 높은 사회적·종교적 가치 탓에 애석하게도 '국민음료'가 될 수는 없었던 것이다.

이렇게 카카오는 숭배의 대상이자 분쟁(소코누스코와 같은 양질의 카카오 생산지를 둘러싼 '초콜릿전쟁')의 씨앗이고, 권위·계급·차이·원기(元氣)·풍요·조공(朝貢)·환생·생명·정화의 징표이며, 신과 인간을 잇는 매개물로 통했다. 참으로 극진한 대접을 받았다. 한때 중국에서 차(茶)가 그랬듯이, 카카오 원두는 화폐로도 사용되었다. 마야와 아스테카 문명권은 물론이고 코스타리카와 니카라과를 비롯한 메소아메리카 일대에서 화폐로 통용되었다. 브라질의 일부 지역에서도 카카오를 화폐로 떠받들었다. 스페인 통치하에서도 이 성스러운 실물화폐의 지위는 크게 달라지지 않았다. 아스테카를 정복한 에르난 코르테스가 카카오 플랜테이션 사업에 손을 댄 이유도 이 '재배 가능한 화폐'에, 그것이 지닌 남다른 쓰임새와 가치에 일찍 눈을 떴기 때문이었다. 실제로 1555년에 누에바 에스파냐 부왕령에 의해 카카오는 화폐(카카오 40개가 스페인 1레알)로 승인되었다. 주조화폐에 대한 원주민들의 거부감과 이해 부족 및 화폐의 쏠림(대외 수출 관련 분야, 식민지 관료, 교회 등으로의 쏠림)과 유통량 절대 부족 탓도 거기에 한몫했다. 교황 클레멘테 7세에게 보내는 서신에서 한 연대기 작가는 이 '부패하는 화폐'에 환호했다. 탐욕을 용납하지 않는 "행복한 돈(feliz moneda)"이라며 크게 반겼다. 장기 보관의 어려움과 채색 점토나 돌 혹은 아보카도 씨로 제조된 '위조 카카오' 문제 등을 안고 있었음에도 불구하고, 운반 및 휴대의 용이함과 희소성 및 가치의 안정성으로 인해 화폐로서의 지위는 지역에 따라서는 19세기까지 유지되었다. 지역 혹은 공동체 화폐(moneda comunitaria)의 성격도 얼마간 지녔다. 케네스 포메란츠와 스티븐 토픽은 그들의 저서(2003)에서 "코스타리카에서는 18세기까지도 총독이 물품을 구입할 때 카카오 열매를 사용"했다고 짧게 기술하고 있는데, 여기에 살을 좀 더 보태자면, 실제로 이 '달콤한 금(oro dulce)'은 1709년에 코스타리카 총독(로렌소 안토니오 데 그란다 이 발빈)에 의해 통화적 가치를 공식적으로 인정받았다. 카카오 2레알, 곧 카카오 160개가 스페인 1레알(real)과 등가였다. 이후 18세기 말경에 이르러 식민지 당국에 의해 '카카오 화폐'의 사용이 다시 금지되었지만, 그럼에도 불구하고 거의 19세기 내도록 코스타리카에서는 매우 긴요한 교환 수단으로 군림했다. 스페인 정복자들이 발견한 이 노다지의 종주국이었던 멕시코에서는 더했다. 20세기 초반까지도 멕시코시티의 메트로폴리탄 대성당에 모셔진 옥수수로 만든 예수상(Señor del Cacao)에 가톨릭 신자들은 헌금 조로 카카오를 바치곤 했다. 멕시코의 일부 원주민 거주 지역에서는 오늘날에도 유효한 교환 수단으로 활용된다. 카카오는 썩어도 준치였던 셈이다. 1600년부터 1820년까지 베네수엘라의 1위 수출품목 또한 이 갈색 금(el oro moreno)이었다. 20세기에 접어들어 검은 금(석유)이 그 자리를 대체하기 전까지 커피와 함께 베네수엘라의 최고 효자 환금 작물로 사랑받았다.

한편, 스페인에 의한 멕시코 식민화 과정은 필연적으로 종교, 언어, 인종, 생활방식 등에 걸쳐 광범위한 혼종을 수반했는데, 초콜릿 음료도 예외일 수는 없었을 터. 스페인 귀족층과 성직자, 그리고 크리오요[6]의 입맛과 손맛에 따라 초콜릿 음료의 제조 방법과 먹는 법에도 변화가 생겼다. 와인, 맥주, 밀가루 빵, 버터, 치즈의 경우와 마찬가지로 새로운 초콜릿 레시피 또한 대개는 수도원에서 나왔다. 스페인 정복자들을 수행했던 선교사가 카카오의 전파자였다면, 멕시코의 오아하카와 치아파스 지역에서 활동한 스페인 신부와 수녀, 그리고 수도사들은 초콜릿 혁명의 전도사 역할을 수행했다. 그들에 의해 마야와 아스테카 신(神)들의 음식이었던 카카오는 '가톨릭의 음료'로 변신(變神)했다. 이들 성직자들은 차갑고 쓰고 걸쭉했던 '악마의 음료'에 다양한 감미료와 향신료를 가미해서 풍미를 더했다. 그들의 구미(歐味)에 맞게 '미각 혁명'을 주도했다. 예를 들어, 초콜릿의 쓴맛을 덜고 단맛을 내기 위해 사탕수수 자당[7]을 곁들여 먹었다. 우유, 아몬드, 헤이즐넛, 계피, 후추, 용연향, 사향 등을 첨가해서 아스테카인들과는 다르게 유카탄 지역의 마야인들처럼 뜨거운 상태로 마셨다.

초콜릿 제조 방법과 먹는 법에 '달콤한 혁명'이 일어나던 그 당시에도 소소한 변화는 있었을지언정, 초콜릿은 여전히 신분, 계급, 직업, 지위의 차이를 과시하는 기호로 통했다. 몬테수마를 대신해 이제 카를로스 5세와 스페인의 왕녀들이 '성직자들의 음료'에 '중독'되었고, 스페인의 귀부인들은 시도 때도 없이 숭늉처럼 마셔댔다. 예수회 선교사였던 호세 데 아코스타(Jose de Acosta)의 표현

6 식민지에서 태어난 백인을 뜻하지만 최상품 카카오 품종의 명칭이기도 하다.

7 캐럴 오프가 『나쁜 초콜릿』에서 주장하는 것과는 달리 당시에 이미 오아하카에서는 스페인의 카나리아 제도로부터 유입된 사탕수수가 재배되고 있었다.

을 빌리자면, "걸신들린 듯(con glotonería)" 마셔 댔다. 멕시코, 특히나 양질의 카카오 생산지였던 치아파스에 거주하던 일부 스페인계 백인 상류계급 여성들은 미사가 열리는 성당에서도 초콜릿 음료를 홀짝거릴 정도로 초코홀릭이었다. 성직자들, 그중에서도 수녀들은 신학 논쟁을 야기하면서까지 금식기간 중에도 초콜릿 음료를 입에 달고 살았다.[8] 성경에 언급되지도 않았을 뿐더러 한때 환각버섯(magic mushrooms)에 비유되던 카카오에 수녀들은 매료되었다. 영화 〈나는 모든 여자 중에서 가장 형편없는 여자(Yo, la peor de todas)〉의 실제 주인공인 수녀이자 시인 후아나 이네스 데 라 크루스(Sor Juana Inés de la Cruz)도 마찬가지였다. 그녀와 초콜릿은 그야말로 달콤 쌉싸름한 애증의 관계였다. 방문객이 너무 많았던 탓에 엄청난 분량의 접대용 초콜릿 음료를 만들어 내야 했기에 자신의 소네트에 그에 대한 불편한 심기를 토로하기까지 했다. "성직자와 귀족들은 무자비한 종교재판에서 이단 혐의자가 겪는 고통을 지켜봐야 했는데 이때 부담감을 덜기 위해"(오프 2011) 찾았던 것도 핫 초콜릿이었다. 당시의 종교재판 관련 기록 문서에는 초콜릿을 사악한 용도(주로 성적이나 주술적 용도)로 악용하다 적발되어 이단 심문소에 회부된 사례들도 심심찮게 눈에 띈다.

이렇듯 유럽의 사교계가 주시했던 16-17세기의 스페인 사회에서 초콜릿은 가장 핫한 아이템으로 지배층과 호사가들이 입에

8 그래서 초콜릿 수녀원의 크리오요 카카오 확보를 둘러싼 모험 이야기인 카트린느 벨르의 소설 『초콜릿을 만드는 여인들』이 그저 픽션이나 판타지로만 보이지는 않는다.

자주 오르내렸다. 주성분이 핫 초콜릿인 음식들(만)을 음미하는 '초콜릿 파티(las chocolatadas)'가 각종 사교모임과 행사의 단골 이벤트로 유행했다. 그리고 초코랜드를 떠나 이베리아 반도를 정복한 '핫 초콜릿'은 스페인의 제조 비밀주의와 독점(판매권)을 뒤로하고 대략 17세기 초반 무렵 이후 서서히 이탈리아(1606)와 프랑스(1615), 영국(1657)을 포함한 유럽 전역으로 전파되었다. 17세기 말경에는 스위스와 프로이센 지역에서도 입소문이 돌기 시작했다. 산티아고 순례길을 따라[9] 피레네 산맥을 넘어간 초콜릿은 초창기의 차, 설탕, 커피, 럼과 같은 열대 원산지의 '약물식품'의 경우와 마찬가지로 신비한 효능을 지닌 식음료로 여겨졌다. 숱한 신화와 속설을 낳았다. 예컨대 음식과 약품의 경계를 넘나들면서 피로회복제, 소화제, 각성제, 최음제, 해열제, 화상 치료제, 강장제, 무해한 무알콜 자극제, 급기야는 불로장생의 영약으로 취급되었다. 라틴아메리카 원산지의 담배가 유럽에서 한때 천식 치료제로 통했으니, 그것에 비하면 이건 약과였다.

한편 신세계의 토착 식품인 카카오 먹는 법에도 2차 혁명이 일어났다. 이제 물을 대신해 우유와 계란, 알코올과 와인이 초콜릿에 첨가되었다. 이탈리아의 메디치 가문, 프랑스의 살롱, 그리고 17-18세기 영국의 음탕한 초콜릿하우스에서는 커피나 설탕처럼(노예 삼각무역의 주요 교역 물품이자) 사교의 촉매제 구실을 톡톡히

9 아스토르가는 초콜릿 박물관으로 유명하고, 산티아고 콤포스텔라 대성당의 특산품은 초콜릿 과자다(Piedras de Santiago).

했다. "커피보다 값이 비쌌기 때문에 부자들에게 더 큰 호감을 샀다"(민츠 1998). 와인이나 샴페인과 맞먹을 정도의 트렌디한 고급 사교 음료로 군림했다. 특히나 혼수품으로 카카오를 지참했던 스페인 왕녀들에 의해 루이 13세와 14세 시대의 프랑스 궁정에서는 '공식(궁정) 음료' 지위를 누렸다. 아스테카 궁을 대신해서 이제 베르사유 궁전에 거대한 카카오 창고가 들어섰다. 몬테수마의 1회용 금잔을 대체하면서 초콜릿 전용의 세련된 자기 잔과 받침접시가 불티나게 팔렸다. 바로크 시대의 대표 음료였던 초콜릿은 '마시는 소돔과 고모라', 즉 악마의 묘약으로 통하기도 했지만 볼테르를 비롯한 계몽주의자들의 기호품으로 자리를 잡았다. 캐럴 오프(2011)의 말마따나 "계몽주의 시대에 초콜릿은 지난 시대의 귀족에게 그랬듯, 새로 부상한 부유한 상인들과 자유 지식인의 삶 속에 정착했다".

이렇게 초콜릿 소비 민주주의가 진척되고 유럽의 초콜릿 수요가 늘어남에 따라 재배지도 점차 확산되었다. 라틴아메리카에서는 카카오 전파 루트의 역방향으로 이동했다. 말하자면 카카오의 원산지였던 에콰도르, 페루, 콜롬비아의 영토가 겹치는 상부 아마존 방향과 오리노코강 유역 쪽으로 남하했다. 기존의 멕시코, 과테말라, 벨리즈를 넘어 온두라스와 엘살바도르, 베네수엘라(1600년경)와 에콰도르(1880-1890년까지 세계 최대 카카오 수출국) 및 브라질(1677)과 수리남(1680) 등지로 카카오 플랜테이션이 확대되었다. 커피, 차, 면화, 사탕수수 산업이 그랬듯이, 카카오 콩 무역을 수노하고 초콜릿 소비 증가에 탄력적으로 대응하기 위해 스페인과 포르투갈을 비롯한 유럽 각국은 자국 식민지와 노예(적) 노동으로 눈길을 돌렸다. 그리하여 글로벌 자본주의 분업체계를 선도하던 유럽 자본을 등에 업고 17세기 중반에 이르러 카카오는 카리브와 태평양을 건넜다. 마르티니크(1660), 도미니카 공화국과 아이티, 그라나다, 아루바, 세인트 빈센트 등과 같은 서인도제도와 영국령 자메이카, 그리고 훗날 카카오 마리아(María de cacao)의 전설을 잉태하게 될 필리핀(1670) 등지로 번져 나갔다. 유럽의 식탁, 사교, 여가 문화에 적잖은 변화를 초래한 카카오는 영국과 프랑스와 네덜란드의 식민지였던 아시아와 가나를 비롯한 아프리카에도 뿌리를 내렸다. 대대적으로 "숲을 베어 넘기고 시체와 핏자국 위에 카카오를"(아마두 2007) 재배하기 시작했다. 그 지역의 역사를 핏빛으로 물들이고, 경제 구조를 불구로 만들며, 정치적 파행을 조장했다. 특히나 서아프리카를 인신매매와 아동 노동에 의해 지탱되는 처참한 '초콜릿 나라들(Chocolate Nations)'로 바꿔놓았다. '찰리와 초콜릿 공장이 말해 주지 않는 것들', 이른바 초콜릿의 '어두운 이면(bitter side of sweet)'들을 속속들이 드러냈다.

20세기 초반에 카카오의 패권은 잠시 에콰도르를 경유해서 서아프리카로 옮겨 갔다. 벨기에가 맥주와 함께 초콜릿의 수도로 급부상할 수 있었던 것도 아프리카의 우량한 '카카오 식민지'(콩고)를 거느린 덕분이었다. 페루가 신흥 카카오 원두 수출 대국으로 떠오르고 있긴 하지만, 2017년 현재 코트디부아르, 가나, 나이지리아, 카메룬, 토고 등이 유럽에서 소비되는 초콜릿의 거의 80%를 독점 공급하고 있다. 노예, 황금, 상아를 대신해서 핏빛 카카오(blood cacao)가 이제 이 지역 주변 해안을 대변하는 형국이다. 카카오 콩을 눈알처럼 귀하게 여기던 마야 시대로부터 수천 년이 흘렀지만, 예나 지금이나 초콜릿은 '사치품'이다. 생산과 소비가 격렬하게 분리되어 있다. 여간해선 맛볼 수 없는 '마시는 금(oro líquido)'이다. 적어도 이 '카카오 해안'의 초콜릿 노동자들에게는. 집단 희생과 피의 상징물이다. 마야 시대처럼. 여전히 초콜릿은 쓰다.

참고자료

소설 『달콤 쌉싸름한 초콜릿』과 흥미로운 비평적 대화가 가능한 텍스트는 가르시아 마르케스의 『콜레라 시대의 사랑』(송병선 옮김, 민음사, 2004)과 이사벨 아옌데의 『영혼의 집』(권미선 옮김, 민음사, 2007)이다. 『콜레라 시대의 사랑』은 53년 7개월 11일을 묵혀 온 첫사랑을 끝사랑으로 택하는 러브스토리다. 『달콤 쌉싸름한 초콜릿』을 '판초 비야 시대의 사랑'으로 간주하는 이유도 『콜레라 시대의 사랑』과의 문학적 친연성 때문이다. 『영혼의 집』은 『달콤 쌉싸름한 초콜릿』과 어슷비슷하게 마르케스식의 마술적 사실주의에 페미니즘을 곁들이고 역사적 사건을 고명처럼 얹어 놓은 작품이다.

11
집을 찾는
문학적 여정
산드라 시스네로스,
『나만의 집』
이은아
A
House
of
My Own

이은아

서울대학교 서어서문학과를 졸업하고 미국 코넬 대학에서 라티노 문학으로 박사학위를 취득했다. 현재 서울대학교 라틴아메리카연구소 HK조교수로 재직 중이다. 역서로 『라티노/라티나: 혼성문화의 빛과 그림자』(한울, 공역, 2013)와 후안 곤살레스의 『미국 라티노의 역사』(그린비, 공역, 2014)가 있고, 대표 논문으로 「푸에르토리코의 인종주의를 읽는 세 가지 사회문화적 코드」(2016), 「미국-멕시코 국경: 광기와 감금의 미학」(2017) 등이 있다.

이 장은 필자의 글(2017)을 일부 수정한 것이다.

1 들어가며

멕시코계 미국인 작가인 산드라 시스네로스(Sandra Cisneros, 1954-)에게는 '처음'이라는 수사가 많이 붙는다. 그녀는 대형출판사에서 책을 출판한 첫 라티나 작가이자 판매량에서 타의 추종을 불허할 만한 부수를 자랑하는 베스트셀러 작가다. 아마도 미국 문단에서 가장 유명한 치카나[1] 작가로 꼽힐 것이다. 하지만 현재 미국 내 디아스포라 문학의 규모와 깊이를 생각해 본다면 시스네로스에 대한 비평계의 과도하리만큼 호의적 반응이 다소 의아하게 느껴질 수 있다. 다작의 작가도 아닐뿐더러 작품 또한 장편보다는 단편에 가까운 이야기 모음집이 많기 때문이다. 이를 이해하기 위해서는 작가가 활동을 처음 시작한 1980년대 초의 치카노/라티노 문단의 현황에 대한 이해가 필요할 것이다. 시스네로스는 치카노/라티노 문학계에서 지금까지 존재하지 않았던 길을 개척해 왔다고 해도 과언이 아니다. 1990년대를 기점으로 폭넓게 알려지기 시작한 라티노 관련 사회적 이슈들이 당시에는 작품의 소재로 대거 등장하지 않았고, 두터운 작가군 또한 형성되어 있지 않았다. 물론 작가들의

1 이 장에서는 치카노/치카나, 라티노/라티나를 혼용하고 있다. 멕시코계 미국인을 지칭하는 치카노의 경우 남성이라는 의미를 내포하지만 남녀 모두를 아우르기도 한다. 여기서는 작가가 여성 작가이기에 치카나라는 용어를 따로 사용하였다. 라틴아메리카 출신 사람을 지칭할 때 사용하는 라티노/라티나에 치카노/치카나가 포함되지만, 멕시코계 이민자의 경우 출신지를 명확히 하고자 치카노/치카나를 사용하는 경향이 강하다. 이들 인구가 전체 라티노 인구의 약 60%를 차지하고 있기에 개별적으로 지칭할 만큼 비중이 크다고 하겠다.

이름조차 손에 꼽힐 정도였던 1960-1970년대와는 비교할 수 없겠지만, 이 시기는 현재 대표적인 문인들로 불릴 만한 작가들이 미국의 다양한 지역에서 성장통을 겪으며 문단에 미처 존재감을 드러내기 이전이었다. 작가들이 각자의 인종·종족적 배경을 기반으로 서로 동떨어진 개별 영역에서 선구자로서의 역할을 담당하며 외로운 싸움을 벌였다고 할 수 있다.

시스네로스는 젊은 시절 멕시코 식민 시대의 천재 수녀 작가인 후아나 이네스 데 라 크루스를 제외하고 인생의 모델이 될 만한 라티나 선배 작가를 쉽게 찾을 수 없었기에 늘상 아쉬움과 안타까움을 느꼈다고 토로한다(Cisneros 2015, 178). 이 세대의 작가들은 독자적 투쟁을 펼치면서 소수민의 감수성과 고통을 겪으며 집필의 수련 과정을 거쳤지만, 자신들이 하고 있는 일이 미국 사회에서 어떤 의미와 중요성을 지니는지 정확히 인지하지 못한 채 움직였다. 그래서 시스네로스는 1980-1990년대에 걸쳐 페미니스트 작가인 글로리아 안살두아(Gloria Anzaldúa)나 체리에 모라가(Cherríe Moraga), 노르마 알라르콘(Norma Alarcón) 등과 문화적 연대를 이뤘을 때, 치카나 페미니즘이라는 새로운 담론 세계를 정립할 만한 폭발적인 사회적 파급력을 갖게 되었다고 회고한다(Cisneros 2015, 167-168). 시스네로스는 이 작가 그룹 중에서도 가장 두드러진 존재감을 지닌 치카나 여성 작가로 자리매김한다. 불리한 문화적 풍토 속에서 그녀가 지나온 힘겨운 여정과 문학적 산물들은 선례 없는 도전의 결과였다고 할 수 있다.

그녀의 소설은 항상 같은 지점을 향해 있다. 그것은 집이다. 그녀에게 집은 가난과 외로움을 안겼다. 성장해 온 집을 떠올리며 유년시절의 그리움과 아련함보다는 부재에 대한 절망과 개인성을 억누르는 부자유를 이야기한다. 집은 가족의 빈곤을 넘어 멕시코계 미국인의 빈곤을 상징한다. 등단을 한 이후에도 집은 떠나야 할 대상이자 동시에 살아가야 할 동기였다. 그래서 그녀는 노동자 계층 작가들이 "흰 페이지라는 작은 뗏목을 타고 떠다닐 때, 바로 자신이 살고 있는 집에서, 귀하게 여기는 피붙이들로부터 유배되는"(Cisneros 2015, 40) 역설을 맛본다고 소개한다. 작가 개인의 삶과 작품의 중심에 자리 잡고 있는 집의 의미는 가장 최근에 발표된 자전적 문학 에세이집인 『나만의 집(*A House of My Own*)』(2015)에 망라되어 있다. 이 장에서는 그녀의 주요 산문작품인 『망고스트리트(*The House on Mango Street*)』(1991)를 시작으로, 『우먼 홀러링 크릭과 다른 이야기들(*Woman Hollering Creek and Other Stories*)』(1992), 『카라멜로, 혹은 지어낸 이야기(*Caramelo, or, Puro Cuento*)』(2002), 『메리를 보았니?(*Have You Seen Marie?*)』(2012)에 걸쳐 집에 대한 탐구가 어떻게 시작되어 지속되고 있는지 『나만의 집』에 담긴 작가의 직접적인 목소리에 기대어 살펴보고자 한다. 그녀의 작품을 관통하는 집이라는 화두는 문학의 소재만이 아닌 작가의 존재 이유이기도 하다. 따라서 각 작품을 창작하게 된 작가의 의도와 작가 개인 삶의 변화에 주목하여 집에 대한 서사를 이어 가는 시스네로스의 인생관에 대해 고찰해 볼 필요가 있다. 라티노 작가들이 일반적으로 사적인 경험에 근거해 창작을 한다는 점을 미루어 볼 때, 집의 실제적·역사적·상징적 함의를 연대기적으로 추적한다는 것은 작가의 문학세계를 총체적으로 살펴볼 수 있다는 점에서 의미가 깊다.

2 시스네로스의 창작세계와 집의 추구

1)『망고스트리트』: 에스페란사의 집짓기

『망고스트리트』 창작의 자전적 배경

『망고스트리트』는 시스네로스의 첫 소설로 그녀가 천착한 문제의식과 삶의 고민이 응축된 작품이다. 집을 향한 끊임없는 도전과 부정은 역설적이게도 애착과 욕구의 반증이었다는 점이 그 이후의 작품들을 통해서 드러난다. '집'이라는 특정 주제를 통해 사회비판적인 의식을 펼친다는 측면에서 이 작품은 가장 명료한 예시가 된다. 또한 이 소설은 작가 고유의 글쓰기 기법과 창작 방식, 화자의 목소리, 문제의식 등에서 핵심적 단서들을 두루 제공하기 때문에 작가의 문학세계를 일별하는 데 도움이 된다. 따라서 『망고스트리트』를 중심으로 그녀만의 집을 구축하게 된 전기적 배경과 창작 기법에 대해 상세히 살펴봄으로써 집과 소설 사이의 밀접한 연관성을 이해해 볼 수 있다.

시스네로스가 지닌 경계인의 삶은 미국과 멕시코 사이의 순환적 이주에서 비롯되었는데, 이것은 그녀의 아버지가 불법이민자로 미국 생활을 시작한 시점으로 거슬러 올라간다. 『나만의 집』을 펼치다 보면 시스로네스 아버지의 사진이 한 장 나온다. 그가 한국전쟁에 참전했을 당시, 길가에서 예닐곱 살 가량의 어린이 서너 명과 함께 서서 찍은 흑백 사진이다. 낡은 사진 속에 군복을 입은 남자는 시장 거리에서 허름한 옷에 포대기를 멘 여자 어린이들의 어깨에 팔을 걸치고 있다. 우리에게는 낯설지 않은 1950년대 미군의 모습이다. 제2차 세계대전과 한국전쟁에 참전했던 라티노들은 그들의 희생에 비해서 참전 군인으로서 받는 사회적 처우가 편파적이고 인색하자, 이에 저항해 1950-1960년대 정치운동을 조직적으로 펼친다.[2] 시스네로스의 개별적 가계를 통해서도 멕시코계 이민자들이 헤쳐 온 험난한 과정을 쉽게 일별할 수 있다. 이 가족만 하더라도 비합법적 이민의 역사, 이민자들의 고된 노동, 송환의 아픈 과정, 라티노 참전사 등 멕시코 이민사의 중요한 사건들에 모두 관여하고 있어 사실상 역사적 증인으로 인정받을 만하다.

시스네로스 아버지인 알프레도 시스네로스 데 모랄(Alfredo Cisneros de Moral)은 멕시코에서 비교적 안정된 중산층 가정 출신이었지만 엄격한 아버지의 기대에 부응하지 못한 채 학업을 중단하고 동생과 함께 도망치듯 국경을 건너와 미국 남부 지역에서 비합법적인 거주생활을 시작한다. 그는 불시에 송환될 수 있는 불법이민자 신세로 지내다가 검문에 적발되자, 고국으로 돌아가기보다는 전쟁에 참여하는 대가로 시민권을 취득하는 길을 선택한다(Warrick 2010, 13-14). 시카고의 가난한 멕시코 이민자 가정 출신인 엘비라 코르데로 시스네로스(Elvira Cordero Cisneros)와 결혼 후 경제적 어려움을 견디다 못해 시카고와 멕시코시티 사이를 왕복하는 이주를

2 치카노 노동운동은 1970년대 본격적으로 가시화되지만, 이들 퇴역군인을 중심으로 한 시민운동이 이미 정치적 의식을 표면화하기 시작했다고 평가받는다. 인종차별에 반발하여 결성된 퇴역군인들 중심의 조직들은 정치적 영향력을 만드는 투표와 선거운동에 가담하였다.

시작했고, 이런 순환적 이민은 시스네로스의 유년 시절을 지배하는 삶의 패턴으로 자리 잡는다.

시스네로스는 1954년 시카고 출생으로 6명의 남자 형제들 틈에서 성장하면서 어린 시절을 외롭게 보낸다. 시스네로스는 아버지가 남자 형제들을 편애한다는 사실을 알고 반항심과 좌절감을 느꼈지만, 직업인으로 성장하길 원했던 어머니의 전폭적인 지지로 인해 작가로의 길을 내딛게 된다. 그녀는 국경을 오가는 잦은 이주 탓에 시카고와 멕시코시티 어느 곳에도 속하지 않는다는 불편한 감정과 안착하는 삶과 편안한 집에 대한 욕구를 유년기부터 강하게 지녔다. 친우 관계를 형성할 수 없는 비정착적 생활은 이후 평생 작가의 의식 속에 있던 외부인 의식, 주변인 의식의 뿌리로 남게 된다. 그녀의 가족이 이런 불안정한 이주를 끝내고 마침내 정착한 곳은 시카고 북부 훔볼트 공원 근처의 루스벨트가다. 이곳이 바로 『망고스트리트』의 배경이다. 소녀가 항상 꿈꾸던 집, 부모가 미래의 집으로 언급하던 곳과는 사뭇 달랐지만 집을 소유함으로써 동네 사람들과 교류를 시작했고 바리오(barrio)[3] 문화를 습득하는 계기를 맞는다.

『망고스트리트』는 1984년 출간되자 주요 일간지에서 '올해 최고의 소설'이라는 평가를 받는다. 이 작품은 이후 많은 언어로 번역되었고 현재 중고등학교의 라티노 문학 수업에서 텍스트로 사용되기도 한다. 그러나 이런 극찬에도 불구하고 이 소설은 애리조나

3 일반적으로 도시 내 치카노/라티노가 모여 사는 주거 지역을 일컫는다.

주의 공립학교 교과 과정에서 제외되는 조치를 받는다. 애리조나 투손의 공립학교에서 시작되었던 '멕시코계 미국인 연구(Mexican American studies)'가 폐지됨에 따라 이 프로그램의 교과서로 사용되었던 이 작품 또한 금지된 것이다. 정부 문란을 조장할 수 있는 내용의 교육을 금지한다는 AZ HB 2281라는 애리조나 법률에 의거해, 2012년 초 투손 통합 학군의 이사회에서는 이 프로그램을 중지하는 안을 투표에 부쳐 통과시켰다. 이사회는 이 프로그램의 폐지와 더불어 다문화주의 교육과정과 연계된 텍스트들 또한 불허하였다. 이후 종족 연구 프로그램의 폐지 결정이 반헌법적이라는 논란이 생겨나 격한 반대 여론이 일어났다.[4]

당시 이사회 주장은 이 작품이 종족적 색채가 강하고 성적인 암시가 농후해서 아동들이 읽기에 적절하지 않다는 것이었다. 작가는 논란이 될 만한 부분이 암시적으로 묘사되었기 때문에 아이들이 간파하기 어려울 뿐 아니라, 순응에 대한 도전, 개인의 자율성 고취, 혹은 문화적 정형성에 대한 거부의 문제가 문학적 테두리 내에서 전달되기에 오히려 교육적 효과가 크다고 반박하였다.[5] 작가의 설명처럼 이 작품에 녹아든 시적 스타일로 인해 치카노의 정체성, 성적 불평등, 사회적 편견과 차별의 문제가 분노와 비판이라는 노골적인 어조를 드러내지 않은 채 재현된다. 이로 인해 인종·종족

4 위키피디아 "The House on Mango Street" 항목(https://en.wikipedia.org/wiki/The_House_on_Mango_Street)에서 "비판적 수용(Critical Reception)" 부분 참조.

5 『나만의 집』에 독자의 비판에 작가가 답변을 보내는 서신 형식의 글이 실려 있어 이런 지적에 대한 작가의 해명을 들을 수 있다(Cisneros 2015, 305-311).

적 배경과 상관없이 모든 사람들에게 거부감 없이 다가간다.

작가적 목소리에 대한 탐구

시스네로스는 자신의 석사 과정 수업을 통해서 망고스트리트의 집을 그려야겠다는 결심을 하게 되었다고 소개한다. 작가로서 첫 단계라고 할 수 있는 아이오와 대학원에서의 창작수업 과정(Iowa Writers' Workshop)은 개인적으로 큰 전환점이 되는 아픈 시기였고, 『망고스트리트』는 이 시기를 거치고 난 후 전적으로 무능함에 시달리던 시절에 썼다고 회고한다(Cisneros 2015, 39).

> 나는 세계가 시카고와 같다고 생각했다. 모든 문화와 계층이 함께 섞여 사는, 항상 행복하지는 않더라도 여전히 공존하는 세계. 대학원 시절 말을 할 때마다 외국인처럼 느껴진다는 걸 알아챘다. 그러나 이곳은 내 땅이기도 했다. 시카고에서 이런 '타자성'을 결코 느껴 보지 않았다고는 말할 수 없을 것이다. 그러나 이렇게 철저히 느껴 본 적은 없었다. 그 시절에는 이걸 표현할 수가 없었다. 다만 수업시간에 내가 말을 하면 창피함을 느낀다는 걸 알았고, 그래서 입을 떼지 않기로 작정했다. 내 정치 의식은 내가 이걸 '수치'라고 부른 순간 시작되었다. (Cisneros 2015, 125-126)

당시 그녀는 자신의 목소리를 어떻게 표현해야 하는지 알 수 없었고 그런 책을 학교에서 접할 수 없었다. 동료들의 삶과 매우 괴리됨을 느꼈기 때문에 낯선 이방인처럼 지내야만 했다. 그녀가 수강했던 수업들 중 집에 관한 강의가 있었는데, 그때 시스네로스는 학창시절 내내 단 한순간도 자신이 살았던 바리오와 그곳 사람들을 다루는 교육과정이 없었다는 사실을 깨닫는다(Cisneros 2015, 127). 당시 읽었던 바슐라르의 이론은 다른 학생들에게는 집의 의미를 심층적이자 집단신화적인 구조로 바라볼 수 있는 틀을 제공했겠지만, 시스네로스에게는 전혀 다른 세상의 이야기로 들렸다.

바슐라르가 말하는 내밀한 집은 다락과 계단, 지하실이 기억의 창고이자 상상력의 원형으로 존재하는 공간이다. 다른 수강생들이 바슐라르의 '영원의 집'을 기반 삼아 유년기 경험을 공유하는 시간에 그녀는 할 말이 없었다. 그녀 가족이 살았던 시카고 바리오의 단층 아파트는 소음 가득한 공용 계단과 거미와 쥐가 우글거리는 공포의 지하실, 아무것도 보관하고 싶지 않은 창고만을 생각나게 만들었다. 시스네로스는 앞으로 주변 사람들과는 다른 이야기를 써야겠다는 생각을 하게 된다. 자신에게는 거짓말이었던 학교 교육, '정상적'인 것에 대한 전제, 또한 미국식이자 미국적 가치로 주장되는 개념에 동의할 수 없음을 알았고, 그동안 읽었던 책을 흉내 내지 말고 자신만의 목소리를 찾아야겠다고 다짐한다(Cisneros 2015, 127).

그녀는 이후 자신이 학습해 온 지배 담론에서 벗어난 주제들을 찾아 나선다. 이런 탐구를 기반으로 작가는 반학술적 목소리, 어린이의 웅얼거림, 가난한 소녀의 읊조림, 구어체의 대화를 통해 멕시코계 미국인의 목소리를 구현해 내고자 했다. 그녀는 (미키노르 피리가 말하는) "반시(反詩)적 저항의 영역 안에서 나는 시적 텍스트를 창작하고자 했다. 내가 찾을 수 있는 가장 비공식적 언어를 가지고서 말이다. 이건 저절로 된 것도 숙고 없이 된 것도 아니다. 마치 몰로토브(화염병)를 던지는 것만큼이나 내게는 어려운 일이었다"(Cisneros 2015, 128)고 당시 어려움을 토로한다.

시스네로스는 아이오와 대학원을 졸업한 후, 학업을 중단한 라티노 고등학생을 위한 대안학교에서 강의를 하는 동시에 상담사로 근무하는데, 이 직업을 통해 훗날 소설 속에 등장할 단편적 인물들을 만나게 된다. 그녀는 중퇴한 학생들을 위해 최선을 다했지만 결국 아무런 도움을 주지 못한다는 자괴감과 무기력에 시달린다. 그럼에도 그들의 경험을 감싸 안길 원했고 그들이 들려준 삶의 에피소드들을 차용하여 작품 속에 녹여내고자 했다(Warrick 2010, 42-43). 그녀는 『망고스트리트』의 자화상을 통해 곤궁한 일상과 가난의 고통, 문화적 굴레, 인간적 한계의 단상을 그대로 보여 줌으로써 이들 낙오자들의 의식을 일깨우고 싶었다.

시스네로스는 망고스트리트의 집을 찾는 과정에서 멕시코의 여류작가인 엘레나 포니아토프스카(Elena Poniatowska)의 이야기를 소개함으로써 자신이 선택한 화자의 목소리에 대해 우회적 방식으로 작가의 변을 펼치고자 한다. 포니아토프스카는 틀라텔롤코의 대학살을 겪으면서 무능의 동조자가 되기 싫어 『틀라텔롤코의 밤(*La noche en Tlatelolco*)』(1971)을 썼다고 한다(Cisneros 2015, 39). 이 언급은 그녀가 『망고스트리트』를 쓰게 된 저술 목적을 에둘러 표현한 것이다. 포니아토프스카가 당시의 기록을 문학적으로 형상화하기 위해 새로운 장르, 즉 구어체 중심의 증언 문학을 창작한 것처럼, 시스네로스 또한 그녀의 기억 속 어딘가에 있는 언어, 매일 주고받던 대화를 끄집어내어 망고스트리트의 집이라는 숙제를 풀어내고 싶었다. 그래서 작가는 장르의 경계를 무너뜨린 방식을 통해 삶에 치이는 누구라도 순서와 상관없이 편하게 읽을 수 있는, 짧고 아름다운 이야기를 쓰게 된다(Cisneros 2015, 277). 또한 고유한 목소리를 내기 위해 이중언어를 번역없이 사용하기도 한다. 영어와 스페인어를 혼용하면서 유머러스한 언어게임을 시도하기도 하는데, 문자 그대로 번역한 문장이 만드는 우스운 간극을 의도적으로 삽입하고자 한 것이다. 이로써 스페인어 사용자들만 아는 변용된 단어들을 가지고 영어 사용 독자들을 장난스럽게 조롱하는 것 같은 인상을 주기까지 한다. 그녀는 이런 과정을 거치면서 "내 글은 목소리를 얻었다"고 자부하기에 이른다(Sagel 1991, 74-74).

『망고스트리트』는 짧은 삽화들로 이뤄져 있는데 각각의 이야기들이 완결성을 이루고 있는 동시에 소설의 각 장으로 사용된다. 주인공인 에스페란사의 가족이 바리오인 망고스트리트로 이주하면서 일어난 이야기들의 모음으로, 전체적으로 관찰자적 통찰력이 매우 뛰어난 여자 아이가 시도하는 인간 탐구로 보인다. 언뜻 아이의 시선이 닿는 사람들을 무심코 묘사하는 듯 보이지만 공포와 수치를 강요하는 환경과, 가정 폭력에 무방비 상태로 놓인 여성들, 멕시코계 이민자들이 지니는 소외감을 실감나게 포착하고 있다. 이를 위해 아이에게 허락된 시선의 거리두기를 기술적으로 잘 유지한다. 대략 13세 전후의 에스페란사는 이 동네의 숨 막히는 남성 위주의 문화에서 도피하고 싶은 마음을 드러내면서 금기와 규범에 맞선 아이다운 저항을 감행한다. 또한 길 맞은 편 집에 사는 루시아 레이첼, 에스페란사의 여동생 네니는 성적 규범을 슬금슬금 어기면서 그들의 모험적 일상을 펼친다. 이들 모두 간교함과 순진함을 교묘하게 넘나들어 사실적인 인상을 배가시킨다.

에스페란사 이야기가 작가의 유년기 삶과 많은 부분 중첩되기에 독자들은 작품의 자전적 요소들에 주목한다. 반면 작가는 이 소설이 자전적 이야기이자 '우리'의 이야기라는 점을 강조한다. 대변자 역할에서 한 걸음 더 나아가 독자들에게 "네가 에스페란사야. 너 자신이 누구인지 잊으면 안 돼"(Cisneros 2015, 131)라고 주문하는데, 여기에는 공동체를 향한 시스네로스의 좌절과 책무가 크게 작용하고 있다. 에스페란사뿐 아니라 다른 작품의 화자들에게도 작가가 속한 공동체의 일원들이 부분부분 투영되어 있다. 『망고스트리트』의 만화경이 허구를 가미한 자전적 기록으로 보이지만, 실상은 시스네로스의 인생 주변에서 벌어지는 수많은 이야기가 모두 뒤섞여 있는 것이다.

망고스트리트의 주인공은 공동체 구성원이기 때문에 장소뿐만 아니라 개개인을 그리는 필체도 매우 복합적이다. 게다가 유년기의 시스네로스 목소리와 과거와 현재를 동시에 아우르는 작가의 목소리가 혼재되어 있다. 따라서 이 소설은 마치 세상 이치를 모두 알고 있는 것 같은 영악한 어린 여자 아이가 순진한 눈빛으로 맹랑하게 이야기하는 듯한 느낌을 자아낸다. 맹랑한 이야기의 내용은 남성 폭력, 인종차별, 혹은 여성의 무기력과 수동성을 드러내는 일상의 움직임과 그 속내를 꿰뚫고 있는 듯한 사연들이다. 자신도 잘 파악하지 못하고 이해하지 못하는 폭력에 대해 암시적으로 전달하는 내러티브는 아이가 겪었을 고통과 혼돈의 크기를 그대로 전달하는 데 매우 효과적이다. 그래서 굴욕감조차 인식하지 못하는 여성들의 무방비가 연민과 분노를 불현듯 일으키는 동시에, 순진한 듯 시치미를 떼고 전달하는 에스페란사의 목소리는 슬픔과 고통의 잔상을 애잔하게 남긴다.

시스네로스는 이 작품을 통해 자신의 성장 과정에서 느꼈던 것, '이름 없는 그것'에 직면해야 했다고 말한다. '뭐라고 불러야 할지 몰랐던 그것', 바로 수치심을 드러내기 위해 어린 아이의 목소리가 필요했다고 말한다. 드러내긴 하되 너무 비참하거나 완악한 느낌이 싫었던 것이다. 아직 과거를 직면하기 위해 일정한 거리가 필요했기 때문에 화자의 목소리는 내러티브의 전술이자 생존 전략이었을 것이다. 작가는 이 작품을 통해, 바로 그 수치심을 벗는 과정을 통해, 이제 망고스트리트의 시절을 마침내 자부심으로 대면할 수 있게 되었다는 이야기를 덧붙인다(Cisneros 2015, 129).

공동체를 위한 집

작품의 후반부로 갈수록 에스페란사는 집에 관해 보다 수사적이자 정치적인 언급을 하게 된다. 이런 비판적 발언을 하게 된 동기는 그녀를 주변인의 입장에서 폭력의 희생자로 만든 사건 때문이다. 에스페란사는 성에 눈을 떠 가면서 소년들의 시각에 신경을 쓰기 시작한다. 외모에 민감한 친구인 샐리는 자신의 아버지가 딸을 보호한다는 명목으로 폭력을 사용하며 외출을 제한하자 조혼을 택하고 만다. 그런데 샐리의 환상과는 달리 가부장적 남편 역시 그녀를 자유롭지 못한 삶에 가둬 두려고 한다. 에스페란사는 샐리와 어울리며 동네 카니발에 갔던 어느 날의 기억을 자세히 이야기한다. 그곳에서 키스놀이를 하는 데 정신이 팔린 샐리로 인해 혼사 남겨진 에스페란사는 공원 구석에서 한 남자에게 강간을 당한다. 이런 불행으로 인해 에스페란사는 망고스트리트를 떠나고 싶어 하지만 그렇게 할 수 없음을 깨닫게 된다. 책의 말미에 언젠가는 이곳을 떠나지만 남겨진 사람들을 위해 다시 돌아오겠다는 다짐을 하며 자신의 집을 소유하겠다는 의지를 다진다.

소니아 살디바르-헐은 에스페란사야말로 새로운 지식인의 등장을 알리는 것이라고 말한다. 망고스트리트의 사람들을 지역 외부로 알리면서 사회정치적·문화적 갈등에 개입하고 불안과 위험에 맞선다는 것이다(Saldívar-Hull 2000, 102). 이런 측면에서 보면, 시스네로스 자신이야말로 바로 기존 지식인의 특권을 스스로 유폐시키고 공동체를 기반으로 한 유기적 지식인으로 탄생한 셈이다. 에스페란사는 "허름한 집은 안 된다. 뒷골목에 있는 공동주택도 안 된다. 남자들을 위한 집도 안 되고 아빠의 집도 안 된다. 오직 나 자신만을 위한 집"(시스네로스 2008, 193)이라고 '내 집'에 대한 희구를 표명한다. 『나만의 집』에서 시스네로스는 "대학원 시절 가장 노숙자처럼 느꼈다. 멕시코 작가인 후안 룰포의 시골 민속풍의 독백, 칠레 시인인 니카노르 파라의 반시, 말콤 X의 분노에서 내 집을 발견했다"(Cisneros 2015, 35)라며 자신의 집을 구축하는 데 안내자 역할을 한 작가들에 대해 언급한다. 이들은 독창적 문학세계를 만드는 데 그녀만의 결을 갖춘 언어를 벼릴 수 있는 방식을 알게 해 준 작가들이다. 또한 "이제 내 글은 내 집이야"(Cisneros 2015, 34)라고 외치는 토머스 울프(Thomas Wolfe)나 시와 허구 사이의 경계를 허문 호르헤 루이스 보르헤스의 『드림타이거스(*Dreamtigers*)』[6]는 고유의 집을 세우는 데 필요한 문학적 정당성과 실험정신을 시스네로스에게

6 『엘 아세도르(*El hacedor*)』(1960)의 영문 번역본 제목이다.

가르쳐 주었다(Cisneros 2015, 38).

이런 연유로 시스네로스는 "이야기가 아니고는 자신이 성장한 그곳으로 돌아갈 수 없다"(Cisneros 2015, 40)라는 인식에 이르고, 글쓰기와 집찾기를 등가로 간주하게 된다. 그래서 소설의 마지막 부분에 "언젠가는 나만의 집을 갖게 될 것이다. 그렇지만 내가 누구인지, 어디 출신의 사람인지 절대 잊지 않을 것이다"(시스네로스 2008, 157)라는 단호한 결심을 표명한다. 자신의 주인공처럼 작가는 글쓰기를 통해 자신만의 집을 소유할 수 있게 되고 우울과 패배감에서 구원을 얻게 된다.

그러나 앞서 말한 것처럼 집은 개인적 구원에 그치지 않는다. 시스네로스는 어느 누구도 치카노/라티노의 삶에 대해 진솔하게 그린 적이 없다는 사실에 정면으로 맞서고 있다. 그래서 이 망고스트리트의 집은 작가를 위한 개인의 집으로 남지 않는다. "여성의 공간에 대한 요구 외에도 에스페란사는 노동자 계층에 속하는 가난한 자들과 집 없는 이들의 집단적 요구 또한 알고 있다"(Saldívar 1990, 181)라는 라몬 살디바르의 비평처럼, 그동안 목소리 없이 살아 온 멕시코계 이민자 여성이 공유하는 집이 된다. 에스페란사는 이렇게 읊조린다.

> 때로는 내 집 앞을 지나가던 부랑자들이 내게 이런 부탁을 하겠지. 잠깐 들어가도 될까요? 그러면 나는 다락방을 빌려줄 테니 부디 머물러 달라고 대답할 것이다. 집 없이 살아간다는 것이 무엇을 의미하는지 누구보다 잘 알고 있으니까. (시스네로스 2008, 179)

작품의 마지막에 "남겨 두고 온 그들을 위해, 떠날 수 없는 그들을 위해, 돌아오기 위해서 떠났다는 것을…"(시스네로스 2008, 197)이라고 밝힌 에스페란사의 결의, 다시 말해 불행을 딛고 공동체를 위해 살겠다는 의식은 시스네로스의 작품으로 구현되었고, 작가로서의 삶을 통해 실천되고 있다. 시스네로스는 자신의 성공을 돌려주는 방식을 이미 이 책에서 예고하고 있는 셈이다. 그녀는 자신의 부엌에서 소규모 창작 워크숍을 열고, 가난한 작가들을 경제적으로 지원할 수 있는 길을 모색하고, 치카노/라티노 공동체, 특히 여성의 인권을 위한 사회활동에 참여하고 있다.

2) 『우먼 홀러링 크릭과 다른 이야기들』: 집의 폭력성

수치심과 창작

시스네로스가 저항하는 억압과 거짓이 배태되는 공간이 바로 집, 가정이다. 특히 성의 영역에서 여성에게 가해지는 폭력은 신체적일 뿐 아니라 심리적이다. 그동안 라티노 문학에서 세밀히 보여 준 적 없었던 가정 폭력과 사적 억압을 여성의 시각에서 그렸다는 점에서 의미가 깊다. 시스네로스는 자기모멸감을 거부하고 가부장제에 반감을 드러내며 여성에게 가해지는 불평등과 억압에 대해 전투적 페미니스트의 시각을 표출한다. 그럼에도 그녀의 글은 필치가 유연하고 부드러우며 유머와 잔잔함을 잃지 않는다. 담담한 어투로 전달하지만 적의와 그리움을 내비치고, 날카롭게 문제의 핵심을 파헤치지만 따듯하고 서정적이다. 이것이 그녀가 집을 그리는 고유한 방식이다.

집이 주는 고통은 단순히 개인적 안락함과 사적 공간이 부재하다는 사실 외에도, 고통 자체가 만들어지는 가장 기초적인 공간이 바로 집이라는 사실 그 자체에서 온다. 시스네로스는 이 집에 직면하기 위해 여성에게 전수되는 비현실적 신화와 거짓된 환상을 들추는 작업을 소설화한다. 『망고스트리트』에 대해 라몬 살디바르는 이 작품이 "유년기라는 단순한 시점에서 성적 주체로 성장하는 상당히 복잡한 과정을 보여 준다"(Saldívar 1990, 181)고 평가한다. 에스페란사는 성폭행을 당하던 순간을, "그 자식의 더러운 손톱이 내 살갗에 닿았던 느낌과 썩은 입 냄새만 다시 떠오른다구. 그걸 지켜보던 그 달과 그 놀이기구, 그리고 레드 클라운[7]이 불쾌하고 끈적끈적하게 웃더라구"(시스네로스 2008, 179)라고 표현한다. 에스페란사는 자신 곁을 떠난 샐리에게 배신감을 느낄 뿐더러 사랑과 성에 관한 낭만적 신화와 거짓들, 실상을 보면 가난과 폭력이 난무한 일상일 뿐인데 아무도 그것들을 적나라하게 알려 주지 않았다는 사실에 대해 배반감을 표현한다. "왜 날 혼자 두고 가 버렸던 거지? 눈이 빠지도록 너를 기다렸단 말이야. 넌 거짓말쟁이야. 그들도 모두 거짓말만 했어. 세상의 모든 책과 잡지에서 말하는 건 모두 다 엉터리들이야"(시스네로스 2008, 179)라며 사랑이라는 너무나 치명적인 환상에 대해 비난을 퍼붓는다.

멕시코 문화의 대표적인 여성상이라면 말린체와 과달루페를

7 이 사건이 벌어진 곳은 동네의 카니발 행사다. 폭력을 행사한 남자가 붉은 색 광대 복장을 입었기 때문에 에스페란사는 그를 레드 클라운이라고 지칭한다.

꼽을 수 있는데, 에스페란사 또한 이 인물들과 연결된 배반과 양육의 이미지를 동시에 체현하고 있다. 에스페란사는 이런 문화적 정체성과 성적 규범에 도전하는 모습을 보이면서, 여전히 이분법적 잣대에서 자유롭지 못한 한계 또한 드러낸다. 물론 여성의 수동성과 안이함에서 기인한 폐해에 대해 항변하는 듯한 눈길을 드러내지만 어린 나이로 인해 그것에 적극적으로 저항하는 데 한계를 드러낸다.

시스네로스는 집에서 전수되는 가장 부정적인 영향이 수치감이라고 밝힌다. 그녀는 멕시코계 여성들에게 신체적 수치감은 심리적 위축을 일으킬 뿐 아니라 남녀 관계를 인지하는 데도 장애로 작용한다고 비판한다. 작가는 고등학교 시절 백인 여학생들이 거리낌 없이 옷을 벗고 진주 같은 속살을 남 앞에 드러내는 것을 보고 놀랐다는 이야기를 한다. 그녀 역시 다른 치카나처럼 신체에 대한 아무런 지식도 없이 오로지 부끄럽게 여기라는 메시지만 가정에서 교육받았기에 엄마의 벗은 몸은 물론 자신의 몸조차도 자세히 본 적이 없었다고 말한다. 작가는 더구나 혼자서 그럴 수 있는 공간이 집에 없었기 때문이라고 설명한다(Cisneros 2015, 161-162). 그들의 가정에는 여성의 신체와 성에 대해 쉬쉬하는 문화, 부정하는 문화, 오로지 임신하지 말라는 어른들의 경고는 있지만 어떻게 하는지는 전혀 알려 주지 않는 무지의 교육만이 지배적이었다. 사랑과 성에 몸이 움직이는 시기인 청소년들에게는 특히나 이것이 왜곡과 억압의 기제로 작용하였고, 결혼과 모성의 길 외에는 다른 방식으로 성적 자아를 실현할 기회를 얻지 못하는 결과를 낳았다.

그래서 그녀의 반항은 주로 시집을 통해 치열하게 표출되고 있다. 『나의 요망하디 요망한 짓들(*My Wicked, Wicked Ways*)』(1987), 『헤픈 여자: 시(*Loose Woman: Poems*)』(1994)라는 제목에서도 알 수 있듯이, 여성의 성적 도발의 이미지를 통해 수치심과 투쟁하고 있음을 다소 위악적인 방식으로 드러내고 있다. 이런 과정을 거치면서 작가는 "가난한 여성이라는 수치심, 그다지 훌륭한 인생이 아니라는 수치심, 이것이 어디에서 시작되었고 왜 그러한지 탐구를 거친 후에야 이 수치감을 기꺼이 반길 만한 무언가로 바꿀 수 있었다"(Cisneros 2015, 129)라고 강조하며, 비로소 과거와 거리를 두고 조망할 여유가 생겼음을 의연하게 밝힌다.

여성억압적 신화 깨기

시스네로스는 문화적 기준과 사회적 규범을 성공적으로 뛰어넘는 여성에 대한 가능성을 『우먼 홀러링 크릭과 다른 이야기들』에서 보다 진전된 방식으로 모색한다. 1991년에 출판된 이 소설집은 정형적 이미지에 충실한 주인공들에게 가해지는 억압과 폐해를 문학적으로 형상화함으로써 잔잔한 연민과 슬픔을 야기한다. 세상 물정과 동떨어진 여성들이 마초 남성들과 공존하는 생활상, 자신들의 정체성을 찾아 나선 인물들이 세상에서 겪는 폭력과 좌절의 아픔, 그리고 이민자로서의 소외감이 길이가 다른 삽화적 이야기들을 통해 재현된다.

『망고스트리트』의 어린 주인공에서 벗어나 이제 성장한 여성들이 거주하는 공간은 가부장제 사회가 강제한 선악적 가치에 놓여 있지만, 그럼에도 다른 삶을 향한 가냘픈 가능성이 힘겹게 존재하는 곳이다. 예를 들어, 작가는 「우먼 홀러링 크릭(Woman Hollering

Creek)」에서 사실상 사회적으로 용인될 수 있는 제3의 여인상을 보여 준다. 자식을 죽음 속에 몰아넣고 울부짖는 무기력한 요로나(llorona), 혹은 미국 사회의 오염으로 인해 타락한 여성, 즉 말린체로 대변되는 멕시코의 신화적 인물이 아닌, 건강하고 긍정적인 여성상을 제시한다. 이 이야기에는 가정 폭력에 놓인 주인공 클레오필라스와 그녀를 탈출시켜 멕시코 집으로 귀환을 돕는 두 명의 치카나 여성이 나온다. 클레오필라스 집 근처의 강가에서 들리는 물소리는 자식을 물에 빠뜨려 죽인 요로나의 한 맺힌 슬픔을 연상시킨다. 글의 말미에 이르러 펠리세라는 여성 트럭 운전수는 그녀를 태우고 버스터미널로 향하던 중 이 강의 다리를 건너면서 목젖이 보이게 호탕하게 웃는다. 이제 이 강가의 물소리는 펠리세의 웃음과 함께 순간 달리 들리기 시작한다. 더 이상 요로나의 탄식과 울부짖음이 아닌 흥겹고 우렁찬 타잔의 고함처럼 다가오는 것이다. 시스네로스는 이처럼 요로나 신화를 거부하는 여성을 투쟁적으로 그리거나, 폭력에 희생되는 여자의 기구한 일생을 장황하게 늘어놓지 않는다. 대신 클레오필라스의 청각적 변화를 시적으로 보여 줌으로써 그녀의 인생이 멕시코 귀환 후 달라질 것이라는 암시를 독자에게 슬며시 흘린다.

치카나/라티나 소설에서 집은 모계 사회를 통해 지식이 전달되는, 세대 간의 영적 교류가 이뤄지는 공간인 동시에 성적 차별과 규제가 내밀하게 행사되는 공간이다. 앞에서 언급했듯이 시스네로스는 자신의 집을 건설하는 데 건물의 재료와 모양뿐 아니라 건축 방식을 자유롭고 섬세하게 만든다. 이 책에서도 시와 산문의 경계를 넘나드는 이종적 글쓰기 방식과 화자의 목소리를 이용한 대담한 실험정신이 돋보이는데, 이는 1인칭, 3인칭, 의식의 흐름을 묘사하는 기법 등 시점이 다양하다는 점과 이야기 구성이 비형식적이라는 점에서 그러하다. 짧고 인상적인 삽화로 된 장, 사건 중심의 이야기를 다룬 긴 장, 성인의 축복을 원하는 기도문으로 이뤄진 장, 두 명의 여성 주인공이 전회로 나눈 소문과 험담으로 이뤄진 장도 있다.

시스네로스는 이처럼 단순해 보이는 대화와 상황 이면에 숨은 멕시코계 미국인 공동체의 복잡한 심리와 사회문화적 제도를 보여준다. 잔잔하고 서정적으로 그려진 배경 속에 일상화된 폭력이 자연스러운 일처럼 벌어지고 있는 상황을 애잔하게 반영하면서 애틋함과 거부감을 동시에 지니도록 만든다. 비평가 일란 스타반스는 이것들이 단순히 일화가 아닌 "멕시코계 미국인들의 모자이크된 목소리로서 농담, 사랑, 미움을 전하며, 명성과 성에 대해 논하는 소리들이다. 이것들은 음성적 사진이자 비망록이고, 히스패닉 환경에서 자라난 기억들이다"(Stavans 1991, 254)라고 정의한다.

3) 『카라멜로, 혹은 지어낸 이야기』: 이민 가족사를 통한 역사적 집짓기

『우먼 홀러링 크릭과 다른 이야기들』은 지리적·역사적·감정적 경계를 넘나들며 삶의 주도권을 찾고자 투쟁하는 여성들의 이야기로 읽을 수 있는데, 이 주제는 2002년 출판된 『카라멜로, 혹은 지어낸 이야기』라는 장편소설에서 보다 광범위하게 다뤄진다. 86장으로 이뤄진 이 소설은 9년이라는 긴 집필 기간을 거쳐 출판되었는데,

치열한 문제의식과 작품성으로 인해 스페인어권 국가들에서 큰 호응을 얻었다.

작가가 주인공 셀라야 '랄라' 레예스의 가족사를 복원하는 과정은 흡사 멕시코 이민사라는 골조를 세우고 공동체의 집을 건축하는 작업으로 보인다. 그래서 멕시코계 미국인 공동체의 이야기 모음집, 혹은 확장된 가계사로 이해할 수 있다. 또한 멕시코시티로 거슬러 올라가 샌안토니오에 이르기까지 집을 소유함에도 여전히 집을 찾아다니는 시스네로스의 개인적 연대기로도 볼 수 있다. 그녀는 1984년 샌안토니오로 거주지를 옮긴 이후, 다른 곳으로 이주를 지속하다가 1992년 다시 이 도시로 돌아와 첫 집을 구입하게 된다. 경제적 재원 부족과 창작의 어려움을 겪는 과정에서 여러 집과 인연을 쌓는데, 이 작품은 그런 와중에 창작되었다.

이 소설은 국경을 넘나드는 이주와 여행, 과거 역사로의 회귀, 세대와 문화 간의 갈등 등 다양한 경계의 넘나듦을 보여 준다. 자전적 요소가 농후한 시카고에서 멕시코시티로의 가족여행은 물리적 경계를 넘는 시작이 된다. 작가는 자신의 삶을 가로지르는 경계, 국가와 문화를 구분하는 차이에 매료되었다고 말하는데, 이런 경계와 투쟁하면서 협상과 조율을 거친 끝에 획득한 제3의 삶이 이 작품을 통해 형상화된다.

작가는 가족사를 포함해 미국-멕시코 간의 역사적 사건은 물론, 다양한 신화적·역사적 인물과 대중미디어 스타들까지 까메오로 등장시킨다. 부계의 이야기를 통해서는 국경을 넘나드는 멕시코계 미국인들의 삶을 대변하고, 모계의 이야기를 통해서는 전통 가치관에 의해 희생된 여성들의 기억을 복원시키면서 일면적 비판보다는 선악 양자의 모습을 그대로 모두 포용해 낸다. 이 작품은 그녀의 아버지가 죽음을 맞는 과정 중에 집필했기 때문에 아버지의 아픈 이야기와 숨겨 둔 비화를 삽입해서 멕시코 본국인들의 모습을 사실적으로 담아냈다. 그래서 마치 신파조의 텔레노벨라와 같은 가족의 애증사를 드러냄으로써 이들 이민자들이 서지른 과거의 실수와 현재의 어두움을 엽렵하게 엮어 내고 있는 듯하다.

스타반스는 라티노 문학이 과도하리만큼 가족사를 문학의 소재로 사용한다는 점을 들어 "계보학이 라티노 문학을 전제적으로 지배한다(Genealogy rules Latino literature tyrannically)"라고 지적하지만 (Stavans 2003), 그럼에도 시스네로스의 작품은 마치 가족 앨범을 넘기듯이 자연스럽게 진행하기에 독자들을 이야기 앞으로 불러들인다고 극찬한다. 주인공인 랄라가 가족과 함께 자동차로 국경을 넘어 멕시코 조부모 댁에 가며 겪는 갈등에서 시작해 조모의 과거사를 거쳐, 다시 시카고로 돌아와 샌안토니오에 정착하는 인생의 세 국면에 대해 이야기한다. 결국, 『망고스트리트』에서 탐구하기 시작한 주제와 사건들을 시공간상 확장시키면서, 양국의 문화가 이민자 가족의 삶을 어떻게 형성해 왔는지 세밀하게 추적하고 있는 것이다. 이렇듯 시스네로스는 망고스트리트의 허름한 집을 짓게 된 배경을 탐구하기 위해 이민사라는 보다 큰 울타리를 조망하고 있다. 아마도 이 소설의 탄생 자체가 시스네로스 가족이 멕시코인과 멕시코계 미국인 사이의 문학적 저대감을 극복하며, 경계인의 세계관과 탈국가적 생활을 녀늑함으로써 결국 이민자 삶의 한 양식을 이뤄냈다는 사실에 대한 예증이 될 것이다.

좌측 사진은 시스네로스의 모습, 우측 사진은 미국의 한 학교에서 수업시간에 『망고스트리트』의 인물들을 분석한 카드를 교실 사물함에 붙여 놓은 모습.

4) 『메리를 보았니?』: 죽음을 넘어선 영적 관계망 만들기

이 책은 2012년 작품으로, 시스네로스가 어머니의 죽음 이후 상실감을 견디지 못하던 시절, 예기치 않게 벌어진 작은 사건에 약간의 허구를 가미해 창작한 자전적 성격의 소설 혹은 동화다. 여기서 그녀는 삶과 죽음을 아우르는 영성의 재발견을 통해 집의 의미를 확장시킨다. 작은 사건이란 친구가 가져온 고양이를 잃어버리면서 이를 찾기 위해 며칠에 걸쳐 동네 구석구석을 돌아다니다 되찾은 일을 말한다. 시스네로스는 소소한 이 사건을 계기로 다시 살아갈 힘을 회복하게 된다. 이 작품은 짧은 동화 같은 인상 또한 짙은데, 매 일화마다 상황을 설명해 주는 삽화가 들어가 있어 흡사 어린이들을 위한 이야기처럼 보이기 때문이다.

시스네로스는 이를 통해 삶의 이치와 생명의 회복, 사랑하는 이들 사이를 잇는 삶과 죽음을 능가한 연결, 그리고 멕시코 전통의 영적 능력에 대해 생생하게 자각하게 된다. 그녀는 어머니의 죽음을 계기로 마치 카메라의 조리개처럼 가슴을 열어 이 세상의 모든 것을 영적으로 경험하는 민감함을 지니게 되었다고 고백한다. 작가는 이후 "죽음을 극복하는 것은 없다. 오직 죽음과 함께 인생이 어떻게 흘러가는지 배우는 것뿐"(Cisneros 2015, 302)이라고 담담히 고백한다.[8] 이처럼 강한 고통을 사랑으로 통과하고 난 사람이 빚어낸 이야기에는 겸허한 간결함과 순응의 숭고함이 배어 나오기 마련이다.

시스네로스는 이 작품에서 친구와 함께 길거리를 돌아다니고 이웃집을 방문하면서 어머니의 죽음과 허무감으로 인해 자신의 내부에만 침잠되었던 시선을 차츰 주변으로 돌리기 시작한다. 이웃, 공동체, 도시, 이를 둘러싼 자연을 객관적이고 애정 어린 시선으로 바라보게 된다. 이웃의 일상을 통해 사람의 온기와 평범함을 알아차리게 되고, 다양한 바리오의 문화가 빚어낸 독특한 어우러짐을 긍정적으로 인식하게 된다. 이를 통해 작가는 샌안토니오가 지닌 정형적 이미지와는 달리 실제 다양한 뿌리의 사람들이 이 도시에 조화롭게 살고 있음을 확인한다.

작가는 문득 자신의 고통스런 얼굴이 비친 강물을 바라보면서 어머니의 영혼이 자연 속에 편재한다는 사실을 강렬히 자각하며, 동시에 그녀의 뿌리와 굳게 연결되어 있다는 안도감을 확연히 느낀다. 그럼으로써 사랑으로 맺어진 인연은 죽음보다 훨씬 깊고 견고하기에 생을 아우르는 보다 큰 집에 공존하고 있다는 인식에 다

8 이 말은 "고통은 극복하는 것이 아니고 그냥 견디는 것이다"라는, 사랑하는 가족들을 떠나보내고 인고의 시간을 거친 후 초탈한 심경을 일상적 언어로 전한 박완서 작가의 말을 상기시킨다.

다른다. 삽화가 에스테르 에르난데스는 시스네로스의 일화와 영적 단상을 삽화를 통해 표현하는데, 이런 삽화들은 작가의 고통과 안식의 심정을 매우 강렬하게 시각화하여 전달한다.

앞서 밝힌 시스네로스의 경계인의 집은 이제 거대한 연결망으로서 모든 것이 소통하고 있는 하나의 유기체로 발전하는데, 이것이 가져오는 충만한 느낌은 그녀가 줄곧 추구해 온 집의 완성본에 가까울 것이다. 이제 그녀에게 집은 이웃이고 공동체이자, 집터와 주변의 자연을 아우르는 일체이고, 나아가 이생에 살고 있는 나와, 나와 사랑을 나누고 떠난 이들과의 영적 연결망을 포함한 드넓은 집으로 확장된다.

5) 『나만의 집』: 집을 찾는 끝없는 여정

부엌의 식탁에서 글을 쓰고 자신의 집에서 마치 유배된 것 같은 느낌으로 성장기를 보내 왔다는 작가의 말에서도 유추할 수 있듯이 부모님과의 추억 또한 집과 가정으로 많이 귀착된다. 시스네로스의 어머니는 가난으로 인해 쫓기듯이 이른 나이에 결혼을 한 탓에 7명의 아이들을 양육하며 젊은 시절을 힘겹게 보내야 했다. 어머니는 유일한 딸인 시스네로스가 남편에 의존하고 자식을 부양하느라 예술적 욕구를 억누르며 자아실현을 희생당하는 삶을 되풀이하길 원치 않았다(Warrick 2010, 19). 그녀 자신이 굶주린 독자이자 문화 소비자였기 때문에 아이들을 자주 도서관에 데리고 갔는데, 이것이 바로 시스네로스에게는 소중한 문학적 자양분이 되었다.

작가는 자신의 성공이 어머니의 보상심리 탓도 있지만, 오페

라 음악을 흥얼거리던 어머니가 바로 '생각의 집'이자 '침묵의 집'인 도서관으로 그녀를 인도했기 때문이라고 강조한다(Cisneros 2015, 295). 작가는 『나만의 집』에서 어머니가 이상과 현실 사이의 괴리로 인해 신경질적 반응을 보이는 모습까지 사실적 필체로 그리고 있다. 그녀가 샌안토니오의 집을 누릴 수 있다는 사실은 어머니에게 줄 수 있는 최고의 위안이자 기쁨이었을 것이다. 자신만의 집, 온전히 글을 쓰는 데 사용할 수 있는 서재, 멕시코 풍의 계단과 하늘과 별을 감상할 수 있는 옥상, 역사 깊은 하천이 흐르는 집 주변 산책로를 보여 주면서 진정한 집에 있다는 평안함을 공유한 일화를 전한다(Cisneros 2015, 286-288).

또한 시스네로스는 가난한 살림살이와 가부장적인 분위기에도 불구하고 작가의 꿈을 키울 수 있었던 동기가 아버지 세대에 대한 복수심에 있었다고 에둘러 표현한다. 주부로서의 삶이 여성에게 남겨진 유일한 선택이라고 믿었던 아버지가 그녀의 진로에 관여하지 않은 덕분에 아이러니하게도 원하는 공부인 영문학을 할 수 있었다. 오로지 결혼을 위한 조건만을 원했던 아버지는 그녀가 대학에 진학하는 것을 허락했지만 어떤 진로를 선택하는지에는 관심이 없었다(Warrick 2010, 36). 아버지에게 미혼의 여자가 글을 쓰면서 직업작가로 살아간다는 것은 좀처럼 상상하기 어려웠던 일이었다. 그것을 증명하는 일이 아버지에 대한 도전이자 딸 세대가 해결해야 하는 최고의 과제였을 것이다. 지식에 대한 편파적 대우로 인해 내면적 억울함이 존재했던 시스네로스는 여성이 독립적 힘으로 집을 소유할 수 있다는 사실을 아버지에게 입증하고 싶었다.

시스네로스는 집을 창작의 공간으로 정의하기에, 집을 묘사하는 것 자체가 작품의 배경, 창작의 조건, 또는 작가의 실재를 드러내는 일이라고 간주한다. 『망고스트리트』의 배경이 된 시카고의 바리오는 푸에르토리코 출신 사람들이 주로 거주하던 곳으로, 멕시코계 사람들로 이뤄진 남서부의 도시에 비해 1세대 이민자들이 만드는 혼종적 분위기가 보다 지배적이었다. 그녀는 샌안토니오로 이주한 후 진짜 집에 돌아온 것 같다는 이야기를 한다(Warrick 2010, 56). 이곳은 멕시코 사람들이 대를 거쳐 살고 있을 뿐더러, 날씨와 색깔, 역사적 흔적이 고스란히 건축물에 남겨져 있기 때문이다. 무엇보다도 주민들이 멕시코의 옛 땅과 역사에 대해 자부심을 지닌 곳이기에 공동체가 주는 소속감을 만끽할 수 있었다고 말한다.

샌안토니오의 집에 관한 일화는 멕시코계 공동체를 향한 주류사회의 뿌리깊은 편견과 억압을 엿볼 수 있는 사례다. 작가가 샌안토니오의 역사 보호 지구인 킹윌리엄 동네에 있는 빅토리안 스타일의 집 외벽에 푸른빛이 도는 보라색을 칠하자 이웃 주민이 크게 반발했고, 이윽고 시의 '역사 보존 디자인 조사 위원회(Historic and Design Review Commission)'가 경고장까지 발부하게 된다. 이 지구의 역사성 보존에 적합한 색깔이 아니라는 이유에서였다. 멕시코계 사람들은 보라색이 멕시코 고유의 색깔이라며 그녀를 옹호했지만 시에서는 역사에 적합한 색깔로 변경하라고 요구했다. 작가는 도대체 누구의 역사냐고 독자에게 질문을 던진다(Cisneros 2015, 174). 당국에 허가를 신청한 지 2년이 지난 후 텍사스의 강렬한 햇빛으로 인해 집의 외부가 보라색에서 분홍색으로 탈색이 되자 마침내 역사적으로 정확한 색깔이라는 판결을 받는다. 허무한 판결로 인해 논쟁에 관여한 사람들의 열정과 상처가 무색하게 된 결과였지만, 종족적 특징이 강한 색깔에 대해 사람들이 지니는 편견과 오해를 볼 수 있는 일화다.

시스네로스는 이런 색깔에 대한 논쟁을 둘러싸고 샌안토니오의 라스쿠아체(rascuache) 미학에 대해 자부심을 드러낸다. 분홍색 외벽뿐 아니라 멕시코 특유의 여러 색깔로 내벽을 칠한 자신의 집이 라스쿠아체라고 주장한다. 라스쿠아체는 멕시코 원주민에서 비롯된 용어로 '재료의 빈곤 때문에 잡동사니를 이용해 만든 예술품'으로 정의할 수 있다. 작가는 이런 조합물이 만드는 강렬한 색채가 역설적으로 예술적 효과를 낳는다고 설명한다.

> 색깔은 이야기, 유산이다. 샌안토니오의 수도원이야말로 라스쿠아체 아닌가? 왜냐하면 그들이 살 수 없는 정교한 이슬람 스타일의 타일을 흉내 내고 있기 때문이다. 아무도 가난한 사람처럼 살기를 원하지 않는다. 심지어 가난한 사람들조차. 그들은 왕처럼 살고 싶어 한다. 이게 바로 그들이 가진 유일한 부, 바로 영혼으로 자신들의 집을 칠하는 까닭이다. (Cisneros 2015, 174)

시스네로스는 라스쿠아체가 일상에 스며든 생활예술로서 싸구려 미학이지만 삶의 애환과 열정이 있는 그들 고유의 것이라고 자부심을 내비친다. 부엌 벽에 카로 옥수수 시럽으로 여행포스터를 붙이던 어머니의 습관을 소개하면서 이것이 결국 라스쿠아체가 아닌가 하고 반문한다. 덕지덕지 붙은 포스터에서 만들어지는 색채의 경쟁과 조합. 작가는 그 색깔이 문자 그대로 울부짖고, 경련을 일으키며, 성적으로 자극하고, 강렬하고 난폭하며 열정적이라고 주장한다. 심지어 멕시코인들을 경악케 만든다고 해석한다. 그리고 이 누더기 조각이 만드는 색깔의 조화에 대해서 포니아토프스카의 설명을 덧붙인다. 멕시코에서 "사람들은 수탉처럼 싸우기 위해 색깔을 붙인다. 모든 색은 적인데, 끝내 이 전투에서 이긴 자가 바로 예술이다. 왜냐하면 반대편은 서로를 끌어당기고 포용하며 끝을 맺"기 때문이다(Cisneros 2015, 174). 이는 시스네로스의 심정을 대변하는 말로서, 상반되는 색깔의 부딪힘에서 새로운 예술이 탄생한다는 주장이다. 작가는 멕시코 태생의 싸구려 아마추어 스타일의 예술로 라스쿠아체를 폄하하는 시선을 거부하며, 이것이야말로 공동체 삶의 일부가 된 생생한 공존의 예술이라고 강변한다.

집의 색깔에 대한 고집에서 볼 수 있듯이, 『나만의 집』에는 작가가 '나만의 집'을 찾기 위해 얼마나 치열하고 고단한 과정을 거쳤는지 짐작케 하는 글들이 많이 실려 있다. 그녀는 샌안토니오의 집에 정착한 후에도 집필과 강연 등의 이유로 다른 거주지로 이주하는 생활을 지속하다가, 2015년 이 집을 매매한 후 현재 멕시코에 거주 중이다. 그래서 그녀는 경계인의 삶을 이어 가며 이제 인생들 사이에, 집들 사이에서 살고 있다고 말한다(Cisneros 2015, 8). 이 책 말미에서 그녀는 여전히 집과 글 사이의 불가분의 관계, 집에 대한 애정과 고마움, 동시에 부담과 두려움을 얘기한다. 작가에게 집은 거주할 집이기도 하지만 글로 엮는 집이기도 하다. 집 주변의 이웃들, 집을 공유했던 동료들, 집 안팎을 드나드는 도우미들, 두려움 속에서 빠져든 낮잠 가운데 이들의 이야기를 듣고는 깨어나 이제 책상에 앉아 이 모든 사연들을 엮기 위해 홀로 존재한다고 고백한다. 그리고는 시작과 끝이 없는 이야기들이 서로 혼합되어 우주의 중심으로부터 영원하고 장엄한 외부로 뻗어 나간다고 마무리한다(Cisneros 2015, 374). 시스네로스는 이렇듯 『망고스트리트』에서 출발해 자신의 이야기이자 동시에 이웃과 공동체의 이야기가 되는 수많은 목소리들을 집이라는 흰 페이지 속에 안착시키고자 여전히 지난한 과정을 이어 나가고 있다.

3 나가며

시스네로스의 작품 세계를 관통하는 화두는 집이다. 『나만의 집』이 보여 주듯이 작가는 독자들을 그녀가 살았던 여러 나라의 집들과 그곳에서 이뤄졌던 글쓰기 작업, 문학적 교감을 주고받았던 지인들, 창작에 영감을 불어넣었던 라티노 공동체로 초대한다. 이 장에서 가장 많이 할애한 『망고스트리트』는 이런 점에서 가장 중요한 출발점이다. 『망고스트리트』 출간 10주년, 25주년을 맞아 시스네로스는 새롭게 수정한 서문에서 이 소설의 창작 과정에 얽힌 작가적 고뇌를 집으로 인한 추억과 애환을 통해서 설명하고 있다. 창작의 과정 속에서 정립한 고유한 문체는 자신을 발견하고 표현할 수 있는 길을 스스로 찾아 나섰기에 가능한 성과다. 이것은 그녀가 선구자의 역할을 감당하며 정형화되지 않은 길을 개척해 온 결과라고 할 수 있다.

『망고스트리트』를 출발로 다양한 집을 거쳐 시스네로스는 '나만의 집'이 의미하는 바를 탐구해 왔다. 작가는 집은 창작을 위한 곳, 사적 자유와 안전, 고요함이 보장되는 장소라고 정의한다. 그녀는 물리적 장소인 샌안토니오의 집이 더 이상 그런 특정 장소가 되지 않는다고 책 말미에 밝히고 있다. 샌안토니오라는 도시 또한 종족적(tribal) 성향이 강한 도시라는 점에서 불편함이 존재한다는 불만을 감추지 않는다(Benett 2016). 작가는 샌안토니오 집을 떠날 만큼 불편한 집에 대한 저항을 멈추지 않고 있다. 이제 멕시코의 산미겔에 새로운 집을 둔 작가에게 집은 존재의 상태와 같다. 그래서 집을 찾는 작업은 그녀에게 끊임없는 추구이자 탐구 과정이 될 것이다.

참고자료

미국 라티노 사회의 약 60%를 구성하는 멕시코계 인구가 말해 주듯이, 치카노 작가군은 그 규모 또한 다른 국가 출신에 비해 크다. 산드라 시스네로스처럼 2세대 이민 작가들은 주로 양 문화 사이의 갈등과 정체성의 탐구를 다루지만, 청소년기에 도미한 1세대 작가들은 월경의 경험과 고통, 정착의 과정에 보다 치중한다. 프란시스코 지메네즈의 『프란시스코의 나비』(하정임 옮김, 다른, 2010)와 레이나 그란데의 『일백 개의 산을 넘어』(박은영 옮김, 글누림, 2014)는 이런 경험을 이해하게 해 주는 좋은 작품이다. 멕시코계 작가 외에도 도미니카계인 주노 디아스의 『오스카 와오의 짧고 놀라운 삶』(권상미 옮김, 문학동네, 2009)이나 쿠바 출신 다이나 차비아노의 『끝 없는 사랑의 섬』(조영실 옮김, 문학동네, 2010)은 카리브 출신 이민자들의 탈국가적 삶을 보여 주는 흥미로운 소설이다. 라티노 사회는 서로 다른 국가 출신과 세대, 인종으로 구성되어 있기 때문에 작품의 경향 또한 매우 다양하고 이질적이다. 알리사 발데스 로드리게즈의 『서른 살의 다이어리』(이현정 옮김, 시공사, 2005)나 에이나 메넨데스의 『사랑하는 체 게바라』(유영희 옮김, 끌림, 2007)는 신세대 작가들의 경쾌하고 대중적인 감수성을 보여 주기에 읽어 볼 만하다.

참고문헌

01 『셀레스티나』를 읽기 위한 몇 가지 제언 ________________ 정동희

김현창(1990), 『스페인 문학사』, 민음사.

로하스, 페르난도 데(2010), 『라 셀레스티나』, 안영옥 옮김, 을유문화사.

츠바이크, 슈테판(2004), 『광기와 우연의 역사』, 안인희 옮김, 휴머니스트.

Ayllón, Cándido(1984), *La perspectiva irónica de Fernando de Rojas*, Madrid: José Porrúa.

Baranda, Consolación y Ana Vian(2007), "El nacimiento crítico del "género" celestinesco: Historia y perspectivas", Raquel Gutiérrez Sebastián y Borja Rodríguez Gutiérrez(dir.), *Orígenes de la novela: estudios*, Santander: Servicio de Publicaciones de la Universidad de Cantabria, pp. 407-527.

Berndt, Erna Ruth(1963), *Amor, muerte y fortuna en La Celestina*, Madrid: Gredos.

Canet Vallés, José Luis(1993), *De la comedia humanística al teatro representable*, Valencia: UNED, Universidad de Sevilla, Universidad de Valencia.

Castro, Américo(1965), *La Celestina como contienda literaria: Castas y casticismos*, Madrid: Revista de Occidente.

Gilman, Stephen(1974), *La Celestina. Arte y estructura*, Madrid: Taurus.

_____(1978), *La España de Fernando de Rojas. Panorama intelectual y social de "La Celestina"*, Madrid: Taurus, pp. 486-493.

Green, Otis G.(1969), *España y la tradición occidental. El espíritu castellano en la literatura desde El Cid hasta Calderón*, Tomo 1, Madrid: Gredos.

Gurza, Esperanza(1977), *Lectura existencialista de La Celestina*, Madrid: Gredos.

Lida de Malkiel, María Rosa(1970), *La originalidad artística de la Celestina*, Buenos Aires: EUDEBA.

Maravall, José Antonio(1968), *El mundo social de La Celestina*, Madrid: Gredos.

Menéndez Pelayo, Marcelino(1910), *Orígenes de la Novela*, Tomo 3, Madrid:

Bailly/Baillière.

Miguel Martínez, Emilio de(1996), *La Celestina de Rojas*, Madrid: Gredos.

Pérez Priego, Miguel Ángel(1991), "*La Celestina* y el teatro del siglo XVI", *Epos*, Vol. 7, pp. 291-312.

Rojas, Fernando de(2000), *La Celestina. Tragicomedia de Calisto y Melibea*, Francisco J. Lobera, Guillermo Serés, Paloma Díaz-Mas, Carlos Mota, Íñigo Ruiz Arzálluz y Francisco Rico(eds.), Barcelona: Crítica.

Russell, Peter E.(1978), *Temas de La Celestina y otros estudios*, Barcelona: Ariel.

Salvador Miguel, Nicasio(2001), "La identidad de Fernando de Rojas", Gonzalo Santonja(coord), *Celestina. La comedia de Calisto y Melibea, locos enamorados*, Madrid: Sociedad Estatal España Nuevo Milenio, pp. 71-103.

02 『돈키호테』, 대항종교개혁 시대의 스페인 인문주의 ______ 김춘진

부조니, 라파엘로(1999), 『세르반테스 이야기: 슬픈 얼굴의 기사』, 송재원 옮김, 풀빛.

오르테가 이 가세트, 호세(1976), 『돈키호테의 성찰(외)』, 장선영 옮김, 을유문화사.

Murillo, L. A.(1988), *A Critical Introduction to Don Quixote*, New York: Peter Lang.

03 소설의 개혁과 인간 존재의 문제성 우나무노, 『안개』 ______ 조민현

고려대학교 스페인·라틴아메리카연구소(2008), 『작품으로 읽는 스페인 문학사』, 고려대학교출판부.

세르반테스, 미겔 데(2014), 『돈키호테 1』, 안영옥 옮김, 열린책들.

우나무노, 미겔 데(1988), 『생의 비극적 의미』, 장선영 옮김, 삼성이데아.

_____(2005), 『안개』, 조민현 옮김, 민음사.

조민현(2005), 『스페인 현대 소설론』, 월인.

Ayala, Francisco(1980), "Novela y filosofía", Francisco Rico(ed.), *Historia y crítica de la literatura española 6*, Barcelona: Crítica, pp. 263-267.

Garrido Ardila, Juan Antonio(2015), *La construcción modernista de Niebla de Unamuno*, Barcelona: Anthropos.

Nietzsche, Friedrich(1998), *Sobre verdad y mentira en sentido extramoral*, trads. de Luis Ml. Valdés y Teresa Orduña, Madrid: Tecnos.

Øveraas, Anne Marie(1993), *Nivola contra novela*, Salamanca: Universidad de Salamanca.

París, Carlos(1989), *Unamuno: Estructura de su mundo intelectual*, Barcelona: Anthropos.

Unamuno, Miguel de(1966), "A lo que salga", *Obras completas I*, Madrid: Esceli-cer, pp. 1194-1204.

_____(1991), *En torno al casticismo*, Madrid: Espasa Calpe.

Zavala, Iris M.(1991), *Unamuno y el pensamiento dialógico*, Barcelona: Anthropos.

04 젊은 시선으로 붙잡은 삶의 의미들의 그물망 카르멘 라포렛, 『나다』 _____ 서은희

라포렛, 카르멘(2006), 『나다』, 김수진 옮김, 문예출판사.

『한국민족문화대백과사전』(1991), 한국학중앙연구원.

Amago, Samuel(2002), "Lesbian Desire and Related Matters in Carmen Laforet's *Nada*", *Neophilologus*, Vol. 86, pp. 65-86.

Azorín(1945. 7. 21), "Réspice a Carmen", *Destino*.

Caballé, Anna y Rolón, Israel(2010), *Carmen Laforet. Una mujer en fuga*, Barcelona: RBA.

Collins, Marsha S.(1984), "Carmen Laforet's Nada: Fictional Form and the Search for Identity", *Symposium*, Vol. 38, No. 4, pp. 298-310.

Fuente, Inmaculada de la(2002), *Mujeres de la posguerra*, Barcelona: Planeta.

Gracia, Jordi y Ródenas, Domingo(2011), *Historia de la literatura española 7. Derrota y restitución de la modernidad 1939-2010*, Barcelona: Crítica.

Jordan, Barry(1992), "Laforet's *Nada* as Female Bildung?", *Symposium*, No. 46, pp. 105-118.

Laforet, Carmen(1945), *Nada*, Barcelona: Destino.

Martín Gaite, Carmen(1987), *Usos amorosos de la posguerra española*, Barcelona: Anagrama.

_____(1993), *Desde la ventana*, Barcelona: Espasa-Calpe.

Pérez Trompeta, Ángel(1996), "La formación de la mujer española en la Sección Femenina de F.E.T y de las J.O.N.S: La enciclopedia para cumplidoras del servicio social", *Indagación: Revista de Historia y Arte*, No. 2, pp. 163-180.

Rich, Adrienne(1980), "Compulsory Heterosexuality and Lesbian Existence", *Signs*, Vol. 5, No. 4, pp. 631-660.

05 『살라미나의 병사들』, 스페인 내전의 진정한 영웅들 _____ 임호준

세르카스, 하비에르(2012), 『살라미나의 병사들』, 김창민 옮김, 열린책들.

임호준(2008), 「실화와 허구의 경계에서: 최근 스페인 내전소설의 한 경향과 역사 성찰의 한계」, 『스페인어문학』 48, 2008, pp. 277-298.

_____(2012), 「문학을 통해 예고된 법: 『살라미나의 병사들』과 역사기억법」, 『이베

로아메리카연구』 23(1), pp. 183-202.

Alegre, Luis(ed.)(2003), *Diálogos de Salamina: Un paseo por el cine y la literatura*, Madrid: Tusquets.

Bertrand de Muñoz, Maryse(1986), *La Guerra Civil Española en la novela, bibliografía comentada*, Madrid: José Porrúa Turanzas.

Cercas, Javier(2001. 9. 11), *El Mundo*(http://www.elmundo.es/encuentros/invitados/2001/09/193/).

Gómez López-Quiñones, Antonio(2006), *La guerra persistente: Memoria violencia y utopía-representaciones contemporáneas de la Guerra Civil española*, Madrid: Iberoamericana.

Luengo, Ana(2004), *La encrucijada de la memoria: La memoria colectiva de la Guerra Civil Española en la novela contemporánea*, Berlin: Tranvía.

Madelaine, Davis(2005), "Is Spain Recovering Its Memory?: Breaking the Pacto del Olvido", *Human Rights Quarterly*, Vol. 27, No. 3, pp. 858-880.

Martínez Pisón, Ignacio(2006), *Enterrar a los muertos*, Barcelona: Seix Barral.

Neuschäfer, Hans-Jórg(2006), "La memoria del pasado como problema epistemológico: Adiós al mito de las Dos Españas", Ulrich Winter(ed.), *Lugares de memoria de la Guerra Civil y el franquismo. Representaciones literarias y visuales*, pp. 143-153.

Prada, Juan Manuel de(2000), *Las esquinas del aire: En busca de Ana María Martínez Sagi*, Barcelona: Planeta.

Santamaría Colmenero, Sara(2012), "Historia, testigo y nación en *Mala gente que camina* de Benjamín Prado", Hans Lauge Hansen y Juan Cruz Suárez(eds.), *La memoria novelada*, Bern: Peter Lang.

Trapiello, Andrés(2012), *Ayer no más*, Barcelona: Destino.

06 보르헤스의 『픽션들』을 여는 열쇠들
문학적 존재론에 관한 보르헤스의 실험들 ______ 양운덕

보르헤스, 호르헤 루이스(1996), 『픽션들』, 황병하 옮김, 민음사.

_____(2004), 『칠일 밤』, 송병선 옮김, 현대문학.

_____(2012), 『픽션들』, 송병선 옮김, 민음사.

양운덕(2015), 『보르헤스의 지팡이』, 재남.

우나무노, 미겔 데(2005), 『안개』, 조민현 옮김, 민음사.

Borges, Jorge Luis(1984), *Ficciones*, Madrid: Alianza Editorial.

_____(1989), *Siete Noches*, in *Obras Completas 1975-1985*, Buenos Aires: Emecé Editores.

Unamuno, Miguel de(2002), *Niebla*, Madrid: Cátedra.

07 마추픽추에서 인간적 연대를 노래하다
파블로 네루다, 「마추픽추의 산정」 김현균

김재용(2004), 「한국전쟁기의 이태준-『위대한 새 중국』을 중심으로」, 『상허학보』 13집, pp. 131-149.

김현균(2016a), 「김현균 교수의 번역으로 읽는 네루다의 시(1): 「마추픽추의 산정」, 『지구적 세계문학』 7, pp. 112-146.

_____(2016b), 「김현균 교수의 번역으로 읽는 네루다의 시(2): 「나무꾼이여 깨어나라」, 『지구적 세계문학』 8, pp. 334-372.

네루다, 파블로(2008), 『파블로 네루다 자서전』, 박병규 옮김, 민음사.

_____(2014), 『네루다 시선』, 김현균 옮김, 지만지.

_____(2016), 『모두의 노래』, 고혜선 옮김, 문학과지성사.

「民村 이기영의 자전적 手記 "태양을 따라"」(2000. 10), 『月刊中央』, pp. 91-92.

「월북작가 이태준, 파블로 네루다 만났다」(2004. 6. 10), 『연합뉴스』.

Alonso, Amado(1997), *Poesía y estilo de Pablo Neruda*, Madrid: Gredos.

Cardona Peña, Alfredo(1950), "Pablo Neruda: Breve historia de sus libros", *Cuadernos Americanos*, Vol. 9, No. 6, pp. 257-289.

Concha, Jaime(1999), "Introducción", Pablo Neruda, *Odas elementales*, Madrid: Cátedra, pp. 13-56.

Feinstein, Adam(2004), *Pablo Neruda: A Passion for Life*, Bloomsbury USA; 펜스타인, 애덤(2005), 『빠블로 네루다』, 최권행, 김현균 옮김, 생각의나무.

Neruda, Pablo(1999a), *Obras completas I*, Edición de Hernán Loyola, Barcelona: Galaxia Gutenberg.

_____(1999b), *Obras completas II*, Edición de Hernán Loyola, Barcelona: Galaxia Gutenberg.

_____(2000), *Obras completas III*, Edición de Hernán Loyola, Barcelona: Galaxia Gutenberg.

_____(2001), *Obras completas IV*, Edición de Hernán Loyola, Barcelona: Galaxia Gutenberg.

_____(2002), *Obras completas V*, Edición de Hernán Loyola, Barcelona: Galaxia Gutenberg.

Pacheco, José Emilio(2000), *Tarde o temprano*, Ciudad de México: Fondo de Cultura Económica.

Rodríguez Monegal, Emir(1988), *Neruda, el viajero immóvil*, Barcelona: Editorial Laia.

Sicard, Alain(1981), *El pensamiento poético de Pablo Neruda*, Madrid: Gredos.

08 인간의 고독과 숙명을 해부하다 가브리엘 가르시아 마르케스, 『백년의 고독』 ______ 김창민

가르시아 마르케스, 가브리엘(2001), 『백년의 고독』, 조구호 옮김, 민음사.

사모라, 파킨슨, 파리스, 웬디(1995), 『마술적 사실주의』, 우석균, 박병규 외 옮김, 한국문화사.

송병선 편역(1997), 『가르시아 마르케스』, 문학과지성사.

유왕무(2008), 『백년의 고독: 마술적 리얼리즘으로 승화된 라틴아메리카의 역사』, 살림.

황병하(1992), 『반리얼리즘 문학론』, 열음사.

Carpentier, Alejo(1983), *El reino de este mundo, Obras completas II*, Ciudad de México: Siglo Veintiuno Editores.

Castro González, Daniel(1988), *Apunte autodidáctico: Cien años de soledad*, Ciudad de México: Fernández Editores.

Marco, Joaquín(1982), "Gabriel García Márquez y su *Cien años de soledad*", Estudio introductorio, *Cien años de soledad*, Madrid: Espasa Calpe, Selecciones Austral.

09 시는 읽는 사람의 것 안토니오 스카르메타, 『네루다의 우편배달부』 ______ 우석균

네루다, 파블로(2008), 『파블로 네루다 자서전: 사랑하고 노래하고 투쟁하다』, 박병규 옮김, 민음사.

_____(2014), 『네루다 시선』, 김현균 옮김, 지만지.

스카르메타, 안토니오(2004), 『네루다의 우편배달부』, 우석균 옮김, 민음사.

우석균(1998), 「소설 속의 파블로 네루다」, 『이베로아메리카연구』 9, pp. 85-106.

_____(2004), 「대중문화와 일상의 삶에서 일구어낸 문학」, 손관수 편, 『환멸의 세계와 매혹의 언어: '붐' 이후의 라틴아메리카 현대소설』, 한국문화사, pp. 133-148.

_____(2016), 「영화 〈일 포스티노〉의 원작 『네루다의 우편배달부』」, 『학산문학』 91, pp. 94-109.

Antezana, Luis(2003), "Desplazamientos poéticos y *Mass Media*", *Revista de Crítica Literaria Latinoamericana*, Año 29, No. 58, pp. 25-38.

Lemaître, Monique(1991), *Skármeta, una narrativa de la liberación*, Santiago: Pehuén.

Piña, Juan Andrés(1991), *Conversaciones con la narrativa chilena*, Santiago: Editorial

Los Andes.

Ramos-García, María Teresa(2008), "De *Ardiente paciencia* a *Il postino*: Política, marketing y globalización", Eduardo Espina(ed.), *Neo, post, hiper, trans, ¿fin?: Lecturas recientes de literatura hispanoamericana*, Santiago: Ril, pp. 173-182.

Shaw, Donald L.(1985), *Nueva narrativa hispanoamericana*, Madrid: Cátedra.

Silva Cáceres, Raúl et. al.(1983), *Del cuerpo a las palabras: La narrativa de Antonio Skármeta*, Madrid: LAR.

Skármeta, Antonio(1981), "Perspectiva de los novísimos", *Hispamérica*, No. 28, pp. 49-64.

_____(2004), *Neruda por Skármeta*, Buenos Aires: Planeta/Seix Barral.

Urrutia, Matilde(1987), *Mi vida junto a Pablo Neruda*, 3a ed., Barcelona: Seix Barral.

10 영화 속 명작과 문화 읽기
제목으로 보는 〈달콤 쌉싸름한 초콜릿〉 __________ 장재준

가르시아 마르케스, 가브리엘(2004a), 『백년의 고독』, 조구호 옮김, 민음사.

_____(2004b), 『콜레라 시대의 사랑』, 송병선 옮김, 민음사.

게이틀리, 이언(2006), 『담배와 문명』, 정성묵 옮김, 몸과마음.

권지예(2011), 『유혹』 1, 민음사.

김남조(2006), 『사랑하리 사랑하라』, 랜덤하우스코리아.

김형중(2006), 『변장한 유토피아』, 랜덤하우스코리아.

레스트레포, 라우라(2009), 『열정의 섬』, 송병선 옮김, 뿔.

민츠, 시드니(1998), 『설탕과 권력』, 김문호 옮김, 지호.

벨르, 카트린느(2008), 『초콜릿을 만드는 여인들』, 허지은 옮김, 작가정신.

아마두, 조르지(2007), 『가브리엘라, 정향과 계피』, 안정효 옮김, 서커스.

에스키벨, 라우라(2004), 『달콤 쌉싸름한 초콜릿』, 권미선 옮김, 민음사.

오프, 캐럴(2011), 『나쁜 초콜릿』, 배현 옮김, 알마.

이토, 오가와(2010), 『달팽이 식당』, 권남희 옮김, 북폴리오.

조성란(2007), 『혀』, 민음사.

포메란츠, 케네스, 토픽, 스티븐(2003), 『설탕, 커피, 그리고 폭력』, 박광식 옮김, 심산.

해리스, 조앤(2004), 『초콜릿』, 김경식 옮김, 열린책들.

Esquivel, Laura(2001), *Between Two Fires: Intimate Writings on Life, Love, Food, and Flavor*, New York: Crown Publishes.

Martínez, Victoria(2004), "Como agua para chocolate: A Recipe for Neoliberalism", *Chasqui*, No. 33, pp. 28-42.

Sinnigen, John H.(1995), "Como agua para chocolate: Feminine Space, Postmodern Cultural Politics, National Allegory", *CIEFL Bulletin*, 7.1-2, pp. 111-131.

Wu, Harmony H.(1997), "Consuming Tacos and Enchiladas: Gender and Nation in *Como agua para chocolate*", Chon A. Noriega(ed.), *Latin American Cinema Video*, Minneapolis: University of Minnesota Press, pp. 174-192.

11 집을 찾는 문학적 여정 산드라 시스네로스, 『나만의 집』 ____ 이은아

시스네로스, 산드라(2008), 『망고스트리트』, 권혁 옮김, 돋을새김.

이은아(2017), 「산드라 시스네로스의 '나만의 집': 집을 찾는 문학적 여정」, 『세계문학비교연구』 58(0), 219-243.

Benett, Steve(2016. 3. 19), "Sandra Cisneros Returns to S.A. for Reading", San Antonio Express-News(http://www.expressnews.com/entertainment/arts-culture/books/article/Sandra-Cisneros-returns-to-S-A-for-reading-6889362.php).

Cisneros, Sandra(1991), *The House on Mango Street*, New York: Vintage Books.

_____(1992), *Woman Hollering Creek and Other Stories*, New York: Vintage Books.

_____(2002), *Caramelo, or, Puro Cuento*, New York: Vintage Books.

_____(2012), *Have You Seen Marie?*, New York: Vintage Books.

_____(2015), *A House of My Own*, New York: Alfred A. Knopf.

Sagel, Jim(1991. 3. 29), "Sandra Cisneros: Conveying the Riches of the Latin American Culture Is the Author's Literary Goal", *Publishers Weekly*, p. 74.

Saldívar, Ramón(1990), *Chicano Narrative: The Dialectics of Difference*, Madison: University of Wisconsin Press.

Saldívar-Hull, Sonia(2000), *Feminism on the Border: Chicana Gender Politics and Literature*, Los Angeles: University of California Press.

Stavans, Ilan(1991), "Una nueva voz", *Commonweal*, Vol. 118, No. 15, pp. 524-525.

_____(2003), "Familia Faces: *Caramelo*", *Nation*, Vol. 276, No. 5, pp. 30-31(https://www.thenation.com/article/donald-trumps-strategy-destroy-the-international-community-in-order-to-save-it/).

Warrick, Karen Clemens(2010), *Sandra Cisneros: Inspiring Latina Author*, Berkeley Heights: Enslow Publishers.

https://en.wikipedia.org/wiki/The_House_on_Mango_Street.

찾아보기

[인명]

ㄴ

ㄷ

ㄹ

ㅁ